¡A conocernos!

SECOND EDITION

Donna Reseigh Long
Janice Lynn Macián
Ohio State University

HH

Heinle & Heinle Publishers
Boston, Massachusetts 02116 U.S.A

I(T)P An International Thomson Company

New York ▪ London ▪ Bonn ▪ Boston ▪ Detroit ▪ Madrid ▪ Melbourne ▪ Mexico City ▪ Paris
Singapore ▪ Tokyo ▪ Toronto ▪ Washington ▪ Albany NY ▪ Belmont CA ▪ Cincinnati OH

The publication of **¡A CONOCERNOS!** was directed by the members of the Heinle & Heinle
College Spanish/Italian Publishing Team.

TEAM LEADERS	Stanley J. Galek, Elizabeth Holthaus
EDITORIAL DIRECTOR	Elvira Swender
DEVELOPMENTAL EDITOR	Nancy Siddens
MARKET DEVELOPMENT DIRECTOR	Amy Terrell
PRODUCTION SERVICES COORDINATOR	Gilberte Vert

Also participating in the publication of this program were:

PUBLISHER	Stanley J. Galek
EDITORIAL PRODUCTION MANAGER	Elizabeth Holthaus
PROJECT MANAGER	Barbara Browne
PRODUCTION ASSISTANT	Lisa Winkler
ASSOCIATE MARKET DEVELOPMENT DIRECTOR	Melissa Tingley
MANUFACTURING COORDINATOR	Barbara Stephan
ILLUSTRATOR	Len Shalansky
INTERIOR DESIGN	Susan Gerould/Perspectives
COVER DESIGN	Dina Barsky
COVER ART	Michael "Misha" Lenn

Manufactured in the United States of America

ISBN: 0-8384-6528-5   Student Edition
ISBN: 0-8384-6529-3   Instructor's Annotated Edition

10 9 8 7 6 5 4 3 2 1

TO THE STUDENT

¡A CONOCERNOS! is an integrated program designed to provide beginning-level college students of Spanish with functional language skills. For students and instructors alike, **¡A CONOCERNOS!** offers comprehensive, accessible, motivational materials for a more enjoyable and effective learning experience. Communication strategies, realistic language, and extensive opportunities for interaction are essential features of this program. **¡A CONOCERNOS!** incorporates a friendly, direct tone and a clear, appealing format. Every aspect has been designed to inspire learners' interest, confidence, and proficiency. Of course, successful outcomes are ultimately the result of a collaboration among learner, instructor, and materials.

CONTENTS

Contents **v**

Contents **vii**

REFERENCE SECTION

ACKNOWLEDGMENTS

The authors are indebted to the many instructors and students who contributed to ¡A CONOCERNOS!, Second Edition. The instructors who reviewed the materials and others who piloted them provided sagacious insights and suggestions during the developmental process. They critiqued the materials from many aspects, resulting in modifications that will benefit every user of the program. Specifically we would like to thank the following reviewers:

Rick Arons, St. John's University
Aída Diaz, Valencia Community College
Anuncia Escala, Florida State University
Reyes I. Fidalgo, Bowling Green State University
Margaret B. Haas, Kent State University
Luis Hermosilla, Kent State University
Don Kurtz, New Mexico State University
Yolanda Licón-Schroeder, New Mexico State University
Fran Meuser Blincow, Oakland University
Julie Mullins, New Mexico State University
Sandra Rosenstiel, University of Dallas
Stephen A. Sadow, Northeastern University
Margaret Saine, Chapman University
Leonard C. Sekelick, University of Pittsburgh
Sheri Spaine Long, University of Alabama, Birmingham
Mimi Stapleton, Virginia Polytechnic Institute
Joseph A. Wieczorek, Loyola College, Maryland

We also wish to thank the instructors who reviewed and contributed to these materials:

María Cristina Burgueño
Hilda Chacón
Alicia M. Chaves
Silvia M. Chaves
Ana Del Sarto
Ana Hontanilla
Susana P. Liso
Carlos M. López
Esteban Esperilla Loustaunau
Judy Maloof
Gloria Ocano
Risto Petman
Angel Santiago
Gilberto Manuel Serrano
Karen Sobul
Nancy Uvalle-Ordóñez
Terrell Morgan
Rosemary McEwen
Germán David Ardila Urbe
Adriaña Urbe Peñuela
Iván Ordóñez
Ruth Sosa

Certainly the development and production of ¡A CONOCERNOS!, Second Edition, would not have been possible without the guidance and encouragement of the Heinle & Heinle family. Special thanks for outstanding direction and constant support go to Nancy Siddens, Developmental Editor. In addition, the Second Edition benefited immensely from the collective expertise of these individuals: Barbara

Browne, project manager, Lawrence Lipson, copy-editor and proofreader, Luz Galante, proofreader, Maryalice Mohr, proofreader, Patricia Linares, native reader, and Len Shalansky, illustrator.

Finally our families deserve much praise for their patience and understanding during the writing of **¡A CONOCERNOS!** To them we offer our undying love and sincere thanks.

Donna and Jan

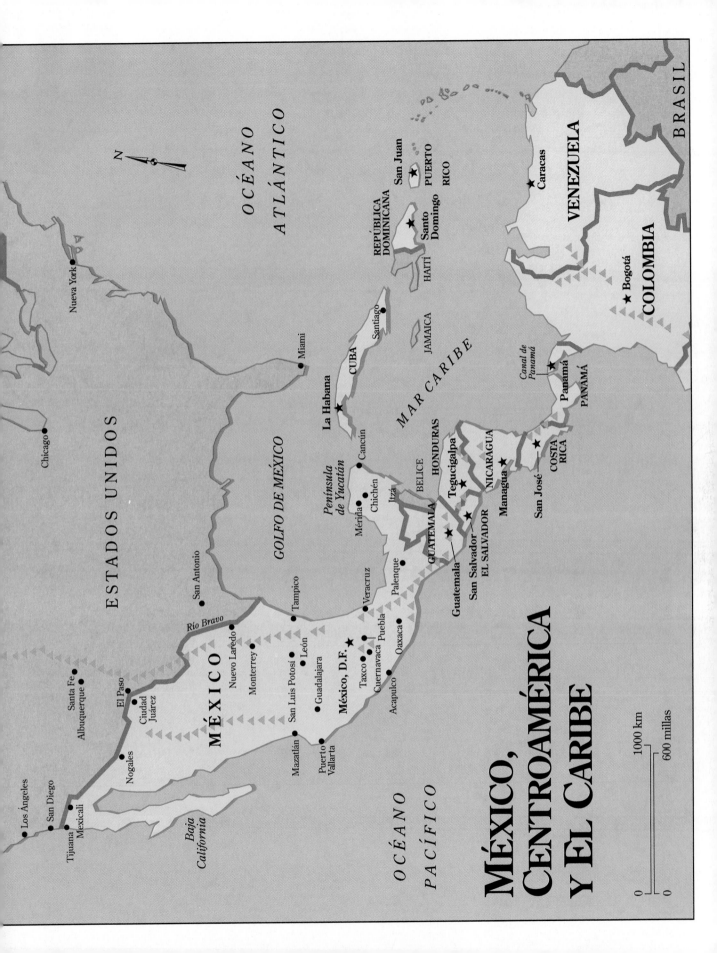

MÉXICO, CENTROAMÉRICA Y EL CARIBE

N

OCÉANO ATLÁNTICO

OCÉANO PACÍFICO

GOLFO DE MÉXICO

MAR CARIBE

ESTADOS UNIDOS

MÉXICO

Baja California

Península de Yucatán

CUBA

JAMAICA

HAITÍ

REPÚBLICA DOMINICANA

PUERTO RICO

BELICE

GUATEMALA

HONDURAS

EL SALVADOR

NICARAGUA

COSTA RICA

PANAMÁ

Canal de Panamá

COLOMBIA

VENEZUELA

BRASIL

Los Ángeles
San Diego
Tijuana
Mexicali
Nogales
Santa Fe
Albuquerque
El Paso
Ciudad Juárez
Chicago
Nueva York
San Antonio
Río Bravo
Nuevo Laredo
Monterrey
Mazatlán
Puerto Vallarta
San Luis Potosí
León
Guadalajara
Taxco
Cuernavaca
México, D.F.
Acapulco
Oaxaca
Puebla
Veracruz
Tampico
Palenque
Mérida
Chichén Itzá
Cancún
Miami
La Habana
Santiago
Santo Domingo
San Juan
Caracas
Bogotá
Guatemala
San Salvador
Tegucigalpa
Managua
San José
Panamá

0   1000 km

0   600 millas

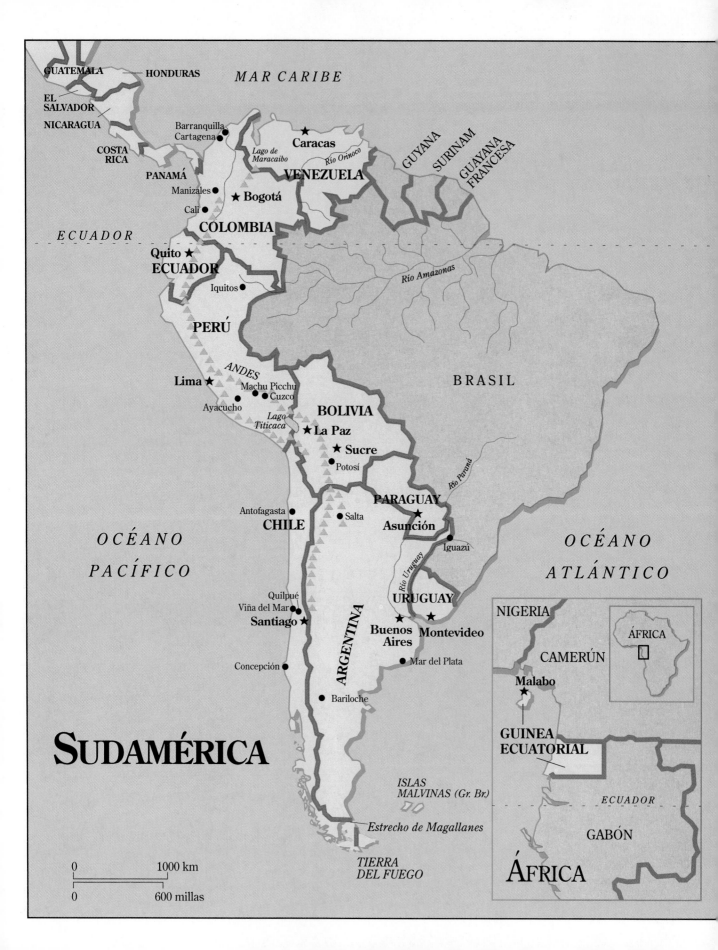

GUATEMALA — HONDURAS

EL SALVADOR

NICARAGUA

COSTA RICA

PANAMÁ

MAR CARIBE

Barranquilla
Cartagena •

★ Caracas

Lago de Maracaibo

Río Orinoco

VENEZUELA

GUYANA

SURINAM

GUAYANA FRANCESA

Manizales •

★ Bogotá

Calí •

COLOMBIA

ECUADOR

Quito ★

ECUADOR

Iquitos •

PERÚ

Río Amazonas

BRASIL

ANDES

Lima ★

Machu Picchu •
• Cuzco

Ayacucho •

Lago Titicaca

BOLIVIA

★ La Paz

★ Sucre

• Potosí

Río Paraná

Antofagasta •

CHILE

• Salta

PARAGUAY

Asunción ★

OCÉANO PACÍFICO

Iguazú •

Río Uruguay

OCÉANO ATLÁNTICO

Quilpué •

Viña del Mar •

Santiago ★

URUGUAY

ARGENTINA

★ Buenos Aires

★ Montevideo

• Mar del Plata

Concepción •

• Bariloche

SUDAMÉRICA

ISLAS MALVINAS (Gr. Br.)

Estrecho de Magallanes

TIERRA DEL FUEGO

| 0 | 1000 km |
| 0 | 600 millas |

NIGERIA

ÁFRICA

CAMERÚN

Malabo ★

GUINEA ECUATORIAL

ECUADOR

GABÓN

ÁFRICA

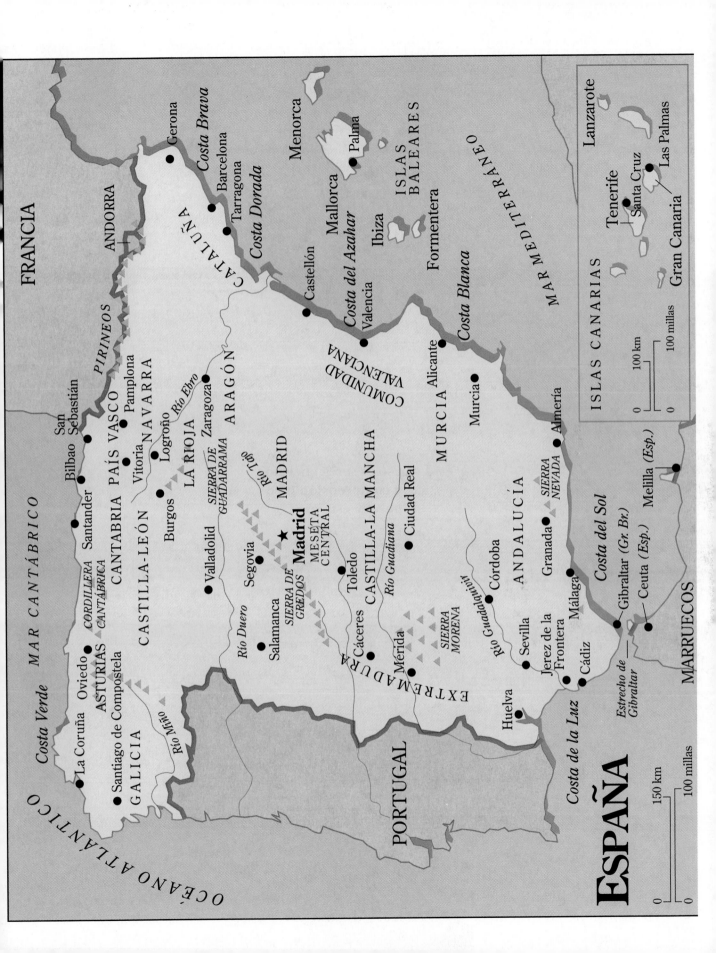

A nuestros seres queridos
cuya comprensión hizo
posible esta obra

¡A conocernos!

Second Edition°

El mundo hispano

ESCENARIO   The Spanish-speaking world
BIENVENIDOS   A personal welcome to the Spanish-speaking world
VAMOS A COMUNICARNOS   How to greet others and introduce yourself
GEOGRAFÍA DEL MUNDO HISPANO   Names and locations of Spanish-speaking countries
LA GENTE HISPANA   Nationalities associated with Spanish-speaking countries
ALGUNAS SIMILITUDES   Similarities between written Spanish and English
PRONUNCIACIÓN   How to pronounce Spanish vowels and consonants
EL ALFABETO   The Spanish alphabet

◆ **Orientación**   This opening section lists your objectives for the chapter. Consider it a chapter map. The geographic setting (*Escenario*) is provided first, followed by the topics relating to the various sections (called *Etapas* beginning with *Capítulo 1*) of each chapter. Start each chapter by reading this section and studying the opening photograph. This page will help put you in the proper mind-set for the chapter.

◆ The *Prólogo* is a brief introduction to a few basic concepts.

El planeta Tierra

> ¡Hola!
> Mi nombre es Nieves Colón.
> Soy norteamericana,
> de Miami, Florida.
> Soy hispana.

Bienvenidos

❝Welcome to the Hispanic
world. I hope that you were able to understand me. In this textbook, you will visit several
areas of the Spanish-speaking world and meet the people
who live there. You will learn about their daily lives, as well as some of the
unique features about their countries. Most important of all, you will learn that
the Spanish language is not just a collection of rules and formulas to be memorized. It is a living, useful way to communicate here in the United States, as well
as in other Spanish-speaking countries. Let me explain: in my introduction, I
greeted you, identified myself, and stated where I am from. In the next section,
you will learn how to introduce yourself to a Spanish-speaking person.❞

Vamos a comunicarnos  Textbook Cassette

Presentaciones. Study the drawing as you play your cassette. You will hear
Nieves introducing herself to Gilberto Chang, a student from Peru. Repeat the
phrases several times, until you feel comfortable with the new sounds. Then
practice pausing the tape after Nieves's introduction and introduce yourself to
her. (Male students should say **norteamericano** for their nationality.)

¡Estupendo! You're off to a very good start. Using the words and phrases
below, practice identifying yourself to a partner. Now introduce yourself to five
of your classmates. Don't forget to shake hands!

◆ There are many people of
Asian descent in South America.

GEOGRAFÍA DEL MUNDO HISPANO  Textbook Cassette

Before we go any further, let's take a look at the various countries of **el mundo hispano.** Study the map below and notice how the names of the countries and cities are spelled in Spanish. They are not very different from the English spellings, although the pronunciation is not the same. Listen to your cassette as you look over the map and find the Spanish-speaking countries as they are mentioned. Listen again and repeat the names of the countries.

◆ **Orientación** The notes in *Una cosita más* provide additional explanations of grammar, vocabulary, and culture. You should be able to recognize the language functions and lexical items in context when you encounter them, but you will not be responsible for them. The concepts are explained in more detail in the *Diario de actividades.*

◆ **Una cosita más** Notice that nationalities are not capitalized in Spanish. When asked about nationality, most citizens of the United States respond by saying "American." But the inhabitants of Canada, Central America, and South America are also **americanos!** In Spanish, the inhabitants of the United States are called **estadounidenses** or **norteamericanos,** and those who live in Central and South America are **centroamericanos** and **sudamericanos. Hispanos** are people whose heritage is related to a Spanish-speaking country.
Nationalities that end in **-o** for a male end in **-a** for a female: **Soy chileno./Soy chilena.** Nationalities that end in **-e** are the same for both sexes.
Of course, there are always exceptions. Here are the forms for "Spanish" (that is, someone from Spain): **Soy español./Soy española.**
When making nationalities plural, add **-s** to those singular forms that end in a vowel: **cubanos, nicaragüenses.** Add **-es** if the singular form ends in a consonant: **españoles.**

LA GENTE HISPANA Textbook Cassette

Who are the people who live in the Spanish-speaking world? Listen to your instructor pronounce the various nationalities shown below. As you listen, try to think of the name of the country associated with each nationality. At home, play your cassette and pronounce the words out loud after the speaker.

Los continentes, las naciones y las nacionalidades del mundo hispano

ÁFRICA

Ceuta	ceutí
Guinea Ecuatorial	guineano/guineana
Melilla	melillense

EUROPA

España	español/española

CARIBE

Cuba	cubano/cubana
Puerto Rico	puertorriqueño/puertorriqueña
República Dominicana	dominicano/dominicana

CENTROAMÉRICA

Costa Rica	costarricense
El Salvador	salvadoreño/salvadoreña
Guatemala	guatemalteco/guatemalteca
Honduras	hondureño/hondureña
Nicaragua	nicaragüense
Panamá	panameño/panameña

NORTEAMÉRICA

Estados Unidos	estadounidense
México	mexicano/mexicana

SUDAMÉRICA

Argentina	argentino/argentina
Bolivia	boliviano/boliviana
Chile	chileno/chilena
Colombia	colombiano/colombiana
Ecuador	ecuatoriano/ecuatoriana
Paraguay	paraguayo/paraguaya
Perú	peruano/peruana
Uruguay	uruguayo/uruguaya
Venezuela	venezolano/venezolana

ALGUNAS SIMILITUDES 🔲 Textbook Cassette

There are *many* similarities between the Spanish and English languages. These similarities really stand out in written Spanish, but with a little practice, you can soon recognize them in spoken Spanish too. Listen carefully as your instructor reads the newspaper headlines. As you listen to your instructor, find the corresponding headline in your textbook. Can you guess what the headlines mean? Listen to your cassette at home and practice writing the headlines, stopping the tape when necessary.

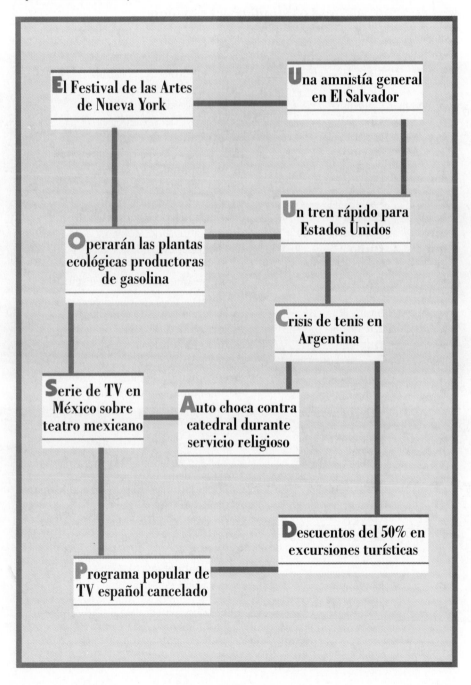

El Festival de las Artes de Nueva York

Una amnistía general en El Salvador

Un tren rápido para Estados Unidos

Operarán las plantas ecológicas productoras de gasolina

Crisis de tenis en Argentina

Serie de TV en México sobre teatro mexicano

Auto choca contra catedral durante servicio religioso

Descuentos del 50% en excursiones turísticas

Programa popular de TV español cancelado

PRONUNCIACIÓN 🔲 Textbook Cassette

Yes, Spanish sounds different, though Spanish has many of the same sounds as English and only a few that are really unique. Using your cassette again, practice the sounds represented by the following letters of the Spanish alphabet and repeat the familiar **ejemplos.** You will be able to understand the meanings, since they are all familiar Spanish names. Each **ejemplo** is included in a sentence that helps to identify it. Can you guess the meaning of the sentence?

Los sonidos del español

SONIDOS	EJEMPLOS	IDENTIFICACIONES
a	S**a**nt**a** B**á**rb**a**ra . . .	es una ciudad de California.
e	M**e**sa . . .	es un suburbio de Phoenix.
i	M**i**am**i** . . .	es una ciudad cosmopolita.
o	C**o**l**o**rad**o** . . .	es el estado del esquí.
u	U**ru**g**u**ay . . .	es un país° de Sudamérica.
b,v	**B**oca Ratón . . .	es una ciudad de Florida.
	Mala**b**o . . .	es la capital de Guinea Ecuatorial.
	Boli**v**ia . . .	es un país andino.
	Viña del Mar . . .	es una ciudad de Chile.
c	**C**artagena . . .	es un puerto de Colombia.
k	**K**ansas . . .	es un estado de Estados Unidos.
que	**Que**rétaro . . .	es una ciudad de México.
qui	**Qui**to . . .	es la capital de Ecuador.
ce	**Ce**rro de Punta . . .	es una montaña de Puerto Rico.
ci	**Cí**bola . . .	es un bosque° nacional de Estados Unidos.
s	**S**anta Fe . . .	es la capital de Nuevo México.
z	**Z**acatecas . . .	es una ciudad de México.
d	**D**urango . . .	es una ciudad de Colorado y de México.
	Ma**d**ri**d** . . .	es la capital de España.
f	San **F**rancisco . . .	es una ciudad de California.
g	El la**g**o Titicaca . . .	es uno de los lagos más altos del mundo.
h	**H**onduras . . .	es un país de Centroamérica.
j	La **J**olla . . .	es una ciudad de la costa de California.
ge	Los Án**ge**les . . .	es la ciudad más grande de California.
gi	**Gi**la . . .	es un río de Nuevo México.
x	Mé**x**ico . . .	es un país de Norteamérica.
l	**L**a Paz . . .	es la capital de Bolivia.
ll	Mesi**ll**a . . .	es la antigua capital del Territorio de Arizona y Nuevo México.
m	**M**anagua . . .	es la capital de Nicaragua.
n	Los A**n**des . . .	son las montañas más importantes de Sudamérica.

◆ **Una cosita más** Notice how the **u** sound sometimes disappears after the sound represented by the letter **q.** For example: **química, Quito.** The same thing often happens after the sound represented by **g.** For example: **guía, guerra.**

---

país *country* **bosque** *forest*

Los sonidos del español
(continued)

Sonidos	Ejemplos	Identificaciones
ñ	España . . .	es una nación hispana.
p	**P**anamá . . .	es un país de Centroamérica.
r	Ca**r**acas . . .	es la capital de Venezuela.
rr	Ba**rr**anquilla . . .	es una ciudad de Colombia.
t	**T**egucigalpa . . .	es la capital de Honduras.
w	**W**ashington, D.C. . . .	es la capital de Estados Unidos.
ü	Camag**ü**ey . . .	es una ciudad de Cuba.
y	Ba**y**amón . . .	es una ciudad de Puerto Rico.
	Monterre**y** . . .	es una ciudad mexicana.

El alfabeto 🔲 Textbook Cassette

In the ***Pronunciación*** section, you studied the Spanish sound system. Now you will learn the names of the letters of the alphabet. Bear in mind that in Spanish, as in English, a single letter of the alphabet can represent more than one sound. For example, the letter *a* in English is pronounced differently in the words *apple, ate, alone.*

The Spanish alphabet contains the same symbols as the English alphabet plus one more, the **ñ.** Technically we cannot say that the two alphabets contain exactly the same letters because the individual letters have different names in Spanish and English. In the following chart, each letter of the alphabet is followed by the name of the letter in Spanish and by an example or examples. The letters **k** and **w** are generally used in *loanwords,* that is, words borrowed from other languages. The examples provided are either familiar words or cognates (words that look similar to their English equivalents). Listen to your cassette and practice saying the names of the letters and pronouncing the examples. Try to guess the meanings of the examples.

◆ The **Real Academia Española** has declared that the letters **ch** (che), **ll** (elle), and **rr** (erre), once part of the Spanish alphabet, should be merged with the letters **c, l,** and **r.** Thus dictionaries will no longer have separate sections for words beginning with **ch-** and **ll-.**

El alfabeto

Letra	Nombre	Ejemplo	Letra	Nombre	Ejemplo
a	a	**a**bril	ñ	eñe	**ñ**u (un antílope)
b	be	**b**arrio, glo**b**o	o	o	**o**riginal
c	ce	**c**afé, **c**entro, **c**ientífi**c**o	p	pe	**p**arque
d	de	**d**iamante, tar**d**e	q	cu	**q**uímica
e	e	**e**n**e**rgía	r	ere	**r**ío
f	efe	**f**amoso	s	ese	**s**al**s**a
g	ge	**g**usto, **g**eneral, **g**i**g**ante	t	te	**t**é
h	hache	**h**istoria	u	u	**u**no
i	i	**i**ndepend**i**ente	v	uve	**v**aliente, mo**v**er
j	jota	**j**ulio	w	doble u	**W**ashington
k	ka	**k**ilo	x	equis	e**x**amen, Mé**x**ico
l	ele	**l**obo	y	i griega	**y**ate
m	eme	**m**ontaña	z	zeta	**z**ona
n	ene	**n**acio**n**al			

CAPÍTULO **1**

Somos amigos

La Calle Ocho en Miami

PRIMERA ETAPA Preparación

◆ **Orientación**   The first phase of each chapter, **Preparación,** introduces the chapter theme. This theme is developed through simple readings, cultural information, key vocabulary, and practical language.

◆ **Orientación**   In the **Introducción** section, you will read authentic Spanish texts. These easy-to-read pieces, called *realia,* highlight the chapter theme.

INTRODUCCIÓN

Miami. Miami is one of the largest and most vibrant Hispanic cities in the United States. Because of its large Spanish-speaking population, newsstands and bookstores in Miami offer many newspapers, magazines, and other publications written in Spanish.

Antes de leer

A. Índice. Think about a magazine that you read occasionally. What type of information is included in its table of contents? How is the information arranged?

B. Página, título, resumen. Study the following titles of articles from a Spanish-language magazine. Match them up with the summaries of their contents by looking for cognates, or words spelled similarly in English and Spanish.

PÁGINA	TÍTULO	RESUMEN
6	"Abril en Nueva York"	Un coleccionista apasionado nos invita a ver sus obras originales de arte.
14	"La super-pirámide: una dieta ideal"	Abril es el mes de las exposiciones florales en Nueva York, ¡y vaya exposiciones!
18	"¡Qué colección!"	Se detalla la "dieta de la Pirámide" del Departamento de Agricultura.

¡A leer!

Look over the table of contents of *Miami,* a monthly magazine for and about the city of Miami. Skim the table of contents and try to guess the topics of the feature articles in this issue. You should be able to pick out many cognates, as well as words that are borrowed directly from English. Learning to recognize these words is a reading strategy that will aid your comprehension.

Año 10 No. 11

mensual   monthly

Nuestra portada:
María Teresa Casa-
res. Foto de Miguel
Martín. Estilista,
Patrick. Maquillaje,
Yoko. Ambos de
Toni & Guy Hair-
dressing. Joyas de
Mayor's Jewelers.

Después de leer

A. Información. When you have finished skimming the table of contents for *Miami,* compare your list of cognates and borrowed words with another member of the class.

B. Artículos interesantes. Which article looks most interesting to you? Why? With other members of the class, vote for the most interesting article.

◆ **Orientación** There are 24 Spanish-speaking countries or regions (including the United States). The cultures they represent probably show more differences than similarities. Rather than trying to homogenize the various cultures, the *Cultura* section presents little snapshots about specific aspects of everyday Hispanic culture. The *Guía cultural* (one of the extra components of the ¡A CONOCERNOS! program) will provide you with geographical, historical, and other cultural information about each of the Spanish-speaking countries.

 Guía Cultural

◆ For additional information on **los hispanos en Estados Unidos**, see the *Guía cultural.*

Florida

CAPITAL	Tallahassee
GEOGRAFÍA	Norteamérica; situado al sur de Alabama y Georgia
ÁREA	57.997 millas cuadradas° (139.852 kilómetros cuadrados)
POBLACIÓN	13.488.000
EXPORTACIÓN	Productos cítricos, tomates, productos forestales
MONEDA	Dólar

Miami. Over two million Hispanics, or about 8 percent of all Hispanics in the United States, live in Florida, many of them in Miami, the state's largest city. Miami, officially designated a bilingual/bicultural city in 1973, has firmly established itself as a center of banking and trade with Latin America. In addition to its residents of Cuban ancestry, Miami is also home to other Hispanic groups including Colombians, Venezuelans, Nicaraguans, and Puerto Ricans.

La Pequeña Habana. S.W. 8th Street in Miami seems to be, on the surface, like a typical street in any U.S. city. There are car dealerships, strip malls, shops, parks, and restaurants, but there is also a very noticeable difference. As you walk or drive along the famous **Calle Ocho** in the **"Pequeña Habana"** section of Miami, you can't help but notice the Hispanic influence. Many of the businesses advertise in Spanish, and their products and services target Hispanic customers. For example, there are companies that specialize in shipping packages from Cuban Americans to relatives in Cuba and even bus companies with direct charter service to the Hispanic communities in New York and New Jersey.

---

millas cuadradas *square miles*

Práctica

Calle Ocho. The following advertisements feature businesses located on **Calle Ocho** in Miami. Skim the advertisements and identify the businesses.

Costa Vasca
RESTAURANTE Y TABLAO FLAMENCO
EXCELENTE COMIDA ESPAÑOLA
LA TABERNA
Viernes-Sábado y Domingo
EL MEJOR SHOW FLAMENCO de Miami
INCREÍBLE CONSTELACIÓN de ESTRELLAS:
Paco Fonta (Guitarra)
Bailarinas: Estrella Morena
Celia Clara
Laura Jerez
Cantador: Pepe de Málaga
Cantante de Cuplés: Amparo Garrido
PIANO: MARIO RAÚL
HORARIO DE LOS SHOWS:
VIERNES y SÁBADO 10:30 PM y 12:30 AM
DOMINGO: 10:00 PM
EL DOMINGO, NO COVER hasta las 9:30 PM
5779 SW 8th St. Miami   264-3074
Resv. 281-2394

¿¿LE DUELEN LOS PIES??
¡¡USTED TIENE LA CULPA!!
No sufra más y venga a nuestro consultorio de
MEDICINA PODIÁTRICA Y ORTOPÉDICA
donde verdaderos profesionales le atenderán todos los problemas de sus pies.
Callosidades   Uñas Enterradas
Hongos   Metatarso Doloroso
Juanetes   Pie Plano
Heridas   Dedos de Martillo
CENTRO DE PODIATRÍA Y ORTOPEDIA
EN "CALLE 8" Y 21 AVENIDA.
Medical Care Institute, Inc.
TURNOS: 541-4900
2135 S.W. 8th STREET, MIAMI
TRANSPORTE GRATIS

Centro Vasco
Álbita
y su grupo
ritmo, guajira y son
viernes, sábados y domingos
10 pm
LOS FONOMEMECOS
con un invitado especial
y la música bailable de
Hugo Realpe y Nubia
Viernes y Sábados
desde las 12 am
2235 SW 8th Street, Miami ● 643-9606
información (305) 643-9626

LIBROS EN VARIOS IDIOMAS
AMPLIO SURTIDO EN NOVELAS,
LIBROS DE COCINA,
BIOGRAFÍAS
Y TODA CLASE
DE LIBROS
LIBRERÍA (BOOKSTORE)
LA MODERNA POESÍA
5246 S.W. 8 STREET
446-9899 — 446-9884

Modales y cortesía. When greeting Spanish-speaking friends, it is generally considered polite to supplement your words with some type of physical contact.

- **El apretón de manos.** A handshake is expected when greeting and saying good-bye to friends and acquaintances. At a party, it is considered good manners to greet everyone (hosts *and* guests) with a handshake and to do the same before leaving.
- **El besito.** When women greet each other, they may touch cheeks and kiss the air beside the friend's head. Depending on the country, they may touch both cheeks or only one. Men and women may share a **besito** only if they are relatives or close friends. Kissing on the lips is reserved for romantic encounters!
- **El abrazo.** Men may greet each other with a firm hug. Placing one arm under and one arm over the shoulders of the other person, they clap each other on the back once or twice.

Práctica

◆ **Orientación** In the *Expresiones* section, you will practice listening to a passage that presents key vocabulary related to the chapter theme. The passage, which is recorded, corresponds to the illustration in your textbook. Your instructor may play the recording or read the passage aloud, or both. After you hear the passage twice, you will be ready to answer the *Comprensión* questions.

Saludos y despedidas. In groups of three or four students, role play the non-verbal greetings described above as well as appropriate greetings and good-byes that you have already learned.

EXPRESIONES 🔲 Textbook Cassette

En un café de playa. In the passage you are about to hear, you will learn about three young people and their day at the beach. Listen to the description of the scene and try to understand the main ideas. After listening to the passage, complete the *Comprensión* activity on page 17.

Comprensión

¿Sí o no? Let's see if you understood the main ideas presented in the **Expresiones.** Read the following statements about the scene just described. If the statement is true, according to the narration, answer **Sí.** If it is false, answer **No.**

1. Hay tres amigos.
2. Nieves es un chico.
3. Nieves toma Coca-Cola Lite.
4. Carlos toma un refresco.
5. Nieves es voleibolista.
6. Felipe es de Florida.
7. Nieves es cubanoamericana.
8. Carlos es de Ohio.
9. Carlos es trigueño.
10. Felipe es rubio.

Características físicas	*Physical characteristics*		
¿Es rubio?	*Is he blond?*	Es pelirrojo.	*He is a redhead.*
¿Es rubia?	*Is she blonde?*	Es pelirroja.	*She is a redhead.*
		Es rubio.	*He is blond.*
Es alto.	*He is tall.*	Es rubia.	*She is blonde.*
Es alta.	*She is tall.*	Es trigueño.	*He is brunet.*
Es bajo.	*He is short.*	Es trigueña.	*She is brunette.*
Es baja.	*She is short.*	Es de estatura	*He is of medium*
Es delgado.	*He is thin.*	mediana y guapo.	*height and good*
Es delgada.	*She is thin.*		*looking.*
Es gordo/gordito.	*He is fat/plump.*		
Es gorda/gordita.	*She is fat/plump.*	¿Son altos?	*Are they tall?*
Es guapo.	*He is good looking.*	¿Son gorditos?	*Are they plump?*
Es guapa.	*She is good looking.*		
Es de estatura	*He/She is of*	Son guapos.	*They are good*
mediana.	*medium height.*		*looking.*
		Son trigueñas.	*They (f.) are*
			brunette.

Identificaciones   *Identifications*

PREGUNTAS	QUESTIONS
¿Cómo te llamas? ¿Cuál es tu nombre?	*What is your name?* (familiar)
¿Cómo se llama usted?	*What is your name?* (formal)
¿Cómo se llama él?	*What is his name?*
¿Cómo se llama ella?	*What is her name?*
¿Cómo se llaman ustedes?	*What are your names?*
¿Cómo se llaman ellos/ellas?	*What are their names?*

RESPUESTAS	ANSWERS
Mi nombre es . . . Me llamo . . .	*My name is . . .*
Se llama Felipe.	*His name is Felipe.*
Se llama Nieves.	*Her name is Nieves.*
Se llaman Nieves y Felipe.	*Their names are Nieves and Felipe.*
Yo me llamo Pedro y ella se llama Inés.	*My name is Pedro and her name is Inés.*

Nacionalidades y origen   *Nationalities and origin*

PREGUNTAS	QUESTIONS
¿Eres argentino/argentina?	*Are you Argentine?* (familiar)
¿Es usted chileno/chilena?	*Are you Chilean?* (formal)
¿Es él/ella dominicano/dominicana?	*Is he/she Dominican?*
¿Son ustedes paraguayos?	*Are you (all) Paraguayan?*
¿Son ellos/ellas venezolanos?/ venezolanas?	*Are they Venezuelan?*
¿Eres de Uruguay?	*Are you from Uruguay?* (familiar)
¿Es usted de España?	*Are you from Spain?* (formal)
¿Es él/ella de México?	*Is he/she from Mexico?*
¿Son ustedes de Melilla?	*Are you (all) from Melilla?*
¿Son ellos/ellas de Panamá?	*Are they from Panama?*
¿De dónde eres?	*Where are you from?* (familiar)
¿De dónde es usted?	*Where are you from?* (formal)
¿De dónde es él/ella?	*Where is he/she from?*
¿De dónde son ustedes?	*Where are you (all) from?*
¿De dónde son ellos/ellas?	*Where are they from?*

RESPUESTAS	ANSWERS
Soy norteamericano/norteamericana.	*I am North American.*
Él es cubanoamericano.	*He is Cuban-American.*
Eres salvadoreño/salvadoreña.	*You are Salvadoran.* (familiar)
Usted es puertorriqueño/ puertorriqueña.	*You are Puerto Rican.* (formal)
Ella es cubanoamericana.	*She is Cuban-American.*
Somos guatemaltecos.	*We are Guatemalan.*
Ustedes son mexicanos.	*You (all) are Mexican.*

(Chart continued on following page)

Nacionalidades y origen	Nationalities and origin
(continued)	

Ellos son hondureños. ⎫
Ellas son hondureñas. ⎭   *They are Honduran.*

Soy de Estados Unidos.	*I am from the United States.*
Él/Ella es de Ohio.	*He/She is from Ohio.*
Somos de Albuquerque.	*We are from Albuquerque.*
Ustedes son de Nueva York.	*You (all) are from New York.*
Ellos/Ellas son de Panamá.	*They are from Panama.*

Personas   *Persons*

(handwritten left margin: el / la / el / la)

actor (*m.*) ⎫		estudiante (*m./f.*)	*student*
actriz (*f.*) ⎭	*actor*	futbolista (*m./f.*)	*football (soccer)*
amigo	*friend* (male)		*player*
amiga	*friend* (female)	músico (*m./f.*)	*musician*
artista (*m./f.*)	*artist*	novelista (*m./f.*)	*novelist*
atleta (*m./f.*)	*athlete*	profesor	*professor* (male)
cantante (*m./f.*)	*singer*	profesora	*professor* (female)
chico	*young man*	voleibolista (*m./f.*)	*volleyball player*
chica	*young woman*		

(handwritten: la música can mean music, also)

Artículos de playa   *Beach gear*

(handwritten left margin: el / la / la / la / el / el)

balón (*m.*)	*(volley)ball*	la	sandalias (*f. pl.*)	*sandals*
bolsa	*beach bag*	la	sombrilla	*beach umbrella*
cerveza	*beer*	el	té (*m.*) (con hielo)	*(iced) tea with*
gafas de sol (*f. pl.*)	*sunglasses*		con limón	*lemon*
radio-cassette (*m.*)	*radio-cassette player*	la	toalla	*towel*
refresco	*soft drink*	el	traje de baño (*m.*)	*bathing suit*

(handwritten: eliminate r - any word)   *(handwritten: los trajes de baño plural)*

◆ **Vocabulario adicional** bolso *bag* bebida *soft drink* anteojos, lentes *eyeglasses*

◆ Note that the plural form of **balón** has no accent: **balones.**

Prácticas

A. Descripciones físicas. Use the drawing of the café scene on page 17 as a guide to write a brief description of Nieves, Felipe, and Carlos.

B. ¿Cómo es? Working with a partner, take turns describing the following people. Make your descriptions as complete as possible.

◆ **Orientación** The *Prácticas* section provides you with opportunities to practice your new language skills. Some *Prácticas* are designed to be done in pairs or small groups in class; others may be done at home. It is recommended that you complete all these activities, whether your instructor assigns them or not. Notice that each *Práctica* has a title that gives a clue to the content of the activity.

■ **Ejemplo**   tu amiga
      [Cecilia] es baja y delgada.
      una actriz norteamericana
      [Jessica Lange] es alta y rubia.

1. tu° amigo
2. tu profesor
3. tu amiga
4. tu profesora
5. un actor norteamericano
6. una novelista de Estados Unidos
7. un estudiante de la clase
8. una cantante famosa

---

tu *your*

C. Una fiesta. Working in groups of three or four, describe the people at the party shown below. Each person should say at least one sentence. Try to make the description as long as possible without repeating.

D. Estudiantes. Think of one of your classmates. Be prepared to describe him or her when called upon. The other members of the class will try to guess who it is. The person who guesses correctly gives the next description.

■ **Ejemplo** ESTUDIANTE 1: *Es baja y rubia. Es de San Antonio.*
ESTUDIANTE 2: *Es Cristina.*

E. Actividad en grupos. Working with a partner, practice greeting others and introducing yourselves. Also say where you are from. Practice the phrases until you are comfortable saying them without looking at your book.

F. ¿Es voleibolista? Use the words from the *Personas* box on page 19 to write five sentences describing people you know.

■ **Ejemplo** profesora
Sandra Nesbitt es profesora.

G. Nacionalidades. Do you know the occupations and nationalities of these famous people? Use the list of nationalities in the *Prólogo* (page 6) to write two complete sentences in Spanish about each person.

■ **Ejemplo** Mary Jo Fernández, atleta (Estados Unidos)
Mary Jo Fernández es atleta. Es estadounidense.

1. Andy García, actor (Cuba)
2. Isabel Allende, novelista (Chile)
3. José Carreras, cantante de ópera (España)
4. Tabaré Ramos, futbolista (Uruguay)
5. Gabriel García Márquez, novelista (Colombia)
6. Norma Aleandro, actriz (Argentina)
7. Rubén Blades, músico (Panamá)
8. Alfonso Arau, cineasta (México)
9. Arantxa Sánchez Vicario, atleta (España)
10. José Feliciano, cantante popular (Puerto Rico)
11. Paul Rodríguez, cómico (Estados Unidos)

Mary Jo Fernández

Así es

Cómo contar del cero al cien

In this section, you will learn how to count from 0 to 100 and how to give and request phone numbers.

Los números del 0 al 100			*Numbers from 0 to 100*
0 cero	3 tres	6 seis	9 nueve
1 uno	4 cuatro	7 siete	10 diez
2 dos	5 cinco	8 ocho	
11 once	14 catorce	17 diecisiete	20 veinte
12 doce	15 quince	18 dieciocho	
13 trece	16 dieciséis	19 diecinueve	
21 veintiuno	24 veinticuatro	27 veintisiete	30 treinta
22 veintidós	25 veinticinco	28 veintiocho	
23 veintitrés	26 veintiséis	29 veintinueve	
31 treinta y uno	32 treinta y dos	33 treinta y tres	
40 cuarenta	70 setenta	100 cien/ciento	
50 cincuenta	80 ochenta		
60 sesenta	90 noventa		

Prácticas

A. ¿Cuál es° el número de Jacobo García? Because there are over 175,000 Spanish-speaking residents in the Miami area, BellSouth publishes a supplementary telephone book in Spanish—*La Guía para la Comunidad de Habla Hispana*—for residents and businesses. Look at the Spanish surnames in the phone book below. With a partner, take turns requesting and giving phone numbers according to the example.

■ **Ejemplo** ESTUDIANTE 1: *¿Cuál es el número de Jacobo García?*
ESTUDIANTE 2: *Es el tres–setenta y nueve–cincuenta y nueve–cuarenta y nueve.*

```
Garcia Bernardo ofc 1400 SW North River Drive .... 448-8811
Garcia Dagoberto J immigratn consitnt
    3501 SW 8th St ............................... 823-3000
Garcia y Gorriz PA 1490 W 49th Pl Hlh ............ 324-0233
Garcia Jacobo 1295 NW 14th St .................... 379-5949
GARCIA JULIO J MD 7549 Biscayne Tower ........... 374-3700
Garcia José CPA 21 SE 1st St ..................... 649-8489
Garcia Juan M 3661 S Miami Av .................... 642-2355
Garcia-Linares Mariano 55 N East St ............. 372-8641
Garcia Luis 3950 NW 9th St ....................... 541-7046
Garcia Manuel 1952 NE LeJeune Rd ................. 379-5959
GARCIA MARIO A atty 200 SE 1st St ............... 377-7713
Garcia-Morera Enrique J 1728 NE 14th St ......... 823-2400
GARCIA-PEDROSA JOSE MD Brickell Av .............. 362-0260
```

¿Cuál es . . . ? What is . . . ?

Anuncios CLASIFICADOS

El periódico de habla hispana de mayor circulación en el suelo continental de Estados Unidos: 159,000 lectores diariamente.

COMPUTADORA PERSONAL IBM A COLOR Compatible, bajo garantía, perdí trabajo, urge venta, $1600. 589-0956.

CURSO DE INGLÉS, 16 cassettes y 8 libros $100. Para venta rápida. 882-6878.

22' CATALINA, velero con motor de 10hp, trailer aluminio, buena condición, $15,000. 267-1217.

ESTÉREO c/radio y cassette $150, TV Zenith $300. 882-3542 desde 1p.

DUPLEX, 3 dorms, 1 baño, garaje en Pequeña Habana, $99,000. 448-3180.

PIANO Wurlitzer con sistema dehumedificado $1000, excelente condición. 398-6990.

SISTEMA DE TV POR SATÉLITE con descramble y plato de 10' como nuevo $1500. Llamar al 432-3040.

SOFÁ SECCIONAL NUEVO 2 mesas de cristal, todo $800. Llame 756-1331.

SORTIJA DE DIAMANTE 14K, Color oro, 91 Quilates, 24 Bagets. Valorizado en $8000. Vendo por $3500 oferta. 651-2400, ext 2131.

SE VENDEN PERRITOS Lhasa-Apso de 6 sem. Buen precio. 541-8302.

'86 LEBARON TURBO todos extras, negro, $3,800. 885-9972.

APARTAMENTO nuevo, A/C, $570 todo incluido. 264-3077.

B. ¿A quién llamo? These classified advertisements appeared in Miami's *El Nuevo Herald,* the Spanish newspaper with the largest circulation in the continental United States. Study the ads and then, working with a partner, take turns dictating the telephone numbers for the items or services. Your partner will say the title of the advertisement that corresponds to the number.

■ **Ejemplo** 5–89–09–56

ESTUDIANTE 1: *el cinco–ochenta y nueve–cero nueve–cincuenta y seis*

ESTUDIANTE 2: *computadora personal IBM a color*

C. ¿Cuál es tu número de teléfono? Using the example as a guide, ask five members of your class for their telephone numbers. Write down each number and verify it with your classmate.

■ **Ejemplo** ESTUDIANTE 1: *Kathy, ¿cuál es tu número de teléfono?*

ESTUDIANTE 2: *Es el 9–58–90–65.*

◆ In most Spanish-speaking countries, temperatures are given in degrees Celsius. For example: 76°F = 24.4°C.

D. Las temperaturas. In many newspapers, the weather section gives temperatures for major cities over a three-day period (yesterday, today, tomorrow). Working with a partner, take turns saying the temperatures for the following cities.

■ **Ejemplo** ESTUDIANTE 1: *Albuquerque, ayer.°*

ESTUDIANTE 2: *Temperatura mínima:° 58 grados.° Temperatura máxima:° 85 grados.*

Ciudad	Ayer	Hoy°	Mañana°
Albuquerque	85/58	80/55	83/52
Los Ángeles	79/53	74/58	79/53
San Diego	67/58	68/60	70/61
Tampa	82/54	88/65	88/69
Tucson	99/59	97/66	92/62

ayer *yesterday* **Temperatura mínima** *Minimum temperature* **grados** *degrees Fahrenheit*
Temperatura máxima *Maximum temperature* **hoy** *today* **mañana** *tomorrow*

PRIMERA FUNCIÓN

Identifying people, places, objects, and events using nouns

▲ Nouns are used to identify persons, places, things, events, and ideas. In English, most nouns (like *sandals, beach, soft drink*) are NEUTER. Nouns referring to people, however, may express GENDER, such as the words *woman, girl, matron* (FEMININE gender) and *man, boy, guy* (MASCULINE gender). Some animal names also reflect gender in English, such as *bull* and *cow*. In Spanish, *all* nouns are either masculine or feminine in gender, even things, ideas, and places. In Spanish, unlike English, gender *does not* refer to sex. It is a grammatical concept that is reflected by the ending of the noun and echoed by the article **(el, la, los, las)** and descriptors that accompany it. For example, the word **bolsa** (*bag*) ends in **-a** and is a feminine noun. The following chart shows some of the more common noun endings and their respective gender, as well as the definite article that accompanies each noun. Study the chart and refer to it as you complete the ***Prácticas.*** Remember that although there are some exceptions, most nouns follow these patterns.

Género de sustantivos		*Gender of nouns*		
	VOWELS		**CONSONANTS**	
MASCULINE	-o	**el** refresc**o**	-l	**el** go**l**
	-ma	**el** proble**ma**	-n	**el** limó**n**
			-r	**el** pa**r**
FEMININE	-a	**la** play**a**	-ión	**la** estac**ión, la** extens**ión**
	-e	**la** superfici**e**	-dad	**la** universi**dad**
			-tad	**la** liber**tad**

▲ SINGULAR nouns refer to one person, place, thing, event, or idea. PLURAL nouns refer to more than one. In Spanish, nouns that end in an unaccented vowel **(a, e, i, o, u)** or in accented **e (é)** add **-s** to make the plural form. Nouns that end in a consonant (any other letter of the alphabet) or in an accented vowel *except* **é (á, í, ó, ú)** form their plurals by adding **-es.** The article accompanying the noun must also change to a plural form **(el → los, la → las).**

Of course, there are some exceptions that you will need to memorize. A few nouns ending in an accented vowel take the **-s** plural ending, such as **mamás, papás, sofás, menús.** You should also remember that nouns having an accent in the final syllable (not the final letter of the word) lose the accent in the plural form: **nación → naciones, inglés → ingleses.** Nouns that end in **-s** in an unaccented syllable have the same form in the singular and plural; only the article changes **(la crisis → las crisis).**

The chart on the next page shows how to form plural nouns. Study the chart and refer to it as you complete the ***Prácticas.***

◆ **Orientación** In the second phase of each chapter, ***Funciones,*** you will learn three language functions in contexts that relate them to the chapter theme. To practice the new language, three or more ***Prácticas*** are provided for each ***Función.***

 Diario de actividades

◆ For additional practice on identifying people, objects, and events using nouns, see the ***Diario de actividades, Primera función.***

◆ While most nouns ending in **-ma** are masculine, like **el problema,** some common **-ma** nouns are feminine, like **la crema.** When in doubt, check your Spanish dictionary for the gender.

Los sustantivos plurales	Formation of plural nouns	
	[a, e, i, o, u, é] + s	**[consonant, á, í, ó, ú] + es**
MASCULINE	el amigo → **los** amig**os** el café → **los** caf**és**	el hotel → **los** hotel**es** el rubí → **los** rub**íes**
FEMININE	la bolsa → **las** bols**as**	la universidad → **las** universidad**es**

▲ There is another important concept related to nouns, gender, and plurals: articles. An article is a word that is used before a noun to indicate whether the noun refers to a particular (DEFINITE) or unspecified (INDEFINITE) person, place, thing, event, or idea. In English, *the* is a definite article and *a, an,* and *some,* are indefinite articles. In Spanish, the article must *agree* (be the same) in NUMBER (singular or plural) and GENDER (masculine or feminine) with its corresponding noun. In other words, if the noun is feminine plural, then the article must be feminine plural also. The following chart shows the four definite articles and the four indefinite articles in Spanish.

Los artículos	Articles		
Artículos definidos	*Definite articles*		
	SINGULAR		PLURAL
MASCULINE	**el** refresco	*the soft drink*	**los** refrescos *the soft drinks*
FEMININE	**la** bolsa	*the bag*	**las** bolsas *the bags*
Artículos indefinidos	*Indefinite articles*		
	SINGULAR		PLURAL
MASCULINE	**un** refresco	*a (one) soft drink*	**unos** refrescos *some soft drinks*
FEMININE	**una** bolsa	*a (one) bag*	**unas** bolsas *some bags*

Prácticas

A. A la playa. These are the items that Nieves and Felipe packed for their day at the beach. First make an inventory of their beach gear. Then draw up a list that includes the indefinite article for each item.

■ **Ejemplo** *unas toallas*

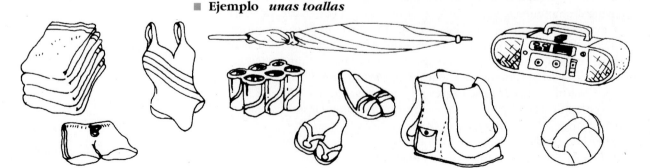

What is there?
What are there?

B. ¿Qué hay? Working with a partner, take turns exchanging information about the things in your rooms. Use the following list as a guide. Many of the words are cognates. Can you guess the meanings?

■ **Ejemplo**   radio-cassette (*m.*)   *room*
             ESTUDIANTE 1: ***Hay un radio-cassette en mi cuarto.***
             ESTUDIANTE 2: ***Hay un radio-cassette en mi cuarto también.°***

una aspirina	*unos* cassettes	*una* novela	*un* teléfono
una bicicleta	*un* diccionario	*un* pijama	*un* televisor
una bolsa	*una* fotografía	*una* pizza	*unas* toallas
una cámara	*un* litro de Coca-Cola	*un* suéter *sweater*	*unos* vídeos

C. Guía para estar al día. The following excerpt is from a fashion magazine. As you read about the things that are **en onda** (*in*) and the things that are **apagado** (*out*), indicate the appropriate *definite* article for each item.

GUÍA PARA ESTAR AL DÍA

En onda ↗

- ❏ música melódica
- ❏ teléfono celular
- ❏ vídeos de cine clásico
- ❏ bicicletas
- ❏ ecología
- ❏ discos compactos
- ❏ autos nacionales

Apagado ↘

- ❏ música violenta
- ❏ walkie-talkies
- ❏ documentales
- ❏ motocicletas
- ❏ contaminación
- ❏ discos LP
- ❏ autos importados

◆ ◆ ◆

---

también *also*

D. Un día en Orlando. While on vacation, Carlos and his family went to the Wet 'n Wild fun park in Orlando. Read the following excerpt from their travel brochure and indicate whether the underlined words are masculine or feminine. Try to guess their meaning.

¡Más Grande... Mejor... Más Bravío... Más Mojado!

Wet 'n Wild. Tomen parte en nuestra <u>celebración</u> del décimo <u>aniversario</u> conmemorando diez años de <u>entretenimiento</u> suministrado para la <u>familia</u>.

Deslícese desde 300 pies en el <u>Kamikaze</u>. Desde 6 pisos de <u>altura</u>, bajará a gran <u>velocidad</u> por el <u>tobogán</u> acuático, sintiendo la mayor <u>emoción</u> de su vida.

Traiga su <u>almuerzo</u> para un <u>picnic</u> o elija entre la gran <u>variedad</u> de comidas que le ofrecemos en el <u>parque</u>.

Diario de actividades

◆ For additional practice with descriptions using **ser,** see the ***Diario de actividades, Segunda función.***

SEGUNDA FUNCIÓN
Describing personal characteristics, nationality, and occupations using **ser**

▲ The verb **ser** (*to be*) is used in describing personal characteristics, nationality, and occupation. **Ser** is the INFINITIVE, or the basic "dictionary," form of the verb. Like most Spanish verbs, **ser** has six forms in the present tense. Together the six forms comprise the CONJUGATION of **ser** in the present tense. For every Spanish verb, there are two singular and two plural forms that correspond to the word *you.* These forms, called *familiar* and *formal,* have specific uses. For the verb **ser,** the singular familiar form is **eres,** used with family and friends; the plural form is **es,** used with professors, employers, and other people to whom you wish to show respect. **Sois** is the familiar plural form, used primarily in Spain. Although it is understood in all other Spanish-speaking countries, this form is rarely used elsewhere. In the United States and Latin America, most people use **son** both for friends and family *and* to show respect.

▲ The SUBJECT PRONOUNS that correspond to each verb form are given in parentheses to indicate that they are optional. In English, it is necessary to use subject pronouns with conjugated verbs (*I* am a student). Unlike English, it is not necessary to precede a conjugated verb with a subject pronoun in Spanish, since the ending of the verb indicates its subject, number, and tense. Subject pronouns are generally used in Spanish only when there is danger of confusion (as in the case of the various meanings of **es** and **son**) or in order to place emphasis on the subject. In English, emphasis is usually conveyed by raising the voice to stress the important word. Notice that the subject pronouns for *we* (**nosotros/nosotras**) and the familiar *you (all)* (**vosotros/vosotras**) have masculine and feminine forms. When the speaker wants to refer to a group of males and females, the masculine subject is used: **Nosotros somos estudiantes.** Study the chart and examples below before completing the **Prácticas.**

ser	*to be*				
SINGULAR			PLURAL		
(yo)	**soy**	*I am*	(nosotros/nosotras)	**somos**	*we are*
(tú)	**eres**	*you are*	(vosotros/vosotras)	**sois**	*you (all) are*
(usted/él/ella)	**es**	*you are, he/she is, it is*	(ustedes/ellos/ellas)	**son**	*you (all) are*

Yo soy Eduardo Muñoz.
Soy puertorriqueño.
Soy de San Juan.
Soy estudiante.
Soy independiente.

Ella es María Peña.
Es colombiana.
Es de Cali.
Es artista.
Es inteligente.

Nosotros somos los Pérez.
Somos norteamericanos.
Somos de Boca Ratón.
Somos profesores.
Somos liberales.

◆ **Una cosita más** In English, when we refer to a married couple or to a family, we say *the Smiths.* In Spanish, the masculine plural article **los** is used before the last name, which does not change: **los Varela** or **los Pérez.**

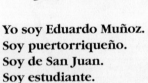

Prácticas

A. ¿Quién eres? Study the examples above. Then describe yourself by writing a short monologue.

B. Presentaciones. Working with a partner, introduce yourself, tell where you are from, and give one additional piece of information about yourself. Then take turns introducing each other to your classmates. Refer to page 4 for a review of introductions.

C. ¿Quién es? Describe a well-known personality to your classmates, using the examples above as a guide. Your classmates will try to guess the identity of the person.

■ **Ejemplo**   ESTUDIANTE 1: ***Ella es cubanoamericana. Es de Miami. Es cantante.***
ESTUDIANTE 2: ***Es Gloria Estefan.***

Gloria Estefan

D. ¿Cómo es ese restaurante? The following restaurants were advertised in *Miami* magazine. Scan the descriptions for information and write two complete sentences about each restaurant, using a form of the verb **ser**.

■ **Ejemplo** Señor Frogg's

  La comida es típica. Los precios son moderados.

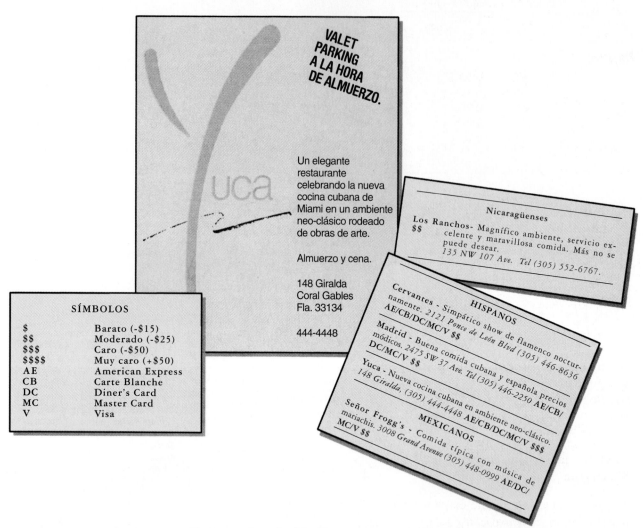

E. Anuncios clasificados. Now read the advertisements from *Miami* magazine more carefully and complete the statements below with the appropriate form of **ser**.

1. Yuca . . . un restaurante elegante.
2. La cocina en Yuca . . . cubana.
3. El ambiente en Yuca . . . neo-clásico.
4. Un restaurante nicaragüense . . . Los Ranchos.
5. El servicio en Los Ranchos . . . excelente.
6. El show nocturno en Cervantes . . . flamenco.
7. Los precios en Madrid . . . moderados.
8. La comida en Señor Frogg's . . . típica.
9. Los músicos en Señor Frogg's . . . mariachis.

F. Tres restaurantes. Using vocabulary from the advertisements in **Miami** magazine, write a brief description of three restaurants you know. Include the appropriate forms of **ser** in your description.

■ **Ejemplo** *"Bravo" es un restaurante mexicano. La comida es típica. Los precios son bajos.*

Negation

▲ A reverse way of describing people, places, things, events, and ideas is to say what they are *not* like. For example: Nieves is not from Ohio; she is from Florida. It is quite simple to express NEGATION in Spanish. You need only to say (or write) **no** before the verb. If you are answering a question negatively, **no** is usually said twice. Study the following examples.

Nieves **no** es voleibolista.   *Nieves is **not** a volleyball player.*
  Es artista.   *She is an artist.*

¿**No** eres de Panamá? *(familiar)* ⎫ *Are**n't** you from Panama?*
¿**No** es usted de Panamá? *(formal)*⎭
No, no soy de Panamá.   *No**, I am **not** from Panama.*

Prácticas

G. Al contrario. Someone has really become confused about these famous people. Help him or her out by refuting each of the statements below. Then correct the statement using the cue in parentheses.

■ **Ejemplo**   Fernando Valenzuela es voleibolista. (beisbolista)
        No, Fernando Valenzuela no es voleibolista. Es beisbolista.

1. María Conchita Alonso es pintora. (actriz)
2. Edward James Olmos es profesor. (actor)
3. Carlos Santana es novelista. (músico)
4. Carolina Herrera es dentista. (diseñadora)
5. Tracie Ruiz es profesora. (atleta)
6. Henry Cisneros es artista. (político)
7. Jon Secada es doctor. (cantante)

H. Información personal. Evidently the same person has obtained some confusing information about you too. Answer the following questions.

1. ¿Es usted profesor/profesora?
2. ¿Es usted voleibolista?
3. ¿Es usted artista?
4. ¿Es usted de Chile?
5. ¿No es usted estudiante?
6. ¿No es usted pelirrojo/pelirroja?
7. ¿No es usted norteamericano/norteamericana?
8. ¿No es usted supersticioso/supersticiosa?

I. Descripciones equivocadas. Everyone knows what you and your friends are like. But what *aren't* you like? Write three negative sentences about yourself and three about your friends.

- **Ejemplo**   mi amigo Pablo
  Mi amigo Pablo no es cantante.

J. El calendario de Miami. Read the following list of special events. Then, working with a partner, check the list against the October calendar for Miami and indicate whether the special events are scheduled on the calendar for those same dates.

- **Ejemplo**   ESTUDIANTE 1: El Festival de la Canción es el 10 de octubre.
    ESTUDIANTE 2: ***No, el Festival de la Canción no es el 10 de octubre. Es el 5.***

1. El festival folklórico Hispano es el 18 de octubre.
2. El festival de las Américas en la Semana de la Hispanidad es el 20 de octubre.
3. La regata de Cristóbal Colón y el Festival de Baynanza son el 14 de octubre.
4. La famosa Autumnfest es el 3 de octubre.
5. La novena exhibición de arte de Hialeah es el 30 de octubre.
6. La exhibición de diamantes y joyas preciosas es el 5 de octubre.
7. El SeaEscape es el 25 de octubre.
8. El Festival Internacional de las Américas es el 15 de octubre.

Calendario de octubre

1/31 El SeaEscape ofrece todo el mes viajes especiales, puntualizados por la celebración de Halloween. Diariamente a Freeport. 379-0400

4 Comienzan las celebraciones de la Semana de la Hispanidad, en el Dade Cultural Center. 541-5023

5 Como parte de la Semana de la Hispanidad, se celebra el Festival de la Canción OTI-USA, en el James L. Knight International Center. 541-5023

5/7 Exhibición de diamantes y joyas preciosas en el Miami Beach Convention Center. 255-6095

12 Ceremonias florales en el Bayfront Park, como parte de la Semana de la Hispanidad. 541-5023

12/13 Regata de Cristóbal Colón y Festival de Baynanza. En el primero participarán cientos de botes de vela. El segundo conmemora la belleza marítima de Biscayne Bay.

18 Festival folklórico Hispano, en el Dade County Auditorium. 545-3395

18/19 Festival de las Américas en la Semana de la Hispanidad, en el Tropical Park. 541-5023

19 La famosa Autumnfest se celebra en Miami Lakes, con desfile de carros antiguos, canciones antiguas y antigüedades. 821-1130

20/21 Festival Internacional de las Américas auspiciado por la Universidad de Miami. El Miami Chamber Symphony se presenta en el Dade County Auditorium. 662-6600

27 ·Novena exhibición anual de arte de Hialeah, en Hialeah Race Track. 821-0788

29/30 Festival Internacional de las Américas.

TERCERA FUNCIÓN
Using descriptive adjectives

 Diario de actividades

◆ For additional practice with adjectives, see the ***Diario de actividades, Tercera función.***

▲ Adjectives are description words. They describe the characteristics of people, places, things, events, and ideas. In Spanish, descriptive adjectives have different endings, depending on the noun they modify. *Modify*, in the grammatical sense, means to describe, limit, or particularize. There are two basic categories of Spanish adjectives. Those that are said to be "marked" for GENDER (masculine and feminine) as well as NUMBER (singular or plural) have four forms. Adjectives in the second category are marked only for number and thus have only two forms (singular and plural). A few Spanish adjectives—mostly colors—have only one form. They will be presented in ***Capítulo 4.***

Adjetivos de cuatro formas *Four-form adjectives*				
ENDING	MASCULINE SINGULAR	MASCULINE PLURAL	FEMININE SINGULAR	FEMININE PLURAL	
-o	baj**o**	baj**os**	baj**a**	baj**as**	*short*
-án	charlat**án**	charlat**anes**	charlat**ana**	charlat**anas**	*gossipy*
-és	holand**és**	holand**eses**	holand**esa**	holand**esas**	*Dutch*
-ón	pregunt**ón**	pregunt**ones**	pregunt**ona**	pregunt**onas**	*inquisitive*
-or	traid**or**	traid**ores**	traid**ora**	traid**oras**	*traitorous*

◆ **Una cosita más** The word **cortés** (*courteous*) has only two forms—**cortés, corteses**—even though it ends in **-és.**

Adjetivos de dos formas *Two-form adjectives*		
ENDING	MASCULINE/FEMININE SINGULAR	MASCULINE/FEMININE PLURAL	
-asta	entusi**asta**	entusi**astas**	*enthusiastic*
-e	inteligent**e**	inteligent**es**	*intelligent*
-ista	femin**ista**	femin**istas**	*feminist*
-l	fata**l**	fata**les**	*fatal*
-r	popula**r**	popula**res**	*popular*
-ior	super**ior**	super**iores**	*superior*
-s	gri**s**	gri**ses**	*gray*
-z	feli**z**	feli**ces**	*happy*

◆ **Una cosita más** Notice that **felices,** the plural form of **feliz,** requires a spelling change: **z → c.**

◆ ◆ ◆

▲ Adjectives of nationality whose masculine singular form ends in **-o** or in a consonant have four forms, such as **español, españoles, española,** and **españolas.** Those ending in **-e** have only two forms, such as **costarricense** and **costarricenses.** See the chart on page 6 to review other adjectives of nationality.

Spanish has many descriptive adjectives that are cognates. Those in the following chart will help you to complete the *Prácticas* in this section.

Adjetivos descriptivos	*Descriptive adjectives*		
conservador/ conservadora	idealista	modesto/modesta	radical
eficiente	importante	natural	realista
elegante	independiente	nervioso/nerviosa	rebelde
emocional	inteligente	normal	responsable
especial	interesante	obstinado/ obstinada	romántico/ romántica
extrovertido/ extrovertida	introvertido/ introvertida	optimista	sentimental
famoso/famosa	irracional	paciente	supersticioso/ supersticiosa
fascinante	irresponsable	pesimista	tranquilo/tranquila
feminista	leal	popular	terrible
generoso/generosa	liberal	posesivo/posesiva	
ideal	materialista	puntual	
	moderno/moderna	racional	

On the other hand, Spanish also has some words that are known as *false cognates*. These are words that look like English words but have very different meanings in Spanish. Here are some examples and their meanings:

Cognados falsos	*False cognates*		
actual	*current*	gracioso	*funny, charming*
embarazada	*pregnant*	sensible	*sensitive*

A few high-frequency adjectives have shortened forms when placed *before* certain types of nouns. Remember that placing the adjective before the noun intensifies or emphasizes its meaning. If these same adjectives are placed after their companion noun, they are not shortened.

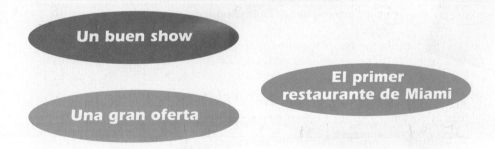

Un buen show

Una gran oferta

El primer restaurante de Miami

Antes de un sustantivo masculino singular			
Before a masculine singular noun			
alguno	*some*	algún	**algún** día
bueno	*good*	buen	un **buen** ejemplo
malo	*bad, evil*	mal	un **mal** plan
ninguno	*no, none*	ningún	en **ningún** momento
primero	*first*	primer	el **primer** estudiante
tercero	*third*	tercer	el **tercer** estudiante

Antes de un sustantivo masculino o femenino singular			
Before a masculine or feminine singular noun			
grande	*great*	gran	una **gran** novela
			un **gran** honor

◆ **Grande** does not shorten to **gran** if it is preceded by the words **más** *(the most)* or **menos** *(the least).*

▲ Finally, when asking for a description of a person, place, or thing, Spanish speakers use the interrogative word **¿cómo?** Study the following chart.

Cómo pedir una descripción	*How to ask for a description*
¿Cómo es Gloria Estefan?	*What is Gloria Estefan like?*
Gloria Estefan es simpática.	*Gloria Estefan is nice.*
¿Cómo son las clases de español?	*What are Spanish classes like?*
Las clases de español son interesantes.	*Spanish classes are interesting.*

Prácticas

A. Identificaciones. Scan the sentences below and identify the descriptive adjectives. State the meaning of each sentence in your own words.

1. Eduardo González es un artista popular.
2. Laura Esquivel es una novelista mexicana.
3. Charlie Sheen y Emilio Estevez son dos actores hispanos.
4. Celia Cruz es una cantante popular cubana.
5. Jackie Nespral es una reportera cubanoamericana de televisión.

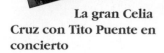

La gran Celia Cruz con Tito Puente en concierto

B. Personalidades hispanas. Complete each of the following sentences in a logical manner by using a descriptive adjective.

■ **Ejemplo**   Gloria Estefan es una cantante . . .
Gloria Estefan es una cantante famosa.

1. Edward James Olmos es un actor . . .
2. Carlos Santana es un guitarrista . . .
3. Los Lobos son unos músicos . . .
4. Laura Esquivel es una novelista . . .
5. Rubén Blades es un actor y músico . . .
6. Arantxa Sánchez y Harry Arroyo son unos atletas . . .
7. Jon Secada es un cantante . . .
8. Franklin Chang-Díaz es un astronauta . . .

C. ¿Cómo es tu compañero/compañera de clase? Work with a partner and take turns asking questions about each other's characteristics. Try to gather as much information as possible in two minutes. Then be prepared to describe your partner to the rest of the class, telling what he or she looks like, and what his or her personality is like.

Rubén Blades

■ **Ejemplo** ¿Cómo es Elizabeth?
    Elizabeth es baja, independiente y puntual.

D. Actividad de grupos. Working in groups of four, write a description of a person who is well known on your campus. Include both a physical description and some personality traits. Then have one person from your group read the description aloud to the class while the other groups try to guess who the person is.

E. Buzón confidencial. Many Spanish-language newspapers carry personal ads for individuals seeking companionship. Read the following personals and expand them into complete sentences.

■ **Ejemplo**

COLOMBIA. Secretaria ejecutiva (26), delgada, atractiva. Busco° caballero 27/40, profesional, con fines serios° para matrimonio.

Es colombiana. Es una secretaria ejecutiva. Es delgada y atractiva.

NORTEAMERICANO. (35), guapo, alto, soltero, sincero, profesional, busco dama guapa con fines serios.

MÉXICO. Músico (35) soltero, no feo. Busco mujer atractiva, tranquila, decente y sin vicios, para matrimonio.

HONDURAS. Dama fina (65), elegante, deseo° correspondencia con caballero romántico y formal. Fines serios.

CUBANO PROFESIONAL. Cristiano, romántico, busco dama 22/40, decente, atractiva. Para matrimonio.

SEÑORA CUBANA. Divorciada, educada, busco caballero 65/72, para buena relación con fines serios.

HONDURAS. Electricista (37), busco amiga 20/38, del signo de Capricornio o Leo, sin vicios. Fines serios.

SANTO DOMINGO. Médico (24) soltero, busco compañera, bonita e inteligente. Relación amistosa.

---

busco *I'm looking for* **fines serios** *serious intentions* **deseo** *I want, wish for*

TERCERA ETAPA Estrategias

◆ **Orientación** In the third phase of each chapter, **Estrategias,** you will learn helpful strategies for listening, reading, speaking, and writing Spanish. Each section focuses on a specific strategy and includes related activities.

◆ **Orientación** In the **Comprensión auditiva** section, you will listen to a Spanish text. In each chapter, a listening strategy will help you build your comprehension skills. These segments are recorded on your **Textbook Cassette.**

COMPRENSIÓN AUDITIVA Textbook Cassette

Recognition of oral cognates. Listening is an essential communication skill. With good listening skills and basic speaking skills, you will be able to participate in many types of conversational situations in Spanish. One of the most basic of listening strategies is recognition of oral cognates. When using this strategy, you should focus on recognizable words—known vocabulary as well as cognates—and try to formulate a meaning based on your own experience with the topic. Generally speaking, written cognates are a little easier to recognize than oral cognates because of the differences between the Spanish and English sound systems. As your ear becomes more attuned to the sounds of Spanish, however, you will recognize oral cognates more easily.

It is important that you try to stay relaxed and not freeze up when you hear unfamiliar words and phrases. In a face-to-face conversation, you can always ask for clarification. Here are some easy ways to ask:

Cómo pedir clarificación *How to ask for clarification*	
Disculpe. No entiendo.	*Excuse me. I don't understand.*
¿Qué significa . . . ?	*What does . . . mean?*
¿Voleibolista?	*What is a* voleibolista?

In the following activities, you will have a chance to use the cognate recognition strategy. Although you will not be able to ask directly for clarification, remember to stay relaxed; that way, it will be easier for you to get as much information as possible. Then use your own experience to fill in the gaps.

Antes de escuchar

En Miami. Imagine that you have listened to a taped passage in Spanish. You recognized the following words and phrases in this order:

> **Jon Secada músico concierto Miami, Florida septiembre**

Can you understand the meaning of the passage from these fragments?

¡A escuchar!

A. Unos versos famosos. José Martí, the great Cuban patriot, was also a celebrated poet. The volume of poetry called ***Versos sencillos*** (1891) includes a well-known poem in which Martí offers a lyrical description of his life and his art. A few lines of this poem are reproduced on the next page, but some of the words and phrases are missing. First listen carefully to these lines of poetry on your cassette. As you listen a second time, write down the missing words and phrases in Spanish. Listen a third time and check your work. Then identify the cognates and other key words and try to guess the meaning of the poem.

> Yo soy un hombre _sincero_ de
> donde crece la _palma_; y
> antes de morirme, quiero echar
> mis _versos_ del alma.
>
> Todo es hermoso y _constante_, todo
> es _música_ y razón, y todo, como
> el _diamante_, antes que luz
> es _carbón_.

B. Anuncio comercial. Have you ever watched the *I Love Lucy* television program? This popular comedy series can still be seen on cable reruns and is available on video. In the series, Lucille Ball and her real-life husband, Desi Arnaz, portray the wacky couple Lucy and Ricky Ricardo. Many of their comedic adventures are based on culture clashes between Cuban-born Ricky and his **estadounidense** spouse, Lucy.

You will hear an advertisement for a Miami business that has capitalized on the popularity of *I Love Lucy*. As you listen to the advertisement on your cassette, try to identify the oral cognates. You will need to listen several times. Then make a list of the cognates and what they mean. Try to construct a meaning for the passage based on your own experience.

Después de escuchar

A. Guantanamera. José Martí's poem is the basis of the popular Cuban folksong **"Guantanamera."** The chorus of the song goes:

> *Guantanamera, guajira guantanamera,*
> *Guantanamera, guajira guantanamera.*

A **guajira** is a girl from the country. Working with a partner, use the following map of Cuba to guess the meaning of the adjective **guantanamera**.

Lucille Ball y Desi Arnaz

B. Versos sencillos. Working with a partner, try to guess the meaning of the two verses of Martí's poem that appear in your textbook.

LECTURA

Recognition of written cognates. The cognate recognition strategy that you studied for listening also works with written texts. Many words that have the same meaning in English and Spanish are spelled identically. Some examples are **popular, final,** and **color.** Although these words are pronounced differently in the two languages, their meaning is obvious when seen on paper. Many other cognates are spelled similarly in Spanish and are also easily recognized, such as **líder, foto,** and **estupendo.** As you encounter Spanish words that look similar to English when reading, go ahead and assume that the meaning is the same. You will also come across some false cognates in Spanish. Whenever you do, learn the real meaning of the term. You will find, however, that Spanish has many more true cognates than false cognates.

Do you think that you are ready to read a newspaper? Although you may not be able to read the "Letters to the Editor" in the ***Nuevo Herald,*** you might be surprised by your ability to get information from many of the advertisements. As you complete the following activities, focus on the cognates you find as aids to comprehension.

Antes de leer

Familias en Cuba. Many **cubanoamericanos** have relatives and close friends who live on the island of Cuba. In 1994, telephone communications between the United States and Cuba were restored. Travel restrictions, however, still prevent Cuban Americans from visiting their family members. Instead they must rely on businesses that specialize in delivering items to Cuba. Before going on to the next section, make a list in English of the things Cuban Americans might want to send to their Cuban relatives.

¡A leer!

A. Cuba Paquetes. Search the following advertisement for cognates. List the Spanish words and phrases with their English equivalents.

B. Más detalles. Now read the advertisement carefully for more information. You won't understand all of the words, but try to answer the following questions by focusing on words you already know, as well as cognates.

1. What are the services being offered?
2. How long do services take?
3. What is the destination of the services?

Después de leer

A. ¿Por qué? Having read the advertisement for **Cuba Paquetes,** form a small group of three or four students to discuss the following questions.

1. Why do you think such a business would be successful?
2. Why is it located in Miami?
3. Do you think that it would be successful in other cities? Which ones?

B. ¿Cómo es Cuba? Working with the same small group, go to the library and find out more about Cuba. Each student should choose one of the following topics. Be prepared to make an oral report to your class.

- geography and climate
- economy
- government
- important historical figures

COMUNICACIÓN Textbook Cassette

Getting to know others. The way people address each other reflects their social and personal relationships. In English, the speakers' relationship is reflected by whether they use first names or titles (Dr., Ms., Professor, etc.). The pronoun *you* is used regardless of the relationship. In Spanish, however, speakers must choose between two pronouns for *you:* **tú** indicates a familiar, personal relationship while **usted** indicates a more formal relationship. Greetings, introductions, and other forms of communication also reflect the distinction between familiar and formal relationships. In the ***Prácticas*** that follow, you will have opportunities to address others using both informal and formal means of expression.

The expressions below will help you greet, introduce, and say good-bye to others. Listen to your cassette as you read the conversations. Then practice them with other members of your class.

◆ **Orientación** The *Comunicación* section focuses on common phrases. The illustrations help you understand the meaning. Word-by-word translations are impossible, so study the expressions as phrases, not individual words. Listen to your **Textbook Cassette.** Repeat aloud until you are comfortable with the sounds. Be prepared to role-play the conversations with your classmates.

◆ Usage of **tú** and **usted** differs greatly among Hispanic cultures. Generally speaking, you may use **tú** with other students and **usted** with your instructor.

Cómo saludar   *Greeting a friend*

Cómo presentar *Introducing people*

Cómo despedirse *Saying good-bye*

Prácticas

A. Escucha y repite. Listen carefully to the conversation *Cómo saludar* on your cassette. Then repeat the phrases, pronouncing carefully.

	Cómo saludar	*Greeting a friend*	
ENTRE AMIGOS	AMONG FRIENDS	**SALUDOS FORMALES**	POLITE GREETINGS
Hola.	*Hi.*	Buenos días.	*Good morning.*
		Buenas tardes.	*Good afternoon.*
		Buenas noches.	*Good evening.*
¿Cómo estás?	*How are you?*	¿Cómo está usted?	*How are you?*
¿Cómo te va?	*How is it going?*	¿Cómo le va?	*How is it going?*
¿Qué tal?	*How are things?*		
¿Qué hay de nuevo?	*What's new?*		
¿Y tú?	*And you?*	¿Y usted?	*And you?*
RESPUESTAS	REPLIES		
Bien, gracias.	*Fine, thanks.*		
Regular.	*Okay.*		
Más o menos.	*So so.*		
No muy bien.	*Not too well.*		
Mal.	*Ill./Bad./Badly.*		
Nada.	*Nothing.*		

B. Hola, ¿cómo estás? Using the conversations between Felipe, Nieves, and Carlos as examples, practice greeting, introducing, and saying good-bye to other members of the class. Remember to use your own name when addressing each other.

C. Escucha y repite. Listen carefully to the conversation *Cómo presentar* on your cassette. Then repeat the phrases, pronouncing carefully.

Cómo presentar *Introducing people*	
ENTRE AMIGOS	AMONG FRIENDS
Quiero presentarte a . . .	*I want to introduce you to . . .*
PRESENTACIONES FORMALES	POLITE INTRODUCTIONS
Quiero presentarle a . . .	*I want to introduce you to . . .*
RESPUESTAS	REPLIES
Mucho gusto.	*Pleased to meet you.*
Encantado/Encantada.	*Delighted.*
El gusto es mío.	*The pleasure is mine.*
Igualmente.	*Likewise.*

D. Presentaciones. Working in groups of three or four, practice introducing each other. Make sure that each member of the group introduces the others.

E. Escucha y repite. Listen carefully to the conversation *Cómo despedirse* on your cassette. Then repeat the phrases, pronouncing carefully.

Cómo despedirse *Saying good-bye*	
Adiós. ⎫ Chao. ⎭	*Good-bye.*
Hasta mañana.	*Until tomorrow.*
Hasta la vista.	*Until we meet again.*
Hasta luego.	*See you later.*
Hasta pronto.	*See you soon.*

◆ Video that supports this chapter includes the following:

¡A CONOCERNOS! Video Program: *Somos amigos* provides support for thematic and linguistic elements in the chapter. Activities that support this video appear in the **Instructor's Resource Kit.**

Mosaico cultural: Latinos en Estados Unidos expands upon the cultural material presented in the chapter. Activities that support this video are found in the ***Mosaico cultural* Video Guide.**

F. Conversación. Working in groups of three, practice greeting, introducing, and saying good-bye. Make sure that every member of the group practices with the others. Then join with another group and repeat the procedure. Move on to another group until you have spoken with every group in the class.

◆ ◆ ◆

COMPOSICIÓN

Diarios. Learning to write well is a developmental process. In order to become a good writer, you will need to practice writing regularly. One way that you can do this is to keep a journal **(un diario)** in which you write every day. Although you don't have to show your **diario** to anyone, you will write more effectively if you pretend that you are writing for a specific reader. Imagine that these are your memoirs and that they will be published someday when you become famous!

By the same token, when you do the writing activities in this textbook, think about the "reader" and the "purpose" implied in each activity. Concentrate on getting the information and ideas across in an interesting way. Don't feel that everything has to be in perfect form on the first try; you can always go back later to check for errors. In this chapter, you will be writing descriptions. Choose your descriptive words carefully so that they make an impact on the intended "reader."

Antes de escribir

A. Autodescripción. Using the descriptive adjectives on page 33, make a list of your good qualities.

B. Asociaciones. Thinking back over this chapter, make a list of words that you associate with the beach. Then try to arrange the words in meaningful groups.

ACCENT MARKS AND PUNCTUATION

By now you have noticed that some Spanish words carry written accent marks. These marks indicate where the word should be stressed when spoken—for example, **fantástico.** Sometimes accent marks are used to differentiate between the written forms of two words that are spelled the same—for example, **tú** (*you*) and **tu** (*your*). Accurate use of accent marks is another aspect of good writing.

You have also seen that Spanish has the unique features of upside-down question marks and exclamation points at the beginning of sentences. The right-side-up marks go at the end, as in English. Finally, in some words you will find a dieresis (¨) over the **u,** as in **lingüística** (*linguistics*), or a tilde (˜) over the **n,** as in **montaña** (*mountain*).

¡A escribir!

A. Descripción personal. In a brief note in Spanish, describe yourself to someone who has never met you.

Incluye tu anuncio
a través del
350-2345 ó 1-800-76-NUEVO

B. En la playa. Using the following expressions, take one item from each category, making any necesary changes in form, and write at least four complete sentences about a day on the beach. You may rearrange the order of the words as you please, and you may add **no** to any sentence to make it negative.

A	B	C
la playa	(*a form of* **ser**)	interesante
los amigos		tranquilo
el café		popular
los refrescos		extraordinario
la música		dinámico
yo		fantástico
tú		delicioso
tú y yo		(*any descriptive adjective*)
(*any name*)		
____ y ____		

Después de escribir

A. Características. Working with a partner, trade the note that you wrote for **Descripción personal.** Check your partner's note for the correct masculine or feminine suffix. Remember that adjectives ending in **-e** or in a consonant do not need to be adjusted for gender.

B. Oraciones completas. Exchange the sentences that you wrote for **En la playa** with your partner. Underline the subject and verb in each sentence. Using the verb chart for the forms of **ser** on page 27, determine whether the correct verb has been used.

VOCABULARIO

Using thematic categories. Words, words, words. How can you learn so many words? Should you begin to write columns of words with Spanish on one side and English on the other? That technique is fine if you are going to try to communicate a "laundry list" of vocabulary items. Practically speaking, however, learning words in isolation is not a very useful technique. You may be able to translate the list, but are you able to use the words in sentences? Are you able to relate one word to another? One of the most helpful techniques is to rearrange words according to logical thematic categories. For example, you might group words according to physical characteristics and personality traits. It is then easier to learn the words in context: **Mi hermano es alto y moreno, pero mi hermana es baja y rubia.** But remember, there is no one "best way" to learn vocabulary. As you do the following *Prácticas,* select those that best help you learn. Then continue to use those strategies as you progress through ¡A CONOCERNOS!

◆ **Orientación** The *Vocabulario* section contains study strategies that will help you learn the key words and phrases for the chapter.

◆ For activities A and B on p. 44, also check the spelling of each word with the vocabulary lists at the end of this chapter.

Prácticas

A. Make a list of words that you can use to describe yourself, a favorite object, a friend, and so on.

B. Make a list of cognates.

C. Look through the list and pick out the nouns that identify persons, places, or things. Make two new lists, one for the masculine words and one for the feminine. Include the corresponding articles.

VOCABULARIO

Características físicas   *Physical characteristics*

¿Es rubio?	*Is he blond?*	Es de estatura mediana.	*He/She is of medium height.*
¿Es rubia?	*Is she blonde?*	Es rubio.	*He is blond.*
Es alto.	*He is tall.*	Es rubia.	*She is blonde.*
Es alta.	*She is tall.*	Es trigueño.	*He is brunet.*
Es bajo.	*He is short.*	Es trigueña.	*She is brunette.*
Es baja.	*She is short.*	Es de estatura mediana y guapo.	*He is of medium height and good looking.*
Es delgado.	*He is thin.*	¿Son altos?	*Are they tall?*
Es delgada.	*She is thin.*	¿Son gorditos?	*Are they plump?*
Es gordo/gordito.	*He is fat/plump.*		
Es gorda/gordita.	*She is fat/plump.*	Son guapos.	*They are good looking.*
		Son trigueñas.	*They (f.) are brunette.*
Es guapo.	*He is good looking.*		
Es guapa.	*She is good looking.*		

Identificaciones   *Identifications*

PREGUNTAS

QUESTIONS

¿Cómo te llamas? ⎫	
¿Cuál es tu nombre? ⎬	*What is your name?* (familiar)
¿Cómo se llama usted?	*What is your name?* (formal)
¿Cómo se llama él?	*What is his name?*
¿Cómo se llama ella?	*What is her name?*
¿Cómo se llaman ustedes?	*What are your names?*
¿Cómo se llaman ellos/ellas?	*What are their names?*

RESPUESTAS

ANSWERS

Mi nombre es . . . ⎫	
Me llamo . . . ⎬	*My name is . . .*
Se llama Felipe.	*His name is Felipe.*
Se llama Nieves.	*Her name is Nieves.*
Se llaman Nieves y Felipe.	*Their names are Nieves and Felipe.*
Yo me llamo Pedro y ella se llama Inés.	*My name is Pedro and her name is Inés.*

Nacionalidades y origen *Nationalities and origin*

PREGUNTAS QUESTIONS

¿Eres argentino/argentina?	*Are you Argentine?* (familiar)
¿Es usted chileno/chilena?	*Are you Chilean?* (formal)
¿Es él/ella dominicano/dominicana?	*Is he/she Dominican?*
¿Son ustedes paraguayos?	*Are you (all) Paraguayan?*
¿Son ellos/ellas venezolanos/venezolanas?	*Are they Venezuelan?*
¿Eres de Uruguay?	*Are you from Uruguay?* (familiar)
¿Es usted de España?	*Are you from Spain?* (formal)
¿Es él/ella de México?	*Is he/she from Mexico?*
¿Son ustedes de Melilla?	*Are you (all) from Melilla?*
¿Son ellos/ellas de Panamá?	*Are they from Panama?*
¿De dónde eres?	*Where are you from?* (familiar)
¿De dónde es usted?	*Where are you from?* (formal)
¿De dónde es él/ella?	*Where is he/she from?*
¿De dónde son ustedes?	*Where are you (all) from?* (formal)
¿De dónde son ellos/ellas?	*Where are they from?*

RESPUESTAS ANSWERS

Soy norteamericano/norteamericana.	*I am North American.*
Él es cubanoamericano.	*He is Cuban-American.*
Eres salvadoreño/salvadoreña.	*You are Salvadoran.* (familiar)
Usted es puertorriqueño/ puertorriqueña.	*You are Puerto Rican.* (formal)
Ella es cubanoamericana.	*She is Cuban-American.*
Somos guatemaltecos.	*We are Guatemalan.*
Ustedes son mexicanos.	*You (all) are Mexican.*
Ellos son hondureños. Ellas son hondureñas.	*They are Honduran.*
Soy de Estados Unidos.	*I am from the United States.*
Él/Ella es de Ohio.	*He/She is from Ohio.*
Somos de Albuquerque.	*We are from Albuquerque.*
Ustedes son de Nueva York.	*You (all) are from New York.*
Ellos/Ellas son de Panamá.	*They are from Panama.*

Personas *Persons*

actor *(m.)* actriz *(f.)*	*actor*	chica	*young woman*
		estudiante *(m./f.)*	*student*
amigo	*friend* (male)	futbolista *(m./f.)*	*football (soccer) player*
amiga	*friend* (female)	músico *(m./f.)*	*musician*
artista *(m./f.)*	*artist*	novelista *(m./f.)*	*novelist*
atleta *(m./f.)*	*athlete*	profesor	*professor* (male)
cantante *(m./f.)*	*singer*	profesora	*professor* (female)
chico	*young man*	voleibolista *(m./f.)*	*volleyball player*

Artículos de playa   *Beach gear*

balón *(m.)*	*(volley)ball*	sandalias *(f. pl.)*	*sandals*
bolsa	*beach bag*	sombrilla	*beach umbrella*
cerveza	*beer*	té *(m.)* (con hielo)	*(iced) tea with lemon*
gafas de sol *(f. pl.)*	*sunglasses*	con limón	
radio-cassette *(m.)*	*radio-cassette player*	toalla	*towel*
refresco	*soft drink*	traje de baño *(m.)*	*bathing suit*

Los números del 0 al 100   *Numbers from 0 to 100*

0 cero	10 diez	20 veinte	30 treinta	40 cuarenta
1 uno	11 once	21 veintiuno	31 treinta y uno	50 cincuenta
2 dos	12 doce	22 veintidós	32 treinta y dos	60 sesenta
3 tres	13 trece	23 veintitrés	33 treinta y tres	70 setenta
4 cuatro	14 catorce	24 veinticuatro		80 ochenta
5 cinco	15 quince	25 veinticinco		90 noventa
6 seis	16 dieciséis	26 veintiséis		100 cien/ciento
7 siete	17 diecisiete	27 veintisiete		
8 ocho	18 dieciocho	28 veintiocho		
9 nueve	19 diecinueve	29 veintinueve		

Adjetivos descriptivos   *Descriptive adjectives*

conservador/	ideal	materialista	puntual
conservadora	idealista	moderno/moderna	racional
eficiente	importante	modesto/modesta	radical
elegante	independiente	natural	realista
emocional	inteligente	nervioso/nerviosa	rebelde
especial	interesante	normal	responsable
extrovertido/	introvertido/	obstinado/obstinada	romántico/romántica
extrovertida	introvertida	optimista	sentimental
famoso/famosa	irracional	paciente	supersticioso/
fascinante	irresponsable	pesimista	supersticiosa
feminista	leal	popular	tranquilo/tranquila
generoso/generosa	liberal	posesivo/posesiva	terrible

Cognados falsos   *False cognates*

actual   *current*   embarazada   *pregnant*   gracioso   *funny, charming*   sensible   *sensitive*

Cómo pedir una descripción   *How to ask for a description*

¿Cómo es . . . ?   *What is . . . like?*   ¿Cómo son . . . ?   *What are . . . like?*

Cómo pedir clarificación   *How to ask for clarification*

Disculpe. No entiendo.   *Excuse me. I don't understand.*   ¿Qué significa . . . ?   *What does . . . mean?*
¿Voleibolista?   *What is a voleibolista?*

Cómo saludar *Greeting a friend*

ENTRE AMIGOS	*AMONG FRIENDS*	**SALUDOS FORMALES**	*POLITE GREETINGS*
Hola.	*Hi.*	Buenos días.	*Good morning.*
		Buenas tardes.	*Good afternoon.*
		Buenas noches.	*Good evening.*
¿Cómo estás?	*How are you?*	¿Cómo está usted?	*How are you?*
¿Cómo te va?	*How is it going?*	¿Cómo le va?	*How is it going?*
¿Qué tal?	*How are things?*		
¿Qué hay de nuevo?	*What's new?*		
¿Y tú?	*And you?*	¿Y usted?	*And you?*

RESPUESTAS	*REPLIES*
Bien, gracias.	*Fine, thanks.*
Regular.	*Okay.*
Más o menos.	*So so.*
No muy bien.	*Not too well.*
Mal.	*Ill./Bad./Badly.*
Nada.	*Nothing.*

Cómo presentar *Introducing people*

ENTRE AMIGOS	*AMONG FRIENDS*
Quiero presentarte a . . .	*I want to introduce you to . . .*

PRESENTACIONES FORMALES	*POLITE INTRODUCTIONS*
Quiero presentarle a . . .	*I want to introduce you to . . .*

RESPUESTAS	*REPLIES*
Mucho gusto.	*Pleased to meet you.*
Encantado/Encantada.	*Delighted.*
El gusto es mío.	*The pleasure is mine.*
Igualmente.	*Likewise.*

Cómo despedirse *Saying good-bye*

Adiós. ⎫		Hasta la vista.	*Until we meet again.*
Chao. ⎬	*Good-bye.*	Hasta luego.	*See you later.*
Hasta mañana.	*Until tomorrow.*	Hasta pronto.	*See you soon.*

CAPÍTULO **2**

La familia

Papá e hija van de compras

PRIMERA ETAPA Preparación

INTRODUCCIÓN

La familia de hoy. In this chapter, you will learn how to talk about the family and family matters. You will also learn a bit about New Mexico, **La Tierra del Encanto,** where the indigenous and Spanish cultures have blended into an exotic mixture of adobe architecture and narrow European streets. The grandeur of Spain, which has provided visible, important, and enduring images of the region, has fused with Native American influences. As you do the following activities, remember to look for cognates while reading the selections about Hispanic families. It is not important to understand every word; just try to grasp the general meaning.

Antes de leer

La familia. Read the headlines below and write down the central theme for each article in English.

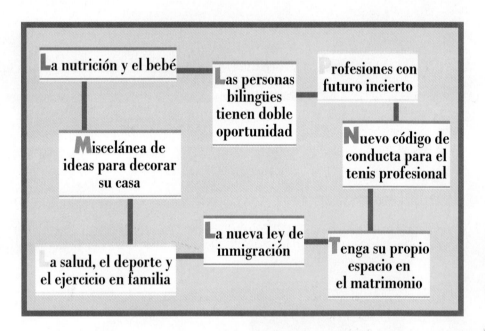

¡A leer!

Temas de familia. Study the following titles for articles from a magazine dedicated to the family and match them with the appropriate introductory paragraphs and illustrations.

◆ ◆ ◆

Abuelos jóvenes

¿Qué leen mis hijos?

Perfil de un padre moderno

Mi amiga Marta me contaba un día cómo heredó de su abuela la afición por la costura, la cocina, el jardín, el teatro y la música. Hablaba de una mujer muy especial, siempre joven. Se le iluminaban los ojos recordándola. A sus 86 años, poco antes de morir, con gran ilusión, todavía recibía clases de inglés, de cómo procesar los alimentos en el nuevo electrodoméstico que había salido al mercado, y tenía intenciones de mejorar en mecanografía. Cuando murió, a pesar de las arrugas del largo camino y el cuerpo cansado, era una mujer "joven" deseosa de darse a sus hijos, a sus nietos y a quienes estaban a su alrededor.

SE ENFATIZA, cada día más, la importancia de la lectura. Pero los padres no tienen claro cómo fomentar esta afición en sus hijos, ni qué ponerlos a leer de acuerdo con las edades. Por una parte es fundamental lograr un trabajo conjunto entre el colegio y los padres para afianzar la lectura y por otra brindar a los padres una mayor información sobre lo qué deben hacer.

CONDICIONES PARA MEJORAR
LA LECTURA

Hay 3 condiciones sin las cuales no se puede pensar en que lean, y mucho menos que sea algo agradable.
A) Que el niño sepa hablar
B) Que sepa leer
C) Que sepa escribir

Estas Claves pintan a un padre de hoy. Todos los padres son distintos. Cada hijo es único . . . Agregue o quite las descripciones hasta que logre definir al padre ideal.

- Es muy alegre. Su alegría inspira paz en sus hijos.
- Estudia. Estudia mucho para "formar" mejor pero no se olvida de actuar.
- Ejerce su autoridad como un servicio para mejorar a sus hijos, no para dominarlos.
- Sus dos temas dominantes al formar sus hijos: su carácter y su conciencia recta.

Después de leer

A. ¿Qué artículo? Based on what you have just read, match the following phrases to the corresponding article: **Abuelos jóvenes, Perfil de un padre moderno,** or **¿Qué leen mis hijos?**

1. a strong and sure person
2. had a fondness for cooking, sewing, and gardening
3. many do not know how to encourage children to read
4. shouldn't use authority to dominate children
5. took language classes, instruction on using the food processor, and typing
6. identifies priorities and knows how to budget time
7. indicates that speaking and writing are equally important

B. En resumen. What were some of the key words in the articles and titles that helped you match each one appropriately? With a partner, write one summary phrase in English for each selection and then share your information with the other members of the class.

The articles on this page were excerpted from **Bienestar.**

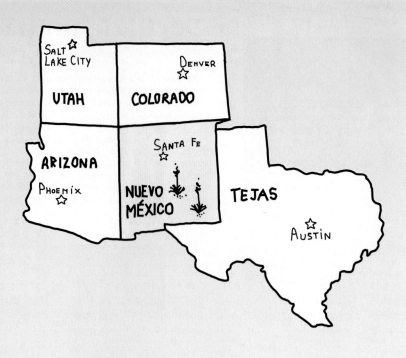

◆ **Orientación** There are 24 Spanish-speaking countries or regions (including the United States). The cultures they represent probably show more differences than similarities. Rather than trying to homogenize the various cultures, the **Cultura** section presents little snapshots about specific aspects of everyday Hispanic culture.

 Guía Cultural

◆ For additional information on **los hispanos en Estados Unidos,** see the **Guía cultural.**

Nuevo México

CAPITAL	Santa Fe
GEOGRAFÍA	Estados Unidos: situado al sur de Colorado, al norte de México, al este de Arizona y al oeste de Texas
ÁREA	121.666 millas cuadradas (316.332 kilómetros cuadrados)
POBLACIÓN	1.515.100 (el 3% de hispanos de Estados Unidos)
PRODUCTOS	Equipos electrónicos, madera,° textiles, artículos de cristal, piedra° y arcilla°
MONEDA	Dólar

Los apellidos. In the **Expresiones** section (page 55), you will listen to a description of the family relationships in the López family and will find out that Hispanic children are often named after a parent or other relative. Frequently the suffix **-ito/-ita** is added when referring to children. These endings are also used to show affection. Thus Rosa's daughter is called Rosita and Pablo's son is called Pablito. In a more formal situation, Pablito might be referred to as Pablo Archuleta, **hijo.** This term is similar to the *Jr.* that is often attached to names in English.

In Spanish-speaking countries, family last names are also different from those in the United States or Canada. Study the family tree on the next page.

madera *wood* piedra *stone* arcilla *clay*

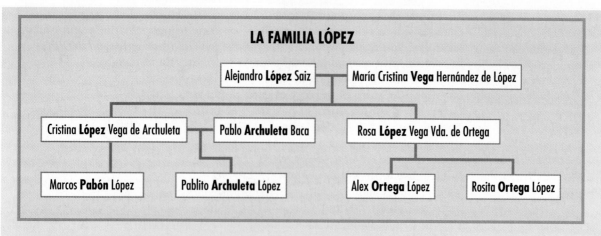

LA FAMILIA LÓPEZ

Alejandro **López** Saiz — María Cristina **Vega** Hernández de López

Cristina **López** Vega de Archuleta — Pablo **Archuleta** Baca — Rosa **López** Vega Vda. de Ortega

Marcos **Pabón** López — Pablito **Archuleta** López — Alex **Ortega** López — Rosita **Ortega** López

Notice that every family member has two last names! Children use both their father's and mother's family name; the father's name goes first. Alejandro's father's family name is López and his mother's family name is Saiz. In everyday life, he would be called Alejandro López, but officially he is Alejandro López Saiz.

In most Spanish-speaking countries, a married woman traditionally uses her father's family name and her husband's family name. Cristina's name is Cristina López Vega de Archuleta. However, in many Spanish-speaking countries, just as in the United States, many women prefer to use only their own family name. In Spain or Argentina, for example, she would be known as Cristina López.

Rosa's husband is no longer living. Traditionally a widow would use her father's family name and add the phrase **Vda. de** before her husband's family name, especially if the husband was a prominent person. Today this practice is less common.

Unmarried children use their father's family name plus their mother's family name. Thus Alex is officially Alex Ortega López and his cousin is Marcos Pabón López. In everyday life, they would be known as Alex Ortega and Marcos Pabón.

Prácticas

A. ¿Cómo se llama? If Rosita Ortega López married Román Acosta Gil, what would her traditional married name be?

B. Gemelos. If Rosita and Román had twins—Marisa and Roberto—what would the children's full names be?

C. ¿Cómo te llamarías?° What would your name be if you chose to follow the Hispanic rule of retaining both your father's and mother's last name? With a partner, share the compound names of the following family members.

■ **Ejemplos** *Yo me llamaría . . .*
　　　　　 Mi madre se llamaría . . .

1. Yo . . .
2. Mi madre / Mi padre . . .
3. Mi primo / Mi prima° . . .
4. Mi tío / Mi tía° . . .

◆ **Orientación** The *Prácticas* section provides you with opportunities to practice your new language skills. Some *Prácticas* are designed to be done in pairs or small groups in class; others may be done at home. It is recommended that you complete all these activities, whether your instructor assigns them or not. Notice that each *Práctica* has a title that gives a clue to the content of the activity.

¿Cómo te llamarías? *What would your name be?*

Términos de cariño. In Spanish, just as in English, word endings may be changed if a person wishes to address someone using endearing terms or a nickname. In English, *we might say Jimmy, look at the **doggie** and the **kitty**.* In Spanish, you may add the diminutive suffix **-ito/ita** to names, nouns, or adjectives ending in **-o** or **-a** to achieve the same effect. **Jaime, mira el perro y el gato** would be changed to **Jaim*ito*, mira el perr*ito* y el gat*ito*.** The diminutive suffix **-cito/-cita** is most commonly used with words that end in **-e, -i, -n,** or **-r.** While these terms are frequently used among children, or to refer to younger children if they share the same name with an older relative, they also appear on greeting cards and in informal discourse among adults.

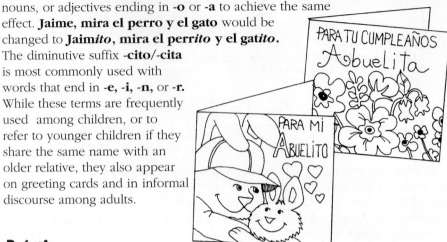

◆ At times there are complete spelling changes for some nick-names:
José→Pepe→Pepito
Guadalupe→Lupe→Lupita
Francisco→Paco→Paquito

Prácticas

A. Nombres. Read the names in the first two columns and match each one with its diminutive form in the third and fourth columns. Is your name in the list?

1. Susana	6. Juan	a. Juanita	f. Teresita
2. Jaime	7. Rosa	b. Tomasito	g. Carlitos
3. Pepe	8. Tomás	c. Rosita	h. Pepito
4. Carlos	9. Sara	d. Susanita	i. Jaimito
5. Teresa	10. Juana	e. Sarita	j. Juanito

B. Animalitos. Young children's books are often filled with diminutive forms. Read the excerpts on the next page and find the diminutives. Then try to guess which animals are described in each verse.

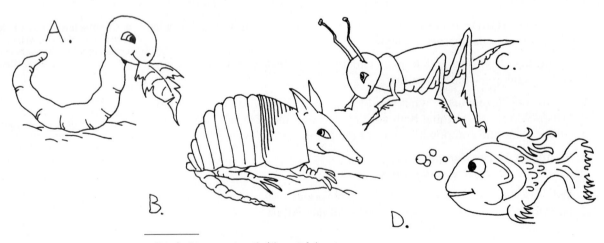

primo/prima *cousin* **tío/tía** *uncle/aunt*

1. Cabecita pequeñita y muy largo el hocico
   y escamitas muy duras tiene el armadillo.

2. Este gusanito come hojitas tiernas y hace
   su capullito de brillante seda.

3. Patitas muy delgadas de buen saltarín
   y antenitas muy finitas tiene el chapulín.

4. Igual que si fuera un submarinito
   por el mar navega este pececito.

EXPRESIONES  Textbook Cassette

Un árbol genealógico. In this lesson, you have learned about some typical New Mexicans, the López family, and their relationships to each other. Study the illustration of the López family tree below while you listen to the description of the various family relationships. You may not understand all of the words; this is completely normal. Just listen carefully for the principal ideas and then answer the questions in the **Comprensión** section.

◆ **Orientación**   In the **Expresiones** section, you will practice listening to a passage that presents key vocabulary related to the chapter theme. The passage, which is recorded, corresponds to the illustration in your textbook. Your instructor may play the recording or read the passage aloud, or both. After you hear the passage twice, you will be ready to answer the **Comprensión** questions.

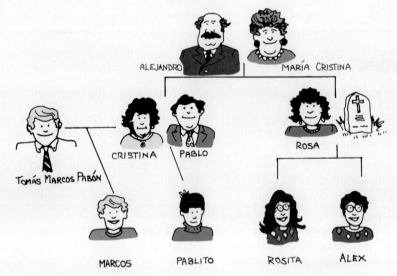

Comprensión

¿Sí o no? Read the following statements about the description you have heard. If the statement is true, answer **Sí.** If it is false, answer **No.**

1. La familia López es pequeña.
2. María Cristina y Alejandro viven en México.
3. Alejandro es el esposo de María Cristina.
4. María Cristina y Alejandro tienen° dos hijos.
5. Los hijos de Rosa son gemelos.
6. Alex y Rosita tienen veintidós años°.
7. Marcos y Pablito son los tíos de Rosa.
8. María Cristina y Alejandro tienen cuatro nietos.

---

tienen *have*   **tienen...años** *are...old*

◆ **Vocabulario adicional**
abuela materna (*maternal grand-mother*); abuelo materno (*maternal grandfather*); abuela paterna (*paternal grandmother*); abuelo paterno (*paternal grandfather*): padres políticos (*in-laws*). For an example of the use of **padres políticos,** see the funeral announcement on p. 57.

Miembros de la familia   *Family members*

abuela	*grandmother*	madre	*mother*
abuelo	*grandfather*	media hermana	*half sister*
bisabuela	*great grandmother*	medio hermano	*half brother*
bisabuelo	*great grandfather*	nieto	*grandson*
compañero/	*companion,*	nieta	*granddaughter*
compañera	*significant other*	nuera	*daughter-in-law*
cuñada	*sister-in-law*	padrastro	*stepfather*
cuñado	*brother-in-law*	padre	*father*
esposa	*wife*	padres	*parents*
esposo	*husband*	pariente	*relative*
gemelo/gemela	*twin*	primo/prima	*cousin*
hermana	*sister*	sobrina	*niece*
hermano	*brother*	sobrino	*nephew*
hermanastra	*stepsister*	suegra	*mother-in-law*
hermanastro	*stepbrother*	suegro	*father-in-law*
hija (adoptiva)	*(adopted) daughter*	tía	*aunt*
hijo (adoptivo)	*(adopted) son*	tío	*uncle*
hijastra	*stepdaughter*	viuda	*widow*
hijastro	*stepson*	viudo	*widower*
madrastra	*stepmother*	yerno	*son-in-law*

Prácticas

A. ¿Quiénes son? Complete the following phrases in a logical manner.

1. La madre de mi madre es mi . . .
2. El hermano de mi padre es mi . . .
3. El padre de mi hermano es mi . . .
4. El esposo de mi abuela es mi . . .
5. El hijo de mi tía es mi . . .
6. La hija de mi tío es mi . . .
7. La hermana de mi madre es mi . . .
8. Los hijos de mi hermano son mis . . .
9. La esposa de mi hermano es mi . . .
10. El hijo de mi padre es mi . . .

B. La familia López. Can you describe the López family? Working with your partner, take turns asking about and identifying the family members. Refer to the family tree on page 53.

■ **Ejemplo**   hermano de Marcos
  ESTUDIANTE 1: **¿Quién° es el hermano de Marcos?**
  ESTUDIANTE 2: **El hermano de Marcos es Pablito.**

1. esposo de María Cristina
2. hijo mayor° de Cristina
3. nieta de Alejandro y María Cristina
4. padre de Pablito
5. tía de Marcos
6. cuñada de Pablo
7. padrastro de Marcos
8. abuela de Rosita y Alex
9. hermano menor° de Marcos
10. prima de Pablito

C. Mi árbol genealógico. Using the López family tree as a model, design your own family tree beginning with your **abuelos maternos** and your **abuelos paternos.**

Quién *Who* **mayor** *older* **menor** *younger*

D. Las esquelas. Study the death announcement below and with a partner, give complete family names for the following individuals whenever possible.

■ **Ejemplo** esposa
ESTUDIANTE 1: *¿Cómo se llama la esposa de don Salvador?*
ESTUDIANTE 2: *La esposa se llama Susana Rodríguez Casanova.*

◆ Note that **Suárez-Inclán** is Don Salvador's father's last name. **González** is his mother's last name.

1. padre de Susana
2. padre de Salvador
3. hermanos de Salvador
4. primos
5. hijos de Susana y Salvador
6. madre de Salvador
7. tíos
8. madre de Susana

---

†

Don Salvador Suárez-Inclán González

INGENIERO
FALLECIÓ EN SANTA FE
EL 24 DE ENERO DE 1995
a los cincuenta años de edad
Habiendo recibido los Santos Sacramentos

D. E. P.

Su esposa, Susana Rodríguez Casanova; hijos, Miguel, María Jacinta y Álvaro; padre, Julio Suárez-Inclán Estévez; madre, María Teresa González Mateos; hermana, María del Carmen; hermanos, Simón y Julio; tíos, Pilar y María Suárez-Inclán, Alfonso González Mateos; padres políticos, Germán Rodríguez Salvador y Ana María Casanova Scott; primos y demás familia, José Luis, Rafael, Concepción y Pilar.

RUEGAN una oración por su alma

El funeral por su eterno descanso se celebrará el 26 de enero, a las diecinueve horas, en la catedral de San Francisco de Asís, calle San Francisco.

La Onda de Little Joe

E. La familia de Little Joe. Little Joe Hernández is a very popular musician in the Southwest of the United States. Read about him in this article and select the best word or phrase from the list to complete each sentence.

tejana	mexicana
patriarcal	músicos
La Familia	grande
"Solamente una vez"	cantante

1. Little Joe Hernández es un . . .
2. Su grupo se llama . . .
3. Little Joe es un pionero de la música . . .
4. Rancheras, el norteño, los boleros y los corridos son ejemplos de música . . .
5. La familia de Little Joe es . . .
6. "You Belong to My Heart" es la versión en inglés de la canción mexicana . . .
7. Todos los parientes de Little Joe son . . .
8. En la música *country* Willie Nelson es una figura . . .

Little Joe Hernández, con su grupo La Familia, es un legendario pionero de la música tejana. "El tex-mex está entre dos mundos, aunque es más que una mezcla cultural: es legítima música americana", dice Joe. Las raíces de la música tejana están en México con sus rancheras, el norteño, la música de conjuntos, la cumbia, los boleros y los corridos. Las polcas y los valses llegaron de Europa. También hay elementos del *country-western*, el *rhythm & blues*, el *jazz*, el *rock & roll* clásico y de las montañas.

Sus primeras memorias son de una gran familia (Joe es el tercero de una familia de doce hermanos), padres, tíos, tías y todos cantaban y tocaban canciones en español.

Hoy en día, con 48 álbumes, Little Joe es para la música tejana lo que Willie Nelson es para el *country:* una figura patriarcal. Con toda la experiencia acumulada, Little Joe está entrando en el mundo de la música *country*. Tiene una grabación con Willie Nelson, "You Belong to My Heart", la versión en inglés de "Solamente una vez", que apareció en las listas de la revista Billboard.

◆ **Orientación**   The *Así es* section presents practical "how-to" vocabulary. For example, you will learn how to count, how to ask questions, how to bargain... and in this chapter, how to tell time (**Cómo decir la hora...** means *How to tell time...*). In every chapter, a set of *Prácticas* offers practice with the new expressions.

Así es

Cómo decir la hora

In order to tell time, you only need a few simple phrases. What do you notice about the following time expressions?

Es la una.	1:00
Son las dos.	2:00
Son las ocho.	8:00

▲ **¡Exacto!** Use **Es la . . .** if it is 1:00 and **Son las . . .** for all other times.

▲ On the quarter hour, the words **y cuarto** or **y quince** follow the hour. On the half hour, say **y media** or **treinta.**

◆ Time may also be written with a comma (1,30) or a period (1.30), as seen in some of the realia from different countries.

Es la una **y cuarto.**
Es la una **y quince.**   ➡   1:15

Es la una **y media.**
Es la una **y treinta.**   ➡   1:30

Son las dos **y cuarto.**
Son las dos **y quince.**   ➡   2:15

Son las dos **y media.**
Son las dos **y treinta.**   ➡   2:30

▲ All other times are expressed by giving the hour, then **y,** and then the minutes. This method may also be used for times past the half hour.

Es la una **y** diez.	1:10	Son las dos **y** veinte.	2:20
Es las una **y** cuarenta.	1:40	Son las dos **y** cincuenta.	2:50

▲ An alternate way to tell time after the half hour is to subtract minutes from the next full hour using the word **menos.**

Es la una **menos** cuarto.	12:45	Son las dos **menos** cuarto.	1:45
Es la una **menos** veinte.	12:40	Son las cuatro **menos** diez.	3:50
Es la una **menos** diez.	12:50	Son las cinco **menos** veinticinco.	4:35

If you want to ask someone what time it is, you will use the phrase **¿Qué hora es?**

▲ Now you are ready to discuss at what time events occur. The only thing you must remember is that instead of using **es** or **son** with the hour, you will use **a.** If you want to ask someone at what time a particular event is taking place, you will use the phrase **¿A qué hora . . .?** Look at the following examples.

¿A qué hora hay una serie juvenil?	Hay una serie juvenil **a las cuatro.**
¿A qué hora hay un programa infantil?	Hay un programa infantil **a las siete y media.**

Prácticas

A. ¿A qué hora...? Children are beginning to complain about the lack of appropriate programming for younger viewers. With a partner, indicate at what times there are programs suitable for all members of the family.

■ **Ejemplo**

Hay un magacín° infantil, "Ring-ring", a las siete y media.
Hay un programa de...
Hay una serie...

Las quejas de los niños ante la TV
- Excesivo número de anuncios
- Horarios inadecuados
- Sexo y pornografía
- Violencia

TVE 1

7.30 Ring-ring. (Magacín infantil).
9.30 Emperatriz. (Telenovela). Capítulo 17.
10.55 Noticias.
11.00 Verde que te quiero verde. (Programa de jardinería).
11.15 Pasa la vida. (Magacín). Presenta María Teresa Campos.
13.30 El menú de Karlos Arguiñáno. (Programa de cocina).
13.55 Noticias. Avance.
14.00 Informativo territorial.
14.30 No te rías que es peor. (Concurso).
15.00 Telediario-1. Incluye «El tiempo».
15.30 El desprecio. (Nueva telenovela). Capítulo 1. Intérpretes: Mari Carmen Regueiro, Flavio Caballero, Flor Núñez, Carlos Márquez.

16.25 Marielena. (Telenovela). Capítulo 134.
17.30 Verano azul. (Serie juvenil). «La última función».
18.30 Noticias. Avance.
18.35 Los problemas crecen. (Serie juvenil). «La casa de los Malone».
19.00 Blossom. (Serie juvenil). «Los perdedores ganan». Intérpretes: Mayim Bialik, Ted Woss, Joey Lawrence.
19.30 ¿Cómo lo veis? (Concurso). Presenta Joaquín Prat.
20.00 Corazón salvaje. (Serie dramática). Episodio 11. Intérpretes: Eduardo Palomo, Ariel López Padilla, Enrique Lizalde, Luz María Aguilar:
21.00 Telediario-2. Incluye «El tiempo».
21.30 Villarriba y Villabajo. (Serie de humor). «La gran depresión». Intérpretes: Juanjo Puigcorbé, Ana Duato, Carlos Tristacho, Ángel de Andrés López, Alfonso Lussón, Rafael Alonso.
22.30 El sexólogo. (Serie de humor). «Señor alcaldesa». Intérpretes: Antonio Ozores, Florinda Chico, Emma Ozores, Nuria González, Rafael Rojas, Fedra Llorente, Quique Camoiras.
23.30 Los unos y los otros. (Programa de debate).
1.00 Telediario-3.
1.30 La ley de Los Ángeles. (Serie dramática).
2.20 Alta tensión. (Serie policíaca).
3.40 Telediario-4.
4.10 Despedida y cierre.

---

magacín *show that offers a variety of programming*

B. Programas populares. With a partner, exchange information about the names and times of television shows in your viewing area for each of the following categories. Follow the example.

■ **Ejemplo**   un programa infantil
   ESTUDIANTE 1: **¿A qué hora hay un programa infantil?**
   ESTUDIANTE 2: **"Sesame Street" es a las siete.**

1. una serie de humor
2. una serie dramática
3. una serie juvenil
4. un concurso°
5. un programa de cocina

6. un programa de debate
7. una serie policíaca
8. un programa sobre la naturaleza
9. una telenovela°
10. noticias°

There are a few other expressions that will help you indicate more precisely when events are to take place. Study the following chart.

Cómo decir la hora   *Telling time*

WHEN A SPECIFIC TIME IS GIVEN:

de la mañana	*in the morning, A.M.*	del mediodía	*noon*
de la tarde	*in the afternoon, P.M.*	de la medianoche	*midnight*
de la noche	*in the evening, P.M.*	en punto	*sharp, on the dot*

Hay noticias a las ocho **de la mañana.**
*There is a news program at eight o'clock **in the morning.***
Hay un programa para niños a las doce **del mediodía.**
*There is a children's program at twelve **noon.***

WHEN NO SPECIFIC TIME IS GIVEN:

por la mañana	*in the morning*
por la tarde	*in the afternoon*
por la noche	*in the evening*
al mediodía	*at noon*
a medianoche	*at midnight*

Hay noticias **por la mañana.**
*There is a news program **in the morning.***
Hay una nueva telenovela **por la tarde.**
*There is a new soap opera **in the afternoon.***
A medianoche hay un programa de noticias internacionales.
***At midnight** there is an international news program.*

In order to ask when an event is going to take place, you may use the interrogative word **¿cuándo?**

¿Cuándo hay noticias?   ***When** is there a news program?*

---

concurso *game show*   telenovela *soap opera*   noticias *news*

Mesilla Vieja
Nuevo México

Ciudad Histórica

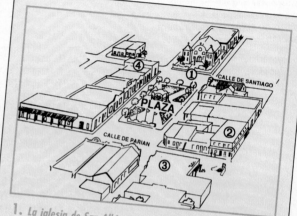

1. *La iglesia de San Albino.* Construcción en adobe de 1855 y re-construida en 1906. Horas de visita de 13:00 a 16:00 diariamente excepto los domingos. Misa en inglés los sábados a las 18:30. Misa en español los domingos a las 7:00 y 11:00.

2. *White Cloud Galería.* Joyería con turquesas con diseños exclusivos. Lunes a viernes de 9:00 a 17:00; sábados de 9:00 a 21:00. Cerrado los domingos y días festivos.

3. *La Posta restaurante.* Antiguas oficinas del *Butterfield Stage.* Restaurante y bar. Especialidad en comida mexicana. Terraza. Comida todos los días de 11:00 a 14:00. Cena de 17:30 a 22:00. Cerrado los domingos. Tel: 524-0982.

4. *Tienda del Sol.* Alfombras y textiles de los navajos y los chimayos. Joyería, ropa y regalos. Abierto todos los días de 10:00 a 18:00.

C. Mesilla. Mesilla is one of the best-known and most-visited historic communities in New Mexico. Its adobe buildings surrounding a central plaza typical of many southwestern towns provide a glimpse into life in a pueblo 200 years ago. Read this brochure featuring some of the more popular locations and take turns telling a partner when it is possible to visit each place.

■ **Ejemplo** *Se puede ir° a la iglesia de San Albino entre la una y las tres de la tarde.*

Se puede ir *One can go*

SEGUNDA ETAPA Funciones

◆ **Orientación** In the second phase of each chapter, *Funciones,* you will learn three language functions in contexts that relate them to the chapter theme. To practice the new language, three or more *Prácticas* are provided for each *Función.*

 Diario de actividades

◆ For additional information on using **estar** to describe health and other conditions, see the *Diario de actividades, Primera función.*

◆ Remember that **estáis** is the familiar plural form used in Spain.

PRIMERA FUNCIÓN
Describing health and physical or emotional conditions using **estar**

▲ One way of socializing is to start a conversation with an exchange about the participants' health or current state. In Spanish, the verb **estar** is used in these exchanges. You have already learned some phrases containing forms of **estar,** such as **¿Cómo estás?** and **¿Cómo está usted?**

Notice that several forms carry written accent marks. In speaking, the stress falls on the suffix, rather than on the stem, of the form. Study the chart below.

Estar *To be*				
SINGULAR		PLURAL		
(yo) **estoy** *I am*		(nosotros/nosotras)	**estamos**	*we are*
(tú) **estás** *you are*		(vosotros/vosotras)	**estáis**	*you (all) are*
(usted/ él/ella) **está** *you are/ he is/she is*		(ustedes, ellos/ellas)	**están**	*you (all) are/ they are*

▲ Now read the following examples that describe how the different members of the López family feel today. Notice that the ending of the DESCRIPTIVE ADJECTIVE must AGREE with the SUBJECT(s). Since **bien** and **mal** are ADVERBS, they have only one form and, unlike adjectives, they don't agree with the words they modify.

Hablando de la salud	*Talking about health*
Todos **estamos bien.**	*We **are** all **well.***
Hoy Pablito **está mal.**	*Pablito **is sick** today.*
Alex **está regular.**	*Alex **is fair.***
Cristina y Rosa **están enfermas.**	*Cristina and Rosa **are sick.***

▲ **Estar** can also be used to describe the current state of individuals. The term *current state* refers to how the subject feels or looks at the time the statement is made. Notice that the phrases on the next page encompass both physical and emotional conditions.

◆ ◆ ◆

Condiciones físicas y emocionales	Physical and emotional conditions
(Yo) **estoy** muy nervioso.	**I am** very nervous.
¿**Está** usted preocupada?	**Are you** worried?
Eduardo **está** alegre.	Eduardo **is** happy.
Verónica y yo **estamos** contentas.	Verónica and I **are** happy.
Mirta y tú **estáis** tristes.	Mirta and you **are** sad.
¿**Están** enojados tus hermanos?	**Are** your brothers angry?
¡Qué guapa **estás** hoy!	How beautiful you **look** today!
¡**Estás** más **delgado** ahora!	You **look thin**ner now!

◆ **Una cosita más** Although in *Capítulo 1* you used adjectives like **guapo/ guapa** and **delgado/ delgada** with the verb **ser,** some of the same adjectives may also be used with **estar** to indicate that the subject looks, feels, or appears to be a certain way. Exercises comparing and contrasting **ser** and **estar** will be presented in the *Extensión* in the *Diario de actividades.*

◆ **Orientación** The notes in *Una cosita más* provide additional explanations of grammar, vocabulary, and culture. You should be able to recognize the language functions and lexical items in context when you encounter them, but you will not be responsible for them.

Prácticas

Adjetivos descriptivos	Descriptive adjectives
aburrido/aburrida	*bored*
alegre	*happy*
animado/animada	*excited*
cansado/cansada	*tired*
contento/contenta	*happy*
deprimido/deprimida	*depressed*
encantado/encantada	*delighted*
enojado/enojada	*angry*
furioso/furiosa	*furious*
nervioso/nerviosa	*nervous*
ocupado/ocupada	*busy*
orgulloso/orgullosa (de)	*proud*
preocupado/preocupada	*worried*
seguro/segura	*sure*
triste	*sad*

A. ¿Cómo están? Describe how the following people feel using one or two appropriate adjectives.

1. CARLOS
2. SUSANA Y CARMEN
3. RICARDO
4. PABLO Y PEPE
5. SILVIA
6. ESTEBAN

■ **Ejemplo** *Carlos está contento.*

B. ¿Cuál es tu conclusión? Read the following statements. On a separate sheet of paper, write a conclusion using an appropriate expression with **estar.**

■ **Ejemplo**   Carlota está en el hospital.
   Carlota está enferma.

1. Rosa está en el consultorio del dentista.
2. Los padres de Pablito tienen una reunión con su profesora.
3. Marcos saca 50% en todos los exámenes.
4. Hay un examen de español importante mañana.
5. Marcos va° a un concierto de Little Joe Hernández esta noche.

C. ¿Cómo están? Look over the following headlines from *El Hispano,* the official Spanish-language newspaper of the state of New Mexico. In your opinion, how do the people mentioned feel?

■ **Ejemplo**   **José José vende 100.000**   cantante
   copias de su último   ***El cantante está animado.***
   disco en Francia.

1. científicos	5. estadounidenses
2. médicos	6. rusos
3. soldados	7. mexicanos
4. venezolanos	8. españoles

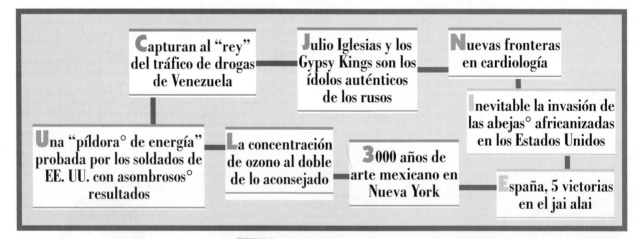

Capturan al "rey" del tráfico de drogas de Venezuela

Julio Iglesias y los Gypsy Kings son los ídolos auténticos de los rusos

Nuevas fronteras en cardiología

Una "píldora° de energía" probada por los soldados de EE. UU. con asombrosos° resultados

La concentración de ozono al doble de lo aconsejado

3.000 años de arte mexicano en Nueva York

Inevitable la invasión de las abejas° africanizadas en los Estados Unidos

España, 5 victorias en el jai alai

VÉNDALO · CÓMPRELO · ALQUÍLELO · EMPLÉELO
BÚSQUELO MÁS RÁPIDO EN EL PERIÓDICO
LATINO DE MÁS CIRCULACIÓN EN TODO
EL ESTADO DE New Mexico
Avise en EL HISPANO

---

va *is going*   **píldora** *pill*   **asombrosos** *astonishing*   **abejas** *bees*

SEGUNDA FUNCIÓN

Asking for and giving the location of people, places, and things using estar

 Diario de actividades

◆ For additional information on using **estar** to ask for and give locations, see the *Diario de actividades, Segunda función.*

▲ The verb **estar** is also used in expressions that refer to the location of people, places, and things. Study the following examples.

Sócorro **está** al noroeste de Alamogordo.	*Las Cruces is southwest of Alamogordo.*
Estados Unidos **están** en Norteamérica.	*The United States is in North America.*
Roberto **está** en casa.	*Roberto is at home.*
Cecilia y su amiga **están** en Santa Fe.	*Cecilia and her friend are in Santa Fe.*

◆ **Una cosita más** In Spanish, the masculine singular article **el** contracts with the preposition **a** to form **al.** For example: **Albuquerque está** *al* **norte de Belén.**

◆ **Una cosita más** The masculine singular article **el** contracts with the preposition **de** to form **del.** For example: ¿Está al norte **de la** ciudad? ¿Está al norte **de las** montañas? ¿Está al sur **de los** apartamentos? ¿Está al sur **del** apartamento?

▲ To ask where people, places, or things are located, or to inquire about who is at a particular place, you will need to know two INTERROGATIVE WORDS: **¿Dónde?** (*Where?*) and **¿Quién(es)?** (*Who?*). **¿Quién?** is used to refer to one person, and **¿Quiénes?** is used to refer to more than one person. Before you begin the *Prácticas,* study the following examples.

◆ **Una cosita más** You have probably noticed that Spanish has two different verbs that express *to be.* These verbs, **ser** and **estar,** are not interchangeable. In *Capítulo 1* (pp. 26–27), you learned that **ser** is used to identify people and things and to describe physical appearance. In this chapter, you used **ser** with time expressions. **Estar** is used to describe health, physical and emotional conditions, and location. Complete the activities in your *Diario de actividades, Segunda función* before you do the *Prácticas* here in your text.

¿Dónde está Ánimas?	*Ánimas está al suroeste de Las Cruces.*
¿Quién está en Ánimas?	*Cecilia está en Ánimas.*
¿Quiénes están en Las Cruces?	*Jesús y Antonio están en Las Cruces.*

Prácticas

A. La geografía. Refer to the map of New Mexico and explain to your classmates the location of the following cities using the cardinal points given.

■ **Ejemplo** ESTUDIANTE 1: ***¿Dónde está la ciudad° de Portales?***
ESTUDIANTE 2: ***La ciudad de Portales está al sureste de Taos.***

1. Las Cruces
2. Santa Fe
3. Española
4. Alamogordo
5. Socorro
6. Portales
7. Ruidoso
8. Ánimas
9. Taos
10. Albuquerque

---

ciudad *city*

B. Los puntos cardinales. Working with a partner, tell him or her where the following places are located using the cardinal points.

■ **Ejemplo**   California
   ESTUDIANTE 1: *¿Dónde está California?*
   ESTUDIANTE 2: *California está al oeste de Nevada.*

1. Nuevo México
2. Chicago
3. Nueva York
4. El Gran Cañón del Colorado
5. El río Misisipi
6. Florida
7. Texas
8. San Francisco
9. Boston
10. Nevada

C. ¿Dónde están? With another member of the class, take turns telling which family members or friends are at the following locations now.

■ **Ejemplo**   en casa
   ESTUDIANTE 1: *¿Quién está en casa?°*
   ESTUDIANTE 2: *Mi padre está en casa.*

1. en la universidad
2. en la cafetería
3. en casa
4. en el trabajo°
5. de vacaciones° en Miami
6. en otro país°
7. en otra ciudad°
8. en Nueva York
9. en la playa
10. en la oficina

D. Mis parientes. Working with a partner, describe several of your relatives. Tell your partner who they are, what they look like, how they feel, and where they are now.

■ **Ejemplos** *Mi tío Juan es alto y delgado. Está muy ocupado.*
   Está en California ahora.°
   Mis primos Tomás y Javier son bajos y rubios.
   Están muy contentos. Tomás está en Iowa y
   Javier está en Ohio.

E. Cara a cara. Look at the López family album on the next page and write a brief description of the people in each photo. Include physical conditions, emotional conditions, and location.

■ **Ejemplo** *Rosa está nerviosa.*

---

en casa *at home*   **trabajo** *work*   **de vacaciones** *on vacation*   **otro país** *another country*
otra ciudad *another city*   **ahora** *now*

A LA PLAYA, 1985
ROSITA, ALEX, PABLITO, MARCOS

TERCERA FUNCIÓN

Requesting information and reporting facts using regular -ar verbs

Let's start by examining the following examples of Spanish VERBS and their English equivalents:

desear *to want, wish*	**hablar** *to speak*	**trabajar** *to work*

▲ What types of ideas do these words convey? If you said that these words express actions and feelings, you are correct. In Spanish, just as in English, verbs are used to indicate an action or state of being. What features do **desear, hablar,** and **trabajar** have in common? Did you notice that all three end in the SUFFIX **-ar** and that their English equivalents begin with *to*? This is an important feature of Spanish verbs. Bilingual dictionaries provide only this basic form of the verb, called the INFINITIVE. Read Rosa's checklist and try to guess what Rosita and Alex have to do today.

 Diario de actividades

◆ For additional practice on present tense **-ar** verbs, see the *Diario de actividades, Tercera función.*

◆ **Una cosita más** **Deseáis** is the familiar form of *you (all),* used in Spain. In other Spanish-speaking countries, **desean** is more common.

LOS QUEHACERES
Alex ❑ practicar el piano
❑ estudiar para el examen de historia
❑ lavar los platos
Rosita ❑ llamar a tu abuelita por teléfono
❑ terminar la tarea
❑ tomar la medicina a las cinco de la tarde

▲ To indicate *who* practices the piano or washes the dishes, however, we must make some additional changes. Unlike English, it is the verb SUFFIX (**-o, -as, -a, -amos, -áis, -an**) rather than a SUBJECT PRONOUN (**yo, tú, él, ella . . .**) that tells who is doing the action. The chart below shows the six suffixes used with **-ar** infinitive verbs to express ideas in the PRESENT time frame. Although the pronoun subjects are provided in the verb chart, remember that they are primarily used to avoid confusion about who the SUBJECT is, or for emphasis.

Desear *To wish, want, desire*		
SINGULAR		
yo	dese**o**	*I want*
tú	dese**as**	*you want*
usted/él//ella	dese**a**	*you want/he wants/she wants*
PLURAL		
nosotros/nosotras	dese**amos**	*we want*
vosotros/vosotras	dese**áis**	*you (all) want*
ustedes/ellos/ellas	dese**an**	*you (all) want/they (m. pl.) want/ they (f. pl.) want*

Now see if you can understand these sentences. Can you identify the **-ar** verbs in the sentences? What are the suffixes? What is the subject of each verb?

◆ **Una cosita más**   When the word following the conjunction **y** *(and)* begins with the sound /i/, spelled **i** or **hi** the **y** is changed to **e**. For example: **hablan español e inglés** or **padres e hijos.**

Maribel Roybal estudia español en la Universidad Estatal de Nuevo México en Las Cruces. También toma cursos de química, biología y computación. Su hermano también estudia en la universidad pero él toma cursos de gramática, literatura y composición. Los dos hablan español e inglés porque su padre es de México y su madre es de Australia.

Las montañas Organ en Las Cruces, Nuevo México.

The verbs are **estudiar, tomar,** and **hablar,** and the suffixes for these verbs are **-a** and **-an.** In the first two sentences, Maribel is the subject; the third sentence tells about her brother; and the last sentence talks about both of them. Before doing the ***Prácticas,*** study the following verbs and their equivalents.

Verbos regulares *-ar*   *Regular -ar verbs*

ayudar	*to help*	limpiar	*to clean*
buscar	*to look for*	llamar	*to call*
cantar	*to sing*	llevar	*to take, carry*
charlar	*to chat*	mandar	*to send*
comprar	*to buy*	mirar	*to look at, watch*
~~cuidar (de)~~	~~*to take care of*~~	necesitar	*to need*
desear	*to want, wish*	pagar	*to pay*
enseñar	*to teach*	practicar	*to practice*
~~entregar~~	~~*to hand in, hand over*~~	preparar	*to prepare*
escuchar	*to listen*	terminar	*to finish*
esperar	*to hope (for)*	tocar	*to play* (an instrument)
estudiar	*to study*	tomar	*to take, drink*
ganar	*to earn*	usar	*to use*
~~gastar~~	~~*to spend*~~	viajar	*to travel*
hablar	*to speak*	visitar	*to visit*
invitar	*to invite*		

◆ **Una cosita más**   When the direct object of a Spanish sentence is a person, that noun or pronoun must be preceded by the preposition **a.** This **a** has no equivalent in English and is referred to as **a personal.** For example, if you are looking for your instructor, you would say **Busco *a* mi profesor/profesora.** If you are looking for your book, you would say **Busco mi libro.** For additional examples and *Prácticas,* see your *Diario de actividades, Tercera Función.*

◆ **Una cosita más**   You will notice that some Spanish verbs are followed by a preposition. It is best to memorize the preposition along with the verb. For example: **Cuido <u>de</u> mis libros** BUT **Cuido <u>a</u> mi hermanito.**

Prácticas

A. Las actividades de Maribel. Read what is happening in each scene and locate the **-ar** verbs.

Maribel estudia comunicaciones en la Universidad Estatal de Nuevo México.

Sus° padres, sus hermanos y sus abuelos escuchan a Maribel todos los días a las ocho.

Por las mañanas trabaja en la estación de radio KRWG.

Ella termina su trabajo a las doce y regresa a casa donde prepara su programa para el día siguiente°.

Su(s) *Her*   **siguiente** *next*

B. Unas preguntas. Now reread the texts in *Práctica A* and answer the following questions in Spanish.

1. ¿Dónde estudia Maribel?
2. ¿Cuándo trabaja Maribel? ¿Dónde trabaja?
3. ¿Quiénes escuchan a Maribel por la radio? ¿A qué hora?
4. ¿Cuándo termina Maribel su trabajo? ¿Dónde prepara su programa para el día siguiente?

C. Una entrevista. Working with a partner, take turns asking and answering the following questions and add one additional bit of information.

■ **Ejemplos**   ESTUDIANTE 1: *¿Escuchas la radio?*
                   ESTUDIANTE 2: *Sí, escucho KEDA por la mañana.* OR
                   ESTUDIANTE 1: *¿Invitas a algunos° amigos a una fiesta?*
                   ESTUDIANTE 2: *Sí invito a Miguel y a Antonia.*

1. ¿Trabajas en la universidad?
2. ¿Estudias en la biblioteca?°
3. ¿Visitas a algunos parientes durante las vacaciones?
4. ¿Hablas español?
5. ¿Limpias tu casa o apartamento frecuentemente?
6. ¿Practicas deportes° con amigos?
7. ¿Llamas a algunos amigos por teléfono a las once de la noche?
8. ¿Bailas y cantas en las fiestas?
9. ¿Compras muchos regalos?°
10. ¿Ayudas en casa?
11. ¿Cantas con amigos?
12. ¿Tocas el piano o la guitarra?
13. ¿Tomas café por la mañana, por la tarde o por la noche?
14. ¿Mandas muchas cartas° a casa?
15. ¿Invitas a algunos amigos a tu casa?

D. ¿Cuándo? Working with a partner, tell when you do the following activities. You may use a time phrase, or use the expressions **los fines de semana** (*the weekends*), **durante la semana** (*during the week*), **siempre** (*always*), **frecuentemente** (*frequently*), **todos los días** (*every day*), **todas las noches** (*every night*), **de vez en cuando** (*every once in a while*), or **nunca** (*never*).

■ **Ejemplos**   limpiar la casa
                   Limpio la casa por la tarde. OR
                   Nunca limpio la casa.

---

algunos *some*   **biblioteca** *library*   **deportes** *sports*   **regalos** *gifts*   **cartas** *letters*

1. comprar un cassette
2. trabajar con la computadora
3. entregar la tarea°
4. terminar de trabajar
5. cantar
6. estudiar español
7. practicar algún deporte
8. buscar excusas para no ayudar en casa
9. hablar por teléfono con los amigos toda la noche
10. estudiar hasta las cuatro de la mañana
11. tomar café
12. invitar a algunos amigos a una fiesta
13. visitar a tu tío favorito o a tu tía favorita
14. necesitar dinero°
15. preparar una pizza

E. Cosas de familia. Working in pairs, find out who in your partner's family does the following things. Then write a short paragraph describing his or her relatives.

■ **Ejemplo**   escuchar música clásica

ESTUDIANTE 1: *¿Quién en tu familia escucha la música clásica?*
ESTUDIANTE 2: *Mi primo Carlos escucha la música clásica.*
¿Y en tu familia?
ESTUDIANTE 1: *Mis° padres escuchan la música clásica.* OR
Nadie° en mi familia escucha la música clásica.

1. comprar un auto nuevo
2. mirar todos los programas de deportes en la televisión
3. estudiar en la universidad
4. trabajar en otro país
5. ganar la lotería de vez en cuando
6. hablar español
7. usar siempre° tarjetas de crédito
8. tocar el piano
9. viajar mucho
10. practicar deportes con la familia
11. usar el auto de un amigo o de una amiga

▲ Finally, as in English, when two Spanish verbs are used in a sequence without a change in subject, the second verb usually remains in the infinitive form.

Deseo **viajar** a Madrid, un pueblo pintoresco en el centro de Nuevo México.	*I want **to travel** to Madrid, a picturesque town in the center of New Mexico.*
Necesito **llevar** mi cámara y comprar tres rollos de película.	*I need **to take** my camera and buy three rolls of film.*
Allí espero **sacar** fotos de las casas antiguas.	*There I hope **to take** pictures of the old houses.*

---

tarea *homework* **dinero** *money* **Mis** *My* (plural) **Nadie** *No one* **siempre** *always*

F. En parejas. With a partner, take turns asking and answering questions about the different members of your family.

■ **Ejemplo** desear trabajar en un banco

ESTUDIANTE 1: *¿Quién en tu familia desea trabajar en un banco?*

ESTUDIANTE 2: *Mi primo Guillermo desea trabajar en un banco.*

1. desear viajar a otro país
2. necesitar comprar un auto
3. desear ser profesor/profesora
4. esperar ganar la lotería
5. necesitar buscar otro trabajo
6. esperar ganar mucho dinero
7. desear practicar algún deporte
8. necesitar limpiar la casa

G. Gente joven. The following excerpts from **Ser padres hoy** give hints on how to raise and educate children. As you read, locate the **-ar** verbs and then state the main idea of each paragraph in English.

■ **Ejemplo** *Los padres necesitan ayudar a los hijos.*

¿Mis hijos . . .   . . . obedecen?

1. Ayudar a los hijos desde pequeños a descubrir la importancia del orden, la justicia, la verdad, el amor y el servicio.

2. Distinguir los modos de ser. Cada hijo tiene un temperamento que facilita o dificulta la obediencia. No com-parar. Esperar con paciencia cuando esté de mal humor.

3. Evitar el tono severo. Dar las órdenes en forma positiva de modo que inviten a ser cumplidas. Reflejar desconfianza facilita la desobediencia.

4. Buscar el momento oportuno para hablar con los hijos sobre sus problemas.

5. Estimular la obediencia con un gesto cariñoso, como un abrazo o un beso.

TERCERA ETAPA Estrategias

COMPRENSIÓN AUDITIVA Textbook Cassette

Antes de escuchar

Diferencias. As you listen to the radio, what different formats, voice types, background noises, and background music help you determine the kind of program? How can you immediately tell the difference between a rock DJ and a weather report or between a sports announcer at a football game and a local talk show? In groups of three, list six different types of segments that frequently occur on the radio and the distinct type of "aural" cues present in each.

¡A escuchar!

Radio La Voz. Before listening to an excerpt from **Radio La Voz,** one of the many Spanish language AM stations in Los Angeles that offer a wide variety of programming for their listeners, take a few seconds to think about the programs or other elements that you might hear. Then, rewrite the categories listed below in the order that you hear them on the cassette. When you listen a second time, check your comprehension against the list you made.

■ **Ejemplo**   YOU HEAR: «Buenos días, San Francisco! Faltan tres minutos para las nueve de la mañana. Soy Beto Rosales, su servidor, con toda la música del momento.»
YOU WRITE: ***disk jockey chatter***

1. weather forecast
2. announcement
3. warning
4. commercial
5. sports

◆ **Orientación**   In the third phase of each chapter, ***Estrategias,*** you will learn helpful strategies for listening, reading, speaking, and writing Spanish. Each section focuses on a specific strategy and includes related activities.

◆ **Orientación**   In the ***Comprensión auditiva*** section, you will listen to a Spanish text. In each chapter, a listening strategy will help you build your comprehension skills. These segments are recorded on your **Textbook Cassette.**

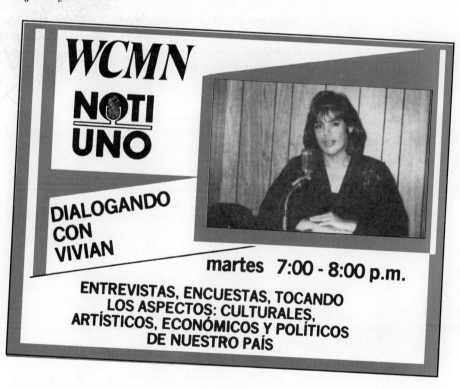

WCMN
NOTI UNO

DIALOGANDO CON VIVIAN

martes 7:00 - 8:00 p.m.

ENTREVISTAS, ENCUESTAS, TOCANDO LOS ASPECTOS: CULTURALES, ARTÍSTICOS, ECONÓMICOS Y POLÍTICOS DE NUESTRO PAÍS

Después de escuchar

Más información. Listen to the cassette again and answer the following questions in English.

1. Is it hot or cold in Los Angeles? What is the maximum and minimum temperature?
2. What time is it in San Francisco? What type of music is going to be played?
3. What sport is announced? Where did the event take place?
4. What is the name of the new car? What does it offer?
5. Where are **Los Astros playing**? What will they do after the concert?
6. Why is the beach closed and for how long?

◆ **Orientación** The *Lectura* section highlights a different reading strategy in each chapter. As you learn to read Spanish, you may be tempted to look up every unfamiliar word in your bilingual dictionary. This takes a lot of time and becomes boring. The *Lectura* strategies will help you develop good reading skills (both in English and in Spanish!) so you will rely less on your dictionary. A variety of reading materials are featured, many of them excerpts from Spanish-language newspapers and magazines. So you will be reading the same things that native speakers read.

LECTURA

¿Qué sabes? Using previous knowledge to help you understand a reading passage is something you do everyday when you pick up the newspaper. You are usually able to predict what type of facts will be reported when two well-known celebrities are getting a divorce or what type of information will be given about the ideal vacation spot. You can practice the same strategy as you prepare to read in Spanish by asking yourself what you already know about the topic and what you predict will be contained in each article. As you read, remember to look for cognates to help you determine the gist or overall meaning.

Antes de leer

En general. Magazines and newspapers frequently include "self-evaluation" questionnaires that help readers judge or classify themselves according to any number of categories. If you were to design a quiz to determine the qualities of "good" adult sons and daughters, what would you include?

¡A leer!

¿Cómo eres? Look at the self-quiz on the next page and determine the key point of each question. List the qualities being evaluated.

◆   ◆   ◆

5. ¿Llega usted a exagerar en ciertas actividades: beber, fumar o comer?

6. ¿Es usted un amigo de sus padres?

7. ¿Va al cine, a bailar o al restaurante con sus padres?

8. ¿Tiene ideas políticas bastante parecidas a las de su familia?

9. ¿Ayuda con los quehaceres de la casa como limpiar o lavar la ropa?

10. ¿Invita a sus amigos a comer en casa si están sus padres?

1. ¿Deben las decisiones de importancia ser adoptadas conjuntamente por todos los miembros de la familia?

2. ¿Habla frecuentemente de las virtudes (o defectos) que tienen su padre o su madre?

3. ¿Cuida de los animales domésticos?

4. ¿Está usted habitualmente de buen humor en casa?

> SOLUCIONES: **Entre 10 y 5 respuestas "sí"**—Su relación con sus padres es muy buena.
> **Entre 4 y 0 respuestas "sí"**—Probablemente no está muy contento con su vida en familia. Hay que resolver los problemas entre sus padres y usted.

Después de leer

¿Es cierto? Now that you have determined the gist of the self-quiz, discuss the following questions with your partner in English.

1. What type of magazine do you think would feature this article?
2. Do you think this quiz would accurately categorize "good" sons and daughters? Why or why not?

COMUNICACIÓN Textbook Cassette

How would you answer the phone or thank someone if you were traveling in a Hispanic country? The following conversations will help you chat with friends, talk on the phone, and express thanks. Listen to the conversations on your cassette and then practice them with other members of the class.

Cómo charlar *Chatting*

Cómo hablar por teléfono *Talking on the phone*

Cómo expresar agradecimiento *Expressing thanks*

Cómo charlar	Chatting		
ENTRE AMIGOS	AMONG FRIENDS	**FRASES DE CORTESÍA**	POLITE PHRASES
¿Cómo te va?	*How's it going?*	¿Cómo le va?	*How's it going?*
¿Cómo van las clases?	*How are classes going?*		
¿Qué tal la familia?	*How's the family?*	¿Cómo está la familia?	*How's the family?*
¿Qué hay de nuevo?	*What's new?*		
¿Quién es?	*Who is it?*		
RESPUESTAS	REPLIES		
(Bastante) bien.	*(Pretty) well, fine.*	Horrible.	*Horrible.*
Fenomenal.	*Phenomenal.*	Mal.	*Bad(ly).*
		Nada nuevo.	*Nothing new.*

Prácticas

A. Vamos a charlar. Using the first dialogue on the preceding page as a model and the ***Cómo charlar*** phrases above, practice socializing with four other members of the class.

B. Un encuentro. With another member of the class, role play a situation in which you have a brief conversation with your instructor before class.

C. La salud de los amigos y parientes. In Spanish-speaking cultures, it is quite common to inquire not only about the health of the people you are speaking with but also about the health of their family. Working with a partner, make "small talk" about each other's health and the health of several other family members using the chatting phrases and replies shown above.

Cómo hablar por teléfono	Talking on the phone
¿Aló?	*Hello? (some countries)*
Bueno.	*Hello? (Mexico and New Mexico)*
Diga./Dígame.	*Hello? (Spain)*
¿Con quién hablo?	*With whom am I speaking?*
¿De parte de quién?	*Who's speaking?*
¿Quién llama?	*Who's calling?*
¿Quién es?	*Who is it?*
No, no está. ¿Quiere(s) dejar un recado?	*No, he/she isn't here. Do you want to leave a message?*
Se ha (Te has) equivocado de número.	*You have the wrong number.*
Un momento, por favor. Ahora viene (se pone).	*Just a moment, please. He/She will be right here.*
¿Está(s) ahí?	*Are you there?*
¿Está Alicia?	*Is Alicia there?*
	(continued)

Cómo hablar por teléfono	Talking on the phone (cont.)
Soy Tomás.	It's Tom.
Habla Silvia.	Silvia speaking.
¿Puedo hablar con Lorenzo, por favor?	May I please speak with Lorenzo?
Por favor, ¿está Arturo?	Is Arturo home, please?
Dígale (Dile) que llamaré más tarde.	Tell him/her that I'll call back later.

D. Una llamada telefónica. With a partner, use the telephone courtesy phrases you have just learned to practice answering the telephone and giving brief messages.

■ **Ejemplo** ESTUDIANTE 1: *¿Aló? Por favor, ¿está Enrique?*
ESTUDIANTE 2: *¿De parte de quién?*
ESTUDIANTE 1: *De Conchita.*
ESTUDIANTE 2: *Un momento, por favor. Ahora viene.*

E. La conexión está mala. Frequently international calls are interrupted by static or by a break in communication. With a partner, practice asking for and giving information during a telephone conversation with someone from another country. Ask your partner who he or she is, how to spell his or her name, and where he or she is calling from. Since you are unable to hear the complete message, use the phrase **¿Está ahí?** (formal) or **¿Estás ahí?** (familiar) to ask *Are you there?*

■ **Ejemplo:** ESTUDIANTE 1: *Diga.*
ESTUDIANTE 2: *Soy Javier González.*
ESTUDIANTE 1: *¿Quién es?*
ESTUDIANTE 2: *Habla Javier González.*
ESTUDIANTE 1: *¿Cómo se deletrea Javier?*
ESTUDIANTE 2: *J-A-V . . . ¿Está ahí?*
ESTUDIANTE 1: *Sí.*
ESTUDIANTE 2: *J-A-V-I-E-R.*
ESTUDIANTE 1: *Ah, Javier. ¿De dónde está llamando?*
ESTUDIANTE 2: *De Madrid.*

Cómo expresar agradecimiento	Expressing thanks
Gracias.	Thanks./Thank you.
Muchas gracias.	Thank you very much.
Mil gracias.	Thanks a lot.
Estoy muy agradecido/agradecida.	I'm very grateful.
Muy amable de tu parte.	You're very kind. (familiar)
Muy amable de su parte.	You're very kind. (formal)
RESPUESTAS	REPLIES
De nada./Por nada./No hay de qué.	It's nothing. You're welcome.
¿De verdad le (te) gusta?	Do you really like it?
Me alegro que le (te) guste.	I'm glad you like it.

¿Está llamando? *Are you calling?*

F. Muchas gracias. Both Spanish and Native American influences are evident in New Mexico. The articles below reflect both cultures. Work with a partner and take turns thanking each other for the following items, using the phrases shown on the preceding page.

■ **Ejemplo** ESTUDIANTE 1: *Mil gracias por la jarra de cerámica.*
ESTUDIANTE 2: *De nada. ¿De verdad te gusta?*
ESTUDIANTE 1: *¡Sí! Es muy bonita.*

Alfombra estilo navajo   Estatuitas de madera   Joyería con turquesas

Cesta   Manta   Chiles

◆ Video that supports this chapter includes the following:

¡A CONOCERNOS! Video Program: *La familia* provides support for thematic and linguistic elements in the chapter. Activities that support this video appear in the **Instructor's Resource Kit.**

Mosaico cultural: Días de muertos expands upon the cultural material presented in the chapter. Activities that support this video are found in the ***Mosaico cultural* Video Guide.**

◆ **Orientación** You already know that writing in your native language is a sophisticated process. It takes time and effort to turn a phrase just the right way. The *Composición* section will help you develop your writing skills in Spanish. You will start out slowly by learning how to organize your ideas and then begin to write very simple compositions.

COMPOSICIÓN

Antes de escribir

Solicitudes. Although information requested on forms varies from country to country, most require you to provide first and last name (**nombre y apellidos**), home address (**domicilio particular**), and state, region, or province (**provincia**). Using what you know about forms and the amount of space provided, as well as cognate recognition, match the following terms with their appropriate English equivalents.

1. código postal
2. estado civil (soltero, casado, viudo)
3. fecha de nacimiento
4. vivienda propia
5. vivienda alquilada
6. nombre de la empresa
7. dirección
8. DNI (Documento nacional de identidad)
9. ingresos totales anuales netos
10. empresa anterior

a. rent
b. ID (Identification Card)
c. annual income
d. ZIP code
e. company name
f. status (single, married, widow)
g. own home
h. date of birth
i. address
j. previous employment

◆ In Spanish-speaking countries, the order of the numbers in dates is reversed. For example: *July 15, 1946* is written **el 15 de julio de 1946** or **15-7-46.**

¡A escribir!

Información personal. Now complete the form with your personal information.

SOLICITUD DE TARJETA
AMERICAN EXPRESS
LOS DATOS DE ESTA SOLICITUD SERÁN TRATADOS DE MODO ESTRICTAMENTE CONFIDENCIAL

DATOS PERSONALES

Nombre y apellidos completos

Nombre y apellidos como desee que aparezcan en la Tarjeta (20 espacios)

Domicilio particular

Localidad

Código postal   Provincia

Prefijo y teléfono   Estado civil   S C V

D N I n°

PASAPORTE n°   Fecha de nacimiento

Vivienda propia / Alquilada   Núm. de personas a su cargo

¿Qué otras tarjetas posee?

DATOS PROFESIONALES

Nombre de la empresa

Dirección

Código Postal, Localidad y Provincia

Teléfono

Ingresos totales anuales netos   más de 1.5 millones   más de 2 millones   más de 3 millones

Antigüedad en años   Si lleva menos de dos años en su empleo actual, rellene los datos siguientes

Empresa anterior

Domicilio

Envíenme los datos mensuales a mi domicilio   a mi oficina

ATAJO

◆ **Atajo** writing assistant supports your efforts with the task outlined in this **Composición** section by providing useful information when the following references are accessed:

Capítulo 2: La familia

Phrases/functions asking and telling the time; describing health; asking for and giving directions; requesting or ordering; talking about the present; talking on the phone; thanking.

Vocabulary family members; media: telephone and telegraph; people; personality; telephone; time of day.

Grammar verbs: **estar;** verbs: **ser** and **estar;** verbs: agreement

◆ **Orientación** The *Vocabulario* section contains some study strategies that will help you learn key words and phrases for each chapter.

Después de escribir

Una entrevista. With a partner, practice giving the following personal information from his or her form by spelling it out. You may refer to the alphabet on page 9 if necessary.

■ **Ejemplo**   ESTUDIANTE 1: *¿Tu nombre y apellido, por favor?*
ESTUDIANTE 2: *Patricia Smith. P-A-T-R-I-C-I-A S-M-I-T-H.*

1. nombre y apellido(s)
2. dirección
3. código postal

VOCABULARIO

Personalizing vocabulary. To learn another language, you must personalize the vocabulary and make it meaningful to you. These activities will help you practice the new words in situations that relate to your family and friends.

Prácticas

A. Make up a guest list for a wedding or other family celebration. Include all the family members you would invite, their relationships to you, and any friends you would like to attend.

B. Make a list of the words you would use to describe yourself and different family members.

C. Write definitions for as many family members as possible.

■ **Ejemplo** *El padre de mi padre es mi abuelo.*

D. Use a vocabulary "cluster," such as the family words, in complete sentences.

E. Read the following messages for **El Día de la Madre** and make a list of key words. Working with your list, write a sentence or two to your mother, grandmother, or favorite aunt.

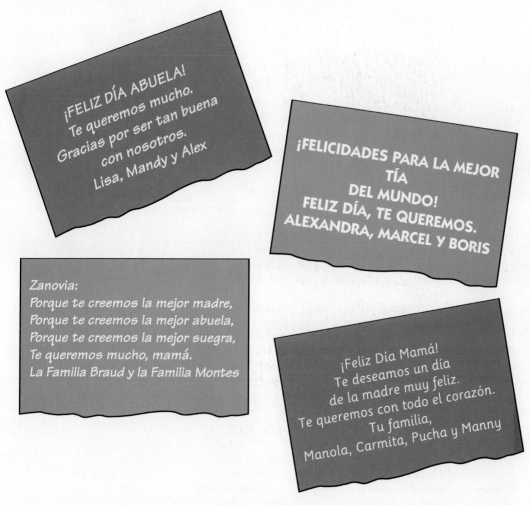

¡FELIZ DÍA ABUELA!
Te queremos mucho.
Gracias por ser tan buena
con nosotros.
Lisa, Mandy y Alex

¡FELICIDADES PARA LA MEJOR
TÍA
DEL MUNDO!
FELIZ DÍA, TE QUEREMOS.
ALEXANDRA, MARCEL Y BORIS

Zanovia:
Porque te creemos la mejor madre,
Porque te creemos la mejor abuela,
Porque te creemos la mejor suegra,
Te queremos mucho, mamá.
La Familia Braud y la Familia Montes

¡Feliz Día Mamá!
Te deseamos un día
de la madre muy feliz.
Te queremos con todo el corazón.
Tu familia,
Manola, Carmita, Pucha y Manny

F. Look through the vocabulary list and pick out the nouns that identify persons, places, or things. Make two new lists, one for the masculine words and one for the feminine. Include the corresponding articles.

VOCABULARIO

◆ **Orientación** The *Vocabulario* is a list of words and phrases you may use when doing the speaking and writing activities. The list is subdivided into categories for study and reference purposes. The categories are presented here in the order they appear within the chapter.

Miembros de la familia   *Family members*

abuela	*grandmother*	madre	*mother*
abuelo	*grandfather*	nuera	*daughter-in-law*
bisabuela	*great grandmother*	nieto	*grandson*
bisabuelo	*great grandfather*	nieta	*granddaughter*
compañero/compañera	*companion, significant other*	padrastro	*stepfather*
cuñada	*sister-in-law*	padre	*father*
cuñado	*brother-in-law*	padres	*parents*
esposa	*wife*	pariente	*relative*
esposo	*husband*	primo/prima	*cousin*
gemelo/gemela	*twin*	sobrina	*niece*
hermana	*sister*	sobrino	*nephew*
hermano	*brother*	suegra	*mother-in-law*
hermanastra	*stepsister*	suegro	*father-in-law*
hermanastro	*stepbrother*	tía	*aunt*
hija (adoptiva)	*(adopted) daughter*	tío	*uncle*
hijo (adoptivo)	*(adopted) son*	viuda	*widow*
hijastra	*stepdaughter*	viudo	*widower*
hijastro	*stepson*	yerno	*son-in-law*
madrastra	*stepmother*		

Cómo decir la hora   *Phrases used in telling time*

WHEN A SPECIFIC TIME IS GIVEN:

de la mañana	*in the morning, A.M.*	Es la una.	*It is one o'clock.*
de la tarde	*in the afternoon, P.M.*	Son las dos.	*It is two o'clock.*
de la noche	*in the evening, P.M.*	. . . y cuarto.	*. . . fifteen after.*
del mediodía	*noon*	. . . y media.	*. . . half past.*
de la medianoche	*midnight*	¿Qué hora es?	*What time is it?*
en punto	*sharp, on the dot*	¿A qué hora . . . ?	*At what time . . . ?*

WHEN NO SPECIFIC TIME IS GIVEN:

por la mañana	*in the morning*
por la tarde	*in the afternoon*
por la noche	*in the evening*
al mediodía	*at noon*
a medianoche	*at midnight*

Adjetivos descriptivos   *Descriptive adjectives*

aburrido/aburrida	*bored*	furioso/furiosa	*furious*
alegre	*happy*	nervioso/nerviosa	*nervous*
animado/animada	*excited*	ocupado/ocupada	*busy*
cansado/cansada	*tired*	orgulloso/orgullosa (de)	*proud*
contento/contenta	*happy*	preocupado/preocupada	*worried*
deprimido/deprimida	*depressed*	seguro/segura	*sure*
encantado/encantada	*delighted*	triste	*sad*
enojado/enojada	*angry*		

Verbos regulares -ar *Regular -ar verbs*

ayudar	*to help*	esperar	*to hope (for)*	necesitar	*to need*
buscar	*to look for*	estudiar	*to study*	pagar	*to pay*
cantar	*to sing*	ganar	*to earn*	practicar	*to practice*
charlar	*to chat*	gastar	*to spend*	preparar	*to prepare*
comprar	*to buy*	hablar	*to speak*	terminar	*to finish*
cuidar (de)	*to take care of*	invitar	*to invite*	tocar	*to play*
desear	*to want, wish*	limpiar	*to clean*		*(an instrument)*
enseñar	*to teach*	llamar	*to call*	tomar	*to take, drink*
entregar	*to hand in,*	llevar	*to take, carry*	usar	*to use*
	hand over	mandar	*to send*	viajar	*to travel*
escuchar	*to listen*	mirar	*to look at, watch*	visitar	*to visit*

Cómo charlar · *Chatting*

ENTRE AMIGOS	AMONG FRIENDS	**RESPUESTAS**	REPLIES
¿Cómo te va?	*How's it going?*	(Bastante) bien.	*(Pretty) well, fine.*
¿Cómo van las clases?	*How are classes going?*	Fenomenal.	*Phenomenal.*
¿Qué tal la familia?	*How's the family?*	Horrible.	*Horrible.*
¿Qué hay de nuevo?	*What's new?*	Mal.	*Bad(ly).*
		Nada nuevo.	*Nothing new.*

FRASES DE CORTESÍA	POLITE COMMENTS
¿Cómo le va?	*How's it going?*
¿Cómo está la familia?	*How's the family?*

Cómo hablar por teléfono *Talking on the phone*

¿Aló?	*Hello?* (some countries)
Bueno.	*Hello?* (Mexico and New Mexico)
Diga./Dígame.	*Hello?* (Spain)
¿Con quién hablo?	*With whom am I speaking?*
¿De parte de quién?	*Who's speaking?*
¿Quién llama?	*Who's calling?*
¿Quién es?	*Who is it?*
No, no está. ¿Quiere(s) dejar un recado?	*No, he/she isn't here. Do you want to leave a message?*
Se ha equivocado de número.	*You have the wrong number.*
Un momento, por favor. Ahora viene (se pone).	*Just a moment, please. He/She will be right here.*
¿Está Alicia?	*Is Alicia there?*
Soy Tomás.	*It's Tom.*
Habla Silvia.	*Silvia speaking.*
¿Puedo hablar con Lorenzo, por favor?	*May I please speak with Lorenzo?*
Por favor, ¿está Arturo?	*Is Arturo home, please?*
Dígale (Dile) que llamaré más tarde.	*Tell him/her that I'll call back later.*

Cómo expresar agradecimiento *Expressing thanks*

Gracias.	*Thanks./Thank you.*	**RESPUESTAS**	REPLIES
Muchas gracias.	*Thank you very much.*		
Mil gracias.	*Thanks a lot.*	De nada./Por nada./	*It's nothing. You're welcome.*
Estoy muy agradecido/	*I'm very grateful.*	No hay de qué.	
agradecida.		¿De verdad le (te) gusta?	*Do you really like it?*
Muy amable de tu (su)	*You're very kind.*	Me alegro que le (te) guste.	*I'm glad you like it.*
parte.			

En la Universidad de Puerto Rico

Estudiantes de la Universidad de Puerto Rico

PRIMERA ETAPA Preparación

◆ **Orientación** The first phase of each chapter, *Preparación*, introduces the chapter theme. This theme is developed through simple readings, cultural information, key vocabulary, and practical language.

◆ **Orientación** In the *Introducción* section, you will read authentic Spanish texts. These easy-to-read pieces, called *realia*, highlight the chapter theme.

INTRODUCCIÓN

El universitario. The University of Puerto Rico, founded in 1903, is fully accredited and has over 52,000 students enrolled at several campuses. It is most widely known for its agricultural experiment station and has the largest school of industrial arts in the world. When David Rivera Sanz decided to go to the UPR, his friend sent him a copy of one of the university newspapers, *El Universitario,* which includes not only information about the main campus, but also about meetings and performances at branch universities and area colleges that are of interest to the general public.

Antes de leer

¿Qué hay? Before you read the excerpt from *El Universitario,* consider what you already know about the schedule of events in your campus newspaper. Working in groups of three, make a list in English of the kinds of events that are usually included. Then, using a copy of your student newspaper as a guide, expand the list to include the type of information given about each event.

¡A leer!

Actividades en UPR. The University of Puerto Rico sponsors many extra-curricular activities for its diverse student population. Using the information from *El Universitario* as a guide, answer the following questions briefly in Spanish.

1. ¿Dónde hay un concierto de jazz? ¿A qué hora es?
2. ¿Qué hay en el Teatro del Colegio Universitario Tecnológico de Bayamón? ¿A qué hora es la función?
3. ¿Qué funciones hay el 27 de septiembre? ¿Dónde son?
4. ¿Cuándo es el ballet? ¿Dónde es?
5. ¿Qué conferencia hay para los padres y las madres de bebés?
6. ¿Cómo se llama la compañía que presenta la conferencia junto con la Universidad Católica?
7. ¿A qué hora es? ¿Dónde es?

EL UNIVERSITARIO

PARA LOS QUE TOMARÁN LAS DECISIONES

Jíbaro Jazz en el Café Teatro Sylvia Rexach

Los días 21, 22, 27 y 28 de septiembre, Pedro Guzmán y Jíbaro Jazz se presentarán en concierto en el Café Teatro Sylvia Rexach del Centro de Bellas Artes, en funciones a las diez de la noche.

Actividades en CUTB

El próximo martes 25 de septiembre se llevará a cabo un concierto de Música de Cámara en el Teatro del Colegio Universitario Tecnológico de Bayamón a las 12 del mediodía.

El jueves 27 de septiembre se presentará el Décimo Festival de la Voz a las 12 del mediodía en el Teatro del CUTB.

Actividades en UPR

El miércoles, 12 de septiembre, a las 20:00, se presentará en el Teatro de la Universidad de Puerto Rico el Quinteto de Metal Babreilli que, compone parte de la Serie de Conciertos de Arte Mayor.

El Ballet de San Juan se presentará en el Teatro UPR en «Fantasía», el miércoles 26 de septiembre a las 21:00.

Conferencia en la UC

El Programa de Economía Doméstica de la Universidad Católica de Puerto Rico, en coordinación con la compañía Beech-Nut, ofrecerá una conferencia sobre la «Nutrición del Bebé» el jueves 27 de septiembre a las 10:30 de la mañana en el Anfiteatro Monseñor Vicente Murga.

Después de leer

En tu recinto. You have probably noticed that similar phrases appear in all of the announcements. Using these phrases as models, write a description of two or three events that are scheduled on your campus. Then, in groups of three, take turns informing one another about the activities for the month.

◆ ◆ ◆

REPÚBLICA DOMINICANA

HAITÍ

Santo Domingo

San Juan

PUERTO RICO

OCÉANO ATLÁNTICO

 Guía Cultural

◆ For additional information on *Las islas del Caribe,* see the *Guía cultural.*

◆ **Orientación** There are 24 Spanish-speaking countries or regions (including the United States). The cultures they represent probably show more differences than similarities. Rather than trying to homogenize the various cultures, the **Cultura** section presents little snapshots about specific aspects of everyday Hispanic culture.

Puerto Rico

CAPITAL	San Juan
GEOGRAFÍA	El territorio puertorriqueño está constituido por la isla mayor de Puerto Rico e islas pequeñas. Al norte están Estados Unidos de América y al sur el mar Caribe.
ÁREA	3.435 millas cuadradas (5.531 kilómetros cuadrados)
COSTA	700 millas (1.126 kilómetros)
POBLACIÓN	3.500.000
EXPORTACIÓN	Productos agrícolas (café, frutas tropicales), productos farmacéuticos, ron y textiles
MONEDA	Dólar

El bilingüismo en Puerto Rico. For many who have visited Puerto Rico, the words of Diego Álvarez Chanca, who accompanied Columbus on his second voyage to the New World in 1493, are still true.

> *We proceeded along the coast the great part of that day, and on the evening of the next we discovered another island called Borinquen . . . All the islands are very beautiful and possess a most luxuriant soil, but this last island appeared to exceed all others in beauty.*

After over four centuries of Spanish rule, Puerto Rico was granted autonomy from Spain in 1897 and in 1898 was turned over to the United States. In 1917, Puerto Ricans were made U.S. citizens and given the right to vote in local elections, and a senate and house of delegates were created; but the people had to wait until 1948 before they were allowed to elect their own governor. In 1952 Puerto Rico was declared a Commonwealth. In that same year, the constitution of Puerto Rico was put into effect. Puerto Rico shares currency, immigration, customs, postal services, international relations, and armed forces with the United States, but the island enjoys one big difference: residents pay no federal tax on income earned in Puerto Rico.

Because of tax exemptions, more than 2,000 manufacturing plants from all parts of the United States have relocated to the island. To obtain employment in this competitive job market, bilingualism is considered a definite asset. Spanish is the norm throughout the island, and even though many Puerto Ricans can speak English, language institutes are very popular as the **borinqueños** *(people native to Puerto Rico)* attempt to improve communication skills to meet the needs of many employers.

Práctica

Unas escuelas. Read the following ads and indicate what classes are being offered and the target audience.

◆ **Orientación** The *Prácticas* section provides you with opportunities to practice your new language skills. Some *Prácticas* are designed to be done in pairs or small groups in class; others may be done at home. It is recommended that you complete all these activities, whether your instructor assigns them or not. Notice that each *Práctica* has a title that gives a clue to the content of the activity.

CLASES DE INGLÉS

INGLÉS CONVERSACIONAL
Clases privadas y grupales $7.00 la hora. Información 765-3296.

ENGLISH

CONVERSATION THE NATURAL WAY WITHOUT BOOKS
Followed by:
1- Vocabulary Development
2- Pronunciation Correction
3- Public Speaking
4- Grammar
5- Composition Correction
6- General Knowledge
7- Lectures--Reading
"Everything in English
—Nothing in Spanish"
Please telephone for more information and a free demonstration.

731-3700

● APRENDA INGLÉS Conversacional. Clases privadas. $13.00 Hora. Pareja $16.00 Hora. Inf:
723-1748

APRENDA INGLÉS

Eliminamos el miedo de hablarlo con nuestras técnicas.

Matrícula Abierta

Clases para jóvenes, adultos y profesionales.
Descuentos especiales al matricularse esta semana.

Smith Institute School of Languages

**Ave. Roosevelt #140 Marginal
Hato Rey, P. R.
763-0877 / 763-0562**

INSTITUTO

Fontecha

MATRÍCULA ABIERTA

¡DECÍDETE YA!

Solicita más información sin costo alguno a:
722-2000

"En corto tiempo y al alcance de tu mano, una carrera con éxito asegurado."

●Diseño de Modas ●Costura Industrial ●Fashion Merchandising ●Secretariado con Word Processing ●Cosmetología y Estilismo ●Modista Básico y Avanzado ●Secretariado Legal ●Recepcionista Bilingüe ●Mercadeo de Modas, Modelaje ●Paralegal ●Oficinista Médico ●Técnico Dental ●Líneas Aéreas y Turismo

INSTITUTO FONTECHA
P.O. Box 5183 Puerto de Tierra Station San Juan P R 30906

NOMBRE _____

DIRECCIÓN _____
_____ ZIP CODE _____

ÚLTIMO GRADO ESTUDIADO _____
_____ EDAD _____ TELÉFONO _____

CURSO INTERESADO _____

En la sala de clase. Many U.S. students learning Spanish frequently use the familiar forms both with their classmates and their instructor. In Spanish-speaking countries, however, the formal register is more appropriate.

Prácticas

◆ This **Práctica** section lists classroom expressions that will help you communicate with your instructor and your classmates. You should learn those expressions that you find most helpful. Although you do not have to memorize the phrases that would be used by your instructor, you should be able to understand them when they are used.

A. Para comunicarse mejor. The following phrases are typically used by students. Match them with their English equivalents.

1. No comprendo.
2. ¿Puede usted (Puedes) repetirme la oración por favor?
3. ¿Cómo?
4. ¿Cuándo hay que entregar . . . ?
5. Perdón.
6. Tengo una pregunta.
7. ¿Cómo se dice . . . ?
8. Cómo se deletrea . . . ?

a. *Excuse me.*
b. *What?*
c. *I have a question.*
d. *How do you spell . . . ?*
e. *I don't understand.*
f. *Can you repeat the sentence, please?*
g. *How do you say . . . ?*
h. *When do we have to hand in . . . ?*

◆ **Una cosita más** In Spain the familiar plural commands are formed by adding a **-d** instead of an **-n.** For example in regular verbs: **hablad, leed, escribid.**

B. Mandatos. Since instructions may be given to one person or to more than one person, most commands have a singular form and a plural form. The formal singular commands end in **-e** for **-ar** verbs and **-a** for **-er** and **-ir** verbs. Commands are made plural by adding an **-n.** Study the following examples.

Mandatos *Commands*		
FORMAL SINGULAR	Contest**e** en español.	Ab**ra** los libros.
FAMILIAR SINGULAR	Contest**a** en español.	Abr**e** los libros.
FORMAL AND FAMILIAR PLURAL	Contest**en** en español.	Abra**n** los libros.

The commands and phrases below will be used by your instructor in the classroom. Can you match the commands and phrases with their English equivalents?

1. Abran los libros en la página . . .
2. Cierren los libros.
3. Complete(n)/Completa la oración.
4. Conteste(n)/Contesta en español.
5. Escriba(n)/Escribe en la pizarra.
6. Formen grupos de . . . estudiantes.
7. Hagan la práctica en parejas.
8. ¿Hay preguntas?
9. Lea(n)/Lee en voz alta.
10. Por ejemplo . . .
11. Prepare(n)/Prepara la(s) **Práctica(s)** . . . para mañana.
12. Repita(n)/Repite por favor.
13. Saque(n)/Saca el libro (el cuaderno, una hoja de papel).

a. *Take out the book (the notebook, a piece of paper).*
b. *Prepare **Práctica(s)** . . . for tomorrow.*
c. *Are there any questions?*
d. *Read aloud.*
e. *Answer in Spanish.*
f. *Please repeat.*
g. *For example . . .*
h. *Close your books.*
i. *Form groups of . . . students.*
j. *Write on the board.*
k. *Open your books to page . . .*
l. *Complete the sentence.*
m. *Do the activity in groups of two.*

EXPRESIONES ⌷⌷⌷⌷ Textbook Cassette

El recinto de Río Piedras. In this section, you will learn about the main campus of the University of Puerto Rico. Study the map of the campus while listening to the description of the location for different buildings and monuments. Remember that you are not expected to understand every word. Just listen carefully to the principal ideas and then answer the questions in the ***Comprensión*** section.

◆ **Orientación** In the ***Expresiones*** section, you will practice listening to a passage that presents key vocabulary related to the chapter theme. The passage, which is recorded, corresponds to the illustration in your textbook. Your instructor may play the recording or read the passage aloud, or both. After you hear the passage twice, you will be ready to answer the ***Comprensión*** questions.

El recinto de Río Piedras

1. CUADRÁNGULO
2. BIBLIOTECA GENERAL
3. MUSEO DE ANTROPOLOGÍA, HISTORIA Y ARTE
4. TEATRO
5. RESIDENCIA DE SEÑORITAS
6. RESIDENCIA DE VARONES
7. CENTRO DE ESTUDIANTES
8. PISCINAS OLÍMPICAS
9. CENTRO DEPORTIVO
10. PISTA DE CORRER
11. CAMPO DE FÚTBOL
12. CANCHAS DE TENIS Y BALONCESTO
13. EDIFICIO DE CIENCIAS
14. CENTRO DE COMPUTADORAS
15. JARDÍN BOTÁNICO

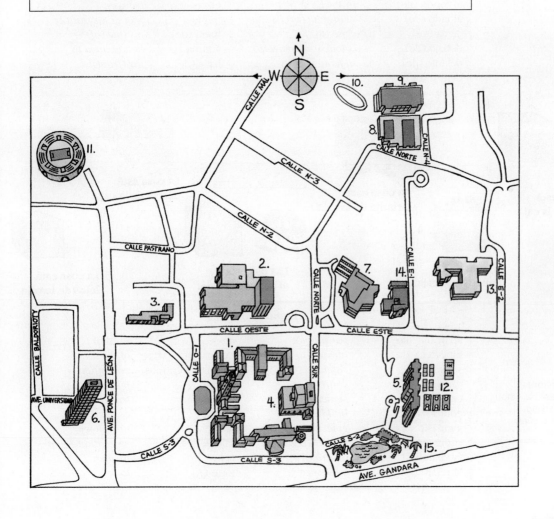

Comprensión. Answer the following questions briefly in Spanish.

1. ¿Cómo se llama la universidad?
2. ¿Dónde está?
3. ¿Cómo se llama la capital de Puerto Rico?
4. ¿Cuál es el edificio más importante de la universidad?
5. ¿Qué presentaciones hacen en el Teatro?
6. ¿Dónde vive David?
7. ¿Qué servicios hay en el Centro de Estudiantes?
8. ¿Cuál es el lugar más bonito de la universidad?
9. ¿Qué hay en el Centro Deportivo?
10. ¿Dónde hay colecciones arqueológicas de las culturas de Puerto Rico y el Caribe?

Preposiciones de ubicación y dirección
Prepositions of place and direction

a la derecha (de)	*to the right (of)*	detrás (de)	*in back (of), behind*
a la izquierda (de)	*to the left (of)*	encima (de)	*on top (of)*
a lo largo (de)	*along*	enfrente (de)	*in front (of)*
al fondo (de)	*in the back (of)*	entre	*between*
al lado (de)	*alongside (of), beside*	frente a	*facing, in front of*
cerca (de)	*close (to)*	fuera (de)	*outside (of)*
debajo (de)	*below, under(neath)*	junto a	*beside, next to*
delante (de)	*in front (of)*	lejos (de)	*far (from)*
dentro (de)	*inside (of)*		

...

La cosa está cerca de la caja.

La cosa está dentro de la caja.

La cosa está delante de la caja.

La cosa está letrás de la caja.

La cosa está al lado de la caja.

La cosa está lejos de la caja.

Lugares   *Places*

aparcamiento	*parking lot*	museo	*museum*
biblioteca	*library*	oficina	*office*
cafetería	*cafeteria*	oficina de correos	*post office*
canchas	*courts*	piscina	*pool*
centro	*center*	pista de correr	*track*
edificio	*building*	recinto	*campus*
gimnasio	*gym(nasium)*	residencia	*dormitory*
jardín (*m.*) botánico	*botanical garden*	sala de recreo	*recreation room*
laboratorio	*laboratory*	teatro	*theater*
librería	*bookstore*	torre (*f.*)	*tower*

◆ **Vocabulario adicional**
parada de autobuses *bus stop*
estacionamiento *parking*
alberca *pool* clínica *clinic*
auditorio *auditorium*

Gente de la universidad	*University people*
compañero/compañera de cuarto	roommate
consejero/consejera	adviser
decano/decana	dean
entrenador/entrenadora	coach
estudiante *(m./f.)*	student
instructor/instructora	instructor
presidente *(m./f.)*	president
profesor/profesora	professor
rector/rectora	chancellor

Un grupo de estudiantes puertorriqueños charla en la universidad

Prácticas

A. ¿Quién es? Can you identify your classmates by their location in the room? Working with a partner, take turns asking each other to name the persons in the following locations.

■ **Ejemplo** la persona detrás de ti°
　　　　ESTUDIANTE 1: ***¿Quién es la persona detrás de ti?***
　　　　ESTUDIANTE 2: ***La persona detrás de mí° es Saro.***

1. la persona delante de ti
2. la persona a la izquierda de ti

---

ti *you* **mí** *me*

3. la persona cerca del instructor/de
la instructora
4. la persona a la izquierda de la
persona detrás de ti

5. la persona a la derecha de la
persona enfrente de ti
6. la persona enfrente de la clase

B. Tu universidad. Working with a partner, take turns asking each other
where the following places are located at your university.

■ **Ejemplo** gimnasio

ESTUDIANTE 1: *¿Dónde está el gimnasio?*
ESTUDIANTE 2: *El gimnasio está frente a la biblioteca.*

1. cafetería
2. librería
3. oficina de correos
4. biblioteca
5. pista de correr

C. ¿Adónde hay que ir?° Do you know your way around the campus? Take
turns and tell your partner the best place to go to do the following things.

■ **Ejemplo** para estudiar

ESTUDIANTE 1: *¿Adónde hay que ir para estudiar?*
ESTUDIANTE 2: *Para estudiar hay que ir a la biblioteca.*

1. para tomar café
2. para hablar con el profesor/
la profesora de español
3. para mandar cartas
4. para comprar un refresco
5. para practicar un deporte
6. para comprar cassettes

7. para pagar la matrícula°
8. para jugar al tenis
9. para ver° una película
10. para comprar una calculadora
11. para escuchar un concierto de
jazz

D. ¿Dónde está tu residencia? Your friend is coming to pick you up on the
way to a movie. Write an E-mail note explaining the location of your dorm,
apartment, or house in as much detail as possible.

E. ¿Cómo se llama? Working with a partner, use the terms in **Gente de la
universidad,** page 93, to exchange information about people on campus. Find
out the names of your partner's roommates, professors, adviser, and the like.
Include a brief description in each response.

■ **Ejemplo** presidente de la universidad

ESTUDIANTE 1: *¿Cómo se llama el presidente de la
universidad? ¿Y cómo es?*
ESTUDIANTE 2: *El presidente de la universidad se llama
Dr. Brutus. Él es bajo, gordito y popular.*

---

ir *to go* **matrícula** *tuition* **ver** *see*

F. El Caribe. Most U.S. residents are aware that Puerto Rico is in the Caribbean, but they may not know where it is located in relation to other neighboring islands and areas. Study the map and then, working with a partner, take turns describing where the following places are.

■ **Ejemplo** ESTUDIANTE 1: *¿Dónde están las islas Vírgenes?*
ESTUDIANTE 2: *Las islas Vírgenes están al este de*
Puerto Rico.

1. Jamaica
2. Barbados
3. Guadalupe
4. República Dominicana
5. Haití
6. Antigua
7. Aruba
8. Curaçao
9. Cuba

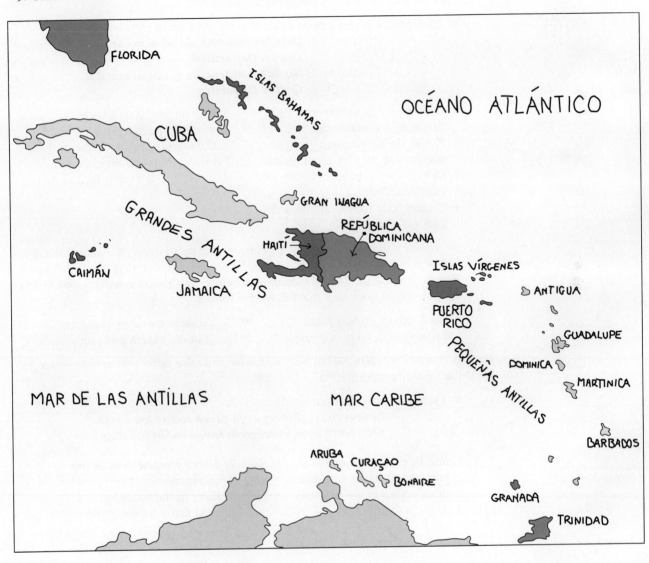

Así es

Cómo hacer preguntas

▲ The simplest way to ask a question is to raise your voice at the end of a sentence. The following examples show which syllable is stressed, and the arrows show where to raise your voice. Remember that there is no Spanish equivalent for the English helping verbs *do, does, don't,* and *doesn't*.

¿**Com**pras **li**bros u**sa**dos?   *Do you buy used books?*

¿No es**tu**dian en **ca**sa?   *Don't they study at home?*

Prácticas

A. En Puerto Rico. Using the following sentences, work with a partner and ask each other questions about Puerto Rico and the **Universidad de Puerto Rico en Río Piedras** by changing the stress.

■ **Ejemplo**   Las residencias están al norte del Centro Deportivo.
　　　　　　　ESTUDIANTE 1: *¿Las residencias están al norte del*
　　　　　　　　　　　　　　Centro Deportivo?
　　　　　　　ESTUDIANTE 2: *No, las residencias están al sur del*
　　　　　　　　　　　　　　Centro Deportivo.

1. El Teatro de la universidad está detrás del Cuadrángulo.
2. El 95% de los estudiantes de la universidad no vive en el recinto.
3. La Residencia de Señoritas es un edificio grande.
4. El campo de fútbol está lejos del jardín botánico.
5. Hay un grupo de islas en el territorio puertorriqueño.
6. Cuba está al norte de Puerto Rico.
7. Puerto Rico está en el Caribe.
8. La capital de Puerto Rico es San Juan.

▲ To ask a question you may also change the word order of a simple declarative sentence by placing the verb before the subject and raising your voice slightly at the end. Read the examples below, and practice writing and saying several simple questions that follow this format.

Usted trabaja en San Juan.　　➡　　¿Trabaja **usted** en San Juan?
Marta estudia en la universidad.　➡　　¿Estudia **Marta** en la universidad?

B. Una entrevista. Work with a partner and take turns asking each other for the following information.

■ **Ejemplo**   hand in homework every day
　　　　　　ESTUDIANTE 1: *¿Entregas la tarea todos los días?*
　　　　　　ESTUDIANTE 2: *Sí, entrego la tarea todos los días.*

1. visit friends in the evening
2. buy a book in the bookstore
3. drink coffee in the cafeteria
4. study in the library
5. work on campus
6. practice Spanish with friends
7. talk to the president of the university
8. study in the morning
9. send many letters home
10. practice sports

C. ¿Tu mejor amigo/amiga? Practice changing the word order of sentences. Working with a partner, take turns asking and answering questions about best friends based on the following information.

■ **Ejemplo** hablar portugués
          ESTUDIANTE 1: **¿Habla portugués tu mejor amigo?**
          ESTUDIANTE 2: **No, él no habla portugués.** OR **Sí, él habla portugués.**

1. hablar francés
2. comprar muchos discos
3. ver las telenovelas
4. escuchar música clásica
5. usar una computadora todos los días
6. desear ser presidente
7. necesitar estudiar
8. desear visitar un país extranjero°
9. esperar terminar los estudios en un año
10. visitar a tu familia los sábados y domingos

▲ To ask *Who? What? When? Where?* and *Why?* questions, you will use the subject-verb inversion you practiced in the activities above. Before doing *Práctica D,* study the following examples and the interrogative expressions in the chart.

¿Cuántas personas hay en tu clase?   *How many people are in your class?*
¿Dónde está la cafetería?   *Where is the cafeteria?*
¿Cuándo estudias, por la tarde o por la noche?   *When do you study, in the afternoon or in the evening?*

Palabras interrogativas	*Interrogative words*		
¿cómo?	*how?*	¿adónde?	*to where?*
¿cuál?/¿cuáles?	*which? what?*	¿para qué?	*for what reason?*
¿cuándo?	*when?*	¿por qué?	*why?*
¿cuánto?/¿cuánta?	*how much?*	¿qué?	*what?*
¿cuántos?/¿cuántas?	*how many?*	¿quién?/¿quiénes?	*who? whom?*
¿dónde?	*where?*		

D. Entrevista. With a partner, practice asking and answering the following questions.

1. ¿Cómo estás?
2. ¿Cómo te llamas?
3. ¿Cuál es la capital de Puerto Rico?
4. ¿Cuándo estudias, por la mañana, por la tarde o por la noche?
5. ¿Cuánto cuesta el libro de texto **¡A conocernos!?**
6. ¿Cuántos estudiantes hay en la clase hoy?
7. ¿Dónde están las canchas de tenis de la universidad?
8. ¿Para qué necesitas trabajar?
9. ¿Por qué estudias español?
10. ¿Quiénes son tus amigos?

E. En la clase. Think of ten things you would like to learn about one of your classmates. Using the interrogative words and models you've learned, write down ten questions asking this information. Once you've completed the ten questions, choose a partner and see what you can find out about him or her.

———————
país extranjero *foreign country*

◆ **Una cosita más** The prepositions **a, con, de, en,** and **por** may also be combined with the interrogative words. For example:
¿Adónde vas? *Where are you going (to)?*
¿De dónde vienes? *Where are you coming from?*
¿A quiénes escribes? *To whom are you writing?*
¿Con quién hablas? *With whom are you speaking?*
  ¿Qué? is used when a definition or identification is requested:
¿Qué son las orquídeas? *Son flores que crecen en climas tropicales.*
¿Qué es el Cuadrángulo? *Es un monumento histórico en el recinto de Río Piedras.*
It is also used in set expressions:
¿Qué es eso? *What is that?*
¿Qué significa . . . ? *What does . . . mean?*
¿Qué te parece . . . ? *What do you think about . . . ?*
  ¿Cuál? is used to isolate one or several things from a group.
¿Cuál es la capital de Puerto Rico? *Es San Juan.*
¿Cuáles son algunas otras ciudades importantes de Puerto Rico? *Son Caguas, Bayamón y Mayagüez.*

Los meses del año

▲ The names of the months of the year are nearly all cognates in Spanish. Notice that the months are not capitalized. To express the first day of the month, the word **primero** is used: **el primero de enero.** The months are all masculine in gender.

Meses del año	*Months of the year*		
enero	*January*	julio	*July*
febrero	*February*	agosto	*August*
marzo	*March*	septiembre	*September*
abril	*April*	octubre	*October*
mayo	*May*	noviembre	*November*
junio	*June*	diciembre	*December*

Prácticas

◆ **Una cosita más** Notice that the definite article **el** is used before a date and that the word **día** is usually omitted: **Es el (día) 24 de octubre.**

F. Los meses del año. What are the important holidays you celebrate? Study the months of the year and then answer the following questions.

■ **Ejemplo**   el Día de los Veteranos
        ESTUDIANTE 1: *¿Cuándo se celebra° el Día de los Veteranos?*
        ESTUDIANTE 2: *El 11 de noviembre se celebra el Día de los Veteranos.*

1. el Día de la Madre
2. el Día del Padre
3. el Día de San Patricio
4. el Día de la Independencia de Estados Unidos

5. el Año Nuevo
6. el Día del Trabajo
7. el Día de Acción de Gracias
8. la Navidad

G. Celebrando los días feriados. Now, working with a partner, take turns asking each other questions about *where, with whom,* and *how* you celebrate these holidays. Use a variety of interrogative words in your questions.

■ **Ejemplo**   ESTUDIANTE 1: *¿Con quién celebras el Día de San Valentín?*
        ESTUDIANTE 2: *Celebro el Día de San Valentín con mi novio/novia.*

◆ ◆ ◆

---

se celebra   *does one celebrate*

PRIMERA FUNCIÓN

Expressing likes, dislikes, and needs using **gustar, interesar, encantar, faltar, fascinar, molestar,** and **quedar**

▲ **Gustar** In order to say you like or do not like something, you will use the verb **gustar.** Read the following sentence and guess what course I like and what course I do not like.

Me gusta la física pero no me gusta la química.
¡Exacto! *I like physics but do not like chemistry.*

▲ The verb **gustar** means *to please* or *to be pleasing to* and is usually used in the third-person singular or plural form, depending on whether the item that pleases or displeases is singular or plural. For example:

Me gusta el español.	**Me gustan** las matemáticas.
No **me gusta** la física.	No **me gustan** las ciencias políticas.

Materias *Courses*

antropología	*anthropology*	física	*physics*
arte (*m.*)	*art*	geología	*geology*
arte dramático	*theater*	historia	*history*
astronomía	*astronomy*	ingeniería	*engineering*
biología	*biology*	lenguas modernas	*modern languages*
ciencias de la computación	*computer science*	literatura	*literature*
		matemáticas	*mathematics*
ciencias políticas	*political science*	psicología (sicología)	*psychology*
contabilidad	*accounting*	química	*chemistry*
economía	*economics*	sociología	*sociology*
filosofía	*philosophy*		

Prácticas

A. Mis preferencias. Work with a partner and take turns telling each other which courses you like and do not like.

■ **Ejemplos** ESTUDIANTE 1: *Me gusta la antropología, ¿y a ti?*°
ESTUDIANTE 2: *Sí, me gusta la antropología también.*°

Estudiante 1: *No me gusta la antropología, ¿y a ti?*
ESTUDIANTE 2: *No me gusta la antropología tampoco.*°

───────────

¿y a ti? *and you?* **también** *also* **tampoco** *either*

◆ **Orientación** In the second phase of each chapter, *Funciones,* you will learn three language functions in contexts that relate them to the chapter theme. To practice the new language, three or more Prácticas are provided for each *Función.*

 Diario de actividades

◆ For additional practice on nouns and articles, see the *Diario de actividades, Primera función.*

◆ **Una cosita más** Notice that the definite article is used with a noun that stands for an entire category: **Me gusta *el arte.***

◆ **Una cosita más** Modern languages include **el árabe, el alemán, el español, el francés, el inglés, el italiano, el japonés, el portugués, el ruso.**

B. Opiniones. Write ten sentences indicating five things you like and five things you don't like. Remember to use the plural form **me gustan** if you talk about plural items.

■ **Ejemplo**   *Me gustan los deportes.*

▲ You may also use this same structure to tell others what you like and do not like to do. When using **gustar** followed by the infinitive form of the verb, however, only the SINGULAR form **(gusta)** is used. Look at the following examples. Can you guess the meanings of the verb phrases?

Me gusta hacer ejercicios aeróbicos.
No **me gusta** jugar al béisbol.
Me **gusta** charlar con amigos y bailar en las fiestas.

¡Por supuesto! *I like to do aerobic exercises, I do not like to play baseball,* and *I like to chat with friends and dance at parties.*

▲ Notice that even if you list more than one activity **(charlar y bailar),** the third-person singular form **(gusta)** is still used. Now let's practice talking about some of the things you like and do not like to do.

C. Para todos los gustos. Working with a partner, take turns asking and telling each other what you enjoy and do not enjoy doing.

■ **Ejemplo**   jugar° al golf
          ESTUDIANTE 1: *¿Te gusta jugar al golf?*
          ESTUDIANTE 2: *No, no me gusta jugar al golf.*

charlar con amigos	jugar al fútbol	tocar la guitarra
esquiar	jugar al tenis	tomar café espresso
jugar al baloncesto	practicar deportes acuáticos	tomar el sol° en la playa
jugar al béisbol	jugar a las cartas°	viajar

D. En la universidad. In groups of four, write a list of activities available to you on campus and things that you typically do each day. Then take turns asking each other whether you like or dislike doing those activities.

■ **Ejemplo**   estudiar en la biblioteca
          ESTUDIANTE 1: *¿Te gusta estudiar en la biblioteca?*
          ESTUDIANTE 2: *No, no me gusta estudiar en la biblioteca.*
                    Me gusta estudiar en la residencia.

―――――――
jugar *to play*   **cartas** *cards*   **tomar el sol**   *to sunbathe*

E. ¿Con qué frequencia . . . ? Tell your partner how many times a week you like to do the following things. Use the phrases **todos los días** (*everyday*), **una vez a la semana** (*once a week*), **cuatro veces a la semana** (*four times a week*), and the like.

■ **Ejemplo**   ver° la televisión
            ESTUDIANTE 1: *¿Con qué frecuencia te gusta ver la*
                            televisión?
            ESTUDIANTE 2: *Me gusta ver la televisión cuatro veces*
                            a la semana.

◆ Note that the plural of **vez** is **veces.**

▲ To tell about the likes and dislikes of other people or to ask questions, you have to consider only the person by changing the corresponding PRONOUN that comes before **gustar.** As you study the following chart, notice that a PREPOSITIONAL PHRASE with **a** + a prepositional pronoun or a noun may be used with **gustar** for emphasis or to clarify the meaning of who is pleased.

Gustar   *To like, to be pleasing*

(A mí) **me gusta** la música popular.	*I like popular music.*
(A ti) **te gustan** los cassettes.	*You like the cassettes.*
(A usted) **le gusta** la pizza.	*You like pizza.*
(A Luis) **le gusta** el arte.	*Luis likes art.*
(A Silvia) **le gustan** las ciencias naturales.	*Silvia likes natural sciences.*
(A nosotros/nosotras) **nos gusta** la geología.	*We like geology.*
(A vosotros/vosotras) **os gustan** los deportes.	*You (all) like sports.*
(A ustedes) **les gustan** la música y el arte.	*You (all) like music and art.*
(A Luis y a Silvia) **les gusta** el español.	*Luis and Silvia like Spanish.*

▲ You have probably noticed that **le** and **les** have several meanings. Study the additional meanings of **le** and **les** in the following chart before you begin the *Prácticas.*

A usted		*You like art.*
A él		*He likes art.*
A mi amigo		*My friend likes art.*
A ella	**le** gusta el arte.	*She likes art.*
A Ana		*Ana likes art.*
Al profesor/ A la profesora		*The professor likes art.*
A ustedes		*You (all) like languages.*
A ellos		*They like languages.*
A Rita y a José	**les** gustan las lenguas.	*Rita and José like languages.*
A ellas		*They like languages.*
A mis amigas		*My friends like languages.*
A los estudiantes		*The students like languages.*

_____
ver *watch (see)*

F. Gustos y preferencias. Write six complete sentences indicating the different likes and dislikes of the following people.

■ **Ejemplo**   *A mí me gusta la computación pero no me gustan las matemáticas.*

A mí				estudiar
A ti				el laboratorio de lenguas
A mi amigo/amiga	me			trabajar por la noche
A la clase	te			ver las telenovelas
A mi familia	(no) le	gusta		escuchar los cassettes
A nosotros	nos	gustan		los exámenes finales
A vosotras	os			las reuniones familiares
A mis amigos	les			bailar

G. Una encuesta. Working in pairs, take turns asking each other which of the following items you prefer.

◆ Note that **el arte** is feminine in the plural form: **las artes.**

■ **Ejemplo**   artes/ciencias
  ESTUDIANTE 1: *¿Te gustan más las artes o las ciencias?*
  ESTUDIANTE 2: *Me gustan más las artes.*

1. lenguas/matemáticas
2. vivir° en la residencia/vivir en un apartamento
3. estudiar en la biblioteca/estudiar en el centro estudiantil
4. usar la computadora/usar la máquina de escribir
5. exámenes orales/exámenes escritos
6. comer° en la cafetería/comer en casa

H. Gustos personales. Write sentences telling what the following people like to do.

■ **Ejemplo**   mi amigo
  A mi amigo Pedro le gusta bailar en las fiestas.

1. mis amigos
2. mi familia
3. mi profesor/profesora de español
4. mi compañero/compañera
5. mi mejor amigo/amiga
6. mi primo/prima

▲ Several other verbs that work like **gustar** are **interesar, encantar, faltar, fascinar, molestar,** and **quedar.** Study the following examples before you begin the **Prácticas** for this section.

Sentimientos y necesidades *Feelings and needs*	
Me **encanta** la geografía.	*I love geography.*
No te **interesan** las artes.	*You're not interested in the arts.*
A Pedro le **faltan** tres cursos de ingeniería.	*Pedro needs three engineering courses.*
Nos **fascinan** las ciencias naturales.	*We are fascinated by the natural sciences.*
¿Les **molesta** a los niños la violencia?	*Does violence bother children?*
A ustedes les **quedan** cinco dólares.	*You have five dollars left.*

---

vivir *to live*   **comer** *to eat*

I. ¿A quién le interesa . . .? Interview your classmates and find out who is interested in the following things.

■ **Ejemplo** ESTUDIANTE 1: *¿Te interesa la música clásica?*
ESTUDIANTE 2: *No, no me interesa la música clásica.*

música clásica	ecología	ciencias
fotografía	computadoras	política
poesía	historia	horóscopos
lenguas extranjeras	montañas	esquí acuático (*m.*)

◆ **Vocabulario adicional**
pizarrón *chalkboard* **borrador, goma de borrar** *pencil eraser*
cola *glue* **sujeta papel** *paper clip.*

Equipo escolar *School supplies*			
agenda	*date book*	mesa	*table*
bolígrafo	*ballpoint pen*	mochila	*backpack*
borrador (*m.*)	*eraser* (chalk)	notas adhesivas	*"post-it" notes*
calculadora	*calculator*	papel (*m.*)	*paper*
computadora/	*computer*	pizarra	*chalkboard*
ordenador (*m.*)		pluma (estilográfica)	*fountain pen*
cuaderno	*notebook*	pupitre (*m.*)	*desk*
diario	*diary*		(student's)
diccionario	*dictionary*	ratón (*m.*) (*pl.* ratones)	*mouse*
escritorio	*desk*	regla	*ruler*
goma	*eraser* (pencil)	reloj (*m.*)	*watch/clock*
grabadora	*tape recorder*	rotulador/marcador (*m.*)	*marker*
impresora	*printer*	silla	*chair*
lápiz (*m.*) (*pl.* lápices)	*pencil(s)*	tiza/gis (*m.*)	*chalk*
libro	*book*		

J. Me falta algo. Using the items in *Equipo escolar,* take turns telling your partner about the school supplies you need, adding one item until both of you have named at least six items.

■ **Ejemplo** ESTUDIANTE 1: *Me faltan tres lápices. ¿Y a ti?*
ESTUDIANTE 2: *Me falta una mesa. ¿Y a ti?*
ESTUDIANTE 1: *Me faltan tres lápices y un ratón. ¿Y a ti?*

CASIO
Calculadora Científica
Casio. Realiza 75 funciones.
14⁸⁸
Reg. $19.99
Disponible 6 por farmacia. Límite 1 por cliente.
AHORRE $5.11

Archivo Plástico
Estilo maletín.
14⁴⁹
Reg. $19.99
Disponible 6 por farmacia. Límite 1 por cliente.
AHORRE $5.00

Maquinilla para Escribir
Omega. Incluye estuche. Teclado en español. 44 teclas y 88 caracteres. Cinta de dos colores, se voltea automáticamente.
64⁹⁹
Reg. $89.99
Disponible 3 por farmacia. Límite 1 por cliente.
AHORRE $25

K. La tolerancia. With a partner, read the following items and indicate the degree to which each bothers you. Compare the results with other members of the class.

◆ Notice that **no** precedes **me molesta(n)** and that the words **un poco, mucho,** and **muchísimo** precede the item that pleases or displeases.

■ **Ejemplo**   *No me molesta el tráfico.*
       Me molestan un poco las visitas al dentista.

0	+	++	+++
no	**un poco**	**mucho**	**muchísimo**

tráfico   aire (*m.*) contaminado   música metálica
violencia   contaminación industrial   desconsideración
crimen (*m.*)   cigarrillos   clases a las ocho de la mañana
exámenes (*m.*)   insectos   serpientes (*f.*)
visitas al dentista   clases aburridas   boxeo
egoísmo   drogas   energía nuclear

L. Entrevista. Working in pairs, take turns asking and answering the following questions.

1. ¿Qué te gusta de la universidad? ¿Qué te molesta? ¿Por qué?
2. ¿Qué clases te interesan? ¿Por qué?
3. ¿Cuántos semestres (trimestres) te quedan para terminar tu carrera?
4. ¿Qué curso te fascina? ¿Por qué?
5. ¿Qué te gusta hacer los fines de semana?°
6. ¿Cuánto dinero te falta para comprar tus libros?

SEGUNDA FUNCIÓN
Expressing possession using possessive adjectives

▲ You have already seen several adjectives used to express possession or relationship. For example, David used the following expressions when talking to his adviser:

📖 **Diario de actividades**

◆ For additional practice on possessive adjectives, see the **Diario de actividades.**

mi matrícula
mis cursos
mis clases

What do you think **mi** and **mis** mean? Can you explain why there are two words that mean the same thing? Remember that in Spanish, adjectives must agree in number and in gender. If I want to indicate that I possess something or refer to an object or person that pertains to me, I would say **mi amigo, mi toalla,** or **mi profesor.** If I refer to more than one object or person, however, the plural form of the POSSESSIVE ADJECTIVE **(mis)** is used. Therefore I would say **mis amigos, mis toallas,** or **mis profesores.** Study the chart on the next page.

---

los fines de semana *on weekends*

Adjetivos posesivos	*Possessive adjectives*		
SINGULAR		PLURAL	
mi amigo **mi** amiga	*my friend*	**mis** amigos **mis** amigas	*my friends*
tu amigo **tu** amiga	*your friend* (familiar)	**tus** amigos **tus** amigas	*your friends* (familiar)
su amigo **su** amiga	*your friend* (formal), *his, her, its friend*	**sus** amigos **sus** amigas	*your friends,* (formal), *his, her, its friends*
nuestro amigo **nuestra** amiga	*our friend*	**nuestros** amigos **nuestras** amigas	*our friends*
vuestro amigo **vuestra** amiga	*your friend* (familiar)	**vuestros** amigos **vuestras** amigas	*your friends* (familiar)
su amigo **su** amiga	*your friend* (formal), *their friend*	**sus** amigos **sus** amigas	*your friends* (formal), *their friends*

◆ **Una cosita más** Note that the possessive adjective **tu** is written without the accent mark, unlike the subject pronoun **tú** that is commonly used with verbs.

As you look at the list, notice that the possessive adjective agrees with the noun and not with the owner or possessor. David and Enrique refer to Ana and Teresa as *our friends* by saying **nuestr*as* amig*as*** NOT **nuestr*os* amig*as***.

Prácticas

A. ¿Cómo es? Ask your partner to describe the following persons and things. You may use some of the suggested nouns in column A and adjectives in column B in your questions and responses. Remember that adjectives agree in number and gender with the person, place, or thing you are describing.

Una clase interesante

■ **Ejemplo**   ESTUDIANTE 1: *¿Cómo es tu clase de español?*
ESTUDIANTE 2: *Mi clase de español es divertida.°*

A	B	
profesor/profesora de español	divertido	terrible
compañero/compañera de cuarto	interesante	aburrido
apartamento/residencia	fácil°	difícil°
notas°	nuevo°	viejo°
cassettes del laboratorio	bueno	malo

---

divertida *fun* **notas** *grades* **facil** *easy* **nuevo** *new* **dificil** *difficult* **viejo** *old*

B. ¿Cuánto cuesta . . .? Working in groups of four, take turns asking each other the price of the following items.

■ **Ejemplo**   ESTUDIANTE 1: *¿Cuánto cuesta° tu libro de inglés?*
                ESTUDIANTE 2: *Mi libro de inglés cuesta veinte dólares.*

libro de español	diario	mochila	grabadora
pluma estilográfica	diccionario	lápiz	rotulador
cuaderno de actividades	bolígrafo	calculadora	agenda

C. Preguntas personales. Find out a little more about your partner by asking him or her the following questions. Then write a brief paragraph summarizing his or her responses.

1. En general, ¿cómo son tus clases en la universidad?
2. ¿Cómo se llama tu profesor preferido? ¿tu profesora preferida?
3. ¿Cuál es tu clase más difícil? ¿más fácil? ¿más interesante?
4. ¿A qué hora son tus clases?
5. ¿Dónde tienes tu clase de . . .?
6. ¿Cuál es tu materia favorita? ¿Por qué?

Los días de la semana

▲ The names in Spanish for the days of the week are given below.

Los días de la semana	*Days of the week*		
lunes	*Monday*	viernes	*Friday*
martes	*Tuesday*	sábado	*Saturday*
miércoles	*Wednesday*	domingo	*Sunday*
jueves	*Thursday*		

◆ **Una cosita más**   The Hispanic calendar begins with **lunes** (*Monday*) and ends with **domingo** (*Sunday*). The days of the week are masculine in gender and are *not* capitalized in Spanish.

In the following examples, notice the use of the DEFINITE ARTICLES **el** and **los**. If you want to describe an event that takes place on a particular day, you would use **el**. If something happens repeatedly on a certain day, use **los** before the plural form of the days of the week. The only two days that add an **s** in the plural forms are **sábado** and **domingo.** No article, however, is used with a day of the week after the verb **ser** or in the phrase **de . . . a . . .** with time expressions.

Tengo un examen de historia **el** martes 13.	*I have a history exam **on** Tuesday, the 13th.*
Hay una fiesta **el** sábado.	*There is a party **on** Saturday.*
Llamo a mis padres **los** domingos.	*I call my parents **every** Sunday.*
Hoy **es** miércoles.	*Today **is** Wednesday.*
Trabajo **de** lunes **a** viernes.	*I work **from** Monday **to** Friday.*

D. Una semana de clases. Using the days of the week as shown above, write a brief note telling about your classes over the course of a week. Mention what you are taking and when your classes meet.

■ **Ejemplo** *Mi clase de biología es a las ocho de la mañana de lunes a viernes.*

────────

cuesta *cost*

E. Durante la semana. With a partner, take turns asking when you typically do the following things during the week.

- **Ejemplo**   talk to your parent(s)
    ESTUDIANTE 1: *¿Cuándo hablas con tus padres?*
    ESTUDIANTE 2: *Hablo con mis padres los domingos.*

1. talk to your instructor
2. help your friends
3. clean your apartment
4. invite your friends to a party
5. visit your relatives
6. hand in your homework
7. drink coffee with your friends in the cafeteria
8. use your computer

▲ You may have noticed that **su** and **sus** may mean *his, her, its, your* (formal singular and plural), and *their*. While the meaning is usually clear from the context of the sentence, to avoid ambiguity, the following structures may be used.

El significado de *su* *The meaning of **su***		
	Es el libro de usted.	Es el libro de ustedes.
	Es el libro de él.	Es el libro de ellos.
	Es el libro de David.	Es el libro de David y Paco.
Es **su** libro. =	Es el libro del profesor.	Es el libro de los profesores.
	Es el libro de ella.	Es el libro de ellas.
	Es el libro de Ana.	Es el libro de Ana y Teresa.
	Es el libro de la profesora.	Es el libro de las profesoras.

F. ¿Cómo son tus clases? Following the example, take turns with a partner describing your classes. Mention the time of day for the class and tell if it is interesting, boring, difficult, easy, and so on.

- **Ejemplo**   *La clase de inglés del Dr. Sullivan es el lunes y el miércoles a las nueve. Su clase es interesante.*

G. ¿Dónde está(n)? Working with a partner, take turns asking each other questions about the location of places and things by choosing an item from each of the columns.

- **Ejemplo**   casa   amigo
    ESTUDIANTE 1: *¿Dónde está la casa de tu amigo?*
    ESTUDIANTE 2: *Su casa está en Washington.*

A	B
casa	estudiantes
oficina	instructor/instructora
residencia	amigo/amiga
apartamento	compañero/compañera
auto	familia
universidad	consejero/consejera
clase	novio/novia

H. Información personal. Working in groups of three, take turns describing and asking questions about the following people.

amigo/amiga   abuelo/abuela   profesores/profesoras
novio/novia   esposo/esposa   primos/primas

- **Ejemplo**   amigo
  > ESTUDIANTE 1: *¿Cómo es tu amigo?* (to student 2)
  > ESTUDIANTE 2: *Mi amigo es inteligente y alto.*
  > ESTUDIANTE 1: *¿Cómo es su amigo?* (to student 3)
  > ESTUDIANTE 3: *Su amigo es inteligente y alto.*

I. Una entrevista. Write eight questions that you would ask a well-known person during an interview. Since you probably don't know the interviewee, you should use **usted** instead of **tú** and the possessive forms **su/sus**.

- **Ejemplo**   *¿Le gusta a usted su trabajo?*

TERCERA FUNCIÓN

Requesting and reporting facts using regular -er and -ir verbs

▲ Now that you have learned how to use regular **-ar** verbs in Spanish, it will be very easy to learn the next two groups of REGULAR VERBS, which end in **-er** and **-ir**. As you read the following sentences that describe the activities of David and his friends, notice the **-er** and **-ir** verbs.

David **bebe** café todos los días en la cafetería con sus amigos. Por la tarde él **lee** su libro de español y **responde** todas las preguntas del *Diario de actividades.* Él **vive** en casa con sus padres pero sus amigos **viven** en las residencias de la universidad.

The following chart shows the six SUFFIXES used with these two groups of verbs to express ideas in the PRESENT time frame. Notice that the suffixes are identical except for two forms. What are they?

Verbos regulares *-er* e *-ir* *Regular -er and -ir verbs*		
Aprender *To learn*		**Vivir** *To live*
(yo) aprend**o**		(yo) viv**o**
(tú) aprend**es**		(tú) viv**es**
(usted/él/ella) aprend**e**		(usted/él/ella) viv**e**
(nosotros/nosotras) aprend**emos**		(nosotros/nosotras) viv**imos**
(vosotros/vosotras) aprend**éis**		(vosotros/vosotras) viv**ís**
(ustedes/ellos/ellas) aprend**en**		(ustedes/ellos/ellas) viv**en**

Diario de actividades

◆ For additional practice with **-er** and **-ir** verbs, see the *Diario de actividades, Tercera función.*

◆ **Una cosita más**   In Spanish, the subject or subject pronoun may be omitted when the context is provided.

◆   ◆   ◆

▲ Remember that when two Spanish verbs are used in a sequence without a change in subject, the second verb usually remains in the INFINITIVE form. For example:

Antes de tomar el examen, **debemos responder** todas las preguntas del *Diario de actividades.*
*Before taking the exam, we **should answer** all the questions in the **Diario de actividades.***

La profesora **insiste en hablar** exclusivamente español en la clase.
*The professor **insists on speaking** only Spanish in the class.*

Here are some common **-er** and **-ir** verbs for you to practice.

Verbos comunes que terminan en -*er* *Common -er verbs*			
aprender	*to learn*	leer	*to read*
beber	*to drink*	prometer	*to promise*
comer	*to eat*	responder (a)	*to respond*
comprender	*to understand*	saber (sé)	*to know* (a fact)
creer (en)	*to believe (in)*	suspender	*to fail*
deber (+ inf.)	*to have to, should*	vender	*to sell*
	(do something)	ver (veo)	*to see*

◆ **Una cosita más** Notice that **saber** and **ver** are irregular in the first person singular only:

sé	sabemos
sabes	sabéis
sabe	saben

veo	vemos
ves	véis
ve	ven

Verbos comunes que terminan en -*ir* *Common -ir verbs*			
abrir	*to open*	insistir	*to insist*
asistir (a)	*to attend*	(en + inf.)	*(on doing something)*
describir	*to describe*	ocurrir	*to occur*
escribir	*to write*	recibir	*to receive*
		vivir	*to live*

Prácticas

A. Frases. Write ten complete sentences using items from each column. Include both affirmative and negative sentences.

(yo)	leer	·la puerta de la clase
(tú)	abrir	·en una casa/una residencia
mi amigo/amiga	beber	·novelas de ciencia ficción
los estudiantes	comer	libros usados
el instructor/la instructora	vivir	en el *Diario de actividades*
mis parientes	recibir	buenas/malas notas en el examen
la clase	asistir a	clase todos los días
nosotros	escribir	·Coca-Cola
	responder	el inglés y el español
	aprender	muchos verbos nuevos
	comprender	todas las preguntas
	vender	en la biblioteca
		·en la cafetería

B. Preguntas personales. Working with a partner, find out more about your classmate's life at school by asking and answering the following questions.

1. ¿Vives en una casa, en un apartamento o en una residencia? ¿Con quién? ¿Cómo es?
2. ¿Cuántas clases tienes? ¿Cuáles? ¿Cómo son?
3. ¿Qué días asistes a clases?
4. ¿Qué otras lenguas comprendes?
5. ¿Dónde comes en la universidad? ¿Con quién? ¿Cómo es la comida allí?
6. ¿Lees el periódico de la universidad? ¿Cómo es?
7. ¿De quién recibes cartas?° ¿Cuántas veces?
8. ¿Recibes dinero de tus parientes o de tus padres?
9. ¿Dónde vendes tus libros usados? ¿Cuánto dinero recibes normalmente?
10. ¿Generalmente bebes café o té por la mañana?

C. La vida universitaria. Based on your partner's responses in *Práctica B,* write a brief paragraph about his or her university life.

D. Diferentes opiniones. Working in groups of three, take turns asking each other if you agree or disagree with the following statements.

■ **Ejemplo** Los estudiantes deben vivir con sus padres.
ESTUDIANTE 1: **¿Los estudiantes deben vivir con sus padres?**
ESTUDIANTE 2: **Sí, deben vivir con sus padres.**
ESTUDIANTE 3: **No, deben vivir en residencias.**

1. Los estudiantes deben vivir en apartamentos.
2. Los hijos deben llamar frecuentemente a casa.
3. Los padres deben pagar la matrícula de sus hijos.
4. Los padres deben leer las cartas personales de sus hijos.
5. Los hermanos deben asistir a la misma universidad.
6. Todos los miembros de la familia deben tomar vacaciones juntos.°
7. Los estudiantes deben aprender otras lenguas.
8. Los estudiantes no deben insistir en hablar inglés.

E. En la clase. With your partner, decide what you would tell a new student about the things you and your friends do or don't do in class during the week.

■ **Ejemplo** aprender todos los verbos
Aprendemos todos los verbos porque hay un examen los viernes.

1. deber usar los apuntes° durante los exámenes
2. saber usar el laboratorio de lenguas
3. practicar el español todos los días
4. entregar la tarea todos los días
5. asistir a todas las clases
6. insistir en revisar° los exámenes
7. deber escuchar los cassettes y practicar la pronunciación
8. leer periódicos en español
9. aprender el vocabulario del capítulo
10. comprender los diálogos de la sección **Comunicación**
11. ver películas en español
12. responder a todas las preguntas de los exámenes

---

cartas *letters* **juntos** *together* **apuntes** *notes* **revisar** *checking over, reviewing*

COMPRENSIÓN AUDITIVA Textbook Cassette

Skimming. Listening is a very complex skill. When you listen to the English language, you probably don't realize the processing that is taking place in your brain, because your listening skills are so advanced that they allow you to operate on "automatic pilot." When you begin to learn a foreign language, however, your listening skills aren't developed enough for subconscious processing. You need to pay attention to a lot of information at one time. Under these circumstances, it probably won't be possible for you to understand everything, so you must "go with the flow" and not let yourself get hung up on a single word or phrase.

One way of speeding up your comprehension processes is to *skim* the passage to determine the main idea of the selection. First listen for a statement about the general topic; this usually occurs at the beginning of a monologue or conversation. In the case of an oral presentation, you can use the title of the talk as a clue, or any accompanying visuals such as charts, diagrams, or graphs. When viewing a video, the visual cues are much more useful because they will help establish not only the setting but also the attitude of the speaker or speakers. Now formulate one or two hypotheses about what type of information you think will be provided based upon your background knowledge. For example, if the topic is financial aid, you would expect to hear about specific ways of obtaining grants and loans and elegibility; in a computer advertisement, you would expect to hear the name, component parts, price, and a few of the qualities of the machine. Once you have determined what you believe to be the main idea, listen for cognates and other familiar words and phrases that you have learned. Do these words and phrases support your theory? Did you successfully predict some of the information? Remember, successful listeners are able to report the gist of the message even if they do not recognize or understand all of the information.

◆ **Orientación** In the third phase of each chapter, *Estrategias,* you will learn helpful strategies for listening, reading, speaking, and writing Spanish. Each section focuses on a specific strategy and includes related activities.

◆ **Orientación** In the *Comprensión auditiva* section, you will listen to a Spanish text. In each chapter, a listening strategy will help you build your comprehension skills. These segments are recorded on your **Textbook Cassette.**

Antes de escuchar

A. Bénédict. You will be listening to an advertisement for a school in Puerto Rico. Based on what you know about schools that advertise on the radio, consider the kinds of course offerings you expect to hear about.

B. Tu pasaporte al mundo. Take a few seconds to read the ad and think about the topic. Then, on a separate sheet of paper, write a list of phrases you expect to hear that would convince you to call for further information.

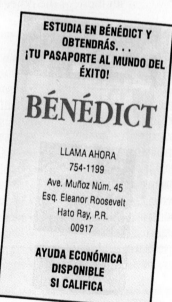

ESTUDIA EN BÉNÉDICT Y OBTENDRÁS. . .
¡TU PASAPORTE AL MUNDO DEL ÉXITO!

BÉNÉDICT

LLAMA AHORA
754-1199
Ave. Muñoz Núm. 45
Esq. Eleanor Roosevelt
Hato Ray, P.R.
00917

**AYUDA ECONÓMICA
DISPONIBLE
SI CALIFICA**

¡A escuchar!

A. Una profesión interesante. Listen to your cassette and write down five words or phrases that relate to each of the following categories:

Cursos   **Profesores**   **Estudiantes**

B. Bénédict te ofrece más. Now listen to your cassette again and complete each of the following statements with the appropriate phrase (*a, b,* or *c*).

1. Bénédict offers . . .
   a. language and translation courses
   b. programs in electronics, broadcasting, and art and design
   c. mechanical and chemical engineering degrees

2. A few of the courses offered are . . .
   a. electronics, mechanics, and accounting
   b. radio and television, computer science, and mechanics
   c. computer programming, electrical engineering, and management

3. The courses combine theory and practice . . .
   a. via a satellite broadcast
   b. in a correspondence course
   c. in a personalized setting

4. The phone number is . . .
   a. 7-54-11-99
   b. 7-43-11-99
   c. 7-54-11-98

Después de escuchar

A. Cursos por correspondencia. With a partner, read the following ad and indicate ten courses that you believe would lead toward a career and five that seem more appropriate as self-improvement or as a hobby. Compare your list with those of the other members of the class.

CURSOS QUE UD. PUEDE ESTUDIAR EN SU CASA POR CORREO

- ASISTENTE DENTAL
- AVICULTURA (Cría de aves)
- AZAFATA (Auxiliar de vuelo)
- BELLEZA - COSMETOLOGÍA - PELUQUERÍA
- BONSAI (Árboles enanos)
- CAMISERÍA (Para hombre y mujer)
- CERÁMICA (Artesanal-Industrial)
- CERRAJERÍA (Técnico)
- CONSTRUCCIONES (Técnico construct.)
- DACTILOGRAFÍA (Mecanografía)
- DELINEANTE (Arquitectónico-Técnico)
- DIBUJO COLOR Y PINTURA
- FOTOGRAFÍA (Blanco y negro y Color)
- GIMNASIA EMBELLECEDORA Y YOGA

- GUARDERÍA INFANTIL (Baby Sitter)
- GUITARRA (Lecciones y Cassettes)
- HIPNOTISMO
- HOTELERÍA
- IKEBANA (Arreglos florales)
- JARDINERÍA PROFESIONAL
- JOYERÍA (Técnico)
- KARATE - DEFENSA PERSONAL
- KINDERGARTERINA (Maestra Párvulos)
- MARINA MERCANTE
- MECÁNICA DE MOTOCICLETAS
- MEMORIA (Técnicas para mejorarla)
- PEDICURÍA (Quiropedia)
- PELUQUERÍA (Para damas)

- QUIROMANCIA
- REDACCIÓN COMERCIAL (y Ortografía)
- REFRIGERACIÓN Y AIRE ACONDICIONADO
- RELOJERÍA (Técnico)
- SASTRERÍA MASCULINA
- SECRETARIADO COMERCIAL Y EJECUT.
- SECRETARIADO BILINGÜE
- STRESS (Técnicas para superarlo)
- TAROT (Con barajas)
- TEJIDOS (Con agujas y con palillos)
- TELEFONÍA (Técnico)
- TERRARIUMS (Jardines en miniatura)
- TIMIDEZ (Cómo vencerla)
- VISITADOR MÉDICO

GRATIS SOLICITE FOLLETO A COLOR

B. Anuncio original. Using the words and phrases you have heard and read about in the **Comprensión auditiva** section, design an advertisement for a local correspondence, business, or professional institute in your area.

◆   ◆   ◆

LECTURA

Skimming a written text. Although many types of authentic Spanish-language advertisements, brochures, and tables of contents are accompanied by visual cues, others may contain only an illustration, a photograph, or a title and subheadings. Before you actually read this type of passage, quickly look it over to get the general idea about the content. Just as you did in listening, *skim* the format and take note of key words. These cues will help you figure out what the reading is all about. Then reread the passage more slowly as you review your list of words and determine what topic or main idea would link these words and phrases.

Antes de leer

A. El recinto de tu universidad. With a partner, describe four of the main buildings on your campus. Include their names, approximate locations, and if possible, one or two facts about each one.

■ **Ejemplo**   *El gimnasio se llama Larkins. Está en el centro del recinto, con cuatro canchas de tenis. También hay tres piscinas dentro.*

B. Río Piedras. With the help of the campus map on page 91, work with your partner to plan a brief tour of the University of Puerto Rico at Río Piedras. Recall what you learned about the campus in the **Expresiones** section so that you can include as much information as possible.

◆ **Orientación**   The *Lectura* section highlights a different reading strategy in each chapter. As you learn to read Spanish, you may be tempted to look up every unfamiliar word in your bilingual dictionary. This takes a lot of time and becomes boring. The *Lectura* strategies will help you develop good reading skills (both in English and in Spanish!) so you will rely less on your dictionary. A variety of reading materials are featured, many of them excerpts from Spanish-language newspapers and magazines. So you will be reading the same things that native speakers read.

¡A leer!

El recinto de la UPR. Now try your skimming strategy on the following text from the University of Puerto Rico's student services pamphlet. Write a brief note in English describing some of the facilities at the UPR. Mention two or three major points for each facility.

Centros de investigación:

Los laboratorios de investigación científica del Recinto de Río Piedras están equipados con la más moderna tecnología que agiliza la labor investigativa, así como son sus sistemas computarizados para recopilar y archivar información.

Investigaciones arqueológicas, históricas, sociales, comerciales, lingüísticas, económicas, pedagógicas, entre muchas otras, se realizan en más de 20 centros de investigación especializados que existen en todo el Recinto de Río Piedras.

Museo:

El Museo de Antropología, Historia y Arte, mantiene exhibiciones permanentes de colecciones arqueológicas sobre las culturas aborígenes de Puerto Rico y el Caribe. Asimismo, posee una Sala de Pintura Hispano-americana con obras de los pintores puertorriqueños José Campeche y Francisco Oller y de otros pintores hispanoamericanos. Está abierto al público desde las nueve de la mañana hasta las nueve de la noche, de lunes a viernes y desde las nueve de la mañana hasta las tres de la tarde, los sábados y los domingos.

Instalaciones deportivas:

El Complejo Deportivo incluye dos piscinas olímpicas, canchas bajo techo de baloncesto y voleibol, canchas de tenis, pista de material sintético, campo de fútbol y softbol, gimnasio y sauna. A través del año académico se organizan en estas instalaciones numerosos torneos y competencias deportivas intramurales e interuniversitarias. Estas facilidades son para el uso exclusivo de la comunidad universitaria.

Centro de estudiantes:

Es el punto de reunión para los estudiantes en sus horas de ocio. Se concentran en este lugar servicios como librería, sala de música, sala de juegos, estación de correo federal, oficina para reuniones de las organizaciones estudiantiles y la cafetería.

Después de leer

A. Mi recinto. Working with a partner, use the text from *El recinto de la UPR* as a model and expand the original description of one of your buildings or locations to include a few more details and facts. Then present your description to the other members of the class as part of a campus tour.

B. Tarjeta postal. Using the information from *Mi recinto* write a postcard to a friend describing your university campus.

COMUNICACIÓN  Textbook Cassette

Listen to the following short dialogues on your cassette. Then, with a class-mate, use the conversations as models to practice asking for confirmation, requesting information, and telling about recently completed actions.

◆ **Orientación** The *Comuni-cación* section focuses on com-mon phrases. The illustrations help you understand the meaning. Word-by-word translations are impossible, so study the expres-sions as phrases, not individual words. Listen to your **Textbook Cassette.** Repeat aloud until you are comfortable with the sounds. Be prepared to role play the con-versations with your classmates.

Cómo pedir confirmación   *Asking for confirmation*

EL PROFESOR DE QUÍMICA ES EL DOCTOR RODRÍGUEZ, ¿NO?

SÍ. ES UN PROFESOR EXCELENTE.

SUS CLASES SON INTERESANTES, ¿VERDAD?

SON INTERESANTES PERO MUY DIFÍCILES.

¿TOMAMOS EL CURSO Y ESTUDIAMOS JUNTOS?

DE ACUERDO.

Cómo pedir información   *Requesting information*

¡HOLA! ¿CÓMO TE LLAMAS?

DAVID RIVERA. ¿Y TÚ?

TOMÁS CRUZ. ¿DE DÓNDE ERES?

SOY DE PONCE.

¿QUÉ ESTUDIAS?

INGENIERÍA ELÉCTRICA.

Cómo hablar del pasado   *Telling about recently completed actions*

ÁNGELA, ACABO DE RECIBIR UNA BECA° PARA ESTUDIAR LINGÜÍSTICA.

¡FELICIDADES!

GRACIAS. PERO TENGO QUE TOMAR UN EXAMEN DE ADMISIÓN.

ENTONCES VAMOS° A LA BIBLIOTECA A ESTUDIAR.

¡BUENA IDEA! ACABO DE VER UNOS LIBROS NUEVOS DE LINGÜÍSTICA.

¡VÁMONOS!

beca *scholarship*   **vamos** *let's go*

Prácticas

Cómo pedir confirmación	*Asking for confirmation*
. . . ¿de acuerdo?	. . . *agreed?* (Used when some type of action is proposed.)
. . . ¿no?	. . . *isn't that so?* (Not used with negative sentences.)
. . . ¿no es así?	. . . *isn't that right?*
. . . ¿vale?	. . . *Okay?*
. . . ¿verdad? ¿cierto?	. . . *right?*

A. ¿Estás de acuerdo? One of the easiest ways of asking questions in Spanish is to use confirmation tags at the end of sentences. Practice asking your partner for confirmation using the sentences below with the appropriate tag.

- **Ejemplo** El español es fácil.
    ESTUDIANTE 1: ***El español es fácil, ¿verdad?***
    ESTUDIANTE 2: ***Sí, es fácil.***

1. Las matemáticas son interesantes.
2. Para ser ingeniero mecánico es necesario estudiar química.
3. Es importante hablar español.
4. No hay que estudiar para los exámenes.
5. Hay muchos estudiantes en esta universidad que son bilingües.
6. Los cursos obligatorios son aburridos.
7. La música es una especialización fácil.
8. Los consejeros de esta universidad son buenos.
9. La Universidad de Puerto Rico no es muy grande.
10. Para entrar a la universidad es necesario completar una solicitud de admisión.

B. ¿No es así? Using the phrases in the ***Cómo pedir confirmación*** chart as models, write five original statements about your university and ask your partner if he or she agrees or disagrees with you.

- **Ejemplo** ESTUDIANTE 1: ***La clase de matemáticas es fácil, ¿verdad?***
    ESTUDIANTE 2: ***No, la clase es difícil.***

C. Planes para una fiesta. Write a list of six things that you will do to prepare for a party this weekend. Then compare your list with that of another person in the class and decide who will do or bring different things.

- **Ejemplo** ESTUDIANTE 1: ***Tú compras los refrescos y yo la pizza, ¿de acuerdo?***
    ESTUDIANTE 2: ***Sí, yo compro los refrescos pero° tú limpias la casa.***

---

pero *but*

Cómo pedir información	Requesting information
¿Cómo es tu profesor favorito/ profesora favorita?	What's your favorite professor like?
¿Cómo te llamas?	What's your name?
¿Cuál es tu número de estudiante?	What's your student ID number?
¿Cuál es tu número de teléfono?	What's your telephone number?
¿Cuál es tu facultad?	What's your school/college?
¿Qué estudias?	What are you studying?
¿De dónde eres?	Where are you from?

D. Una entrevista. Request information from several of your classmates using the questions in the *Cómo pedir información* chart. Use the items in the chart below to respond to the question **¿Cuál es tu facultad?**

■ **Ejemplo**　ESTUDIANTE 1: *¿Cómo es tu profesor favorito?*
　　　　　　ESTUDIANTE 2: *Es honesto, inteligente y puntual.*

Las facultades	Schools and colleges		
Administración de empresas	*Business and Management*	Ciencias políticas	*Political Science*
Arquitectura	*Architecture*	Derecho	*Law*
Bellas Artes	*Fine Arts*	Farmacia	*Pharmacy*
Ciencias de la computación	*Computer Science*	Filosofía y Letras	*Liberal Arts*
Ciencias de la pedagogía	*Education*	Ingeniería	*Engineering*
		Matemáticas	*Mathematics*
		Medicina	*Medicine*
Ciencias económicas	*Economics*	Periodismo	*Journalism*

◆ **Una cosita más** Universities in Spanish-speaking countries are divided into different schools, or **facultades.** Since students generally take courses only within their school, the buildings that house classes and laboratories for each **facultad** are not always located on the same campus. Indeed, in some countries, each complex may be at opposite ends of the city or even in different cities.

E. Charlando. Working with a partner, make up a short conversation based on the following themes. Whenever possible, include information such as greetings, exchanging telephone numbers, and saying good-bye.

1. asking for help with a course
2. talking about a professor or your college
3. making plans to study together

◆ Video that supports this chapter includes the following:

¡A CONOCERNOS! Video Program: En la universidad provides support for thematic and linguistic elements in the chapter. Activities that support this video appear in the **Instructor's Resource Kit.**

Mosaico cultural: La literatura es fuego expands upon the cultural material presented in the chapter. Activities that support this video are found in the **Mosaico cultural Video Guide.**

Cómo hablar del pasado con *acabar de* + *infinitivo*	
*Telling about recently completed actions using **acabar de** + infinitive*	
Acabo de recibir . . .	*I've just received . . .*
¿Acabas de hablar con . . . ?	*Have you just spoken with . . . ?*
Acabamos de llegar.	*We've just arrived.*

F. El pasado. After studying the phrases in the chart on the previous page, take turns talking with your partner about some of the things you have just done, adding some other bit(s) of information (*where, with whom,* etc.).

1. comprar unos libros
2. llamar a un amigo/una amiga
3. escribir unas cartas
4. ver la televisión
5. estudiar

6. mandar unas cartas
7. jugar al tenis
8. entregar la tarea
9. hablar con el profesor/
   la profesora de . . .

10. comer
11. recibir una carta
12. leer un libro

■ **Ejemplo**   preparar un café
ESTUDIANTE 1: *¿Acabas de preparar un café?*
ESTUDIANTE 2: *Sí, acabo de preparar un café con leche.*

G. Una nota breve. Using the following model, write a short thank-you note to your partner for one of the back-to-class items pictured in the advertisements below.

■ **Ejemplo**

Reloj Despertador de Campana
En caja de metal.
Números y manecillas se ven en la oscuridad.

8⁹⁹
Reg. $10.99

Disponibilidad 12 por farmacia.
Límite 1 por cliente.

AHORRE $2.00

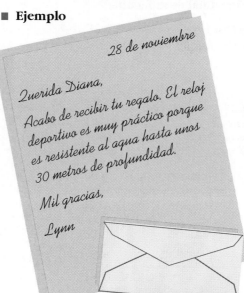

28 de noviembre

Querida Diana,

Acabo de recibir tu regalo. El reloj deportivo es muy práctico porque es resistente al agua hasta unos 30 metros de profundidad.

Mil gracias,

Lynn

Relojes Deportivos
XONIX.
Resistentes al agua hasta 30 mts.
Hora y fecha.
Colores neón.

8⁹⁹
Reg. $14.95

Disponible 12 por farmacia
Límite 1 por cliente.

AHORRE $5.96

Grabadora Compacta
General Electric.
Opera con electricidad o batería. 6 botones operacionales.
Micrófono integrado. Convertidor incluido. Un año de garantía con G.E. de P.R.

29⁸⁸
Reg. $36.99

Disponible 3 por farmacia.
Límite 1 por cliente.

AHORRE $7.11

Radio Walkman AM/FM
General Electric.
Audífonos incluidos.
Se apaga automáticamente al terminar el cassette. Un año de garantía con G. E. de P.R.

16⁹⁹
Reg. $21.99

Disponible 6 por farmacia.
Límite 1 por cliente.

AHORRE $5.00

SPANISH TRANSLATOR

Calculadora Diccionario y Traductor
Seiko. Vocabulario de 11,000 palabras. Traduce de inglés a español y de español a inglés.

17⁹⁹
Reg. $24.99

Disponible 6 por farmacia.
Límite 1 por cliente.

AHORRE $7.00

COMPOSICIÓN

Organizing. Let's get organized! Organizing is an important composition strategy. Although it isn't necessary to make a detailed outline for every composition, it is crucial to think about the type of composition you are writing (description, narrative, comparison, etc.) and the format that fits it best. Before you can decide on the final format, you will need to have your data in order. This can be done in many ways: lists, index cards, "post-it" notes, charts, graphs, models, and the like.

Antes de escribir

A. Mi agenda. Imagine that you are going to write a letter about your activities this week. To organize the data, make an agenda in Spanish for the week. Include the day, the time, and the place of each activity. Agendas can take many forms; design one that makes sense to you.

B. Esta semana. Now use your agenda and fill out the activities you have planned for the week. Include both your in-class and your out-of-class activities.

¡A escribir!

¡Qué semana! Now, using your agenda as a guide, write a brief note to another member of the class telling him or her what you have planned this week. Use **necesito, debo,** or **hay que** in your sentences.

- **Ejemplo**   *Querido Carlos,*
  Esta semana estoy muy ocupado/ocupada. El lunes a las ocho necesito tomar un examen...

Después de escribir

A. Revisión 1. Check your notes for the use of *verb* + infinitive, **hay que** + infinitive, adjective agreement, time phrases, spelling, and punctuation.

B. Revisión 2. Now that the notes have been corrected, work in groups of four, exchange the notes, and tell one another two things that your partners have planned for this week. Remember to change the verb forms to agree with the person.

- **Ejemplo**   *Esta semana Melinda está muy ocupada. El lunes a las ocho necesita...*

◆ **Orientación**   You already know that writing in your native language is a sophisticated process. It takes time and effort to turn a phrase just the right way. The *Composición* section will help you develop your writing skills in Spanish. You will start out slowly by learning how to organize your ideas and then begin to write very simple compositions.

◆ *Atajo* writing assistant supports your efforts with the task outlined in this *Composición* section by providing useful information when the following references are accessed:
Capítulo 3: En la Universidad de Puerto Rico
Phrases/functions   asking information; expressing location; stating a preference; talking about the recent past
Vocabulary   calendar; classroom; days of the week; languages; months; people; studies; university; upbringing
Grammar   accents on interrogatives; adjective position; interrogative adverbs (all); interrogatives (all); possession with **de;** possessive adjectives

VOCABULARIO

Using vocabulary in context. Associating words with context is a helpful way to learn vocabulary. For example, if you are trying to learn the different courses, think about what you and your friends are studying. What courses are interesting? Who are the professors? What will you study next semester? Next year? The following *Prácticas* will help you to contextualize the vocabulary in this chapter.

Prácticas

A. Make a map of your university and label it in Spanish.

B. List the courses you would like to take. Then list the ones you would not like to take.

C. Write your shopping list for the bookstore.

D. Name and describe one of your professors, your adviser, the dean of your college, and the president of your university.

E. Read the following ad from the University Book Store. Then, using the interrogative words, write five questions to ask your partner about its services.

■ **Ejemplo** *¿Cuál es el número de FAX?*

F. Look through the vocabulary list on pages 121–123 and pick out the nouns that identify persons, places, or things. Make two new lists, one for the masculine words and one for the feminine. Include the corresponding articles.

LIBROS SIN FILA

Ya no tiene que hacer fila para comprar los libros de texto, con el nuevo y conveniente servicio Book Order Express de Cultural Puertorriqueña.

book ORDER *Express*

En sólo minutos ordene los libros de todo el año escolar por teléfono o fax y se los entregamos en su casa.*
Para agilizar su orden. es necesario tener a mano la siguiente información de su lista de libros: título, casa publicadora y edición.

TEL. **724-4455**
(Lunes a sábado de 7 a.m. - 6 p.m.)

FAX: 721-5325

Abrimos los domingos de 9 a.m. - 4 p.m.
(hasta el 26 de agosto)

VISA *MasterCard* *Cards*

Cultural Puertorriqueña, Inc.

*Servicio disponible solo en el Área Metropolitana. Cargo por entrega $10.00

◆ **Orientación** The *Vocabulario* on p. 121 is a list of words and phrases you may use when doing the speaking and writing activities. The list is subdivided into categories for study and reference purposes. There are many ways to organize a vocabulary list. In this chapter, the words and phrases have been organized into meaningful categories, such as prepositions of place and direction, people at the university, and places on a university campus. As you study the *Vocabulario,* other logical organizations may occur to you.

VOCABULARIO

Mandatos *Commands*

Abran los libros en la página . . .	*Open your books to page . . .*
Cierren los libros.	*Close your books.*
Complete(n)/Completa la oración.	*Complete the sentence.*
Conteste(n)/Contesta en español.	*Answer in Spanish.*
Escriba(n)/Escribe en la pizarra.	*Write on the board.*
Formen grupos de . . . estudiantes.	*Form groups of . . . students.*
Hagan la práctica en parejas.	*Do the activity in groups of two.*
¿Hay preguntas?	*Are there any questions?*
Lea(n)/Lee en voz alta.	*Read aloud.*
Por ejemplo . . .	*For example . . .*
Prepare(n)/Prepara la(s) **Práctica(s)** . . . para mañana.	*Prepare **Práctica(s)** . . . for tomorrow.*
Repita(n)/Repite por favor.	*Please repeat.*
Saque(n)/Saca el libro (el cuaderno, una hoja de papel).	*Take out the book (the notebook, a piece of paper).*

Preposiciones de ubicación y dirección *Prepositions of place and direction*

a la derecha (de)	*to the right (of)*	detrás (de)	*in back (of), behind*
a la izquierda (de)	*to the left (of)*	encima (de)	*on top (of)*
a lo largo (de)	*along*	enfrente (de)	*in front (of)*
al fondo (de)	*in the back (of)*	entre	*between*
al lado (de)	*alongside (of), beside*	frente a	*facing*
cerca (de)	*close (to)*	fuera (de)	*outside (of)*
debajo (de)	*below, under(neath)*	junto a	*beside, next to*
delante (de)	*in front (of)*	lejos (de)	*far (from)*
dentro (de)	*inside (of)*		

Lugares *Places*

aparcamiento	*parking lot*	jardín (*m.*)	*botanical*	piscina	*pool*
biblioteca	*library*	botánico	*garden*	pista de correr	*track*
cafetería	*cafeteria*	laboratorio	*laboratory*	recinto	*campus*
canchas	*courts*	librería	*bookstore*	residencia	*dormitory*
centro	*center*	museo	*museum*	sala de recreo	*recreation room*
edificio	*building*	oficina	*office*	teatro	*theater*
gimnasio	*gym(nasium)*	oficina de correos	*post office*	torre (*f.*)	*tower*

Gente de la universidad *University people*

compañero/compañera de cuarto	*roommate*	instructor/instructora	*instructor*
consejero/consejera	*adviser*	presidente (*m./f.*)	*president*
decano/decana	*dean*	profesor/profesora	*professor*
entrenador/entrenadora	*coach*	rector/rectora	*chancellor*
estudiante (*m./f.*)	*student*		

Palabras interrogativas *Interrogative words*

¿adónde?	*to where?*	¿dónde?	*where?*
¿cómo?	*how?*	¿para qué?	*for what reason?*
¿cuál?/¿cuáles?	*which? what?*	¿por qué?	*why?*
¿cuándo?	*when?*	¿qué?	*what?*
¿cuánto?/¿cuánta?	*how much?*	¿quién?/¿quiénes?	*who, whom?*
¿cuántos?/¿cuántas?	*how many?*		

Meses del año   *Months of the year*

enero	*January*	julio	*July*
febrero	*February*	agosto	*August*
marzo	*March*	septiembre (*m.*)	*September*
abril (*m.*)	*April*	octubre (*m.*)	*October*
mayo	*May*	noviembre (*m.*)	*November*
junio	*June*	diciembre (*m.*)	*December*

Materias   *Courses*

antropología	*anthropology*	física	*physics*
arte (*m.*)	*art*	geología	*geology*
arte dramático	*theater*	historia	*history*
astronomía	*astronomy*	ingeniería	*engineering*
biología	*biology*	lenguas modernas	*modern languages*
ciencias de la computación	*computer science*	literatura	*literature*
ciencias políticas	*political science*	matemáticas	*mathematics*
contabilidad	*accounting*	psicología (sicología)	*psychology*
economía	*economics*	química	*chemistry*
filosofía	*philosophy*	sociología	*sociology*

Gustar and related verbs

encantar	*to love*	fascinar	*to fascinate, be fascinated by*
gustar	*to like, to be pleasing*	molestar	*to bother, be bothered by*
interesar	*to interest, be interested in*	quedar	*to have . . . left*
faltar	*to need, lack*		

Equipo escolar   *School supplies*

agenda	*date book*	grabadora	*tape recorder*	pluma (estilográfica)	*fountain pen*
bolígrafo	*ballpoint pen*	impresora	*printer*	pupitre (*m.*)	*desk* (student's)
borrador (*m.*)	*eraser* (chalk)	lápiz (*m.*)	*pencil(s)*	ratón (*m.*)	*mouse*
calculadora	*calculator*	(*pl.* lápices)		(*pl.* ratones)	
computadora/	*computer*	libro	*book*	regla	*ruler*
ordenador (*m.*)		mesa	*table*	reloj (*m.*)	*watch/clock*
cuaderno	*notebook*	mochila	*backpack*	rotulador/marcador (*m.*)	*marker*
diario	*diary*	notas adhesivas	*"post-it" notes*	silla	*chair*
diccionario	*dictionary*	papel (*m.*)	*paper*	tiza/gis (*m.*)	*chalk*
escritorio	*desk*	pizarra	*chalkboard*		
goma	*eraser* (pencil)				

Adjetivos posesivos   *Possessive adjectives*

mi(s)	*my*
tu(s)	*your*
su(s)	*your, his, her, its, their*
nuestro(s)/nuestra(s)	*our*
vuestro(s)/vuestra(s)	*your*

Los días de la semana   *Days of the week*

lunes (*m.*)	*Monday*	viernes (*m.*)	*Friday*
martes (*m.*)	*Tuesday*	sábado (*m.*)	*Saturday*
miércoles (*m.*)	*Wednesday*	domingo (*m.*)	*Sunday*
jueves (*m.*)	*Thursday*		

Verbos comunes que terminan en -er   *Common -er verbs*

aprender	*to learn*	prometer	*to promise*
beber	*to drink*	responder (a)	*to respond*
comer	*to eat*	saber (sé)	*to know* (a fact)
comprender	*to understand*	suspender	*to fail*
creer (en)	*to believe (in)*	vender	*to sell*
deber (+ inf.)	*to have to, should* (do something)	ver (veo)	*to see*
leer	*to read*		

Verbos comunes que terminan en -ir   *Common -ir verbs*

abrir	*to open*
asistir (a)	*to attend*
describir	*to describe*
escribir	*to write*
insistir (en + inf.)	*to insist* (on doing something)
ocurrir	*to occur*
recibir	*to receive*
vivir	*to live*

Cómo pedir confirmación   *How to ask for confirmation*

. . . ¿de acuerdo?	. . . *agreed?* (Used when some type of action is proposed.)
. . . ¿no?	. . . *isn't that so?* (Not used with negative sentences.)
. . . ¿no es así?	. . . *isn't that right?*
. . . ¿vale?	. . . *okay?*
. . . ¿verdad?/¿cierto?	. . . *right?*

Cómo pedir información   *Requesting information*

¿Cómo es tu profesor favorito/profesora favorita?	*What's your favorite professor like?*
¿Cómo te llamas?	*What's your name?*
¿Cuál es tu número de estudiante?	*What's your student ID number?*
¿Cuál es tu número de teléfono?	*What's your telephone number?*
¿Cuál es tu facultad?	*What's your school/college?*
¿Qué estudias?	*What are you studying?*
¿De dónde eres?	*Where are you from?*

Las facultades   *Schools and colleges*

Administración de empresas	*Business and Management*	Derecho	*Law*
Arquitectura	*Architecture*	Farmacia	*Pharmacy*
Bellas Artes	*Fine Arts*	Filosofía y Letras	*Liberal Arts*
Ciencias de la computación	*Computer Science*	Ingeniería	*Engineering*
Ciencias de la pedagogía	*Education*	Matemáticas	*Mathematics*
Ciencias económicas	*Economics*	Medicina	*Medicine*
Ciencias políticas	*Political Science*	Periodismo	*Journalism*

Cómo hablar del pasado con *acabar de* + *infinitivo*
*Telling about recently completed actions using **acabar de** + infinitive*

Acabo de recibir . . .	*I've just received . . .*
¿Acabas de hablar con . . . ?	*Have you just spoken with . . .?*
Acabamos de llegar.	*We've just arrived.*

Un apartamento nuevo

Una casa mexicana

PRIMERA ETAPA Preparación

◆ **Orientación** To review the goals of the *Preparación* and *Introducción* sections, see the *Orientaciones* on p. 12.

INTRODUCCIÓN

Fraccionamiento Santa Anita. Styles of family homes in the Spanish-speaking world vary from country to country, yet many of the terms used in describing real estate are similar. Some Spanish real estate terms are the same in English.

Antes de leer

A. Información. Before reading the advertisement for the *Fraccionamiento Santa Anita,* a new housing development in Ciudad Juárez, México, list in English the kinds of information usually found in an advertisement for a new subdivision.

B. Tu ciudad. Find out the following information for your city or town. You may want to check with the local chamber of commerce or the public library.

1. average yearly income
2. average price for a modest three-bedroom home
3. average monthly mortgage payment

Compare this information with the prices given in the advertisement. For current exchange rates, consult the financial section of your newspaper.

¡A leer!

Skim the advertisement for the *Fraccionamiento Santa Anita* on the facing page, focusing on the Spanish-English cognates, and state the main idea. Then read more slowly for details about the design and special features of the house.

As you read the advertisement, notice how the prices are written. In Mexico, the dollar sign ($) stands for **pesos** and the **N** stands for **nuevos** ("new"). In the 1980's, Mexico suffered a severe economic crisis that resulted in the devaluing of the **peso.** As a result, food items and other common purchases cost thousands of **pesos.** To stimulate the economy by encouraging spending, the government reduced the old **peso** by a factor of one thousand to create the new **peso.** In other words, the new **peso** is worth one thousand old **pesos.**

◆ ◆ ◆

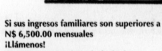
Después de leer

A. Comprensión. Answer the following questions according to what you have read in the advertisement.

1. How many types of houses are offered at Santa Anita?
2. How much is the down payment in new **pesos**?
3. How many payments must be made per year?
4. How many rooms do the homes have?
5. On what avenue is the development located?
6. How many cars does the carport hold?

B. Descripción. Write a brief description in English of a **Santa Anita** home and compare it with that of your classmates.

C. Anuncio comercial. Work with a partner to transform the essential information from the **Santa Anita** ad into a 30-second radio commercial. Be concise, and at the same time, try to capture the listeners' attention.

◆ ◆ ◆

◆ **Orientación** To review the goals and use of the *Cultura* section, see the *Orientación* on p. 14.

 Guía Cultural

◆ For additional information on **México,** see the *Guía cultural.*

México

CAPITAL	México, D.F.
GEOGRAFÍA	Norteamérica; ubicado al sur de Estados Unidos y al norte de Guatemala
ÁREA	1.972.547 kilómetros cuadrados
POBLACIÓN	92.380.721
EXPORTACIÓN	Petróleo, autos, café, aparatos electrónicos
MONEDA	Nuevo peso

El hogar. When we think of a Spanish-style home in the United States, certain features come to mind: red tile roofs, whitewashed stucco, fancy wrought iron work, **terracota** floor tiles, heavy wooden beams . . . Yet Mexican homes are as varied in style and size as are family dwellings in this country. They range from ultramodern highrise apartments and seaside condominiums to the most traditional colonial **casas** and **quintas.**

In the colonial era (the seventeenth and eighteenth centuries), upper-class homes were frequently built around an interior **patio.** All the family rooms opened onto this area, which often contained beautiful flowers, a fountain, and sometimes tropical birds. The result was privacy, tranquility, and fresh air. The usually windowless outer wall of the house met the sidewalk and featured a heavy wooden door. The **quinta** is an estate surrounded by a high wall for privacy and security.

Middle-class Mexican homes today may be modern or traditional. Sometimes they include servants' quarters and a work area called the **patio de atrás. La azotea,** or flat rooftop, may be used as a family gathering place, play area, or pet run if the house has no yard. Mexicans who live in urban areas are as concerned with home security as many **estadounidenses,** and their homes may feature **rejas** (decorative wrought iron window bars), exterior walls with pieces of sharp glass embedded in the top, or electronic security devices.

Fraccionamientos are popular residential areas today. They may feature small, two-bedroom townhouses or slightly larger yet modest ranch-style homes. With low down payments and monthly fees, they offer affordable, modern homes for many Mexicans.

Mi vecindad. Using the following vocabulary, identify the types of housing in your neighborhood.

Vivienda	*Housing*		
apartamento	*apartment*	condominio	*condominium*
ático	*small attic apartment*	estudio	*efficiency apartment*
casa	*house*	mansión	*mansion*
chalet (*m.*)	*house, villa* (frequently located in suburbs)	piso	*apartment; floor* (of a building)

◆ **Orientación** To review the goals and use of the *Práctica(s)* section, see the *Orientación* on p. 19.

◆ **Vocabulario adicional**
departamento *apartment*
urbanización *housing development*

De visita. In Mexico, it is common to invite colleagues and acquaintances to one's home. If you are invited to a Mexican home, you may be welcomed by a phrase such as **Está en su casa.** It is important not to take such statements literally . . . you are expected to act in a mannerly way! Be sure to greet everyone with a handshake. Depending on the formality of the situation, you may want to present your hosts with a small gift, such as chocolates, that can be enjoyed by the whole family. The meal is generally eaten slowly and may be followed by **la sobremesa,** a time for conversation, coffee, or an after-dinner drink. Small talk in Latin American countries is normally restricted to noncontroversial subjects; sometimes it is considered impolite to ask personal questions about political or religious beliefs. When leaving, it is important to do more than simply shake hands and say **muchas gracias.** Be sure to make an appreciative comment about your hosts' hospitality and tell them how much you enjoyed spending time in their home.

La sobremesa. Working in groups of three or four, practice conversing in Spanish as if you were participating in an after-dinner conversation. The following topics and expressions will help you get started.

- **La universidad:** clases, profesores, actividades
- **El cine:** películas (films, movies) recientes
- **La música:** clásica, jazz, rock, discos compactos, cassettes

La sobremesa	*After-dinner conversation*
¿Qué opinas/opina usted de . . . ?	*What is your opinion of . . . ?*
¿Crees/Cree usted que . . . ?	*Do you believe/think that . . . ?*
Creo que . . .	*I believe/think that . . .*

EXPRESIONES

Un apartamento nuevo. Finding the perfect place to live is always a challenge in any city. As you look over the illustrations below, listen carefully to the description of the model apartment that Carlota and Eduardo are considering. Then complete the **Comprensión** activity.

◆ **Orientación** In the *Expresiones* section, you will practice listening to a passage that presents key vocabulary related to the chapter theme. The passage, which is recorded, corresponds to the illustration in your textbook. Your instructor may play the recording or read the passage aloud, or both. After you hear the passage twice, you will be ready to answer the *Comprensión* questions.

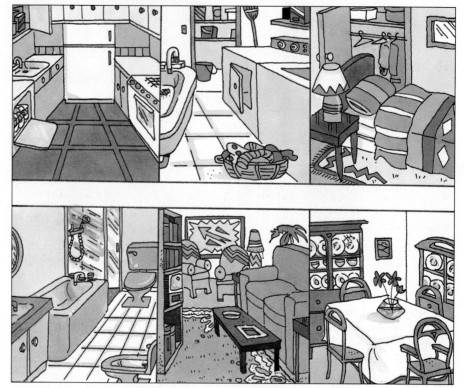

Comprensión

Answer the following questions briefly in Spanish.

1. ¿Adónde van Carlota y Eduardo?
2. ¿Cuántos cuartos hay en el apartamento?
3. ¿Dónde se preparan las comidas?
4. ¿En dónde se lavan los platos?
5. ¿Qué electrodomésticos hay en la lavandería?
6. ¿Cuántos dormitorios hay en el apartamento?
7. ¿Qué hay encima de la cama?
8. ¿De qué material son las mesitas de la sala?
9. ¿En qué cuarto hay dos vitrinas?
10. Si el ascensor no funciona, ¿cómo se puede subir al apartamento?

La casa   *The house*

balcón (*m.*)	*balcony*	lavandería	*laundry room*
cocina	*kitchen*	pasillo	*hallway*
comedor (*m.*)	*dining room*	patio	*yard, courtyard*
cuarto	*room*	ropero	*closet*
cuarto de baño	*bathroom*	sala	*living room*
desván (*m.*)	*attic*	sótano	*basement*
dormitorio	*bedroom*	terraza	*terrace*
garaje (*m.*)	*garage*	vestíbulo	*foyer*
jardín (*m.*)	*yard, garden*		

Muebles y electrodomésticos   *Furniture and appliances*

armario	*wardrobe*	lavaplatos (*m.*)	*dishwasher*
bañera	*bathtub*	mesa	*table*
bidé (*m.*)	*bidet*	mesita	*end table*
cama	*bed*	mesita de noche	*night table*
cómoda	*chest of drawers, bureau*	microondas (*m.*)	*microwave*
ducha	*shower*	refrigerador (*m.*)	*refrigerator*
estante (*m.*)	*shelf*	secadora	*dryer*
estufa	*stove*	silla	*chair*
fregadero	*kitchen sink*	sillón (*m.*)	*easy chair*
inodoro	*toilet*	sofá (*m.*)	*sofa*
lámpara	*lamp*	televisor (*m.*)	*television set*
lavabo	*bathroom sink*	tocador (*m.*)	*dresser, dressing table*
lavadora	*washing machine*	vitrina	*china cabinet*

Otras palabras   *Other words*

alberca	*swimming pool*	entrada	*entrance*
alfombra	*carpet, rug*	escalera	*stairway*
almohada	*pillow*	pared (*f.*)	*wall*
ascensor (*m.*)	*elevator*	puerta	*door*
azulejos	*tiles*	sobrecama	*bedspread*
chimenea	*fireplace*	tapete (*m.*)	*throw (scatter) rug, doily*
cortinas	*curtains*	ventana	*window*

Colores   *Colors*

amarillo/amarilla	*yellow*	morado/morada	*purple*
anaranjado/anaranjada	*orange*	negro/negra	*black*
azul	*blue*	rojo/roja	*red*
blanco/blanca	*white*	rosado/rosada	*pink*
gris	*gray*	verde	*green*
marrón	*brown*	violeta	*violet*

◆ The word **dormitorio** is a common Spanish equivalent for the English word *bedroom*. You may also encounter the following terms in Spanish: **habitación, recámara,** and **alcoba.**

◆ Note that in the plural form, the accents are dropped in the following words: **balcón ➡ balcones, desván ➡ desvanes, jardín ➡ jardines, sillón ➡ sillones, salón ➡ salones**

◆ **Vocabulario adicional**
cocina *stove* refrigeradora, frigorífico *refrigerator* espejo *mirror* cuadro *painting* piscina *pool* cochera *garage*

◆ **Una cosita más** Because colors are often used as adjectives, they must agree in gender and number with the nouns they modify—for example: **una casa rosada.** Some colors have separate masculine and feminine forms, whereas others do not. The plurals are formed by adding **-s** to a color ending in a vowel (**violetas**) and **-es** to a color ending in a consonant (**marrones**). The word **claro** is used to indicate light shades, such as **una silla (de color) anaranjado claro,** while **oscuro** refers to dark shades, as in **unas sillas (de color) verde oscuro.** In these expressions, the color is a noun, not an adjective, so the form of **claro** and **oscuro** remains masculine singular. Other color-related expressions include:

a cuadros *checkered, plaid*
a lunares, de puntos *polka-dotted*
apagado/apagada *dull*
brillante *bright, shiny*
de rayas *striped*
estampado/estampada *printed*
fluorescente *fluorescent*

◆ In the plural form of **marrón** the accent is dropped: **marrones.**

Prácticas

A. Tu dormitorio. Sketch your bedroom and label the items in Spanish.

B. ¿Cómo es tu casa? Write a description of your home in Spanish. Include the various rooms, the furniture and appliances, and the colors.

C. ¿Qué opinas del apartamento de los Martínez? Listen again to your cassette. Then, working with a partner, exchange opinions on what you like and what you do not like about the apartment.

■ **Ejemplo**   la sala
　　　　ESTUDIANTE 1: *No me gusta la sala porque es muy pequeña.*
　　　　ESTUDIANTE 2: *Sí, es pequeña pero me gusta la alfombra*
　　　　　　　　　　　persa.

D. ¿Cómo son las residencias de los estudiantes? Students live in many types of housing: dormitories, fraternity houses, shared houses, apartments, and rented rooms. Working with the other members of your class, describe these types of housing in detail.

■ **Ejemplo**   un edificio de apartamentos
　　　　ESTUDIANTE 1: *¿Cuántos apartamentos hay en tu edificio?*
　　　　ESTUDIANTE 2: *Hay veinte.*

E. Los techos altos. Students are ingenious at turning small living spaces, such as dormitory rooms, into comfortable, personalized environments. Before reading the following article about how an interior designer utilizes space in a high-ceilinged room, study the new vocabulary shown on the left. Then design and describe an environment of your own.

◆ **Vocabulario esencial**

Los techos altos   *High ceilings*

entreplanta	*loft*
salón (*m.*)	*living room, sitting room*
tabique (*m.*)	*partition, wall*
zona de estar	*living area*

Armario y entreplanta

La altura del techo permite crear, como en este salón, una entreplanta que se destina a zona de estar. La parte inferior se ha incorporado a un dormitorio contiguo, donde se ha transformado en un armario de los de «entrar». En el tabique que da al salón, se han incorporado una serie de estantes para los libros. Delante se ha creado una zona de lectura.

Así es

Cómo contar del cien al cien millones

◆ **Orientación** To review the goals and use of the *Así es* section, see the *Orientación* on p. 21.

Study the numbers from 100 to 100,000,000. This may seem like a lot, but these numbers are easy to learn.

Los números del cien a cien millones			
Numbers from 100 to 100,000,000			
100	cien, ciento	1.001	mil uno
101	ciento uno/una	1.578	mil quinientos setenta y ocho
120	ciento veinte	1.996	mil novecientos noventa y seis
200	doscientos/doscientas	7.931	siete mil novecientos treinta y uno
300	trescientos/trescientas	100.000	cien mil
400	cuatrocientos/ cuatrocientas	1.000.000	un millón
500	quinientos/quinientas	2.000.000	dos millones
600	seiscientos/seiscientas	10.300.000	diez millones trescientos mil
700	setecientos/setecientas	100.000.000	cien millones
800	ochocientos/ ochocientas	1.000.000.000	mil millones (no es un billón)
900	novecientos/ novecientas	100.000.000.000	cien mil millones
1.000 mil		1.000.000.000.000	un billón (no es un trillón)

Here are a few guidelines on using numbers in Spanish:

▲ In Spain and South America, a decimal point is used to separate the thousands, but a comma is generally used in Central America and Mexico.

IN SPAIN AND SOUTH AMERICA → **1.578**   IN CENTRAL AMERICA AND MEXICO → **1,578**

▲ **Cien** becomes **ciento** before the numerals 1–99.

100 → **cien**
125 → **ciento veinticinco**
155 → **ciento cincuenta y cinco**

▲ The word **un** is not used before **mil.** For example:

one thousand → **mil**   two thousand → **dos mil**
one hundred thousand → **cien mil**   eight thousand → **ocho mil**

▲ The word **y** is used only between the ten's place and the one's place, never between the hundred's place and the ten's place.

233 → **doscientos treinta *y* tres**
1995 → **mil novecientos noventa y cinco**

▲ The feminine hundreds forms are used to modify feminine nouns.

novecientas mesas   **trescientas setenta casas**

▲ The masculine hundreds forms modify masculine nouns.

novecientos pisos   **trescientos setenta apartamentos**

▲ The word **de** is used after **cientos, miles, un millón** and **millones** before nouns.

miles *de* **apartamentos**   **un millón** *de* **pesos**

Prácticas

A. Capicúas. Reversible numbers that read the same frontward and backward are called **capicúas** in Spanish. The year 1991, for example, is a **capicúa.** Make a list of five additional **capicúas** and then write them out in Spanish.

■ **Ejemplo**   1991   *Mil novecientos noventa y uno*

B. Costos de la educación. Think about the educational expenses of students at your university. Then, in Spanish, write the costs per year for the items below.

■ **Ejemplo**   la gasolina para el auto $840
       La gasolina para el auto cuesta° ochocientos cuarenta dólares al año.

1. la matrícula
2. la residencia o el apartamento
3. las comidas°

4. los libros
5. el transporte

C. Datos importantes. Working with a partner, express in Spanish the following data about Mexico. Writing the numbers may help you.

■ **Ejemplo**   Área: 1.972.547 kilómetros cuadrados
       El área de México es de un millón novecientos setenta y dos mil quinientos cuarenta y siete kilómetros cuadrados.

1. Longitud de Baja California: 1.287 kilómetros
2. Producto interno bruto° per cápita: N$16.000
3. Población de la ciudad de México: 22.000.000 personas
4. Mano de obra:° 24.063.283 personas
5. Población del país: 92.380.721 personas

D. Juego de matemáticas. Make up five arithmetic problems (addition, subtraction, multiplication, or division) based on the following example. Then, working in groups of three or four, take turns reading your problems. The other members of the group copy down the problem and solve it. The first one to answer correctly in Spanish asks the next question.

■ **Ejemplo**   cuatrocientos sesenta y dos más doscientos cuarenta y nueve
       Son setecientos once.

Funciones matemáticas	*Mathematical functions*
+	**más**
−	**menos**
×	**por**
÷	**dividido por/entre**

---

cuesta *costs* (plural form: **cuestan** *cost*)   **comidas** *meals, food*
producto interno bruto *gross domestic product*   **mano** (*f.*) **de obra** *workforce*

SEGUNDA ETAPA Funciones

PRIMERA FUNCIÓN

Expressing possession and obligation, and offering excuses using **tener** and **tener que** + infinitive

▲ The STEMS of **tener** and that of other Spanish verbs have a spelling change in the forms where the stem is stressed (**tú, usted, ustedes**). These verbs are called STEM-CHANGING VERBS. For **tener,** the stem vowel -**e** changes to -**ie** when stressed. For some verbs, like **decir,** the stem vowel -**e** changes to -**i** when stressed. In most Spanish-English dictionaries, the stem change is indicated in parentheses after the infinitive: **tener (ie)/decir (i).**

In addition, the first person singular (**yo**) form of **tener** is **tengo.** Many common -**er** and -**ir** verbs whose stems end in -**c, -l, -n,** or -**s** include this -**g**- in the first person singular. Not all these -**go** verbs, however, are stem-changing verbs. Study the verbs in the chart, noting the **yo** forms. Also notice which verbs are stem-changing and pay special attention to their forms.

◆ **Orientación** To review the goals of the *Funciones,* see the *Orientación* on p. 23.

 Diario de actividades

◆ For additional practice with **tener** and **tener que** + infinitive, see the *Diario de actividades, Primera función.*

	-go VERBS	
decir (i)	*to say, tell*	**digo,** dices, dice, decimos, decís, dicen
hacer	*to do, make*	**hago,** haces, hace, hacemos, hacéis, hacen
poner	*to put, place*	**pongo,** pones, pone, ponemos, ponéis, ponen
salir	*to leave, go out*	**salgo,** sales, sale, salimos, salís, salen
tener (ie)	*to have*	**tengo,** tienes, tiene, tenemos, tenéis, tienen
valer	*to be worth, cost*	**valgo,** vales, vale, valemos, valéis, valen
venir (ie)	*to come*	**vengo,** vienes, viene, venimos, venís, vienen

Prácticas

A. ¿Qué tienes? Compile an inventory of the possessions you have in class with you. Mention each article, its value, and give a brief description.

■ **Ejemplo** un diccionario español-inglés

Yo tengo un diccionario español-inglés. Cuesta veinte dólares. Es rojo, amarillo y blanco.

B. Mi familia. Draw your family tree, then write a description of members of your extended family.

■ **Ejemplo** primos

Tengo siete primos—dos mujeres y cinco hombres. Viven en Michigan, Ohio y Florida.

C. Entrevista. Working with a partner, take turns asking and answering questions to obtain information about:

1. what he or she does in the morning, in the afternoon, and in the evening
2. when and where he or she goes out with friends

3. when he or she comes to the university and leaves
4. how much his or her textbooks cost

D. ¿Qué tienen los demás? Working in groups of three or four, find out who has each of the following items.

■ **Ejemplo**   un televisor
ESTUDIANTE 1: *Elsa, ¿tienes un televisor?*
ESTUDIANTE 2: *No, no tengo un televisor.*

1. estéreo con televisor color

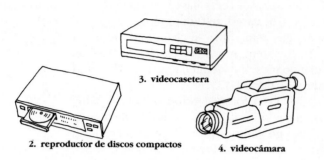
2. reproductor de discos compactos

3. videocasetera

4. videocámara

5. radio-cassette

6. radio

7. radio despertador

E. Juego de clase. Your instructor will describe a room in a house. Sketch the room from the description.

▲ To express what has to be done, use a form of the verb **tener** followed by **que** and then by an infinitive that indicates the activity. For example:

Yo **tengo que estudiar.**   Mi hermano **tiene que ir** a clase.

In this structure, only the infinitive form of the verb follows **que.**

Prácticas

F. Los quehaceres domésticos. Using the expressions below, draw up a list of household chores and say who has to do them at your place.

■ **Ejemplo**   fregar el suelo
Mi compañero de cuarto tiene que fregar el suelo.

Quehaceres domésticos	*Household chores*		
barrer el suelo	*sweep the floor*	arreglar/organizar los roperos	*tidy up the closets*
colgar la ropa	*hang up the clothes*		
cortar la hierba/ el césped	*cut the grass*	pasar la aspiradora	*run the vacuum*
		planchar la ropa	*iron the clothes*
fregar el suelo	*mop the floor*	poner la mesa	*set the table*
hacer/tender la cama	*make the bed*	regar las plantas	*water the plants*
		sacar la basura	*take out the trash*
lavar/limpiar las ventanas	*wash/clean the windows*	sacudir los muebles	*dust the furniture*
lavar los platos	*wash the dishes*	secar los platos	*dry the dishes*

G. ¿Qué tienes que hacer hoy? Write a list of activities that you have to do today.

■ **Ejemplo**   estudiar para un examen de matemáticas
   Tengo que estudiar para un examen de matemáticas.

H. ¿Qué tienes que comprar? Working with a partner, take turns telling each other which of the following cleaning products you need to buy and why.

■ **Ejemplo**   ***Tengo que comprar detergente para lavar la ropa.***

Artículos de limpieza *Cleaning materials*			
aspiradora	*vacuum cleaner*	limpiador	*liquid cleaner*
cubo, balde (*m.*)	*bucket*	para ventanas	*window cleaner*
detergente (*m.*)	*dish detergent*	para el hogar	*all-purpose cleaner*
para platos		toallas de papel/	*paper towels*
escoba	*broom*	papel de cocina	
esponja	*sponge*	trapo	*dust cloth, rag*
fregasuelos (*m.*)	*mop*		

◆ Many words in Spanish are verb/noun compounds. Pick out these words from the list.

◆ **Vocabulario adicional**   trapeador *mop*

I. Excusas. Sometimes we use household chores as an excuse not to go out. Working in a small group, use the events in the following calendar as a guide and take turns inviting and making excuses for staying in.

■ **Ejemplo**   conferencia
ESTUDIANTE 1: ***¿Deseas ir° a la conferencia sobre los artistas y la sociedad?***
ESTUDIANTE 2: ***Lo siento, pero tengo que limpiar mi apartamento porque mis padres vienen mañana.***

CALENDARIO DE EVENTOS	
CONFERENCIA	LOS ARTISTAS Y LA SOCIEDAD: 11 de marzo. 10:30/13:00 hrs. Auditorio del Instituto de Ciencias Sociales y Administración. Avenida Heroico Colegio Militar.
MÚSICA	LA SUPER BANDA MANANTIAL: Hotel Chula Vista. Miércoles–sábado. Paseo Triunfo de la República 3355 oriente.
TEATRO	*El alcalde de Zalamea* DE CALDERÓN DE LA BARCA: Compañía Francisco Portes de Madrid, España. 13 de marzo. Auditorio Benito Juárez. 20:30 hrs.
DANZA	TALLER COREOGRÁFICO DE LA UNIVERSIDAD AUTÓNOMA DE MÉXICO DE GLORIA CONTRERAS: Centro Universitario de Convenciones. 20:00 hrs. 14 de marzo.
SIMPOSIO	EL FUTURO DE LA EDUCACIÓN BÁSICA NACIONAL: 16–18 de marzo. Información a los teléfonos (16) 17-96-93 y 17-46-74.

---

ir   *to go*

▲ The verb **tener** is also used in a variety of common expressions. Like many Spanish expressions, these do not have a word-for-word equivalent in English. Therefore it is best to learn these phrases as meaningful "chunks."

◆ **Una cosita más** To express the idea of *very* warm, jealous, etc., a form of the word **mucho** is used. For example: **tener muchos celos, tener mucha sed.**

◆ **Una cosita más** **Tener cuidado** is frequently used with **al** + infinitive. For example:

Tengo cuidado al cruzar la calle.
Tenemos cuidado al lavar las ventanas.

◆ NOTE: **no tener razón** means *to be wrong.*

Expresiones con *tener*		*Expressions with* ***tener***	
tener . . . ____ años	*to be ____ years old*	tener . . . lugar	*to take place*
calor (*m.*)	*to feel warm*	miedo (a)	*to be afraid (of a person)*
celos	*to be jealous*		
cuidado	*to be careful*	miedo (de)	*to be afraid (of a thing)*
éxito	*to be successful*		
frío	*to feel cold*	prisa	*to be in a hurry*
hambre (*f.*)	*to be hungry*	razón (*f.*)	*to be right*
ganas de +	*to feel like . . .*	sed (*f.*)	*to be thirsty*
infinitive		sueño	*to be sleepy*
		suerte (*f.*)	*to be lucky*

J. Asociaciones. Consider the situations below. State your reaction to each by using the appropriate **tener** expression. (Of course, more than one expression may be appropriate for each situation.)

■ **Ejemplo**   cuando° viajas de noche
        Tengo miedo cuando viajo de noche.

1. cuando estás en Alaska en enero
2. cuando estás en Arizona en agosto
3. cuando ganas la lotería
4. cuando sacas una A en un examen
5. cuando estudias toda la noche
6. cuando no comes en todo el día
7. cuando estás solo/sola
8. cuando tu amigo/amiga tiene un auto nuevo
9. cuando hay un buen concierto
10. cuando faltan diez minutos para tu clase

K. Mis amigos. Using the **tener** expressions, write sentences that describe your friends.

■ **Ejemplo**   tener años
        Mi amiga Jenny tiene veinte años.

L. ¿Cómo te sientes?° Working with a partner, take turns asking and telling how you feel in various places and situations. Use your imagination when thinking up the places and situations, and use the **tener** expressions in your replies.

■ **Ejemplo**   la playa
        ESTUDIANTE 1: ***¿Qué tienes cuando estás en la playa?***
        ESTUDIANTE 2: ***Tengo mucho calor.***

M. Encuesta en grupo. Working in a small group, take turns surveying the members about their experiences.

■ **Ejemplo**   tener sueño
        ESTUDIANTE 1: ***¿Cuándo tienes sueño?***
        ESTUDIANTE 2: ***Tengo sueño por la noche después de estudiar mucho.***

---

cuando *when*   **¿Cómo te sientes?** *How do you feel?*

138   *¡A conocernos!*

SEGUNDA FUNCIÓN

Identifying specific people or objects using demonstrative adjectives and pronouns

📖 Diario de actividades

◆ For additional practice with demonstrative adjectives and pronouns, see the *Diario de actividades, Segunda función.*

▲ To point out or indicate specific people or objects, DEMONSTRATIVE ADJECTIVES (*this, that, these, those*) are used. In the following example, notice that the words in bold print agree in gender and number with the nouns they modify.

> Me encanta **ese** sofá y **aquella** cómoda, pero no me gusta **esta** lámpara.
>
> *I love **that** sofa and **that** bureau **(over there)**, but I don't like **this** lamp.*

As you examine the following chart, you will notice that Spanish has two ways of expressing *that*. The first form, **ese,** is used when the person or object is not too far away from the speaker. **Aquel** is used when the person or object mentioned is far away from the speaker. In the illustration, for example, Carlota and Eduardo are fairly close to the sofa. When Carlota expresses her opinion about the bureau on the other side of the room, however, she uses **aquella** because it is distant both from her and from Eduardo. **Ese** and **aquel** may also refer to things removed in time as well as space—for example: **en aquellos tiempos** (*in those times*).

◆ Notice that the final **e** in the singular forms changes to **o** before adding the plural suffix **s.** The **l** in **aquel** doubles in the other singular/plural forms.

Adjetivos demostrativos	*Demonstrative adjectives*		
SINGULAR		PLURAL	
este sillón ⎱ **esta** mesa ⎰	*this*	**estos** sillones ⎱ **estas** mesas ⎰	*these*
ese sillón ⎱ **esa** mesa ⎰	*that*	**esos** sillones ⎱ **esas** mesas ⎰	*those*
aquel sillón ⎱ **aquella** mesa ⎰	*that* (over there)	**aquellos** sillones ⎱ **aquellas** mesas ⎰	*those* (over there)

Prácticas

A. ¿Cómo es aquella universidad? Compare and contrast your university with another university you know something about. Use the cues as a guide.

■ **Ejemplo** grande
> ***Esta universidad es grande, pero aquella universidad es pequeña.***

1. biblioteca
2. equipo de baloncesto
3. actividades para los estudiantes
4. profesores y consejeros
5. cursos
6. laboratorio

B. Mis cosas. Inventory and describe the belongings you brought to class with you, using a demonstrative adjective in each sentence.

■ **Ejemplo** cuaderno
> ***Este cuaderno es de papel reciclado.***°

C. La sala de clase. Working with a partner, describe your classroom. Write as many sentences as you can in five minutes. Use demonstrative adjectives, colors, and other descriptive adjectives from ***Capítulos 1, 2*** and ***3.***

■ **Ejemplo** ***Estos libros son viejos, pero aquellos libros son nuevos.***

D. ¿Qué es? Working in groups of three or four, play a guessing game. One person describes something or someone within the group (using a form of **este**). Another person describes something or someone outside but close to the group (using a form of **ese**). A third person describes something or someone outside and far away from the group (using a form of **aquel**). The other members of the group guess what the object described is or who the person is.

■ **Ejemplo** Aquella cosa es redonda y tiene números.
> ***Es el reloj.***

E. ANE. The following advertisement deals with a common problem of decorating. After reading the article, answer the questions. Then state your opinion by completing one of the statements in the ***Ejemplo*** on the next page.

◆ **Vocabulario esencial**
Su casa

imprescindible	*essential*
anillo	*ring*
dedo	*finger*
roble	*oak*
presupuesto	*budget*

Su Casa

Una solución a su medida

ANE: Una opción de primera para decorar a la «medida»

*Dados los escasos metros de que gozan la mayoría de los pisos actuales, resulta imprescindible que los muebles se adapten al espacio como anillo al dedo. El **programa ANE** cumple este requisito con todos los honores. Consta de un total de 980 piezas que cubren todas las necesidades exigibles a los muebles de hoy en día. En ellos el sentido práctico y la estética están íntimamente ligados entre sí. Realizados con madera de teka de Tailandia y roble del*

Canadá, su calidad es excelente y le ofrecen la oportunidad de que usted mismo proyecte el ambiente que necesita. Sus posibilidades de combinación y medidas, tanto en anchura como en altura y profundidad, son casi ilimitadas, lo que permite solucionar cualquier problema que le presente la decoración de su casa. Apúntese a ellos; ganará en confort y, además, podrá ajustar su presupuesto al máximo.

---

papel reciclado *recycled paper*

Preguntas

1. What is the common problem mentioned in the advertisement?
2. What is the ANE program?
3. How many pieces form the collection?
4. What are two qualities of the pieces?
5. From what materials are the pieces made?
6. What are two advantages of the ANE program?

■ **Ejemplo** *Creo que este programa . . .*
     En mi opinión, estas opciones . . .

▲ Demonstrative pronouns are used when the specific noun referred to is not expressed. Like the demonstrative adjectives, the pronouns reflect the concepts of persons or objects that are very close, nearby, or far away. The *only* difference is a written accent mark. Study the following examples and the chart.

**Ésta es muy barata. Ésa es muy bonita.
Pero aquélla es perfecta para ustedes.**

Pronombres demostrativos	*Demonstrative pronouns*		
SINGULAR		PLURAL	
éste **ésta**	*this*	**éstos** **éstas**	*these*
ése **ésa**	*that*	**ésos** **ésas**	*those*
aquél **aquélla**	*that* (over there)	**aquéllos** **aquéllas**	*those* (over there)

◆ NOTE: In the demonstrative pronouns, the stressed vowel is an **e** and is the first **e**, without exception.

Prácticas

F. Dos dormitorios. Write five sentences in which you compare and contrast the bedrooms shown below.

■ **Ejemplo** *Éste no tiene un estante para libros. Aquél tiene un estante para libros.*

Éste   Aquél

G. Nuevo Estilo. Read the following highlights of an upcoming issue of **Nuevo Estilo,** a decorating magazine. Then rewrite five of the sentences, incorporating a demonstrative pronoun.

■ **Ejemplo**   Un número lleno de ideas decorativas y prácticas.
   Éste está lleno de ideas decorativas y prácticas.

NUESTRO PRÓXIMO NÚMERO

Un número lleno de ideas decorativas y prácticas.

Dormitorio con secreto

Armarios, colchas, cortinas, camas... sepa cómo ahorrar a la hora de disponer todos estos elementos que componen el dormitorio, ¡las ideas más eficaces!

El eterno salón

El salón es la habitación principal y la que cumple más funciones. Por ello, hay que decorarlo «detenidamente».

Puntualidad

Los relojes son un capítulo del diseño que se ha enriquecido considerablemente en las últimas décadas. Vea los modelos más actuales.

▲ When there is no noun to which the demonstrative pronoun refers, a *neutral* (sometimes called *neuter*) pronoun is used. Because there are no adjective equivalents for the NEUTRAL DEMONSTRATIVE PRONOUNS, they carry no written accent marks.

NEUTRAL DEMONSTRATIVE PRONOUNS			
esto	*this*	**Esto** es lindo.	*This is pretty.*
eso	*that*	¿Qué es **eso**?	*What is that?*
aquello	*that*	**Aquello** es muy raro.	*That (thing) is very odd.*

H. ¿Qué es? Working with a partner, take turns asking and answering questions about the items pictured on the facing page.

■ **Ejemplo**   pencil
   ESTUDIANTE 1: ***¿Qué es esto?***
   ESTUDIANTE 2: ***Es un lápiz. Es para escribir.***

TERCERA FUNCIÓN
Going places and making plans using **ir** and **ir a** + infinitive

 Diario de actividades

▲ The verb **ir** is used when talking about going places. As you study the chart below, notice the different meanings for each form of the verb.

ir	*to go, to be going*		
voy	*I go, I am going*	**vamos**	*we go, we are going*
vas	*you go, you are going*	**vais**	*you (all) go, you (all) are going*
va	*you go, you are going,* *he/she goes, he/she is going*	**van**	*you (all) go, you (all) are going,* *they go, they are going*

Study the following sentences and make up additional examples about going places. Notice that when you ask where a person is going, the interrogative **¿adónde?** is used.

Voy a Teotihuacán a las once.
Eduardo **va** al Palacio de Bellas
   Artes con Carlota.
¿Adónde van este fin de semana?

I am going to Teotihuacán at 11:00.
Eduardo is going to the Palace of Fine
   Arts with Carlota.
Where are they going this weekend?

◆ For additional practice with **ir** and **ir a** + infinitive, see the *Diario de actividades, Tercera función.*

◆ **Una cosita más** **Ir** is also used in some idiomatic expressions, such as **¿Cómo te va?** *How's it going?* **¡Qué va!** *Nonsense!* **¡Vamos!** *Let's go!* **Vamos de compras.** *Let's go shopping.* **Vamos al grano.** *Let's get to the point.*

◆ Be careful not to combine forms of **ser** and **ir** to express the idea *is/are going.* Phrases like **"Ella es va"** (for *She is going*) are impossible in Spanish. **Ella va** means *She is going.*

Las pirámides de Teotihuacán

▲ When making plans, we often use the phrase *going to* to express the idea of an activity that will take place in the near future. In Spanish, a similar construction is used based on the verb **ir** + **a** + an infinitive. Study the forms of the verb below.

¿Qué **van a hacer** ustedes mañana?   *What **are you going to do** tomorrow?*
Vamos a buscar una casa nueva.   *We're **going to look for** a new house.*

Prácticas

♦ Before doing this activity, review the vocabulary on p. 92.

A. ¿Adónde vas? Write seven sentences in which you explain where you are going every day for the next week.

■ **Ejemplo** *El jueves voy a casa de mis suegros.*

B. Tus planes. What plans do you have for today? Choosing from the activities below, name five things you are going to do and when. Then turn to a classmate and ask him or her to give you the same information.

■ **Ejemplo** *Voy a estudiar esta noche.*

- esquiar
- hacer ejercicios aeróbicos
- ir a la biblioteca
- jugar al baloncesto°/béisbol/fútbol/ tenis/voleibol
- llamar a mis padres
- andar en bicicleta
- asistir a clase/un concierto
- comer en un restaurante mexicano/ español
- tomar una Coca-Cola/un té con limón
- escribir una carta
- leer una novela/mi lección de historia
- buscar un nuevo apartamento

C. Mexicanos famosos. Write complete sentences in which you state what the following persons are going to do today.

■ **Ejemplo:** los miembros de Bronco (grupo musical)
        Los miembros de Bronco van a grabar un disco.

1. Octavio Paz (ganador del Premio Nobel en literatura)
2. Elena Poniatowska (novelista y periodista°)
3. Fernando Valenzuela (beisbolista)
4. Verónica Castro (anfitriona° de televisión)
5. Gloria Trevi (cantante)
6. Carlos Fuentes (novelista)

---

baloncesto *basketball*   **periodista** (*m./f.*) *journalist*   **anfitriona** *host*

D. Atracciones de la ciudad. Look over the following tourist attractions in Mexico City and choose three you would like to visit. Then, on a separate sheet of paper, fill in your itinerary using the date book below as a model. Finally discuss your itinerary with your partner.

■ **Ejemplo**   ESTUDIANTE 1: ***Voy a ir a Teotihuacán el jueves a las 10:00 porque quiero ver las pirámides.***
ESTUDIANTE 2: ***Yo voy a ir también. Quiero ver el espectáculo de noche.***

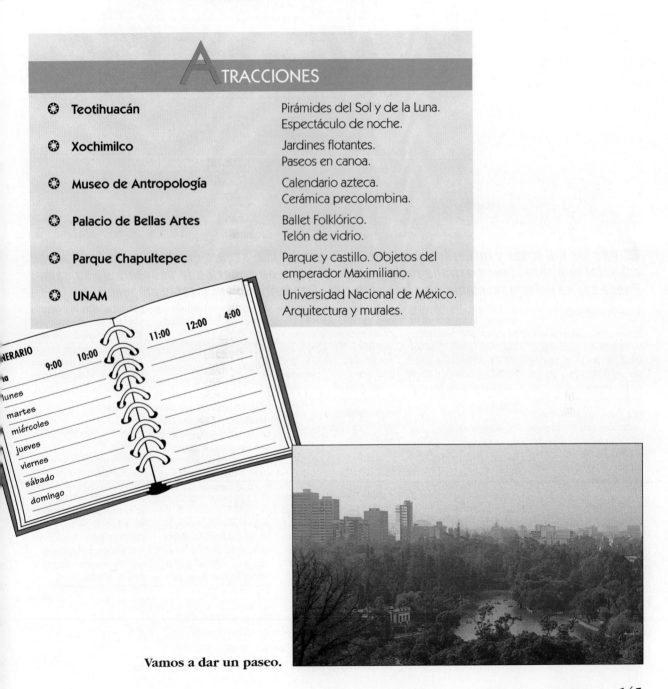

ATRACCIONES

✪ **Teotihuacán**	Pirámides del Sol y de la Luna. Espectáculo de noche.
✪ **Xochimilco**	Jardines flotantes. Paseos en canoa.
✪ **Museo de Antropología**	Calendario azteca. Cerámica precolombina.
✪ **Palacio de Bellas Artes**	Ballet Folklórico. Telón de vidrio.
✪ **Parque Chapultepec**	Parque y castillo. Objetos del emperador Maximiliano.
✪ **UNAM**	Universidad Nacional de México. Arquitectura y murales.

ITINERARIO

	9:00	10:00	11:00	12:00	4:00
lunes					
martes					
miércoles					
jueves					
viernes					
sábado					
domingo					

Vamos a dar un paseo.

E. Un cuadro para tu dormitorio. The way we decorate our room is an indication of our personality. Read the following article about different types of pictures and their implications. Choose the type of picture you would like most and then, based on your choice, answer the questions with complete sentences.

JUEGO - TEST

UN CUADRO PARA LA HABITACIÓN

***E**ntre las mil cosas y recuerdos que tiene en su habitación, seguro que hay un cuadro o afiche especial que, por alguna extraña razón, ocupa el lugar de honor en la cabecera de su cama. Puede ser un paisaje, cantante o su foto preferida. Reconózcalo entre estas propuestas.*

1. AFICHE DE GATO

Revela un temperamento romántico y muy sensible, hasta el punto de ser algo tímida y llegar a la introversión. No quiere que nadie descubra sus pensamientos secretos, pues piensa que no tiene derecho a ello. Pruebe a abrirse un poco a los demás para aprender más de ellos.

2. PINTURA ABSTRACTA

Decidida y resuelta, tiene los pies bien puestos en su propia realidad y se encuentra como pez en el agua. Sin embargo, de vez en cuando debe dejarse tentar por alguna aventura: su realismo podría ser una forma de defenderse de un mundo desconocido que la asusta más de lo usual.

3. TAPIZ

Siembra alegría en donde se encuentra, pues es muy extrovertida e impetuosa. Se lanza a tumba abierta, según sus impulsos, lo que a veces la puede perjudicar. Piénselo dos veces antes de arriesgarse en la vida.

4. PAISAJE

Le gusta todo lo que sepa a tradición y costumbre, aunque a veces peca de exceso de conservatismo. No todas las novedades tienen por qué ser malas, aunque usted prefiere el sabor de lo bueno y añejo. Si logra mantenerse en el punto medio, rozará la perfección.

5. AFICHE DE HISTORIETAS

Algo infantil, pero divertida, dinámica y deportiva. Tiene mucho sentido práctico y es muy extrovertida. Aunque lo suyo es la utilidad, no le gusta dejar a un lado la estética. Adora las novedades y es una mujer simpática.

6. CANTANTE DE ROCK

Quiere estar siempre a la última moda y a veces exagera un poco la nota en su afán de modernidad. Teme quedarse anticuada lo que le puede acarrear ansiedad y estrés. Ordene sus deseos o terminará sin saber qué camino tomar.

7. DIANA

Juguetona, mimosa, pero muy decidida. Afronta la vida con la cabeza alta y la verdad por delante, lo que la ayuda a conectar con los demás y expresarse como es. Tenga presente, sin embargo, que a veces la verdad hace más daño que bien y no todo el mundo es fuerte como usted.

8. SU FOTO

Necesita el reconocimiento afectivo de los demás; que le hagan caso y estén pendientes de usted. Quizá no le vendría mal sentarse ante el espejo e interrogarse a fondo sobre usted misma, para fortalecer sus logros personales y no depender siempre de los demás.

de mía

Preguntas

1. ¿Qué tipo de cuadro vas a poner en tu dormitorio?
2. ¿Dónde vas a colgar el cuadro en tu dormitorio?
3. ¿Qué va a revelar el cuadro sobre tu personalidad?
4. ¿Qué van a pensar tus amigos al ver este cuadro?

COMPRENSIÓN AUDITIVA Textbook Cassette

Scanning for specific information. In *Capítulo 3,* you learned to skim a complete text for the main idea. In this chapter, you will learn to *scan,* or to go through a text in search of a specific bit of information. When applied to oral texts, the scanning strategy might be used to listen for a telephone number or an address in a television or radio commercial. Listening for the refrain of a popular song on the radio is another example of scanning. Before you scan an oral text, you must think about the information you want to find and the form that information will take. For example, an address or telephone number will obviously consist of numbers. The refrain of a song might be signaled by a change of tempo or voices. This advance preparation will help you zero in on the information you are seeking.

◆ **Orientación** To review the goals and use of the *Estrategias* and *Comprensión auditiva* sections, see the *Orientaciones* on p. 36.

Antes de escuchar

A. Anuncio comercial. What kinds of information would you expect to find in a commercial for a new housing development? Make a list and compare it with that of a classmate. Include additional items if necessary.

B. Santa Anita. Now compare the list that you wrote in the preceding activity, *Anuncio comercial,* with the information found in the written advertisement for *Fraccionamiento Santa Anita* on page 127. Although there will probably be more information in the written advertisement than in a television or radio commercial, check to see that you have not left anything important off your list.

¡A escuchar!

Los Prados de San Martín. Listen to the radio commercial for *Prados de San Martín,* a new apartment complex, on your cassette and scan for the following information about the apartments:

- number of bedrooms
- number of bathrooms
- exercise/sports facilities
- model apartment hours

If necessary, you may scan the text for only one item at a time. Then rewind your cassette and listen again for the next item.

Después de escuchar

A. Apartamentos para estudiantes. Many college students prefer to live in private apartments rather than in university dormitories. What kinds of apartments are available in your campus area? Working with a partner, take turns describing a typical student apartment. Start your description with the phrase **En un apartamento típico hay . . .** You should include the number and kinds of rooms, the location, any special facilities, and the cost.

B. Anuncio clasificado. Using the information from the description you generated in the preceding activity, *Apartamentos para estudiantes,* write a classified advertisement for the apartment.

◆ **Orientación** To review the goals and use of the *Lectura* section, see the *Orientación* on p. 38.

LECTURA

Scanning a written text. In the previous section, you practiced scanning an oral text for specific information. The strategy for scanning a written text is basically the same. Before scanning for the desired information, however, you should apply the strategies you have already learned. First, quickly look over the visual cues to the text: layout, titles and subtitles, and photographs or drawings. Then skim the text for the general idea. Finally, go through the text a third time scanning for the specific information you need.

Antes de leer

A. Sueños. According to psychologists, dreams are reflections of our subconscious. Write five sentences in Spanish explaining what you think your dreams reveal about you.

B. ¿Con qué sueñas? Everyone dreams, but sometimes it is difficult to remember our dreams. Think about the dreams you have had. Working with a partner, take turns describing a dream you have had more than once.

¡A leer!

Seguridad en casa. Scan the short article below for the following information:

- the types of keys mentioned
- the meaning of each type of key

Soñar con... DIFERENTES TIPOS DE LLAVES

Hay que tener en cuenta su forma, tamaño, material y, sobre todo, qué se hace con la llave o las llaves que aparecen en el sueño. Pueden ser viejas –de plata, oro, diamante–, o sencillas y modernas. La llave de plata, si abre una puerta, simboliza el acercamiento a la purificación y el autoconocimiento; si es de oro, el nacimiento de una actitud filosófica e inteligente en la vida; de diamante, el conocimiento mágico, la sabiduría y el poder. Si es una llave corriente, la posibilidad de conocer y superar nuestros pequeños problemas cotidianos.

En la tradición popular, abrir una puerta indica que el soñador pronto se encontrará en una situación nueva, que se debe deducir del contexto del sueño y de lo que se abre. Verse en sueños en posesión de un gran manojo de llaves indica que se alcanzarán los bienes materiales que se desean y que pueden mejorarse los conocimientos intelectuales. Si la llave se rompe en el momento en que intenta abrir la puerta, es señal de que existen inconvenientes para alcanzar lo que nos proponemos o de la posible pérdida de algo material. Perder una llave o un llavero con llaves anuncia pequeños disgustos en la familia or allegados.

Pero las llaves también cierran, lo que puede servirnos para protegernos de un peligro, aislarnos cuando lo necesitamos o limitarnos, depende del guión del sueño.

de mía

Después de leer

A. Vocabulario nuevo. Reread the article *Soñar con diferentes tipos de llaves* and find the English equivalents for the following words and phrases. Try to do this activity by guessing from context, rather than using a Spanish-English dictionary.

1. tamaño
2. acercamiento
3. autoconocimiento
4. superar
5. soñador

6. manojo
7. bienes
8. alcanzar
9. pérdida
10. peligro

B. Descripción. Using the information you gained from reading the article, write an interpretation for each type of key.

■ **Ejemplo** la llave de plata
   La llave de plata simboliza la purificación y el autoconocimiento.

C. Tus llaves. Take out your key ring and write a sentence about each of your own keys.

COMUNICACIÓN Textbook Cassette

◆ **Orientación** To review the goals and use of the ***Comunicación*** section, see the ***Orientación*** on p. 39.

Listen to Carlota and Eduardo's conversations. The expressions they use will help you ask and give the prices of items, use exclamations, and incorporate conversational fillers and hesitations when you speak. Listen to the conversations on your cassette and practice them with the other members of your class.

Cómo pedir precios *Asking how much something costs*

Cómo usar exclamaciones   *Using exclamations*

Cómo extender una conversación   *Expanding a conversation using fillers and hesitations*

Prácticas

Notice that the third person singular form of the verb is used when asking the price of a single item. When asking the price of more than one item, the third person plural form is used.

Cómo pedir precios *Asking how much something costs*	
¿Cuánto cuesta el sofá?	*How much does the sofa cost?*
¿Cuánto cuestan las lámparas?	*How much do the lamps cost?*
¿Cuánto cuesta el apartamento al mes?	*How much is the apartment per month?*
¿Cuánto cuestan los servicios?	*How much are the utilities?*
¿Cuál es el precio de la casa?	*What's the price of the house?*
¿Cuánto vale el refrigerador?	*How much is the refrigerator worth?*
¿Cuánto valen los condominios?	*How much are the condominiums worth?*

A. Cosas personales. Working with your partner, take turns asking each other about the price of school supplies.

■ **Ejemplo**   ESTUDIANTE 1: ***¿Cuánto cuesta una pluma estilográfica?***
   ESTUDIANTE 2: ***Cuesta treinta dólares.***

---

dineral   *large sum of money*

1. libro de español
2. cuadernos
3. lápiz
4. bolígrafo
5. mochila
6. diario
7. regla
8. calculadora
9. diccionario
10. marcadores

B. ¿Cuánto cuesta? Skim the following apartment ads for location, deposit, and monthly rent. Then, working with a partner, take turns asking and answering these questions:

1. ¿Dónde está el apartamento?
2. ¿Cuánto es el depósito?
3. ¿Cuánto cuesta el apartamento al mes?

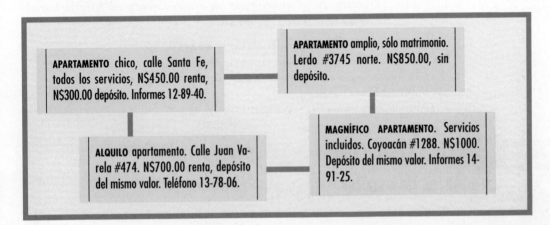

APARTAMENTO chico, calle Santa Fe, todos los servicios, N$450.00 renta, N$300.00 depósito. Informes 12-89-40.

APARTAMENTO amplio, sólo matrimonio. Lerdo #3745 norte. N$850.00, sin depósito.

ALQUILO apartamento. Calle Juan Varela #474. N$700.00 renta, depósito del mismo valor. Teléfono 13-78-06.

MAGNÍFICO APARTAMENTO. Servicios incluidos. Coyoacán #1288. N$1000. Depósito del mismo valor. Informes 14-91-25.

◆ The expressions **¡Caray!** **¡Dios mío!** and **¡Qué barbaridad!** can be positive or negative, depending upon circumstances and intonation.

Cómo usar exclamaciones *Using exclamations*

¡Caray!	*Oh! Oh no!*	¡Estupendo!	*Stupendous!*
¡Dios mío!	*Oh, my goodness!*	¡Fabuloso!	*Fabulous!*
¡Qué barbaridad!	*How unusual! Wow!* *That's terrible!*	¡Qué lástima!	*That's a pity!* *That's too bad!*
¡Qué bien!	*That's great!*	¡Qué mal!	*That's really bad!*
¡Qué desastre!	*That's a disaster!*	¡Qué maravilla!	*That's marvelous!*
¡Qué gente más loca!	*What crazy people!*	¡Qué padre!	*That's cool!*
¡Qué horrible!	*That's horrible!*	¡Qué pena!	*That's a pain!* *That's too bad!*
¡Qué increíble!	*That's amazing!*		

C. ¡Exclamaciones! Working with a partner, take turns telling each other what has just occurred. React to each statement by making the appropriate exclamation.

■ **Ejemplo**   ESTUDIANTE 1: *Acabo de recibir cien dólares.*
                ESTUDIANTE 2: *¡Qué bien!*

1. recibir una tarjeta de crédito
2. sacar malas notas en inglés
3. ganar la lotería
4. perder el trabajo
5. pagar la matrícula
6. suspender un examen
7. perder mi libro de español
8. ir al/a la dentista
9. trabajar 15 horas
10. limpiar toda la casa

◆ Video that supports this chapter includes the following:

¡A CONOCERNOS! Video Program: *Un apartamento nuevo* provides support for thematic and linguistic elements in the chapter. Activities that suport this video appear in the **Instructor's Resource Kit.**

Mosaico cultural: Pueblos indígenas expands upon the cultural material presented in the chapter. Activities that support this video are found in the *Mosaico cultural* Video Guide.

◆ **Orientación**   To review the goals and use of the *Composición* section, see the *Orientación* on p. 42.

◆ *Atajo* writing assistant supports your efforts with the task outlined in this *Composición* section by providing useful information when the following references are accessed:

Capítulo 4   *Un apartamento nuevo*

Phrases/functions   expressing compulsion; pointing out a person; pointing out an object; pointing to a person or object; asking the price; talking about the present; writing a letter (formal)

Vocabulary   colors; house; materials; numbers: 100–100,000,000

Grammar   adjective agreement; demonstrative adjectives; demonstrative pronouns; verbs: **tener;** verbs: future with **ir**

Cómo extender una conversación	
Extending a conversation using fillers and hesitations	
A ver . . . sí/no . . .	*Let's see . . . yes/no . . .*
Buena pregunta . . . no creo.	*That's a good question . . . I don't believe so.*
Bueno . . .	*Well . . .*
Es que . . .	*It's that . . .*
Pues . . . no sé.	*Well . . . I don't know.*
Sí, pero . . .	*Yes, but . . .*

D. Unas pausas. Working with a partner, take turns reading the following statements and adding conversational fillers.

■ **Ejemplo**   ESTUDIANTE 1: *¿Cuánto vale un apartamento en Nueva York?*
ESTUDIANTE 2: *Pues . . . no sé.*

1. ¿Cuánto vale vivir en una residencia de la universidad?
2. ¿Cuánto cuesta un apartamento cerca de la universidad?
3. ¿Es difícil estacionar en la universidad?
4. ¿Es importante un garaje?
5. ¿Están incluidos todos los servicios?

COMPOSICIÓN

Antes de escribir

A. Mudanzas. If you were going to take a new job and move to another city, what types of services might you need to facilitate your move? Skim the services below and check the ones that seem most essential.

> ❑ abogado (servicios legales)
> ❑ agencia de empleo (conseguir trabajo)
> ❑ aparatos para el hogar (electrodomésticos)
> ❑ banco (cuentas de ahorros° y corriente;° préstamos° personales)
> ❑ bienes raíces (compra y venta de casa y apartamentos)
> ❑ cámara de comercio (información sobre la comunidad)
> ❑ limpieza (lavado de alfombras, muebles, cortinas, etc.)
> ❑ mueblería (venta de muebles)
> ❑ mudanzas (transporte y empaque de muebles)
> ❑ servicios (agua, gas, electricidad, teléfono)

---

cuenta de ahorros *savings account*   **cuenta corriente** *checking account*   **préstamos** *loans*

B. Una carta. If you were to write a letter to one of the services listed in the preceding activity, **_Mudanzas,_** what information would you include? List the information in Spanish.

C. Magnolias. Read this advertisement and explain why you feel or do not feel like renting an apartment at the **Fraccionamiento Magnolias.** Write five sentences.

■ **Ejemplo**
Tengo ganas de alquilar un apartamento en Magnolias porque tiene aire acondicionado.

Departamentos en Renta
◆ Áreas Verdes
◆ Ambiente Familiar
◆ Seguridad las 24 Hrs.
◆ Desde N$ 790.00/mes

Magnolias FRACCIONAMIENTO

• 2 recámaras
• Un baño
• Sala - comedor
• Cocineta (opcional)
• Pequeño patio de servicio
• Aire acondicionado c/calefacción
• Estacionamiento
• Caseta de vigilancia
• Boiler

25% DE DESCUENTO EN EL PRIMER MES VÁLIDO FEBRERO

INFORMES 27-54-11

¡A escribir!

In Spanish, special headings, salutations, and closings are used in business correspondence. The following chart and model letter will show you how to use these formulae.

LA FECHA	México, D.F., 28 de enero de 1996
LA DIRECCIÓN	Srta. Claudia Rodríguez Avda. Libertad 1560, 2° piso 32030 Cd. Juárez, Chihuahua
EL SALUDO	Distinguida señorita/señora Gálvez: Srta./Sra. Directora: Estimado/Muy estimado señor Soto: Sr. Administrador:
LA DESPEDIDA	Atentamente, Cordialmente,

Notice that in the **dirección,** the street number *follows* the name of the street, and the postal code *precedes* the name of the city. The symbol **2°** stands for **segundo,** *second.* **El segundo (2°) piso** is the second floor. In the United States, this would actually be the third floor, but in many Spanish-speaking countries, the ground floor is called **la planta baja,** and the first floor above ground level is **el primer piso.** In the dateline for the model letter on the following page, you see the initials **D.F.** following **México.** This abbreviation stands for **el Distrito Federal,** Mexico City. In conversation, Mexicans often refer to their nation's capital as **México** or **la capital.**

México, D.F., 14 de enero de 1996

Sr. Pablo Martínez-Lazo
San Lorenzo 2223
32300 Cd. Juárez, Chihuahua

Estimado Sr. Martínez:

Le escribo en respuesta a su anuncio en
El Diario de Juárez del pasado 14 de diciembre
referente a un apartamento de dos dormitorios.

Tengo treinta y dos años y trabajo actualmente
como ingeniera en la capital. En febrero
voy a trabajar en una empresa en la Ciudad
Juárez. Busco un apartamento tranquilo cerca
de mi oficina. Puedo ofrecerle cartas de
recomendación que avalan mi buen nombre y
responsabilidad. Mi teléfono en México es
8-45-30-98. ¿Podría llamarme lo antes posible?

Atentamente,

Mercedes Quintana

Mercedes Quintana

Una carta comercial. Using the model above as a guide, write a short letter to señor Martínez asking for more information about the apartment he has for rent, as shown in the advertisement above.

Después de escribir

A. Revisión 1. Check your letter for spelling errors. Check the date, address, postal code, and telephone number.

B. Revisión 2. Exchange letters with another member of the class. Check carefully for verb errors by underlining each verb. Be sure that the subject of the verb and verb suffix match in person and number **(yo, tú, usted, él, ella, nosotros/nosotras, ustedes, ellos, ellas).** Check for noun-adjective agreement by underlining each noun and looking for adjectives that refer to it. Be sure that the gender (masculine or feminine) and the number (singular or plural) of the adjective match those of the noun.

VOCABULARIO

Using visual links. Another way of remembering difficult vocabulary items is to associate the words with a mental image. As an example, let's take the word **cuesta.** The Spanish word sounds a bit like the English word *quest*, though it has a totally different meaning. The trick is to make up a *visual* link between **cuesta** and *quest*. If we think about the great quests (or conquests) of history, such as the scaling of Mount Everest, we remember that such undertakings cost a lot. The link, then, is made by visualizing the ascent of a mountain perhaps with some dollar signs floating around! Try this visual link strategy on the words and phrases that elude you.

◆ **Orientación** To review the goals and use of the *Vocabulario* sections see the *Orientaciones* on p. 43–44.

Prácticas

A. Find (or design) an advertisement for household items and label the items in Spanish.

B. Look at a painting, poster, or photograph you have and name the colors.

C. Make a shopping list of the furniture you need.

D. Look through the financial section of your local paper and translate the "big" numbers into Spanish.

E. Think up situations where you might use the exclamations you have studied.

F. Rewrite the nouns from the vocabulary list and regroup them according to masculine and feminine gender.

VOCABULARIO

Vivienda   *Housing*

apartamento	*apartment*	condominio	*condominium*
ático	*small attic apartment*	estudio	*efficiency apartment*
casa	*house*	mansión	*mansion*
chalet (*m.*)	*house, villa* (frequently located in suburbs)	piso	*apartment; floor* (of a building)

La sobremesa   *After-dinner conversation*

¿Qué opinas/opina usted de . . .?	*What is your opinion of . . .?*
¿Crees/Cree usted que . . .?	*Do you believe/think that . . .?*
Creo que . . .	*I believe/think that . . .*

La casa   *The house*

balcón (*m.*)	*balcony*	dormitorio	*bedroom*	ropero	*closet*
cocina	*kitchen*	garaje (*m.*)	*garage*	sala	*living room*
comedor (*m.*)	*dining room*	jardín (*m.*)	*yard, garden*	sótano	*basement*
cuarto	*room*	lavandería	*laundry room*	terraza	*terrace*
cuarto de baño	*bathroom*	pasillo	*hallway*	vestíbulo	*foyer*
desván (*m.*)	*attic*	patio	*yard, courtyard*		

Muebles y electrodomésticos *Furniture and appliances*

armario	*wardrobe*	inodoro	*toilet*	refrigerador (*m.*)	*refrigerator*
bañera	*bathtub*	lámpara	*lamp*	secadora	*dryer*
bidé (*m.*)	*bidet*	lavabo	*bathroom sink*	silla	*chair*
cama	*bed*	lavadora	*washing*	sillón (*m.*)	*easy chair*
cómoda	*chest of drawers,*		*machine*	sofá (*m.*)	*sofa*
	bureau	lavaplatos (*m.*)	*dishwasher*	televisor (*m.*)	*television set*
ducha	*shower*	mesa	*table*	tocador	*dresser,*
estante (*m.*)	*shelf*	mesita	*end table*		*dressing table*
estufa	*stove*	mesita de noche	*night table*	vitrina	*china cabinet*
fregadero	*kitchen sink*	microondas (*m.*)	*microwave*		

Otras palabras *Other words*

alberca	*swimming pool*	cortinas	*curtains*	tapete (*m.*)	*throw (scatter)*
alfombra	*carpet, rug*	entrada	*entrance*		*rug, doily*
almohada	*pillow*	escalera	*stairway*	ventana	*window*
ascensor (*m.*)	*elevator*	pared (*f.*)	*wall*		
azulejos	*tiles*	puerta	*door*		
chimenea	*fireplace*	sobrecama	*bedspread*		

Colores *Colors*

amarillo/amarilla	*yellow*	morado/morada	*purple*
anaranjado/anaranjada	*orange*	negro/negra	*black*
azul	*blue*	rojo/roja	*red*
blanco/blanca	*white*	rosado/rosada	*pink*
gris	*gray*	verde	*green*
marrón	*brown*	violeta	*violet*
a cuadros	*checkered, plaid*	de rayas	*striped*
a lunares	*polka-dotted*	estampado/estampada	*printed*
apagado/apagada	*dull*	fluorescente	*fluorescent*
brillante	*bright, shiny*		

Los números del cien a cien millones *Numbers from 100 to 100,000,000*

100	cien, ciento	1.001	mil uno
101	ciento uno/una	1.578	mil quinientos setenta y ocho
120	ciento veinte	1.996	mil novecientos noventa y seis
200	doscientos/doscientas	7.931	siete mil novecientos treinta y uno
300	trescientos/trescientas	100.000	cien mil
400	cuatrocientos/cuatrocientas	1.000.000	un millón
500	quinientos/quinientas	2.000.000	dos millones
600	seiscientos/seiscientas	10.300.000	diez millones trescientos mil
700	setecientos/setecientas	100.000.000	cien millones
800	ochocientos/ochocientas	1.000.000.000	mil millones (no es un billón)
900	novecientos/novecientas	100.000.000.000	cien mil millones
1.000	mil	1.000.000.000.000	un billón (no es un trillón)

Quehaceres domésticos   *Household chores*

barrer el suelo	*sweep the floor*	pasar la aspiradora	*run the vacuum*
colgar la ropa	*hang up the clothes*	planchar la ropa	*iron the clothes*
cortar la hierba/el césped	*cut the grass*	poner la mesa	*set the table*
fregar el suelo	*mop the floor*	regar las plantas	*water the plants*
hacer/tender la cama	*make the bed*	sacar la basura	*take out the trash*
lavar/limpiar las ventanas	*wash/clean the windows*	sacudir los muebles	*dust the furniture*
lavar los platos	*wash the dishes*	secar los platos	*dry the dishes*
arreglar/organizar los roperos	*tidy up the closets*		

Artículos de limpieza   *Cleaning materials*

aspiradora	*vacuum cleaner*	esponja	*sponge*	toallas de papel/	*paper towels*
cubo, balde (*m.*)	*bucket*	fregasuelos (*m.*)	*mop*	papel de cocina	
detergente (*m.*)	*dish detergent*	limpiador	*liquid cleaner*	trapo	*dust cloth, rag*
para platos		para ventanas	*window cleaner*		
escoba	*broom*	para el hogar	*all-purpose cleaner*		

Expresiones con *tener*   *Expressions with **tener***

tener . . . _____ años	*to be _____ years old*	tener . . . lugar	*to take place*
calor (*m.*)	*to feel warm*	miedo (a)	*to be afraid (of a person)*
celos	*to be jealous*	miedo (de)	*to be afraid (of a thing)*
cuidado	*to be careful*	prisa	*to be in a hurry*
éxito	*to be successful*	razón (*f.*)	*to be right*
frío	*to feel cold*	sed (*f.*)	*to be thirsty*
hambre (*f.*)	*to be hungry*	sueño	*to be sleepy*
ganas de + *infinitive*	*to feel like . . .*	suerte (*f.*)	*to be lucky*

Cómo pedir precios   *Asking how much something costs*

¿Cuánto cuesta el sofá?	*How much does the sofa cost?*
¿Cuánto cuestan las lámparas?	*How much do the lamps cost?*
¿Cuánto cuesta el apartamento al mes?	*How much is the apartment per month?*
¿Cuánto cuestan los servicios?	*How much are the utilities?*
¿Cuál es el precio de la casa?	*What's the price of the house?*
¿Cuánto vale el refrigerador?	*How much is the refrigerator worth?*
¿Cuánto valen los condominios?	*How much are the condominiums worth?*

Cómo usar exclamaciones   *Using exclamations*

¡Caray!	*Oh! Oh no!*	¡Estupendo!	*Stupendous!*
¡Dios mío!	*Oh, my goodness!*	¡Fabuloso!	*Fabulous!*
¡Qué barbaridad!	*How unusual! Wow! That's terrible!*	¡Qué increíble!	*That's amazing!*
		¡Qué lástima!	*That's a pity! That's too bad!*
¡Qué bien!	*That's great!*	¡Qué mal!	*That's really bad!*
¡Qué desastre!	*That's a disaster!*	¡Qué maravilla!	*That's marvelous!*
¡Qué gente más loca!	*What crazy people!*	¡Qué padre!	*That's cool!*
¡Qué horrible!	*That's horrible!*	¡Qué pena!	*That's a pain! That's too bad!*

Cómo extender una conversación   *Extending a conversation using fillers and hesitations*

A ver . . . sí/no . . .	*Let's see . . . yes/no . . .*	Es que . . .	*It's that . . .*
Buena pregunta . . .	*That's a good question . . .*	Pues . . . no sé.	*Well . . . I don't know.*
no creo.	*I don't believe so.*	Sí, pero . . .	*Yes, but . . .*
Bueno . . .	*Well . . .*		

Preparativos para las vacaciones

Unas ruinas mayas

PRIMERA ETAPA Preparación

◆ **Orientación**   To review the goals and use of the *Preparación* and *Introducción,* see the *Orientaciones* on p. 12.

INTRODUCCIÓN

De vacaciones en Guatemala. Guatemala, one of the most beautiful countries in the world, offers many attractions for vacationers: the colorful villages of the Maya-Quiché in the highlands, picturesque colonial towns, fascinating archaeological sites, active volcanoes, rugged mountains, arid deserts, dense jungles, pristine lakes, and hardwood forests. The topography, flora, and fauna of Guatemala are so varied that the country is an ecotourist's dream.

Antes de leer

Tourist brochures provide valuable information to visitors planning their itinerary. Make a list (in English) of the types of information generally found in a tourist brochure.

¡A leer!

As you read the tourist brochure on page 161, scan the descriptions of the different places mentioned for the main features of each area. Write the name of each place and a short phrase in English mentioning its main tourist attraction.

Después de leer

A. Preferencias. Working with a partner, take turns stating which places you would prefer to visit and why.

■ **Ejemplo**   *Me gustaría ir a Tikal porque quiero ver las ruinas.*

B. Investigación. Go to your university or college library and find out more about the place you have chosen as your hypothetical destination. Share the information in English with your classmates.

Chichicastenango

GUATEMALA
MÁS CERCA DE LO QUE UD. IMAGINA

Ciudad Capital
Metrópoli de muchos contrastes que presentan especial interés al visitante: antiguas iglesias de estilo colonial-español, modernos edificios, que la hacen simplemente encantadora y cosmopolita.

Antigua
Visite este Monumento de América, según fue declarada esta ciudad-museo por el VIII Congreso Panamericano de Geografía e Historia, y descubra su ambiente especial que es un hálito del pasado.

Lago de Atitlán
El lugar más bello que puede verse en el Hemisferio Occidental y a la vez, el lugar más encantador para pasar unas vacaciones rodeado de grandes comodidades y las maravillas de la naturaleza.

Chichicastenango
Famosa en el mundo entero por su mercado típico de gran colorido, en que se dan cita cientos de indígenas que llevan los mejores productos de artesanías, textilería, vegetales y frutas.

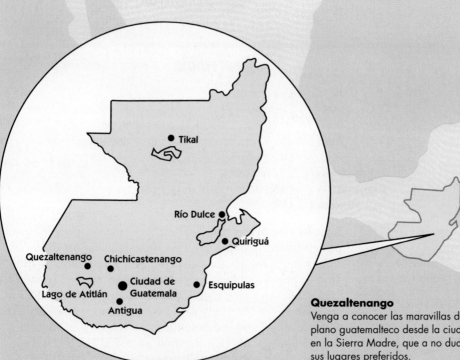

MÉXICO

EE.UU.

GUATEMALA

Tikal

Río Dulce

Quiriguá

Quezaltenango

Chichicastenango

Lago de Atitlán

Ciudad de Guatemala

Antigua

Esquipulas

Tikal
Descubra las maravillas del mundo occidental. Este centro arqueológico floreció durante un milenio y desapareció misteriosamente, encontrándose ahora las impresionantes ruinas aisladas en la selva tropical, que fascinan al turista.

Quiriguá
Ésta es otra ciudad-maya cuyas ruinas se envuelven en misterio. Aquí se encuentra la estela más alta que labraron los mayas.

Quezaltenango
Venga a conocer las maravillas de las montañas y el altiplano guatemalteco desde la ciudad de Quezaltenango, en la Sierra Madre, que a no dudar será pronto uno de sus lugares preferidos.

Río Dulce
Tesoro natural que fluye silenciosamente hacia el Océano Atlántico, ofreciendo al visitante una gama fantástica de distracciones tanto a deportistas como a quienes admiran la naturaleza.

Esquipulas
La famosa "meca" Católica de Centroamérica, donde está el Cristo Negro, milagroso y venerado por millones de personas durante más de doscientos años.

GUATEMALA
TIKAL
MÉXICO
BELICE
GOLFO DE HONDURAS
RÍO DULCE
QUIRIGUÁ
CHICHICASTENANGO
QUEZALTENANGO
CHIMALTENANGO
ANTIGUA
HONDURAS
ESQUIPULAS
LAGO DE ATITLÁN
CIUDAD DE GUATEMALA
OCÉANO PACÍFICO
EL SALVADOR

 Guía Cultural

◆ For additional information on **Centroamérica** see the *Guía Cultural.*

◆ **Orientación** To review the goals and use of the *Cultura* section, see the *Orientación* on p. 14.

Guatemala

CAPITAL	Guatemala
GEOGRAFÍA	Centroamérica; queda al sur de México, al oeste de Belice, Honduras y El Salvador
ÁREA	42.042 millas cuadradas (108.889 kilómetros cuadrados)
POBLACIÓN	10.000.000
EXPORTACIÓN	Café, azúcar, bananos, flores
MONEDA	Quetzal

Rigoberta Menchú. Guatemala's native people take pride in their rich history. The ancient Maya, for example, were one of the greatest civilizations of antiquity. In addition to being excellent agriculturists, they created beautiful cities with imposing temples and palaces. They developed a system of hieroglyphic writing and were skilled astronomers and mathematicians. Today the Maya are involved in a struggle for their ancestral lands. Living in poverty, they hold on to their cultural beliefs in the sacredness of the earth and continue to fight for the right to cultivate the land and feed their families.

Rigoberta Menchú, winner of the Nobel Peace Prize in 1992, is a Maya-Quiché and the author of *Me llamo Rigoberta y así me nació la conciencia.* In this moving autobiography, she details her people's heroic struggle against the wealthy landlords who took away their home, their possessions, and their land. In Guatemala today, **campesinos** like Rigoberta Menchú and her family have organized to reclaim their ancestral lands. At times, such resistance has been met with violence from the Guatemalan Army. Villages and fields have been destroyed, and over 100,000 people have been murdered. Another 45,000 individuals have "disappeared" . . . never to be heard from again. Rigoberta Menchú epitomizes their struggle and has taken their message to the world.

Práctica

◆ **Orientación** To review the goals and use of the *Práctica(s)* section, see the *Orientación* on p. 19.

Working in a small group, discuss other champions of human rights and their home countries.

La protesta. Guatemalan university students have joined the **campesinos'** struggle for justice. Once a year, a mass demonstration is staged in Guatemala City to protest human rights violations and to promote solidarity among the Guatemalan people. It is dangerous to hold open demonstrations against the government and police, so the participants wear masks, hoods, or other disguises to hide their identities.

Práctica

Much can be learned about a country by reading not only what is printed in books and newspapers but also what is written on walls and printed on protest banners. Look at the following phrases and identify the issues.

Now create some slogans of your own. Use the following words as guidelines.

La protesta *Protest*					
abajo	*down with*	lucha	*struggle*	solidaridad	*solidarity*
arriba	*up with*	luchamos	*we fight/struggle*	superar	*to overcome*
contra	*against*	resistimos	*we resist*	viva	*long live*
hambre (*f.*)	*hunger*				

EXPRESIONES Textbook Cassette

Vamos de compras. The Gil family—Violeta, Óscar, Enrique, and Isabel—need to buy some new clothes for their vacation trip to Lake Atitlán. Atitlán has often been called the most beautiful lake in the world because of its ever-changing colors, the majestic mountains and volcanoes that surround it, the exotic plants and flowers that embellish the site, and the abundant wildlife that lives there. First listen carefully to the passage that describes the Gil family's shopping trip. Then, with the help of the illustration, complete the *Comprensión* activity that follows.

Comprensión

¿Sí o no? Did you understand the main ideas in the *Expresiones*? Read the following statements about the descriptions you have heard. If the statement is true, answer **Sí.** If it is false, answer **No.** Correct the false statements by adding information.

1. La tienda para damas está en la tercera planta.
2. Violeta Gil va a comprar un conjunto completo.
3. Óscar Gil lleva corbata en Atitlán.
4. Isabel tiene una colección de zapatillas.
5. Enrique es un jugador de fútbol.
6. Hay una gran liquidación en los Almacenes Simán.

Verbos y frases que se asocian con la ropa
Verbs and phrases associated with clothing

estar de moda/pasado de moda (estoy, estás . . .)	*to be in style/out of style*	ponerse (me pongo, te pones . . .)	*to put on*
lucir (luzco, luces . . .)	*to wear, show off, "sport"*	probarse (me pruebo, te pruebas . . .)	*to try on*
llevar	*to wear*	quedarle (me queda/ me quedan . . .)	*to fit*
Me llevo esto/eso.	} *I'll take this/ that one.*	quitarse (me quito, te quitas . . .)	*to take off*
Me quedo con esto/eso.			

♦ **Una cosita más** When describing articles of clothing, use **de** + fabric. For example: **una camisa de seda, unos zapatos de cuero.**

♦ Note that in the plural form of **cinturón,** the accent is dropped: **cinturones.**

Prendas para damas y caballeros
Clothing for ladies and gentlemen

abrigo	*coat*	jeans (*m.*)	*jeans*
blusa	*blouse*	medias	*stockings*
calcetines (*m. pl.*)	*socks*	pantalones (*m. pl.*)	*trousers, pants*
camisa	*shirt*	pantalones cortos	*shorts*
camiseta	*T-shirt*	pijama (*m.*)	*pajamas*
chaleco	*vest*	ropa	*clothing, clothes*
chaqueta	*jacket, sport coat*	saco	*suit coat, sport coat*
cinturón (*m.*)	*belt*	suéter (*m.*)	*sweater*
falda	*skirt*	traje (*m.*)	*suit*
impermeable (*m.*)	*raincoat*	vestido	*dress*

Accesorios *Accessories*

anillo	*ring*	paraguas (*m.*)	*umbrella*
aretes (*m. pl.*)	*earrings*	pendientes (*m. pl.*)	*dangling earrings*
bolsa, bolso	*purse, bag, handbag*	pulsera	*bracelet*
botas	*boots*	reloj (*m.*)	*watch*
broche (*m.*)	*brooch*	sandalias	*sandals*
bufanda	*scarf*	sombrero	*hat*
cartera	*billfold, wallet*	zapatillas	*flip-flops*
collar (*m.*)	*necklace*	zapatos	*shoes*
corbata	*tie*	de diamantes	*(of) diamonds*
gorra	*cap*	de oro	*(of) gold*
guantes (*m. pl.*)	*gloves*	de plata	*(of) silver*

♦ **Vocabulario adicional**
billetera *wallet* ropa interior *underwear* camisa de manga larga/corta *long/short sleeved shirt* jersey *sweater* nailon *nylon*

Telas *Fabrics*

algodón (*m.*)	*cotton*	nilón (*m.*)	*nylon*
cuero	*leather*	poliéster (*m.*)	*polyester*
lana	*wool*	rayón (*m.*)	*rayon*
lino	*linen*	seda	*silk*

◆ Note that in the plural forms the accents are dropped in the following words: **almacén → almacenes; liquidación → liquidaciones.**

Otras palabras y expresiones *Other words and expressions*

almacén (*m.*)	*department store*	modista	*dressmaker*
conjunto	*outfit*	planta	*floor* (of a store or business)
de cuadros	*plaid, checked*	prenda	*garment, clothing*
de flores	*floral, flowered*	probador (*m.*)	*dressing room, fitting room*
de lunares	*polka-dotted*	rebajado/rebajada	*reduced*
de rayas	*striped*	sastre (*m.*)	*tailor*
hacer juego	*to go with/match*	tienda	*shop, store*
liquidación (*f.*)	*sale*		
moda	*fashion, style*		

Estaciones *Seasons*

invierno	*winter*	primavera	*spring*
otoño	*autumn*	verano	*summer*

Números ordinales *Ordinal numbers*

primero (primer)/primera	*first*	sexto/sexta	*sixth*
segundo/segunda	*second*	séptimo/séptima	*seventh*
tercero (tercer)/tercera	*third*	octavo/octava	*eighth*
cuarto/cuarta	*fourth*	noveno/novena	*ninth*
quinto/quinta	*fifth*	décimo/décima	*tenth*

◆ **Una cosita más** **Primer** and **tercer** are used before a masculine singular noun: **el tercer piso.**

Prácticas

A. Las cuatro estaciones. On a separate sheet of paper, make four lists of the clothing you like to wear in each season of the year. Be as descriptive as possible. Include the patterns, colors, and fabrics of your favorite seasonal wardrobe items.

B. ¿Qué llevan? What articles of clothing do the following people usually wear? Describe a complete outfit for each person mentioned.

■ **Ejemplo** payaso°
Un payaso lleva una camisa y unos pantalones cortos de colores brillantes, un viejo sombrero negro y unos zapatos grandes.

1. un/una cantante de rock
2. un reportero/una reportera de la televisión
3. un médico/una médica
4. un profesor/una profesora
5. un/una salvavidas°
6. un/una estudiante de la universidad
7. un bombero/una bombera°
8. un/una músico de la orquesta sinfónica
9. un cocinero/una cocinera° profesional
10. un jugador°/una jugadora de tenis

---

payaso *clown* **salvavidas** *(m./f.) lifeguard* **bombero/bombera** *firefighter* **cocinero/cocinera** *chef* **jugador** *player*

C. Desfile de modas. Working in a small group, take turns describing one another's attire, as if you were models in a fashion show. Be sure to mention colors, fabrics, patterns, and accessories, as well as the major articles of clothing. Include some of the following terms in your description.

La moda *Fashion*			
clásico/clásica	*classic*	masculino/masculina	*masculine*
elegante	*elegant*	precioso/preciosa	*precious, lovely,*
encantador/	*enchanting*		*beautiful*
encantadora		sensacional	*sensational*
exquisito/exquisita	*exquisite*	super	*super* (used as prefix)
femenino/femenina	*feminine*	único/única	*unique*
impresionante	*impressive*		

D. ¿De qué es? Describe the fabric in your favorite articles of clothing.

■ **Ejemplo** mi suéter favorito
   Mi suéter favorito es de algodón puro.

abrigado/ abrigada	*warm* (as in clothing: coat, jacket, sweater)
calzado	*shoes, footwear*
fresco/fresca	*cool*

E. Lugares interesantes. The travel brochure below offers suggestions for appropriate clothing to wear when visiting each site. Follow the suggestions and write a description of what you would wear to each place. This key vocabulary in the margin will help you interpret the suggestions:

LUGARES INTERESANTES. SUGERENCIAS

CHICHICASTENANGO, EL QUICHÉ

Distancia de la Capital: 145 kilómetros

Temperatura promedio: 12 a 15 grados centígrados

Cómo llegar: Por automóvil o autobús

Puntos de interés: El mercado al aire libre que se celebra los días jueves y domingo. La iglesia de Santo Tomás, con sus ritos cristiano/pagano. El Cerro de Pascual Abaj.

Ropa: Fresca para el día y abrigada para la noche. Calzado cómodo para caminar.

TIKAL, EL PETÉN

Distancia de la Capital: 542 kilómetros

Temperatura promedio: 20 a 22 grados centígrados

Cómo llegar: Por avión desde la ciudad en vuelo de no más de 55 minutos, automóvil o autobús.

Puntos de interés: Parque Nacional de Tikal, Museo Sylvanus G. Morley, Centro de Visitantes.

Ropa: Fresca y apropiada para zona selvática.

ANTIGUA GUATEMALA, SACATEPEQUEZ

Distancia de la Capital: 45 kilómetros

Temperatura promedio: 14 a 20 grados centígrados

Cómo llegar: Por automóvil o autobús

Puntos de interés: Las iglesias de La Merced, San Francisco, Santa Clara y el Convento de Capuchinas. Museos de Armas Antiguas, El Libro Antiguo, La Universidad de San Carlos de Borromeo, el Museo de Santiago. Otros: Parque Central, Catedral, Palacio de los Capitanes, Ayuntamiento.

Ropa: Fresca en el día y ligeramente abrigada por la noche. Informal.

ATITLÁN, SOLOLA

Distancia de la Capital: 130 kilómetros

Temperatura promedio: 19 a 29 grados centígrados

Cómo llegar: Por automóvil o autobús

Puntos de interés: Panajachel, donde se ubican la mayor parte de hoteles. El Lago de Atitlán, rodeado de volcanes y de varios pueblos indígenas que se pueden visitar en lancha.

Ropa: De playa y para la noche, abrigada.

COBÁN, ALTA VERAPAZ

Distancia de la Capital: 213 kilómetros

Temperatura promedio: 12-22 grados centígrados

Cómo llegar: Por automóvil o autobús

Puntos de interés: Mercado y Plaza central

Ropa: Fresca y abrigada por la noche.

RÍO DULCE, IZABAL

Distancia de la Capital: 300 kilómetros

Temperatura promedio: 20 a 22 grados centígrados

Cómo llegar: Por automóvil o autobús

Puntos de interés: Lago de Izabal, Río Dulce, Castillo de San Felipe

Ropa: De playa y abrigada para la noche.

TOTONICAPÁN, TOTONICAPÁN

Distancia de la Capital: 206 kilómetros

Temperatura promedio: 10-20 grados centígrados

Cómo llegar: Por automóvil o autobús

Puntos de interés: Plaza y mercado

Ropa: Abrigada, especialmente por la noche.

QUEZALTENANGO, QUEZALTENANGO

Distancia de la Capital: 206 kilómetros

Temperatura promedio: 10-20 grados centígrados

Cómo llegar: Por automóvil o autobús

Puntos de interés: Teatro Nacional, Plaza, Cerro del Baúl

Ropa: Abrigada, sobre todo por la noche.

Así es

Cómo regatear°

◆ **Orientación**   To review the goals and use of the *Así es* section, see the *Orientación* on p. 21.

The Guatemalan monetary unit is the **quetzal,** so called after the beautiful and exotic national bird. In Guatemala, most retail stores and shops have fixed prices given in **quetzales.** In the markets, however, be prepared to shop around and bargain with the vendors. The markets are the best place to find striking handmade weavings and embroidered clothing, jade figures, paintings, carvings, and ceramics. Study the phrases in the chart below. As a rule of thumb, offer about half the asking price to start the bargaining.

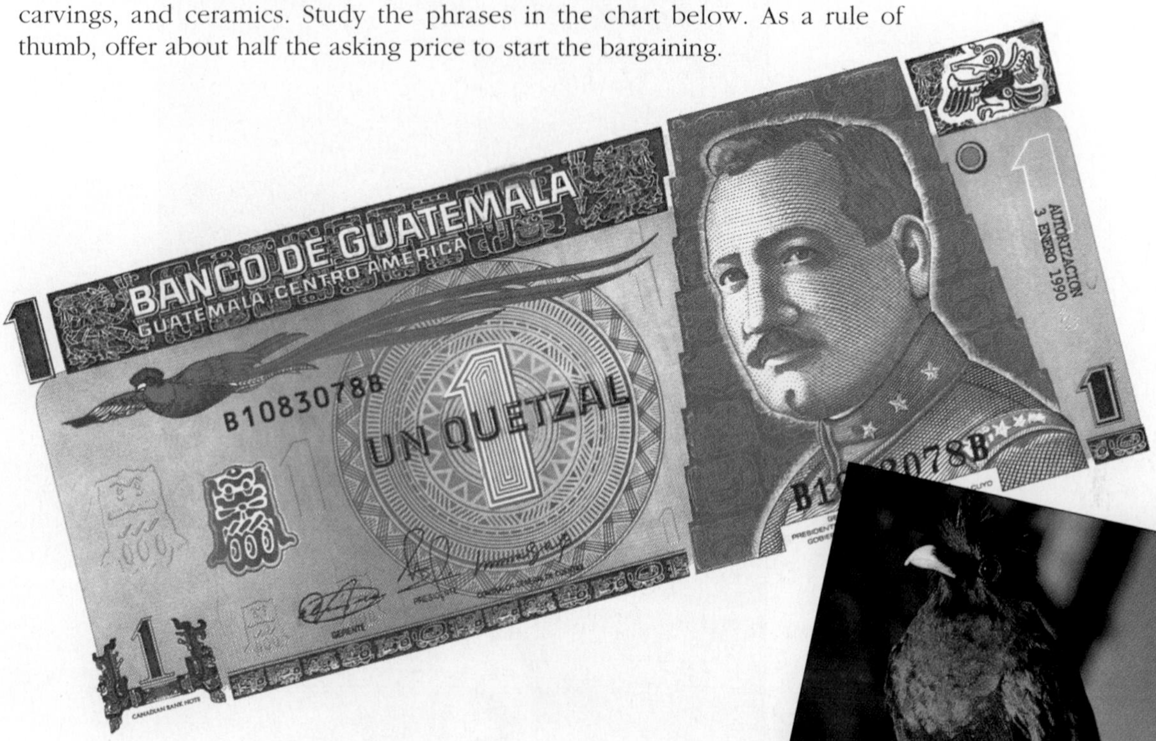

Frases para regatear	*Phrases for bargaining*		
¿Cuánto cuesta(n)?	*How much does it (do they) cost?*	Es una ganga.	*It's a bargain.*
¿Cuánto vale(n)?	*How much is it (are they) worth?*	No más.	*No more.*
		No pago más de . . .	*I won't pay more than . . .*
De acuerdo.	*Agreed. All right.*	sólo	*only*
Es demasiado.	*It's too much.*	última oferta	*final offer*

◆ On the Guatemalan currency, notice the Maya number above the Arabic numeral, the **quetzal** bird, the humans, and the glyphs. Have students compare and contrast the **quetzal** with U.S. bills and discuss the figures and symbols in each.

---

regatear *to bargain*

Prácticas

A. ¡Es demasiado! Work with a partner and take turns practicing the dialogue below, the kind of conversation you'd engage in when bargaining. Take turns playing the seller and the buyer.

Chichicastenango

CLIENTE:	¿Me puede mostrar el poncho, por favor?
VENDEDOR(A):	¡Es una ganga!
CLIENTE:	¿Cuánto vale?
VENDEDOR(A):	Sólo trescientos quetzales.
CLIENTE:	¿Trescientos quetzales? ¡Es demasiado!
VENDEDOR(A):	Es de muy buena calidad.
CLIENTE:	No, no le pago más de ciento cincuenta.
VENDEDOR(A):	¿Ciento cincuenta? No, no es suficiente.
CLIENTE:	Bueno, ciento setenta y cinco es mi última oferta.
VENDEDOR(A):	Doscientos. No va a encontrar otro más barato en toda la ciudad.
CLIENTE:	Ciento ochenta, no más.
VENDEDOR(A):	¡De acuerdo!

1. huipil (*m.*)

2. mola

3. faja

4. bolsa

5. cesta

6. anillo de plata

7. sandalias

8. objeto de jade

9. olla de cerámica

10. pintura

B. Un mercado al aire libre. Practice bargaining with your partner for the Guatemalan handicrafts shown above. Use the conversation in ***Práctica A*** as a model, but vary it to meet your needs.

C. Vendo urgente por viaje. Read this advertisement for a two-family yard sale. Then, with your partner, role play an interested buyer or seller and bargain over the items listed.

VENDO URGENTE POR VIAJE Suntuoso mobilario de 2 familias liquido: Comedor p/12, Q5500; comedor 8 pers, Q4400; 2 alfombras persas varias medidas, Q3300; lámparas, cuadros, de Q110 a Q1700; Auto Renault 92, Q21.500; Honda Accord 89 4 puertas, aire, 43.000 km, increíble estado, Q45.000. Muy buenos. 7a Avenida Sur, Cap., hoy y mañana de 10 a 20 hrs.

◆ The abbreviation for **quetzal** is **Q.**

SEGUNDA ETAPA Funciones

◆ **Orientación** To review the goals of the *Funciones,* see the *Orientación* on p. 23.

 Diario de actividades

◆ For additional practice on stem-changing verbs, see the *Diario de actividades, Primera función.*

PRIMERA FUNCIÓN
Selling, buying, and bargaining using stem-changing verbs

▲ In *Capítulos 2* and *3,* you studied regular -**ar,** -**er,** and -**ir** verbs. Now we are going to look at three groups of verbs called STEM-CHANGING VERBS because they require some internal spelling changes. In verbs like **pensar, perder,** and **preferir,** when the vowel **e** in the stem is stressed, it changes to **ie.** Although the STEMS change, the ENDINGS are the same as those for regular -**ar,** -**er,** and -**ir** verbs. In many bilingual dictionaries, stem-changing verbs are listed with the stem change indicated in parentheses:

pensar (ie)	*to think, intend*
perder (ie)	*to lose*
preferir (ie)	*to prefer*

It is important, however, to recognize the forms of common stem-changing verbs without consulting a dictionary, since the infinitive alone gives you no clue that the verb changes its stem.

▲ With the exception of a few verbs, stem changing responds to the change in the position of stress from stress in the infinitive form. For example, the INFINITIVE **querer** is stressed on the ending: quer-**er.** In most CONJUGATED forms of the present tense, however, the stem is stressed. When this happens, the stem vowel **e** changes to the DIPHTHONG **ie:** qu**ie**r-o, qu**ie**r-es, qu**ie**r-e, qu**ie**r-en. The **nosotros** and **vosotros** forms are not stressed on the stem, but on the ending, so the stem vowel does not diphthongize: quer-**e**mos, quer-**é**is.

Verbos que cambian en la raíz *e → ie*					
*Present indicative of **e → ie** stem-changing verbs*					
pensar		**perder**		**preferir**	
p**ie**nso	pensamos	p**ie**rdo	perdemos	prefi**ie**ro	preferimos
p**ie**nsas	pensáis	p**ie**rdes	perdéis	prefi**ie**res	preferís
p**ie**nsa	p**ie**nsan	p**ie**rde	pierden	prefi**ie**re	prefi**ie**ren

◆ ◆ ◆

Here are some frequently used **e → ie** stem-changing verbs.

Verbos con cambios en la raíz	*Some stem-changing verbs*		
-ar VERBS		**-er** VERBS	
cerrar	*to close, shut*	entender	*to understand*
comenzar ⎱	*to begin, start*	perder	*to lose*
empezar ⎰		querer	*to want, wish, love*
encerrar	*to lock up*	**-ir** VERBS	
negar	*to deny*		
pensar	*to think, intend*	mentir	*to lie*
recomendar	*to recommend*	preferir	*to prefer*
regar	*to water*	sugerir	*to suggest*

Prácticas

A. Preferencias. Working in pairs, take turns asking each other the following questions about clothing preferences. Then use the responses as a guide and write a brief paragraph about your partner's preferences.

1. ¿Qué color de ropa prefieres?
2. ¿Qué tipo de ropa prefieres llevar los fines de semana? ¿a clase?
3. ¿Te gusta llevar ropa de última moda? ¿Por qué?
4. ¿En qué tienda prefieres comprar ropa?
5. ¿Prefieres comprar ropa cara o ropa barata?
6. Cuando la moda cambia, ¿compras ropa nueva?
7. ¿Cuándo piensas ir de compras? ¿Qué vas a comprar?

B. Un nuevo estudiante. A new Spanish-speaking student at your university wants to know where to do certain things. Recommend the best places using the verbs **recomendar, preferir,** and **sugerir.**

■ **Ejemplo**   lavar la ropa
     ***Recomiendo la Casa Alegre porque es
     muy conveniente.***

1. comprar libros
2. hacer ejercicios
3. tomar un café
4. estudiar para un examen
5. conocer a otros estudiantes
6. ir al cine
7. bailar
8. escuchar un concierto
9. practicar el fútbol
10. estacionar el auto

◆   ◆   ◆

C. Cosas para todos. Read the following advertisement. Then, working with a partner, discuss the things you want to buy and why you want to buy them.

■ **Ejemplo**   camiseta
ESTUDIANTE 1: *¿Quieres comprar una camiseta?*
ESTUDIANTE 2: *Sí. Prefiero la AXO Sport. Sólo cuesta 35 quetzales.*

En Cosas para todos

▲ Now that you are familiar with the concept of stem-changing verbs, let's examine another group of verbs. In this group, the stressed vowel **o** or **u** changes to **ue.** As you study the following chart, you can see that the verb endings are regular and that the **nosotros** and **vosotros** forms do not change their spelling.

Verbos que cambian en la raíz *o → ue* **y** *u → ue*					
Present indicative of **o → ue** *and* **u → ue** *stem-changing verbs*					
encontrar		**poder**		**dormir**	
enc**ue**ntro	encontramos	p**ue**do	podemos	d**ue**rmo	dormimos
enc**ue**ntras	encontráis	p**ue**des	podéis	d**ue**rmes	dormís
enc**ue**ntra	enc**ue**ntran	p**ue**de	p**ue**den	d**ue**rme	d**ue**rmen
		jugar			
		j**ue**go	jugamos		
		j**ue**gas	jugáis		
		j**ue**ga	j**ue**gan		

The following are a few commonly used **o → ue** and **u → ue** stem-changing verbs.

Verbos con cambios en la raíz *Some stem-changing verbs*			
-ar VERBS		**-er** VERBS	
almorzar	*to eat lunch*	devolver	*to return* (something)
aprobar	*to approve*	envolver	*to wrap*
colgar	*to hang*	mover	*to move* (something)
contar	*to count, tell* (a story)	poder	*to be able*
costar	*to cost*	resolver	*to solve*
encontrar	*to find*	volver	*to return*
jugar	*to play* (a sport/or game)	**-ir** VERBS	
mostrar	*to show*		
probar	*to try, test*	dormir	*to sleep*
recordar	*to remember*	morir	*to die*

◆ **Una cosita más** Before the name of a sport or game, **jugar** is usually followed by the preposition **a: Juego al voleibol.**

Prácticas

D. Tu rutina. Working with a partner, take turns asking and answering the following questions.

1. ¿Cuántas horas duermes cada noche?
2. ¿A qué hora almuerzas?
3. ¿Dónde y con quién almuerzas normalmente?
4. ¿A qué hora vuelves a tu casa o residencia por la noche?
5. ¿Siempre devuelves los libros a la biblioteca?
6. ¿Devuelves muchos regalos de Navidad?
7. ¿Pruebas mucha comida exótica?
8. ¿A qué deportes juegas?
9. ¿Te gusta envolver los regalos?

E. Los deportes populares. Although soccer is the most important sport in Latin America, sports complexes offer many other competitive games. Working in groups of four, take turns finding out about one another's participation in the sports indicated below.

■ **Ejemplo**   tenis

> ESTUDIANTE 1: *¿Juegas al tenis?*
> ESTUDIANTE 2: *Sí, juego al tenis.*
> ESTUDIANTE 3: *¿Con qué frecuencia?*
> ESTUDIANTE 2: *Juego dos veces a la semana.*
> ESTUDIANTE 4: *¿Con quién juegas al tenis?*
> ESTUDIANTE 2: *Juego con mi amiga, Ángela.*

1. fútbol
2. boliche°
3. golf
4. hockey
5. baloncesto
6. voleibol
7. tenis
8. bádminton
9. rugby
10. béisbol
11. billar°
12. ping-pong

F. Oraciones originales. Use the list of **ue** stem-changing verbs on page 175 to write eight sentences about yourself and your friends. Include a variety of verb endings.

■ **Ejemplo**   almorzar

> *Mi compañero de cuarto almuerza en la cafetería*
> *a las doce.*

▲ The last group of verbs have a stem-vowel change from **e** to **i**. As you study the **Verbos con cambios en la raíz** below, you will notice that they are all **-ir** verbs.

Presente de indicativo de verbos que cambian la raíz *e → i*			
*Present indicative of **e → i** stem-changing verbs*			
pedir		**repetir**	
pido	pedimos	repito	repetimos
pides	pedís	repites	repetís
pide	piden	repite	repiten

Presente de indicativo de verbos irregulares que cambian la raíz *e → i*					
*Present indicative of irregular **e → i** stem-changing verbs*					
decir		**seguir**		**reír**	
digo	decimos	sigo	seguimos	río	reímos
dices	decís	sigues	seguís	ríes	reís
dice	dicen	sigue	siguen	ríe	ríen

---

boliche (*m.*) *bowling*   **billar** *billiards*

▲ In verbs that end in **-ger** or **-gir (elegir)**, the **g** changes to **j** before **o** and before **a.** Verbs that end in **-guir (seguir)** drop the **u** before **o** and **a.**

elegir → **elijo**   conseguir → **consigo**   seguir → **sigo**

The following are some common **e → i** stem-changing verbs.

Verbos con cambios en la raíz *Some stem-changing verbs*			
conseguir	*to get, obtain*	reír	*to laugh*
decir	*to say, tell*	repetir	*to repeat*
elegir	*to elect, choose*	seguir	*to follow*
pedir	*to ask (for), request*	servir	*to serve*

Prácticas

G. De moda. Work with a partner and take turns asking and answering questions based on the cues below. Use a variety of interrogative words in your questions.

■ **Ejemplo** pedir/número
ESTUDIANTE 1: *¿Qué número pides cuando compras zapatos de tenis?*
ESTUDIANTE 2: *Pido el número ocho cuando compro zapatos de tenis.*

1. seguir/moda
2. conseguir/ropa elegante
3. elegir/estilo
4. pedir/prenda

H. ¿Qué hay para tomar? In Guatemala, the national drink is coffee. *Antigua coffee* is considered one of the richest varieties in the world. Other nationalities also have their typical beverages. Study the following list and match the country with the beverage most commonly associated with it. Use the verbs **elegir, pedir,** and **servir** in your sentences.

■ **Ejemplo** argentinos
Los argentinos sirven maté.

NACIONALIDADES	BEBIDAS
Grupo A	
ingleses	vodka
suizos	tequila
mexicanos	chocolate
estadounidenses	té
rusos	Coca-Cola
Grupo B	
españoles	champán
japoneses	cerveza
alemanes	jerez°
franceses	café
guatemaltecos	sake

---

jerez *sherry*

Diario de actividades

◆ For additional practice on direct object pronouns, see the *Diario de actividades, Segunda función.*

SEGUNDA FUNCIÓN
Avoiding repetition using direct object pronouns

▲ In English and in Spanish, DIRECT OBJECT PRONOUNS receive the action of the verb and answer the question *what?* or *whom?* To avoid repetition of nouns or noun phrases, you may use the corresponding direct object pronouns. Study the following examples:

Who is going to call *the travel agent*?   Violeta is going to call *him.*
Are *the suitcases* packed?   Yes, Oscar is packing *them.*
Don't forget to take *the beach umbrella*.   Enrique put *it* in the car.

Refer to the following chart as you read the conversation illustrated below. Identify the DIRECT OBJECTS and the DIRECT OBJECT PRONOUNS in each exchange. Notice that the pronouns agree in NUMBER and GENDER with the nouns they replace, and that they precede the verb.

Pronombres usados como complemento directo			
Direct object pronouns			
SINGULAR		PLURAL	
me	*me*	nos	*us*
te	*you*	os	*you (all)*
lo	*you, him, it*	los	*you (all), them*
la	*you, her, it*	las	*you (all), them*

◆ For clarity or politeness, use **lo** or **la** with the phrase **a usted**. For example: **¿Puedo ayudarla a usted?**

ÓSCAR: ¿Quieres comprar **el sombrero**?
VIOLETA: Sí. Es perfecto. **Lo** quiero comprar.

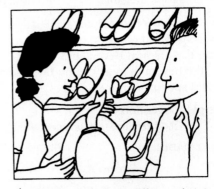

ÓSCAR: . . . ¿Y **las zapatillas** también?
VIOLETA: Sí, mi amor. **Las** voy a comprar también.

ÓSCAR: . . . ¿También quieres **el vestido**?
VIOLETA: Oh, sí **lo** quiero.

VIOLETA: ¿Tienes **tu tarjeta de crédito**?
ÓSCAR: Sí, mi vida, **la** tengo aquí.

VIOLETA: ¿Dónde está **la dependienta**?
ÓSCAR: Allí **la** veo, detrás del mostrador.

▲ When you use double verb constructions or **ir** + **a** + *infinitive,* the direct object pronoun may precede the CONJUGATED VERB or may be attached to the INFINITIVE. Study the following conversation.

VIOLETA: ¿Vas a comprar **este abrigo**?
ÓSCAR: Sí, voy a comprar**lo.**
VIOLETA: ¿Quieres comprar **los zapatos** también?
ÓSCAR: No, no **los** quiero comprar.

Prácticas

A. Los quehaceres. Working with a partner, take turns asking each other who in your house does the following household chores. Use the appropriate direct object pronoun in your response.

■ **Ejemplo** ESTUDIANTE 1: *¿Quién barre el suelo?*
ESTUDIANTE 2: *Mi compañero de cuarto lo barre.*

1. barrer el suelo
2. limpiar el apartamento
3. lavar las ventanas
4. limpiar los roperos
5. cortar la hierba

6. lavar los platos
7. regar las plantas
8. sacudir los muebles
9. planchar la ropa
10. sacar la basura

B. La ropa apropiada. With your partner, discuss when or where the following items should be worn.

■ **Ejemplo** ESTUDIANTE 1: *¿Cuándo llevas los jeans?*
ESTUDIANTE 2: *¿Los jeans? Los llevo solamente cuando voy a clase.*

1. jeans
2. camisa y corbata
3. pijama
4. botas
5. sandalias
6. camiseta
7. pantalones cortos
8. sombrero
9. traje
10. zapatillas

C. Personas especiales. Answer the following questions about the special people in your life. Then write a brief paragraph using your responses as a guide.

1. ¿Quién te ayuda con tus problemas?
2. ¿Quién te cree siempre?
3. ¿Quién te llama por teléfono con frecuencia?
4. ¿Quién te admira?
5. ¿Quién te saluda todos los días?
6. ¿Quién te invita a fiestas?
7. ¿Quién te quiere mucho?
8. ¿Quién te invita al cine?
9. ¿Quién te comprende siempre?
10. ¿Quién te ayuda con la tarea?

D. Adivinanzas. What activities have you recently completed? Select five from the list below and write them on a slip of paper. Then, working with a partner, try to guess what the other has written. Use object pronouns in your answers as indicated in the following examples.

■ **Ejemplo** ESTUDIANTE 1: *¿Acabas de estudiar el vocabulario?*
ESTUDIANTE 2: *Sí, lo acabo de estudiar.*

o

Sí, acabo de estudiarlo.

1. tomar café
2. leer el periódico
3. llamar a tu amigo/amiga
4. regar las plantas
5. limpiar la casa
6. planchar la ropa
7. estudiar español
8. aprender los verbos
9. hacer los ejercicios
10. lavar los platos
11. estacionar el auto
12. saludar al profesor/ a la profesora
13. cerrar la puerta
14. sacudir los muebles
15. visitar a tus amigos

E. ¿Qué tienes? Work in groups of four and take turns asking one another which of the following items you have in class today.

■ **Ejemplo** ESTUDIANTE 1: *¿Tienes tu diccionario?*
ESTUDIANTE 2: *Sí, lo tengo.*

1. tu libro de texto
2. tu cuaderno
3. tu mochila
4. tu calculadora
5. tu *Diario de actividades*
6. tu bolígrafo
7. tu radio-cassette
8. tus lápices
9. tus marcadores
10. tu tarea

◆ When you read about the *Jamaril Club & Spa,* first skim for the general idea, then scan for cognates and specific information.

F. Un viaje a Jamaril. Study the following advertisement for the *Jamaril Club & Spa.* Then, working with a partner, take turns asking each other what items you need to take or buy for the trip. Finally make a combined list of the ten items you think are most important and explain why.

■ **Ejemplo** ESTUDIANTE 1: *¿Vas a llevar tu traje de baño a Jamaril?*
ESTUDIANTE 2: *Sí, lo voy a llevar porque quiero tomar el sol.*

o

Sí, voy a llevarlo.

Club Familiar

Jamaril Club & Spa será un lugar sano y abierto para toda la familia. Mientras usted juega tenis, los niños podrán nadar en la piscina, disfrutar los juegos infantiles y divertirse en el golfito: El único límite es su imaginación y su deseo de pasarla bien con toda la familia.

Spa

El más selecto grupo de especialistas dirigirá el spa más completo de Guatemala. Aquí usted disfrutará, entre otros servicios, sauna, masaje y tratamientos de belleza que le harán recordar que vale la pena vivir la vida.

Health Club

Un gimnasio con pista de jogging interior de más de 100 metros, piscina techada semi-olímpica, los más modernos aparatos de ejercicio y el consejo de un profesional estarán a su disposición todos los días del año.

Banquetes y Conferencias

No habrá mejor lugar para hacer todo tipo de reuniones que Jamaril Club & Spa. Lejos de la ciudad, pero a sólo 10 minutos de Vista Hermosa, usted tendrá suficiente parqueo, amplios salones, equipo audiovisual y el mejor servicio de restaurante para hacer de cada evento algo inolvidable.

A sólo 10 minutos de Vista Hermosa

Desde 1994, disfrute el Club & Spa más completo de Guatemala.

jamaril
CLUB & SPA
Health Club. Club Familiar. Banquetes y Conferencias. Spa.
Visítenos en Km. 18.5, Carretera a El Salvador • Tels.: 341172-73-75. Fax: 341148
Pida más información: 1 Av. 12-41, Zona 10, Comercial Villa Mía, Of. 108

 Diario de actividades

◆ For additional practice with reflexive pronouns, see the *Diario de actividades, Tercera función.*

TERCERA FUNCIÓN
Talking about yourself using reflexive pronouns

▲ In Spanish, when the SUBJECT of the sentence both performs and receives the action, REFLEXIVE PRONOUNS are used. Which of the following sentences are reflexive and which are not?

Rogelio baña al perro.

Después Rogelio se baña.

Violeta va a lavar el auto.

Después Violeta va a lavarse el cuerpo.

Correct! The first and third sentences are not reflexive because Rogelio is bathing his dog and Violeta is going to wash her car. The second and fourth sentences are reflexive because both Rogelio and Violeta are washing *themselves.* Notice that the reflexive pronoun **se** may be placed in front of the CONJUGATED VERB or attached to the INFINITIVE. As you look at the following chart, observe that each of the infinitives **(lavarse, ponerse, dormirse)** is written with a **se** on the end. This indicates that the verb is REFLEXIVE. The same format is used in Spanish-English dictionaries. Notice too that some verbs can be IRREGULAR **(ponerse)** and STEM CHANGING **(dormirse)** as well as REFLEXIVE.

Verbos reflexivos		*Reflexive verbs*	
lavarse		**ponerse**	
me lavo	**nos** lavamos	**me** pongo	**nos** ponemos
te lavas	**os** laváis	**te** pones	**os** ponéis
se lava	**se** lavan	**se** pone	**se** ponen
dormirse			
	me duermo	**nos** dormimos	
	te duermes	**os** dormís	
	se duerme	**se** duermen	

The following chart lists some common reflexive verbs.

Rutina diaria	Daily routine		
acostarse (ue)	to go to bed	levantarse	to get up
afeitarse	to shave	llamarse	to be named
arreglarse	to get dressed up	marcharse	to leave, go away
bañarse	to bathe	ponerse (me pongo,	to put on
cepillarse	to brush	te pones . . .)	
despertarse (ie)	to wake up	probarse (ue)	to try on
dormirse (ue)	to fall asleep	quedarse	to remain, stay
ducharse	to shower	quitarse	to take off
irse (me voy . . .)	to leave, go away	sentarse (ie)	to sit down
lavarse	to wash	vestirse (i)	to get dressed

Prácticas

A. Comparaciones. Compare and contrast the time you normally do things and when or how you do the same things during your vacation. For example, **temprano/tarde, por la mañana/por la noche, fácilmente/difícilmente, despacio/rápidamente.**

■ **Ejemplo**   *Normalmente me levanto a las seis, pero durante las vacaciones me levanto a las nueve.*

B. Entrevista. Interview your partner to find out if your daily routines are similar. Use the verbs in the ***Rutina diaria*** chart above as a guide.

1. acostarse
2. bañarse
3. vestirse

4. dormirse
5. levantarse
6. afeitarse

■ **Ejemplo**   ESTUDIANTE 1: *¿A qué hora te levantas?*
         ESTUDIANTE 2: *Me levanto a las ocho.*
         ESTUDIANTE 1: *Pues, yo me levanto a las siete.*
                  o
              Yo también me levanto a las ocho.

C. Un sondeo. Survey your classmates as to how often they do the following weekend activities. In their replies, they should use these expressions: **con frecuencia** (*often*), **a veces** (*sometimes*), and **nunca** (*never*).

1. levantarse temprano
2. afeitarse
3. arreglarse

4. ponerse ropa elegante
5. acostarse tarde
6. bañarse o ducharse

◆ ◆ ◆

D. ¿Qué te pones? What articles of clothing do you generally wear when you go out? Plan your complete wardrobe for each of the following activities, including colors and fabrics.

■ **Ejemplo** el supermercado

  Me pongo unos jeans, una camiseta de algodón y unos zapatos negros cuando voy al supermercado.

1. una clase de español
2. un baile formal
3. la biblioteca
4. una clase de ejercicios aeróbicos

5. el cine con amigos
6. un restaurante elegante
7. un partido de fútbol americano
8. un servicio religioso

E. Emociones. Working with a partner, take turns asking and telling when you feel the following emotions. These verbs are reflexive and require the use of reflexive pronouns.

■ **Ejemplo** ESTUDIANTE 1: ***¿Cuándo te pones triste?***

  ESTUDIANTE 2: ***Me pongo triste cuando veo un programa triste.***

Emociones *Emotions*			
alegrarse	*to be happy*	preocuparse	*to worry*
divertirse (ie)	*to have fun*	quejarse	*to complain*
(me divierto . . .)		sentirse (ie) bien/	*to feel good/bad*
enojarse	*to get angry*	mal (me siento . . .)	
ponerse feliz/triste	*to become*	volverse (ue) loco/loca	*to go crazy*
(me pongo)	*happy/sad*	(me vuelvo . . .)	

Papalotes en Santiago de Sacatepequez

COMPRENSIÓN AUDITIVA Textbook Cassette

Guessing from context. Context refers to the parts of a spoken (or written) message that surround a given word or phrase. Context can provide clues to the meaning of unknown words and phrases. Guessing from context helps the listener (or reader) understand in situations when it would be either impossible or extremely time consuming to refer to a dictionary. When you hear a spoken message, guessing from context requires that you listen for cognates and familiar words and not get distracted by unknown words or phrases.

◆ **Orientación** To review the goals and use of the **Estrategias** and **Comprensión auditiva** sections, see the **Orientaciones** on p. 36.

Antes de escuchar

A. Anuncios comerciales. Draw up a list of information that is generally included in a radio or television commercial for clothing.

B. Liquidaciones. When you listen for a bargain in clothing, what are some of the words and phrases that catch your ear? List those words and phrases.

¡A escuchar!

Listen to the radio commercials on your cassette. Each commercial corresponds to one of the following terms. Guessing from context, define these terms.

- rebaja
- vuelta
- equipo deportivo

Después de escuchar

A. Anuncios. Listen to your cassette a second time and write down the words that you recognize.

B. De compras. Working with a partner, make a list in Spanish of your favorite places to shop for clothes and tell why you like to shop there.

LECTURA

Using contextual cues. Guessing from context is equally useful when encountering unfamiliar words and phrases in a written text. The temptation is to look up unknown terms in a dictionary. This takes a lot of time, however, and often results in readers losing their train of thought. Before you give in to this temptation, focus on the message surrounding the unfamiliar words and try to guess from context. But beware of false cognates. Check all cognates to be sure they make sense in the reading. If they don't make sense, you should verify the meaning in a dictionary.

◆ **Orientación** To review the goals and use of the **Lectura** section, see the **Orientación** on p. 38.

Antes de leer

A. Zapatos de toda clase. Make a list in Spanish of the types of shoes you own.

B. Ir de compras. If you were going shopping for new shoes, what qualities would you have in mind? List those qualities.

¡A leer!

Study the following advertisement for a shoe store. Focusing on the context, guess the meanings of the following words and phrases:

- marcas *(in the border of the ad)*
- abierto *(in the upper left **horario** box)*
- membresía
- bodega
- ropa deportiva
- venta especial

Después de leer

A. Zapatos de marcas. Working with a partner, reread the advertisement carefully. Look up any words you are unable to guess from context.

B. Anuncios, etc. Look back at the advertisements, brochures, and other reading materials in this chapter. Without using a dictionary, try to guess from context the meanings of unfamiliar words and phrases.

COMUNICACIÓN 📼 Textbook Cassette

◆ **Orientación** To review the goals and use of the *Comunicación* section, see the *Orientación* on p. 39.

The following dialogues contain expressions you might use on a shopping trip. The phrases will help you interrupt or get the attention of someone, describe how something fits, and express satisfaction and dissatisfaction. Listen to your cassette, then practice with a partner.

Cómo llamar la atención   *Getting someone's attention*

Cómo describir cómo le queda la ropa   *Describing how clothing fits*

Cómo expresar satisfacción y desagrado   *Expressing satisfaction and dissatisfaction*

Prácticas

◆ **Una cosita más**   These are formal expressions.

Cómo llamar la atención *Getting someone's attention*			
con permiso discúlpeme } oiga	*excuse me* *listen*	perdón perdóneme	*pardon* *pardon me*

A. ¿Dónde está . . . ?   Using the phrases above, ask other class members for the location of buildings on your campus or in your city.

■ **Ejemplo**   ESTUDIANTE 1: ***Perdón. ¿Dónde está la biblioteca?***
ESTUDIANTE 2: ***Está detrás del estadio.***

▲ When describing how clothing fits, the verb **quedar** is used. This verb works like **gustar** and similar verbs in that only the third person singular and plural are used.

La falda **me queda** bien.   *The skirt fits me well.*
A Juanito **le quedan** grandes los zapatos.   *The shoes are too big for Juanito.*

Cómo describir cómo le queda la ropa *Describing how clothing fits*		
me te le nos os les }	queda/quedan + adj./adv.	It is/They are _____ on me. It is/They are _____ on you. It is/They are _____ on him/her/you. It is/They are _____ on us. It is/They are _____ on you (all). It is/They are _____ on them/you (all).
apretado/apretada	*tight*	grande	*big, large*
bien	*fine, well*	largo/larga	*long*
corto/corta	*short*	mal	*bad, not . . . well*
flojo/floja	*loose*	pequeño/pequeña	*small*

B. De compras. Working with a partner, use the following size conversion chart and take turns guessing each other's shoe/sandal size.

■ **Ejemplo**   ESTUDIANTE 1: *¿Te queda bien el número 38?*
ESTUDIANTE 2: *No, el 38 me queda pequeño.*

Zapatos y sandalias para mujeres
Shoes and sandals for women

EE.UU.	5	5.5	6	6.5	7	7.5	8	8.5	9	10
Métrico	35	35.5	36	36.5	37	37.5	38	38.5	39	40

Zapatos y sandalias para hombres
Shoes and sandals for men

EE.UU.	8	8.5	9	9.5	10	10.5	11	12
Métrico	41	41.5	42	42.5	43	43.5	44	45

Cómo expresar satisfacción y desagrado
Expressing satisfaction and dissatisfaction

El modelo es aceptable.	*The style is acceptable.*
Me gusta el modelo.	*I like the style.*
El color es horrible.	*The color is horrible.*
Es muy caro/cara.	*It's very expensive.*
Es muy barato/barata.	*It's very inexpensive.*

◆ Video that supports this chapter includes the following:

¡A CONOCERNOS! Video Program: *Preparativos para las vacaciones* provides support for thematic and linguistic elements in the chapter. Activities that support this video appear in the **Instructor's Resource Kit.**

Mosaico cultural: Millones en el mercado expands upon the cultural material presented in the chapter. Activities that support this video are found in the ***Mosaico cultural* Video Guide.**

C. La última moda. Working with a partner, discuss the attire of the persons below, using expressions of satisfaction or dissatisfaction. If you wish to describe how the clothing fits, you may use the vocabulary on page 188.

■ **Ejemplo**   ESTUDIANTE 1: *El modelo de la blusa es aceptable.*
ESTUDIANTE 2: *Sí, pero el color es feo.*

◆ **Orientación** To review the goals and use of the *Composición* section, see the *Orientación* on p. 42.

◆ *Atajo* writing assistant supports your efforts with the task outlined in this *Composición* section by providing useful information when the following references are accessed:

Capítulo 5 *Preparativos para las vacaciones*

Phrases/functions asking in a store; asking the price; attracting attention; describing objects; expressing an opinion; planning a vacation; requesting or ordering; stating a preference; talking about daily routines

Vocabulary arts; clothing; colors; fabrics; materials; numbers; toilette

Grammar personal pronouns: direct; verbs: reflexives

COMPOSICIÓN

Combining sentences. Although Ernest Hemingway was known for his short, effective prose, most amateur writers make a better impact with longer sentences. In Spanish, many words may be used to combine sentences. Study the following conjunctions and the examples below.

Conjunciones	*Conjunctions*		
aunque	*although (though)*	porque	*because*
mientras	*while*	que	*that*
ni . . . ni	*neither . . . nor*	si	*if*
o	*or*	sin embargo	*nevertheless, however*
o . . . o	*either . . . or*	sino	*but (on the contrary)*
pero	*but*	y	*and*

Guatemala es un país interesante **porque** tiene muchas maravillas naturales.
*Guatemala is an interesting country **because** it has many marvels of nature.*

Las ruinas mayas son increíbles **aunque** algunas son casi inaccesibles.
*The Maya ruins are incredible, **though** some are almost inaccessible.*

Los textiles guatemaltecos son de alta calidad **y** se venden con frecuencia en Estados Unidos.
*Guatemalan textiles are of high quality, **and** they are sold frequently in the United States.*

Antes de escribir

A. Combinaciones. The following sentences describe Guatemalan textiles. Combine each pair of sentences into one longer sentence using an appropriate conjunction.

1. San Antonio Aguas Calientes es un pueblo cakchiquel. San Antonio Aguas Calientes es famoso por sus textiles.
2. Se venden textiles en las tiendas. Los colores de los textiles son vivos.
3. Las mujeres tejen sus *huipiles* de algodón. Los *huipiles* son unas blusas largas.
4. Chichicastenango es un pueblo maya. Todos los jueves y los domingos hay un mercado de artesanías en Chichicastenango.
5. La calidad de los textiles guatemaltecos es muy buena. Los precios son bajos.

B. La moda. Select several fashion photographs from a magazine of your own. Then use the sentence-combining technique and describe the fashions by writing a caption for each photograph.

¡A escribir!

La moda estadounidense. Using some of the conjunctions in the chart above, write a paragraph about the typical fashions worn by students at your university.

Después de escribir

A. Revisión. After writing your paragraph, be sure to review it for errors. Use the following checklist in your review.

- ❑ verb endings (agreement with subject)
- ❑ noun and adjective endings (gender and number agreement)
- ❑ spelling
- ❑ punctuation
- ❑ sentence length

B. En parejas. Working with a partner, exchange paragraphs and make suggestions for improving the presentation of ideas and the flow of the paragraph.

VOCABULARIO

◆ **Orientación** To review the goals of the **Vocabulario** sections, see the **Orientaciones** on p. 43–44.

Writing original sentences. As your Spanish vocabulary increases, you should find that learning new words and phrases becomes easier. That is because you are more "in tune" with the language and can understand the similarities and connections between words. To reach this level, you should spend time each day assimilating new vocabulary. Some students find it helpful to make up original sentences incorporating the new items. At times, the more outlandish the sentence, the better you learn the words! For example, the following sentences relate clothing to other expressions:

En la tienda hay una liquidación. Voy a comprar ropa de rebaja ya que necesito un conjunto de cuadros, una camisa y corbata de rayas, una falda floja de flores, un chaleco de cuero y unos pantalones y un pijama de poliéster.

Try this strategy as you study the vocabulary for *Capítulo 5.*

Prácticas

A. Look over the list of daily routine activities on page 183 and group them in chunks by meaning, rather than by grammatical similarity.

B. Using the reflexive verbs that express daily routine, list in chronological order the activities you do every day.

C. From a magazine or newspaper, select an outfit you like and describe it.

D. Have you ever bought an article of clothing that you regretted? Think of one of your worst purchases and explain what was wrong with it.

E. Read the following article and discuss with your partner why the authors wrote their manual and what type of advice it gives.

F. Rewrite the nouns from the *Vocabulario* on the following pages and regroup them according to gender.

Espejito, espejito...

A sí como se sostiene que hay cosas que hacen los hombres que son imposibles de realizar para las mujeres (silbar, por ejemplo), ellas afirman que **ellos nunca combinan los colores como es debido.**

Para solucionar este tipo de inconvenientes es que, en Italia, a **Riccardo Villarosa** y **Giuliano Angeli** se les ocurrió crear un manual que enseña a los hombres a "**vestirse bien**". En este libro se reseñan consejos para aprender a elegir telas, modelos, accesorios y colores; e incluso reconocer diferentes calidades. Hombres, ahora sí, no hay excusas.

de *Clarín*

VOCABULARIO

La protesta   *Protest*

abajo	*down with*	luchamos	*we fight/struggle*
arriba	*up with*	resistimos	*we resist*
contra	*against*	solidaridad	*solidarity*
hambre (*f.*)	*hunger*	superar	*to overcome*
lucha	*struggle*	viva	*long live*

Verbos y frases que se asocian con la ropa   *Verbs and phrases associated with clothing*

estar de moda/pasado de moda	*to be in style/out of style*	ponerse	*to put on*
lucir	*to wear, show off, "sport"*	probarse	*to try on*
llevar	*to wear*	quedarle	*to fit*
Me llevo esto/eso.		quitarse	*to take off*
Me quedo con esto/eso.	*I'll take this/that one.*		

Prendas para damas y caballeros   *Clothing for ladies and gentlemen*

abrigo	*coat*	cinturón (*m.*)	*belt*	pijama (*m.*)	*pajamas*
blusa	*blouse*	falda	*skirt*	ropa	*clothing, clothes*
calcetines (*m. pl.*)	*socks*	impermeable (*m.*)	*raincoat*	saco	*suit coat,*
camisa	*shirt*	jeans (*m.*)	*jeans*		*sport coat*
camiseta	*T-shirt*	medias	*stockings*	suéter (*m.*)	*sweater*
chaleco	*vest*	pantalones (*m. pl.*)	*trousers, pants*	traje (*m.*)	*suit*
chaqueta	*jacket,*	pantalones cortos	*shorts*	vestido	*dress*
	sport coat				

Accesorios   *Accessories*

anillo	*ring*	collar (*m.*)	*necklace*	reloj (*m.*)	*watch*
aretes (*m. pl.*)	*earrings*	corbata	*tie*	sandalias	*sandals*
bolsa, bolso	*purse, bag,*	gorra	*cap*	sombrero	*hat*
	handbag	guantes (*m. pl.*)	*gloves*	zapatillas	*flip-flops*
botas	*boots*	paraguas (*m.*)	*umbrella*	zapatos	*shoes*
broche (*m.*)	*brooch*	pendientes (*m. pl.*)	*dangling*	de diamantes	*(of) diamonds*
bufanda	*scarf*		*earrings*	de oro	*(of) gold*
cartera	*billfold, wallet*	pulsera	*bracelet*	de plata	*(of) silver*

Telas   *Fabrics*

algodón (*m.*)	*cotton*	nilón (*m.*)	*nylon*
cuero	*leather*	poliéster (*m.*)	*polyester*
lana	*wool*	rayón (*m.*)	*rayon*
lino	*linen*	seda	*silk*

Otras palabras y expresiones   *Other words and expressions*

almacén (*m.*)	*department store*	moda	*fashion, style*
conjunto	*outfit*	modista	*dressmaker*
de cuadros	*plaid, checked*	planta	*floor* (of a store or business)
de flores	*floral, flowered*	prenda	*garment, clothing*
de lunares	*polka-dotted*	probador (*m.*)	*dressing room, fitting room*
de rayas	*striped*	rebajado/rebajada	*reduced*
hacer juego	*to go with/match*	sastre (*m.*)	*tailor*
liquidación (*f.*)	*sale*	tienda	*shop, store*

Estaciones   *Seasons*

invierno	*winter*	primavera	*spring*
otoño	*autumn*	verano	*summer*

Números ordinales   *Ordinal numbers*

primero (primer)/primera	*first*	sexto/sexta	*sixth*
segundo/segunda	*second*	séptimo/séptima	*seventh*
tercero (tercer)/tercera	*third*	octavo/octava	*eighth*
cuarto/cuarta	*fourth*	noveno/novena	*ninth*
quinto/quinta	*fifth*	décimo/décima	*tenth*

La moda *Fashion*

clásico/clásica	*classic*	masculino/masculina	*masculine*
elegante	*elegant*	precioso/preciosa	*precious, lovely, beautiful*
encantador/encantadora	*enchanting*	sensacional	*sensational*
exquisito/exquisita	*exquisite*	super	*super (used as prefix)*
femenino/femenina	*feminine*	único/única	*unique*
impresionante	*impressive*		

Frases para regatear *Phrases for bargaining*

¿Cuánto cuesta(n)?	*How much does it (do they) cost?*	No más.	*No more.*
¿Cuánto vale(n)?	*How much is it (are they) worth?*	No pago más de . . .	*I won't pay more than . . .*
De acuerdo.	*Agreed. All right.*	sólo	*only*
Es demasiado.	*It's too much.*	última oferta	*final offer*
Es una ganga.	*It's a bargain*		

Artesanías *Handicrafts*

anillo de plata	*silver ring*	mola	*appliquéd tapestry*
cesta	*basket*	objeto de jade	*jade object*
faja	*woven sash*	olla de cerámica	*ceramic pot*
huipil (m.)	*embroidered blouse*	pintura	*painting*

Acciones y otras expresiones verbales *Actions and other verbal expressions*

almorzar (ue)	*to eat lunch*	encontrar (ue)	*to find*	preferir (ie)	*to prefer*
aprobar (ue)	*to approve*	entender (ie)	*to understand*	probar (ue)	*to try, test*
cerrar (ie)	*to close, shut*	envolver (ue)	*to wrap*	querer (ie)	*to want,*
colgar (ue)	*to hang*	jugar (ue)	*to play* (a sport		*wish, love*
comenzar (ie)	*to begin, start*		or game)	recomendar (ie)	*to recommend*
conseguir (i)	*to get, obtain*	mentir (ie)	*to lie*	recordar (ue)	*to remember*
contar (ue)	*to count, tell*	morir (ue)	*to die*	regar (ie)	*to water*
	(a story)	mostrar (ue)	*to show*	reír (i)	*to laugh*
costar (ue)	*to cost*	mover (ue)	*to move*	repetir (i)	*to repeat*
decir (i)	*to say, tell*		(something)	resolver (ue)	*to solve*
devolver (ue)	*to return*	negar (ie)	*to deny*	seguir (i)	*to follow*
	(something)	pedir (i)	*to ask (for),*	servir (i)	*to serve*
dormir (ue)	*to sleep*		request	sugerir (ie)	*to suggest*
elegir (i)	*to elect, choose*	pensar (ie)	*to think, intend*	volver (ue)	*to return*
empezar (ie)	*to begin, start*	perder (ie)	*to lose*		
encerrar (ie)	*to lock up*	poder (ue)	*to be able*		

Rutina diaria *Daily routine*

acostarse (ue)	*to go to bed*	ducharse	*to shower*	probarse (ue)	*to try on*
afeitarse	*to shave*	irse	*to leave, go away*	quedarse	*to remain, stay*
arreglarse	*to get dressed up*	lavarse	*to wash*	quitarse	*to take off*
bañarse	*to bathe*	levantarse	*to get up*	sentarse (ie)	*to sit down*
cepillarse	*to brush*	llamarse	*to be named*	vestirse (i)	*to get dressed*
despertarse (ie)	*to wake up*	marcharse	*to leave, go away*		
dormirse (ue)	*to fall asleep*	ponerse	*to put on*		

Emociones *Emotions*

alegrarse	*to be happy*	preocuparse	*to worry*
divertirse (ie)	*to have fun*	quejarse	*to complain*
enojarse	*to get angry*	sentirse (ie) bien/mal	*to feel good/bad*
ponerse feliz/triste	*to become happy/sad*	volverse (ue) loco/loca	*to go crazy*

Cómo llamar la atención *Getting someone's attention*

con permiso }	*excuse me*	perdón	*pardon*
discúlpeme		perdóneme	*pardon me*
oiga	*listen*		

Cómo describir cómo le queda la ropa *Describing how clothing fits*

apretado/apretada	*tight*	grande	*big, large*
bien	*fine, well*	largo/larga	*long*
corto/corta	*short*	mal	*bad, not . . . well*
flojo/floja	*loose*	pequeño/pequeña	*small*

Cómo expresar satisfacción y desagrado *Expressing satisfaction and dissatisfaction*

El modelo es aceptable.	*The style is acceptable.*
Me gusta el modelo.	*I like the style.*
El color es horrible.	*The color is horrible.*
Es muy caro/cara.	*It's very expensive.*
Es muy barato/barata.	*It's very inexpensive.*

Conjunciones *Conjunctions*

aunque	*although (though)*	porque	*because*
mientras	*while*	que	*that*
ni . . . ni	*neither . . . nor*	sin embargo	*nevertheless, however*
o	*or*	sino	*but (on the contrary)*
o . . . o	*either . . . or*	y	*and*
pero	*but*		

CAPÍTULO **6**

La vida urbana

San José, Costa Rica

PRIMERA ETAPA Preparación

◆ **Orientación** To review the goals and use of the *Preparación* and *Introducción* sections, see the *Orientaciones* on p. 12.

INTRODUCCIÓN

¿Qué trabajo te gusta más? Costa Rica, a country with an agricultural economy, is today experiencing a boom in tourism and nontraditional export items such as pharmaceuticals, textiles and clothing, ornamental plants and flowers, fish, pineapples, and furniture. Many major industries like aluminum, petrochemicals, oil, and tuna also provide employment to the Costa Ricans, or **ticos.** In this chapter, you will discover some of the job opportunities in San José, the capital city, and learn some facts about this charming, democratic nation in Central America.

Antes de leer

Ofertas de empleo. The following **ofertas de empleo** are from *La prensa libre,* one of San José's most popular daily newspapers. First skim the want ads and then match each **oferta** with the appropriate job category.

- office personnel
- educator
- electronics specialist
- cleaning service

- health care professional
- child caregiver
- food service
- television repair service

PERSONA responsable para cuidar niña y ayudar en casa. Verano solamente. Experiencia. Un fin de semana libre al mes. 382-3893

SECRETARIO de 22 a 26 años, dispuesto a viajar, alto y de buen aspecto. Llamar de 16 a 20h. 345-7793

PROFESOR DE INGLÉS para academia de idiomas. 16 a 21 horas. 341-0053

PSICÓLOGO/A industrial con experiencia en selección y formación. Sólo tardes. 362-4362

CHICA de 16 a 18 años, para limpieza de restaurante de 9 a 17h. 347-0538

ELECTRÓNICO industrial con cinco años de experiencia. 185-1096

TÉCNICO de radio, televisión y vídeo, instalación de antenas, preciso. 379-9070

CAMAREROS/AS necesito con buena presencia, imprescindible tener experiencia. 146-0807

CLÍNICA DENTAL necesita dentista para trabajar en San José. 201-7866

¡A leer!

Más información. Employment advertisements usually follow a predictable format. Scan the ads on the next page and rewrite the following list of topics in the order they actually appear in the ads.

- Title of position
- Benefits offered
- Information about business
- Salary

- Address for mailing application
- Experience required
- Nationality
- Telephone number

Standard Fruit Company de Costa Rica S.A.

Para trabajar en Zona Atlántica se requiere los servicios de:

INGENIERO MECÁNICO

Requisitos:
- Ingeniero Mecánico
- Amplio conocimiento en la administración de materiales y repuestos
- Experiencia de por lo menos 3 años
- Conocimientos de Inglés y Computación
- Preferiblemente residente en Limón

Personas interesadas, enviar currículum
indicando pretensiones salariales a:
Superintendente de Recursos Humanos
Standart Fruit Company de Costa Rica S.A.
Apdo. 4595-1000 San José
NO SE DARÁ INFORMACIÓN TELEFÓNICA

EMPRESA MULTINACIONAL EN ZONA FRANCA
Manufactura de Componentes Electrónicos
requiere contratar
INGENIERO

Para planeamiento y control de procesos de manufactura electrónica.

Requisitos mínimos:
1- Ingeniero eléctrico, electrónico, mecánico (o de producción industrial).
2- Totalmente bilingüe inglés - español.
3- Costarricense.
4- Dos años de experiencia en el ramo.
5- Experiencia / conocimientos sobre control de producción y control de calidad.
6- Experiencia en mantenimiento preventivo.

Se ofrece:
1- Excelente empresa para desarrollo profesional.
2- Excelente salario acorde con capacidad y experiencia.
Enviar currículum actualizado al apartado postal 17-4002 Alajuela, o por fax al tel. 41-4418.

IMPORTANTE EMPRESA
COMERCIAL
requiere
SECRETARIA EJECUTIVA BILINGÜE

Requisitos:
Título de Secretaria Ejecutiva Bilingüe
Tres años de experiencia
Excelente presentación

Ofrecemos:
Excelente salario
Asociación solidarista
Buen ambiente laboral
Empresa grande y sólida
Todas las garantías sociales

Interesadas favor enviar su currículum
con fotografía reciente
al Apdo. 610-1150,
La Uruca, antes del 15 de julio.

Más detalles. Now, using your list with the topics written in the proper order, summarize one of the ads by writing the corresponding information in Spanish next to each topic.

- **Ejemplo**   Title of position: ***Ingeniero***

Después de leer

A. Comprensión. Answer the following questions based on the want ads above.

1. ¿Qué clase de ingenieros necesita la empresa multinacional?
2. ¿Qué idiomas tienen que saber los ingenieros?
3. ¿Cuántos años de experiencia se necesitan?
4. ¿Cuáles son dos de los requisitos necesarios para ser secretaria ejecutiva?
5. ¿Qué hay que enviar además del currículum?
6. ¿En qué zona del país está localizada la Standard Fruit Company?
7. ¿En qué ciudad deben vivir los empleados?
8. ¿Qué conocimientos se necesitan para ser ingeniero mecánico?

B. Las profesiones del futuro. Read the summary of an international survey about the jobs of the future. Then, using the phrases and information from the preceding ads as a guide, write employment ads for two of the **profesiones** mentioned.

Las profesiones del futuro

Las investigaciones de organismos internacionales e instituciones empresariales sobre el futuro de las carreras universitarias en España señalan que las empresas precisan para su modernización una serie de profesionales cuya formación no garantiza la oferta de titulaciones superiores. Éstas son las profesiones del futuro:

• **Informática.** Aplicada a dos grandes áreas, la gestión de la empresa y la robótica en las cadenas de producción.

• **Alta dirección («management»).** Profesionales conocedores del complejo mundo de la empresa en todas sus áreas, con las más modernas técnicas de gestión.

• **«Marketing».** Relaciones comerciales, ventas, imagen de la empresa, jefes de producción

• **Tecnología punta.** Diversas ingenierías: nuclear, láser, telemática, biogenética, microelectrónica y solar.

• **Comunicólogos.** Expertos en comunicación, imagen y semiología.

• **Relaciones humanas.** Expertos en gestión de personal, desarrollo de los recursos humanos, relaciones con el entorno.

• **Técnicos varios.** Comercio exterior, tráfico marino, seguridad e higiene en el trabajo, riesgos y gestión bancaria.

• **Área de seguros.**

• **Área de alimentación.**

de *ABC*

◆ **Orientación** To review the goals and use of the *Cultura* section, see the *Orientación* on p. 14.

 Guía Cultural

◆ For additional information on **Centroamérica,** see the *Guía cultural.*

Costa Rica

CAPITAL	San José
GEOGRAFÍA	Centroamérica; queda al sur de Nicaragua y al noroeste de Panamá
ÁREA	4.959 kilómetros cuadrados
POBLACIÓN	2.994.000
EXPORTACIÓN	Café, bananos, azúcar, piña, flores, industria textil, muebles
MONEDA	Colón

Negocios y turismo. The natural wonders of Costa Rica, long undiscovered by outsiders, now attract over a million tourists to the country each year. Visitors can select nature walks focusing on the mangrove and the seashore, a rain forest excursion through primary and recovering forests, or an overnight jungle campout with a glimpse of parrots, toucans, sloths, monkeys, ocelots, and jaguarundis. Costa Rica's relatively peaceful political climate (the armed forces were abolished after 1948) and its striking natural beauty contribute to the idea that this country is the safest and most beautiful in Latin America. Of course, the thriving tourist industry has created many interesting job opportunities. The economic benefits from this marriage of business and nature have improved the lives of virtually every Costa Rican citizen.

El bosque tropical húmedo

Práctica

◆ **Orientación** To review the goals and use of the *Práctica* section, see the *Orientación* on p. 19.

La bolsa de trabajo. Read the following job advertisements and classify them as service positions (restaurant or hotel personnel), professional opportunities, habitat conservation, or tourism. What are some of the job qualifications mentioned in most of the ads?

EDITOR/EDITORA
Revista *Vida y Ambiente*
Trata sobre temas ambientales y ecológicos de todo tipo
Llamar al 221-1411

HOTEL TERRAZA DEL PACÍFICO

Dominio del español/portugués e inglés
Con buena presencia e iniciativa
Los interesados hagan favor de enviar currículum incluyendo cartas de recomendación
al Apartado Nº 697, Playa Hermosa de Jacó

Terraza DEL PACIFICO
~ Hotel y Resort Casino

CANALES DE TORTUGUERO
EL CRUCERO DE LA JUNGLA
EL TOUR Nº 1 DE AVENTURA EN COSTA RICA

GUÍA DE TURISMO

Se necesita guía para los canales de Tortuguero
Bilingüe con conocimientos básicos sobre flora y fauna local
Presentarse en Paseo Colón 34–36, San José. De lunes a miércoles de 9:30 a 16:00 hrs.

INSTITUTO COSTARRICENSE DE TURISMO
Precisa secretario/a
Bilingüe, experiencia mínima de 5 años
Llamar al 222-1090
Plaza de la Cultura

Eco-turismo. Costa Rica is famous for its enlightened approach to conservation. This small nation enjoys international recognition for its commitment to the preservation of forests and wildlife. National parks cover almost 12 percent of Costa Rica, and another 15 percent of the land has been set aside for wildlife refuges and forest reserves. Currently the country is debating whether to limit the number of tourists and control the amount of resort and hotel construction or to encourage even more visitors each year in an effort to boost the economy.

VENGA A DESCUBRIR EL PARAÍSO PERDIDO

Los sonidos de una exótica ave tropical, el murmullo de una cálida cascada de agua mineral, la mágica belleza de exuberantes jardines ecológicos, el frondoso bosque tropical húmedo, la emoción de un volcán activo, las deliciosas comidas de nuestro restaurant, piscinas, masajes y aguas turbulentas... en La Fortuna de San Carlos.

En las faldas del Volcán Arenal, miles de detalles conforman ese paraíso perdido, un lugar para relajarse y disfrutar la naturaleza, un lugar donde el tiempo se detiene...

TABACÓN RESORT

Apdo. Postal 181-1007
Teléfonos: (506) 222-1072 233-0780
Fax: (506) 221-3075

Práctica

De compras. Read the following advisory about conscientious shopping and make a list of items that should not be purchased.

Somos ricos

Piense dos veces antes de comprar algo exótico. Muchos de estos artículos pueden ser confiscados al cruzar las fronteras de algunos países. E incluso se le puede penalizar con una multa o juzgársele por tráfico ilegal. Aunque el producto sea legal, hay que considerar los daños que se le pueden causar al medio ambiente. Por favor, acuérdese de no comprar:

◆ Peines, cepillos o adornos hechos de concha de tortuga.
◆ Coral o artículos con coral. Los arrecifes de coral de Costa Rica van desapareciendo día a día.
◆ Artesanía o artículos decorados con plumas de aves. En la mayoría de los casos, las plumas de estas aves es el único objetivo de los cazadores.
◆ Pieles de jaguarundi, ocelote, leopardo. Toda prenda hecha de estas pieles es ilegal.
◆ Piénselo bien antes de comprar recuerdos hechos de madera. Ayúdenos a proteger nuestro medio ambiente.

Todos los ticos lo somos, porque nuestra naturaleza
es maravillosa y todo el mundo lo reconoce y aprecia.

El I.C.T. les insta

para que conjuntamente cuidemos

de la flora y fauna, de las playas,

los Parques Nacionales y las Reservas Biológicas

siempre: 365 días al año.

I·C·T
INSTITUTO
COSTARRICENSE
DE TURISMO

Información
Teléfono: 222-1090 Plaza de la Cultura.

DISFRUTEMOS COSTA RICA... NUESTRO PAÍS

◆ **Orientación** In the *Expresiones* section, you will practice listening to a passage that presents key vocabulary related to the chapter theme. The passage, which is recorded, corresponds to the illustration in your textbook. Your instructor may play the recording or read the passage aloud, or both. After you hear the passage twice, you will be ready to answer the *Comprensión* questions.

EXPRESIONES Textbook Cassette

Profesiones y oficios. In this chapter, you will learn about the professions and occupations of typical **ticos.** As you study the illustrations of the following individuals, listen carefully to the job descriptions. Then complete the *Comprensión* activity.

Margarita Delgado

Patricio Flores

Adelina Chaves

Ernesto Villas

Félix Estrada

Laura Jiménez

Comprensión

Answer the following questions briefly in Spanish.

1. ¿Por qué prefiere Margarita trabajar en una clínica pequeña?
2. ¿Cuál es su especialidad?
3. ¿Qué profesión tiene Patricio Flores?
4. ¿Cuál es el nombre de uno de los periódicos más importantes de Costa Rica?
5. ¿Qué profesión tiene Ernesto Villas?
6. ¿Qué producto exporta su empresa?
7. ¿Cuál es la profesión de Adelina Chaves?
8. ¿Cuántos hijos tiene?
9. ¿Cuál es un plato tradicional de la cocina costarricense?
10. ¿Quién trabaja en un taller?

Profesiones y oficios	*Professions and occupations*		
abogado/abogada	*attorney*	médico/médica	*doctor*
actor (*m.*)/actriz (*f.*)	*actor*	periodista (*m./f.*)	*journalist*
ama de casa	*homemaker*	policía/mujer policía	*police officer*
bombero/bombera	*firefighter*	programador/	*programmer*
científico/científica	*scientist*	programadora	
cocinero/cocinera	*cook*	secretario/secretaria	*secretary*
dentista (*m./f.*)	*dentist*	(p)sicólogo/(p)sicóloga	*psychologist*
doctor/doctora	*doctor*	técnico/técnica	*technician*
enfermero/enfermera	*nurse*	trabajador/trabajadora	*social worker*
gerente (*m./f.*)	*manager*	social	
ingeniero/ingeniera	*engineer*	traductor/traductora	*translator*
locutor/locutora	*announcer*	veterinario/veterinaria	*veterinarian*
maestro/maestra	*teacher*		

◆ **Una cosita más** The articles **el** and **un** are used before **ama de casa** even though **ama** is a feminine noun. Adjectives modifying **ama de casa** should have feminine endings: **Ella es un ama de casa estupenda.**

bibliotecario/ bibliotecaria	*librarian*	farmacéutico/ farmacéutica	*pharmacist*
camarero/camarera	} *server,*	fotógrafo/fotógrafa	*photographer*
mesero/mesera (Mex.)	*waitperson*	funcionario público/ funcionaria pública	*public official*
comerciante (*m./f.*)	*merchant*		
contable (*m./f.*)	} *accountant*	mecánico/mecánica	*mechanic*
contador/contadora			
dependiente/ dependienta	*clerk*		

Lugares (*m.*) y edificios *Places and buildings*

ayuntamiento/ municipalidad (*f.*)	*city hall*	hospital (*m.*)	*hospital*
		iglesia	*church*
banco	*bank*	jardín (*m.*)	*flower garden*
catedral (*f.*)	*cathedral*	(jardín) zoológico	*zoo*
centro comercial	*shopping center*	kiosco	*kiosk, stand*
cine (*m.*)	*movie theater, cinema*	oficina	*office*
		oficina de correos	*post office*
clínica	*clinic*	palacio	*palace*
emisora de radio	*radio station*	parque (*m.*)	*park*
empresa	*firm, business*	plaza	*square*
escuela	*school*	restaurante (*m.*)	*restaurant*
estación (*f.*) de bomberos/policía	*fire/police station*	supermercado	*supermarket*
		taller (*m.*)	*workshop, garage*
fábrica	*factory*	teatro	*theater*
hogar (*m.*)	*home*	tienda	*store, shop*

◆ Note that in the plural form the accent is dropped from the following words: **estación ➡ estaciones; jardín ➡ jardines**

carnicería	*butcher shop*	pastelería	*pastry shop*
lavandería	*laundry*	pescadería	*fish market*
panadería	*bakery*	tintorería	*dry cleaners*

Otras palabras y expresiones *Other words and expressions*

a tiempo completo (parcial)	*full-time (part-time)*	estar en huelga	*to be on strike*
		estar jubilado/ jubilada	*to be retired*
ambiente (*m.*)	*atmosphere, environment*		
		privado/privada	*private*
aspirante (*m./f.*)	*job candidate*	público/pública	*public*
aumento de sueldo	*raise*	puesto de trabajo	*position, job*
beneficios	*benefits*	rellenar/completar una solicitud de trabajo	*to fill out a (job) application*
carta de recomendación	*letter of recommendation*		
		renunciar (a)	*to resign*
conseguir (i)/obtener una entrevista	*to get an interview*	solicitar	*to apply*
		sueldo	*salary*
despedir (i)	*to fire*		
estar desempleado/ desempleada	*to be unemployed*		

Prácticas

A. ¿Cuál es su profesión? Working with a partner, exchange information about the profession or occupation of the following people and where they work.

■ **Ejemplo** tía

        ESTUDIANTE 1: *¿Cuál es la profesión de tu tía?*
        ESTUDIANTE 2: *Mi tía es enfermera.*
        ESTUDIANTE 1: *¿Dónde trabaja?*
        ESTUDIANTE 2: *Trabaja en el hospital de Riverside de*
                             Columbus, Ohio.

1. tío/tía
2. hermano/hermana
3. primo/prima
4. mejor amigo/amiga
5. abuelo/abuela

B. Estudio de palabras. In Spanish, the names of occupations and the work-places associated with them are often similar. Study the following examples and then state the occupation for each workplace mentioned.

■ **Ejemplo**   periódico = *newspaper*   <u>periodista</u> = *journalist*

1. recepción   = *reception desk*   _____ = *receptionist*
2. floristería   = *flower shop*   _____ = *florist*
3. clínica dental = *dental clinic*   _____ = *dentist*

■ **Ejemplo** peluquería = *hair salon*   <u>peluquero/peluquera</u> = *hairdresser*

4. panadería   = *bakery*   _____ = *baker*
5. jardín   = *garden*   _____ = *gardener*
6. banco   = *bank*   _____ = *banker*

C. ¿Qué tienes en mente? What type of job do you have in mind? Prepare a description of your ideal job. Mention the job title, describe briefly the locale, and state three or four things you are going to do to prepare yourself for the position.

D. En una entrevista. With your partner, decide when each of the following should be done in the process of looking for a job and being interviewed. Use the expressions **antes de tener la entrevista, durante la entrevista,** and **después de recibir una oferta de trabajo** in your responses.

■ **Ejemplo**   rellenar una solicitud
   Se rellena una solicitud antes de tener la entrevista.

1. solicitar un puesto de trabajo
2. pedir cartas de recomendación
3. preguntarle al entrevistador sobre el ambiente del trabajo
4. preguntarle sobre la empresa o la institución
5. llamar por teléfono para dar las gracias por la entrevista
6. decidir si quiere trabajar en una empresa privada o pública
7. preguntar si hay más aspirantes
8. renunciar a su trabajo anterior
9. preguntar sobre el sueldo y los beneficios

◆ **Orientación**   To review the goals and use of the *Así es* section, see the *Orientación* on p. 21.

◆ **Una cosita más**   You have already used the impersonal reflexive in the classroom expressions **¿Cómo se dice . . . ? ¿Cómo se deletrea . . . ?** and **¿Cómo se escribe . . . ?**

Así es

Cómo pedir y dar información

▲ When asking for and giving general information where a specific subject isn't named, you can use an IMPERSONAL REFLEXIVE CONSTRUCTION. In the following sentences, **se** means *one, they, people,* or *you.* Notice that the plural form of the verb is used when the SUBJECT of the sentence is plural.

—¿Adónde **se exporta** el café de Costa Rica?
—**Se exporta** a muchos países.

—¿Dónde **se compran** réplicas de las carretas?
—**Se compran** réplicas en Sarchí, un pueblo cerca de San José.

—¿Dónde **se preparan** platos típicos costarricenses?
—**Se preparan** los mejores platos en el restaurante La Cocina de Leña.

La carreta típica de Sarchí

▲ The impersonal **se** construction is also used to express an action in the PASSIVE VOICE. Signs that give information or warnings frequently use this construction. Look at the following signs and decide what each one means.

Prácticas

A. Horario costarricense. When traveling from country to country, you will notice that the time schedules for everyday activities may vary. Working with a partner, take turns asking each other at what time the following activities take place.

■ **Ejemplo**   abrir las tiendas (8:00 de la mañana)
ESTUDIANTE 1: *¿A qué hora se abren las tiendas en San José?*
ESTUDIANTE 2: *Las tiendas se abren a las ocho de la mañana.*

1. abrir las tiendas (8:00 de la mañana)
2. cerrar las tiendas (6:00 de la tarde)
3. abrir la oficina de correos (8:00 de la mañana)
4. cerrar la oficina de correos (6:00 de la tarde)
5. cambiar un cheque en el banco (9:00 de la mañana)
6. cerrar los bancos (3:00 de la tarde)
7. ver una obra de teatro (8:00 de la noche)
8. ir a los bares (11:00 de la noche)
9. abrir las oficinas del gobierno (8:00 de la mañana)
10. poder visitar los museos (10:00 de la mañana)
11. ir de compras a los centros comerciales (9:00 de la mañana)
12. cerrar el centro comercial (9:00 de la noche)

B. Comparaciones. Using the information from *Práctica A,* write a paragraph that illustrates the comparisons and contrasts between the times for these activities in Costa Rica and in the United States.

■ **Ejemplo**   *En Costa Rica se abren las tiendas a las ocho de la mañana. En Estados Unidos se abren a las diez de la mañana.*

C. ¿Qué recuerdas? With your partner, take turns asking and answering questions about what you can do in San José according to the following excerpts from a guidebook.

■ **Ejemplo** comprar libros en inglés

ESTUDIANTE 1: *¿Dónde se compran libros de inglés en San José?*

ESTUDIANTE 2: *Se compran libros de inglés en la Librería Universal.*

1. comprar mapas
2. cambiar cheques de viaje
3. lavar la ropa
4. bailar salsa

5. alquilar autos
6. comer comida típica
7. enviar un fax
8. ver arte precolombino

Museo de Arte Primitivo

◆ Parque de la Amistad
◆ Carretera a Rohrmoser
◆ Abierto de 10:00 a 16:00

Lavandería Tucán

**Mercado Central
Abierto de 9:00 a 20:00
lunes a viernes**

Bar Bamboleo
*Con música en vivo del dúo Marenco
De 14:00 hasta las 2:00*

D. ¿Cuándo o dónde? Working with a partner, indicate when and/or where the following activities are typically done in the area where you live. Include the expressions **en este estado, en esta región, en esta ciudad,** or **en este país** in your questions.

■ **Ejemplo**   esquiar

ESTUDIANTE 1: ***¿Cuándo se esquía en este estado?***
ESTUDIANTE 2: ***Normalmente se esquía en enero y febrero.***
    o
ESTUDIANTE 1: ***¿Dónde se esquía en este estado?***
ESTUDIANTE 2: ***Se esquía en Mad River Valley.***

1. ir a los partidos de fútbol
2. visitar los parques
3. tener reuniones familiares
4. hacer compras de Navidad
5. ir de vacaciones
6. hacer un picnic
7. comprar entradas° para conciertos
8. tomar el sol
9. escuchar música latina
10. comprar unos recuerdos

Radiografía

★ **Servicios**
de xerox
y fax
★ **Calle 1 y Avenida 1**
★ **Tel: 22-3231**

LIBRERÍA
U N I V E R S A L

Avenida Central
Calle Central & 1

Mapas y libros en inglés

Auto Matra
La Uruca — Frente a Matra
TEL: 33-7575

BC
AC Banco Crédito
Agrícola
Apartado 297
Tel: 223-8855

---
entradas *tickets*

◆ **Orientación** To review the goals of the *Funciones,* see the *Orientación* on p. 23.

 Diario de actividades

◆ For additional practice on indirect object pronouns, see the *Diario de actividades, Primera función.*

◆ **Una cosita más** Although *to* and *for* are the most common prepositions used in English to introduce an indirect object (**Le doy el dinero** = *I give the money to him/her*), other prepositions are possible:

Te van a robar el dinero = *They are going to steal the money from you.*
Te echo una manta = *I am putting a blanket on you.*
Les llevo ventaja = *I have an advantage over them.*

◆ **Una cosita más** Indirect object pronouns follow the same rules of placement as the ones you learned for direct object pronouns in *Capítulo 5* (see p. 178–179). The indirect object pronouns are placed immediately before a conjugated verb or are attached to an infinitive:

Te voy a enviar una carta de recomendación mañana.
Voy a enviar**te** una carta de recomendación mañana.

PRIMERA FUNCIÓN
Telling to whom or for whom something is done using indirect object pronouns

▲ In *Capítulo 5,* you learned how to use pronouns to avoid repeating the direct object. Now you will learn how to use pronouns for INDIRECT OBJECTS in Spanish. To identify the indirect object of a sentence, you say the subject, the verb, the direct object, and then ask "to or for whom?" The answer to the question will be the indirect object.

SUBJECT	VERB	INDIRECT OBJECT	DIRECT OBJECT
I	gave	my *instructor*	the homework.
I	gave	to/for whom	the homework?

▲ Pronouns that can replace an indirect object usually refer to people or animals. Read the following examples as you study the chart below.

El gerente **me** explica las responsabilidades del puesto.
*The manager explains the responsibilities of the job **to me**.*

Te mando una carta de recomendación.
*I am sending **you** a letter of recommendation.*

La agencia de empleo **nos** envía una solicitud de trabajo.
*The employment agency sends **us** a job application.*

Objetos indirectos *Indirect object pronouns*			
SINGULAR		PLURAL	
me	*to/for me*	nos	*to/for us*
te	*to/for you*	os	*to/for you (all)*
le	*to/for you, him, her, it*	les	*to/for you (all), them*

▲ Notice that there is no distinction between MASCULINE and FEMININE forms of **le** or **les.** These pronouns require clarification when the person to whom they refer is not specified. Notice that in the examples below, the PREPOSITION **a** + a PERSONAL PRONOUN or a NOUN is used.

correo eletrónico *e-mail*

Prácticas

A. ¿Quiénes? With your partner, take turns asking who does the following things to you or for you, using **¿Quién?** or **¿Quiénes?**

■ **Ejemplos** escribir cartas

> ESTUDIANTE 1: *¿Quién te escribe cartas?*
> ESTUDIANTE 2: *Mi novio me escribe cartas.*

> ayudar con la tarea
> ESTUDIANTE 1: *¿Quiénes te ayudan con la tarea?*
> ESTUDIANTE 2: *Mis amigos me ayudan con la tarea.*

1. prestar dinero
2. comprar libros usados
3. lavar la ropa
4. dar buenos consejos
5. dar malos consejos
6. explicar la lección
7. limpiar la casa o el apartamento
8. preparar la comida
9. sugerir un lugar° donde pasar dos semanas de vacaciones
10. ayudar a buscar un buen puesto de trabajo

◆ **Una cosita más** Notice that unlike the direct object pronouns, indirect object pronouns do not necessarily replace indirect object nouns; both the indirect object pronoun (**le** or **les**) and the noun phrase may be present in the same sentence:

Le mando las flores **a Susana.**/ **Les** doy las gracias **a mis padres** por su regalo.

Generally **me, te, nos,** and **os** are used alone:

Me dijo el secreto.

B. Trabajos. Using the appropriate indirect object pronouns, describe some of the duties or functions of the following people according to the example.

■ **Ejemplo** *Un médico les da los medicamentos a los enfermos.*

A	B	C
doctor/doctora	dar sesiones de terapia	a los clientes
abogado/abogada	escribir cartas de recomendación	a los estudiantes
bibliotecario/bibliotecaria	devolver los exámenes	a los pacientes
jefe/jefa de una empresa	reparar el auto	a los empleados
psicólogo/psicóloga	ofrecer un aumento de sueldo	
profesor/profesora	dar consejos antes de ir a un juicio°	
mecánico/mecánica	prestar libros	
	explicar los verbos en español	

C. Una entrevista profesional. Role play a job interview with your partner. Answer these questions, using the appropriate indirect object pronouns.

1. ¿Por qué le interesa esta empresa?
2. ¿Nos habla de su último trabajo?
3. ¿Quiénes nos van a escribir cartas de recomendación?
4. ¿Le explico a usted las responsabilidades del puesto?
5. ¿Puedo ofrecerle un café o un refresco?

D. Trabajo en grupos. Write five questions using the verbs given in *Una cosita más.* Then, in groups of three, take turns asking and answering each question.

◆ **Una cosita más** You have probably noticed that certain verbs are frequently used with indirect objects. For example: **contar, dar, decir, devolver, enviar, escribir, explicar, hablar, mandar, ofrecer, pedir, permitir, preguntar, prestar, prometer, recomendar, regalar, servir.**

■ **Ejemplo** ESTUDIANTE 1: *¿Me prestas tu libro?*
> ESTUDIANTE 2: *Sí, te presto mi libro.*
> ESTUDIANTE 3: *No, no te presto mi libro.*

---

lugar *place* **juicio** *trial*

Diario de actividades

◆ For additional practice on using two object pronouns, see the *Diario de actividades, Segunda función.*

SEGUNDA FUNCIÓN
Avoiding repetition using two object pronouns

▲ In both English and Spanish, it is possible to use two OBJECT PRONOUNS in the same sentence. This usually occurs in response to questions or requests, when both the direct object (DO) noun and the indirect object (IO) pronoun have already been stated. Let's look at an example in English:

           IO   DO
—*Will they give **me** the **job**?*

                     IO   DO
—*Yes, they'll probably give **it** to **you**.*

There are several important details to remember about using two object pronouns in the same sentence in Spanish.

▲ The INDIRECT OBJECT PRONOUN usually precedes the DIRECT OBJECT PRONOUN or may be attached to an INFINITIVE.

        IO   DO
—Paco, ¿**me** prestas **tu computadora portátil**?

         IO DO
—Bueno, **te la** presto.

             IO   DO
—¿Cuándo **me** vas a prestar **tu computadora portátil**?

 IO DO   IO DO
—**Te la** voy a prestar mañana. / Voy a prestár**tela** mañana.

◆ **Una cosita más** Remember that when the object pronouns are attached to the infinitive, an accent mark must be written above the theme vowel of the infinitive (**a, e,** or **i**) to indicate the proper stress: **enviárselas, ponérmelos, escribírtela.**

▲ When the indirect object pronoun **le** or **les** is followed by the direct object pronoun **lo, la, los,** or **las,** the indirect object pronoun changes to **se.** Just remember that when both the indirect object and the direct object are third person, the first of the pronoun objects becomes **se** whether it is singular or plural.

  IO   DO   IO
—¿**Le** envía el señor Vega su informe **al gerente**?

     IO DO
—Sí, **se lo** envía hoy.

                 IO   DO
—Señor Zamora, ¿**nos** envía usted sus cartas de recomendación?

            IO DO
—Sí, en seguida **se las** envío.

   IO   DO   IO
—¿**Les** vamos a enviar las solicitudes de trabajo **a los supervisores**?

              IO DO
—Sí, vamos a enviár**selas.**

◆ ◆ ◆

Prácticas

A. Preguntas. Working with a partner, take turns making up questions based on the following cues. Use both indirect and direct object pronouns in each of your responses.

■ **Ejemplo** enviar mensajes° frecuentemente
Estudiante 1: *¿Quién te envía mensajes frecuentemente?*
Estudiante 2: *Guillermo me los envía.*

1. escribir cartas
2. contar cuentos°
3. usar tu auto
4. decir la verdad

5. hacer preguntas en clase
6. contar tus secretos
7. comprar regalos

8. dar dinero
9. dar consejos útiles
10. pedir muchos favores

B. En tu familia. With your partner, take turns asking and answering the following questions about each other's family. Use both indirect and direct object pronouns in your responses.

1. ¿Quién te prepara comidas exóticas?
2. ¿Quién te causa muchos problemas?
3. ¿Quién te compra ropa cara?
4. ¿Quién te envía flores o regalos?
5. ¿Quiénes te dan noticias de tus amigos?
6. ¿Quién te dice cosas interesantes?
7. ¿Quién te regala cosas inútiles?
8. ¿Cuándo te mandan dinero tus padres?
9. ¿Cuándo vas a darle ese regalo a tu primo/prima?
10. ¿Cuándo le vas a comprar el bolígrafo Cross a un amigo o a una amiga?
11. ¿Cuántas veces te escribe cartas tu amigo/amiga?
12. ¿Cuántas veces le escribes cartas a tu madre/padre?

C. Una entrevista. Decide which of the questions below are appropriate for a personnel manager and which would probably be asked by a job candidate. Then role-play the interview with a partner. Remember to use two object pronouns in your responses.

◆ Use **ir** + **a** + infinitive, **poder** + infinitive, or **deber** + infinitive in your responses.

■ **Ejemplo** ¿Me van a pagar ustedes el Seguro Social?
Estudiante 1: *¿Me van a pagar ustedes el Seguro Social?*
Estudiante 2: *Sí, se lo vamos a pagar.*
¿Le mando a usted la solicitud de trabajo?
Estudiante 2: *¿Le mando a usted la solicitud de trabajo?*
Estudiante 1: *Sí, puede mandármela mañana.*

1. ¿Me quiere hacer usted algunas preguntas sobre la empresa?
2. ¿Le explico las responsabilidades del puesto?
3. ¿Debo enviarle las cartas de recomendación?
4. ¿Cuándo me puede dar usted una contestación?
5. ¿Quiere hacerme alguna pregunta más sobre los beneficios?
6. ¿Me puede prometer trabajo a tiempo completo?
7. ¿La empresa me va a dar dos semanas de vacaciones?

D. Preguntas originales. Using the verbs given in *Una cosita más* on page 211, make up five original questions to ask your classmates. Then, in groups of four, take turns asking and answering each other's questions.

---

mensajes *messages* **cuentos** *stories*

◆ Note that ¢ is the abbreviation for **colones.**

E. En el mercado. Shoppers in Costa Rica are often surprised by the wide variety of articles and crafts that can be purchased in the roadside markets. With a partner, take turns purchasing and selling the following articles. Use the bargaining expressions you learned on page 169 and the direct and indirect object pronouns from page 178.

■ **Ejemplo**   ESTUDIANTE 1: *Me gusta esta carreta. ¿Cuánto cuesta?*
ESTUDIANTE 2: *800 colones.*
ESTUDIANTE 1: *Es demasiado. ¿Me la vende por 700?*

📖 Diario de actividades

◆ For additional information on using comparisons, see the *Diario de actividades, Tercera función.*

TERCERA FUNCIÓN
Sharing ideas and beliefs using comparisons

 In English, when adjectives are used to compare the qualities of nouns they modify, they change forms. You say:

Cartago is a *large* city, but Alajuela is *larger,* and San José is the *largest.*

Another way to form COMPARISONS in English is to use the words *more* and *most:*

In Costa Rica, the exportation of sugar is important, but coffee is *more* important, and bananas are the *most* important.

Now read these sentences and notice how similar comparisons are formed in Spanish.

Puerto Viejo es un pueblo pequeño.   (5.500 habitantes)
Zarcero es **más** pequeño **que** Puerto Viejo.   (3.000 habitantes)
Pero Toro Amarillo es **el más** pequeño **de** todos. (500 habitantes)

▲ To form comparisons in Spanish, use the formulas shown at the top of the facing page.

COMPARATIVE
más **menos** } + adjective + **que** = *more than, less than*

SUPERLATIVE
definite article + **más** **menos** } + adjective + **de** = *the most . . . , the least . . .*

◆ **Una cosita más** Remember that adjectives agree with the nouns they modify:

San José es una **ciudad bonita**, pero Zarcero es una ciudad **más bonita** que San José.

San José es un **sitio°** bonito, pero Zarcero es **más bonito** que San José.

Prácticas

A. La geografía de Costa Rica. Here are a few more facts about Costa Rica. With your partner, use the map and practice making comparisons as you learn a little more about this country.

■ **Ejemplo**   *Algunas ciudades grandes:* Cartago (93.423 habitantes); Alajuela
(107.998 habitantes); San José (156.502 habitantes)
Cartago es una ciudad grande. Alajuela es más grande que Cartago. Pero San José es la más grande de todas.

1. *Algunas provincias grandes:* San José (1.093.063 habitantes); Alajuela (532.652 habitantes); Cartago (336.307 habitantes)
2. *Algunos volcanes:* Volcán Poás (2704 metros); Volcán Irazú (3432 metros); Volcán Orosi (1487 metros)
3. *Algunos parques nacionales:* La Amistad (193.929 hectáreas); Braulio Carrillo (44.099 hectáreas); Corcovado (41.788 hectáreas)

El volcán Poás

---

sitio *place*

B. Algunas comparaciones. Working with your partner, write five sentences comparing the geography of the United States.

■ **Ejemplo** ***El río Grande es más largo que el río Ohio.***

C. Actividades diferentes. Costa Rica, a little larger than New Hampshire, offers visitors one of the most exotic landscapes and animal populations in the world. Working with a partner, tell which of the following activities is more or less interesting.

■ **Ejemplo** Explorar la selva° / tomar el sol en la playa
   Explorar la selva es más (menos) interesante que tomar el sol en la playa.

1. pescar en el océano Pacífico / pescar en el océano Atlántico
2. ir a la playa / montar en bicicleta
3. explorar la selva / bucear°
4. acampar en las montañas / quedarse en un hotel de lujo
5. visitar el volcán Irazú / hacer una excursión por San José
6. visitar los parques de mariposas° / ir al zoológico
7. hacer una excursión en autobús / ir de compras
8. montar a caballo en la playa / hacer una excursión en barco
9. ir al Museo de Oro / visitar el mercado central
10. ir a la isla del Coco / hacer *surf* en la playa Jacó

▲ Spanish also has some irregular COMPARATIVE and SUPERLATIVE forms. When **bueno** and **malo** are used before a singular masculine noun, they are shortened to **buen** and **mal.**

El Holiday Inn en San José es un **buen** hotel, pero El Herradura es **mejor.**

◆ **Una cosita más** The adjectives **grande** and **pequeño** may refer both to size and to age. When they refer to size, they follow the regular pattern for formation of comparisons. For example: **Esta mesa es pequeña, pero ésa es más pequeña y aquélla es la más pequeña.** When they refer to age, the irregular forms **(el/la) mayor** *(older, oldest)* and **(el/la) menor** *(younger, youngest)* are used.

Algunas comparaciones		*Some comparisons*			
ADJECTIVE		COMPARATIVE		SUPERLATIVE	
buen(o)/buena	*good*	mejor	*better*	el/la mejor	*best*
mal(o)/mala	*bad*	peor	*worse*	el/la peor	*worst*
joven	*young*	menor	*younger*	el/la menor	*youngest*
viejo/vieja	*old*	mayor	*older*	el/la mayor	*oldest*

Prácticas

D. Opiniones diferentes. Write three comparisons using each of the suggestions below. Then share your comparisons with other members of the class to find out their opinions.

■ **Ejemplo** bebida
   La RC Cola es buena. La Pepsi es mejor, pero la Coca-Cola es la mejor.

---

selva *jungle*   **bucear** *to snorkel (snorkeling)*   **mariposas** *butterflies*

1. comida
2. refresco
3. película
4. disco
5. día de la semana
6. canción

7. cantante (*m.*)
8. cantante (*f.*)
9. actor
10. actriz
11. anfitrión° de televisión
12. anfitriona de televisión

E. Una entrevista. Working with a partner, interview each other to find out the following information about your families. Then write a brief description that includes six of the most interesting facts.

◆ *Hint* Because of the uncertainty, questions are generally asked in the masculine form. The person who answers may need to change the article and/or adjective to agree with the noun in their response.

■ **Ejemplo** el mayor
ESTUDIANTE 1: ***En tu familia, ¿quién es el mayor?***
ESTUDIANTE 2: ***Mi madre es la mayor.***

1. el menor
2. el mayor
3. el más alto
4. el más bajo
5. el mejor deportista

6. el peor cantante
7. el peor cocinero
8. el mejor artista
9. el menos eficiente
10. el más interesante

F. En tu opinión. Working in groups of three, give your opinions about the following topics.

■ **Ejemplo** cursos difíciles
ESTUDIANTE 1: ***La informática es más difícil que el español.***
ESTUDIANTE 2: ***La química es más difícil que la informática.***
ESTUDIANTE 3: ***Pero la física es el curso más difícil de todos.***

1. cursos fáciles
2. películas interesantes
3. novelas aburridas
4. equipos deportivos malos
5. autos buenos
6. escritores famosos

7. restaurantes caros
8. deportes violentos
9. profesiones peligrosas°
10. cosas importantes (amor, dinero, amigos, trabajo, etc.)

---

anfitrión *(talk show) host* **peligrosas** *dangerous*

G. **¿De acuerdo o no?** The following survey rates the most difficult careers and college degrees, the average length of study, and the unemployment rate. State whether you agree or disagree with the findings by making comparisons.

■ **Ejemplo** *Estoy de acuerdo. La filosofía es más difícil que la psicología.*

OR

No estoy de acuerdo. La psicología es más difícil que la filosofía.

Los títulos, uno a uno

	Dureza	Duración media	Tasa de Paro (%)
Geo./Hist.	•••	5,33	23,1
Filología	•••	5,33	23,1
Filosofía	•••	5,33	23,1
Bellas Artes	•••	4,76	6,7
Traducción	••••	—	—
Psicología	••	—	—
Pedagogía	••	—	—
Profesorado EGB	••	3,43	22,2
Derecho	•••	5,57	
Ciencias Económicas	••••	5,36	
Ciencias Políticas	•••	5,79	14,3
CS. Inform.	••	5,19	12,9
Ciencias Empresariales	•••	4,08	16,1
Biblioteconomía	•••	—	—
Trabajo Social	•••	3,50	13,5
Química	••••	5,50	18,6
Física	•••	5,77	4,6
Matemáticas	•••••	6,23	—
Biología	••••	5,12	39,5
Geología	••••	5,20	—
Veterinaria	••••	5,88	8,1
Farmacia	•••••	6	8,6
Medicina	••••	6,47	32,1
Enfermería	•••	3,20	12,3

•Muy poca ••Poca •••Media ••••Dura •••••Muy dura.

COMPRENSIÓN AUDITIVA 🔲 Textbook Cassette

◆ **Orientación** To review the goals and use of the **Estrategias** and **Comprensión auditiva** sections, see the **Orientaciones** on p. 36.

Word order. You have probably already noticed that, in Spanish, simple statements and questions fit into several patterns:

STATEMENT

SUBJECT   VERB   OBJECT
La industria automovilística no ve un futuro muy bueno para los años 90.

QUESTION

VERB   OBJECT   SUBJECT
¿Cuándo va a presentar el nuevo presupuesto nacional el Ministerio de Economía?

STATEMENT WITH OBJECT PRONOUNS

SUBJECT   IO/DO VERB
También muchas compañías se lo van a ofrecer a sus ejecutivos.

Redundancy of the language provides many clues to help you locate the subject of the sentence. In the first example (subject, verb, object), notice that the subject of the sentence is preceded by an article and followed by an adjective. You have already learned that adjectives and pronouns referring to the subject or to another noun must agree in number and gender. As you listen, practice segmenting the sentences into meaningful units by paying attention to these word groupings. Remember that the subject of a sentence can never belong to a prepositional phrase because this kind of phrase usually functions as an adverb or adjective.

Also pay particular attention to the verb in each sentence. In Spanish, the verb and its related words convey important information and form the nucleus of the sentence. In fact, the subject may be indicated only by the verb suffix. In the second example (verb, object, subject), the form of the verb conveys to the listener two facts: who does the action (by its person-number ending) and when the action happens (by the tense).

You may use these same grouping skills to identify the referents of direct and indirect object pronouns as well as other terms that refer back to items previously mentioned.

Antes de escuchar

A. A trabajar. As the job market continues to tighten internationally, one topic frequently discussed by those seeking employment is how to find and keep a job. First draw up a list of five things a job applicant should consider in preparation for an interview. Then write five things the applicant should do during the first three months of employment.

B. Sugerencias. In groups of four, compare and contrast your lists and select the five best pre- and post-employment suggestions to present to the class.

¡A escuchar!

Cómo conservar el empleo. On your cassette, listen to the following hints from a radio talk show broadcast on **Radio Reloj,** Costa Rica. Then answer the questions briefly in English.

1. What is the topic of the broadcast?
2. What five behaviors or activities should one avoid while at work?
3. Of the positive behaviors mentioned, which would apply to your own job?

Después de escuchar

A. En la universidad. For many students, attending and preparing for classes is a full-time job, and the suggestions that apply to the workplace can often be helpful in promoting good study habits. Use the information from *¡A escuchar!* and draw up a list of ten hints for new Hispanic students on your campus.

B. Consejos. Using what you have learned about behaviors, write a brief note to a friend telling what he or she should do to get and retain a job. Give specific suggestions about selling oneself, emphasizing existing skills, interview etiquette, and follow-up contacts. Start each suggestion with one of these phrases: **Es necesario** + infinitive . . . , **Debes** + infinitive . . . , **Hay que** + infinitive . . .

◆ ◆ ◆

◆ **Orientación** To review the goals and use of the *Lectura* section, see the *Orientación* on p. 38.

LECTURA

Word order. Now that you are familiar with the most basic word order patterns, it is time to use the same strategy with a written text. As you complete the following activities feel free to underline, circle, and draw arrows to help you locate the subjects, verbs, objects, and other necessary referents in the text. Remember, however, to use word order recognition together with the other strategies you have learned. You should not try to analyze each sentence word for word, but continue to read to get the main ideas from the passage.

Antes de leer

A. Tu vida escolar. What subjects have you studied that will prepare you for your future career? Draw up a list of five of the most important courses you have taken and the most memorable thing you learned in each one.

■ **Ejemplo**   español
    aprender cosas sobre los diferentes países
    hispanohablantes

B. Fuera de la universidad. When considering a job applicant, employers often look not only for a person with an appropriate degree but also for someone with a wide range of nonacademic experience. Write down five things you have done that will prepare you for today's job market.

■ **Ejemplo**   ***supervisar a tres personas***

¡A leer!

Tu currículum. Read the following article and briefly answer the questions in English.

1. What is more competitive each day?
2. What two basic types of information should you include in your résumé?
3. How should you organize your résumé?
4. What should you do if you are applying for a position in an international corporation?
5. What should men include in their résumé in addition to their name, address, and phone number?
6. If you speak other languages, what information should you include about each?
7. How should work experience be listed?
8. What should you not include in your résumé?

• Laboral

Encontrar trabajo depende, en parte, de su currículum

La primera imagen que tienen de usted es una hoja de papel con sus datos. ¡Aprenda a redactarlo!

Teniendo en cuenta que el mercado de trabajo es cada vez más competitivo, debe cuidar mucho las formas cuando redacte su currículum, ya que es la tarjeta de visita donde expone su experiencia laboral y sus conocimientos ante alguien que no lo conoce.

En cuanto a la forma, debe tener en cuenta lo siguiente:
• Debe causar una impresión de orden y claridad a primera vista. Preséntelo escrito en computadora y en forma esquemática.
• Sea breve. Lo ideal es que su currículum no sobrepase dos páginas.
• Si es para una multinacional, procure enviarlo en español e inglés.
• Envíe siempre originales, nunca fotocopias.

En lo que respecta al contenido, debe incluir:
• Datos personales (nombre y apellidos, dirección y teléfono de contacto).
• Estudios realizados y títulos

Puede adjuntar una carta escrita a mano, para dar un tono más personal, explicando sus objetivos.

académicos.
• Idiomas (especificando el nivel de conocimiento y si se hablan y escriben).
• Experiencia laboral, desde el presente hacia atrás. Especifique las empresas en las que ha trabajado, el tipo de trabajo realizado y la duración total de los diferentes contratos.
• Nunca envíe una foto si previamente no se la piden.
• Incluya un párrafo en el que queden claros sus objetivos laborales. ■

Marta Ruiz
de *mía*

Después de leer

A. Repaso. The sentences below summarize some of the main points in the article from the preceding page, *Encontrar trabajo depende, en parte, de su currículum.* Rewrite the sentences by replacing the words in bold print with the appropriate object pronouns.

■ **Ejemplo** Aprenda a redactar **el currículum.**
  Aprenda a redactarlo.

1. Su currículum expone **su experiencia laboral y sus conocimientos.**
2. Nunca envíe **una foto.**
3. Escriba **su currículum** en español y en inglés.
4. Debe incluir **datos personales.**
5. Especifique **los idiomas** y mencione si se hablan y escriben.

B. Unos consejos. Using the information presented in this section, write a letter in which you advise a friend who is entering the job market. Include hints such as how to draw up a résumé, how to prepare for the interview, and what to do (and what not to do) when you are actually being interviewed.

◆ **Orientación** To review the goals and use of the *Comunicación* section, see the *Orientación* on p. 39

COMUNICACIÓN   Textbook Cassette

The following conversations are similar to the conversations in your *Diario de actividades* between señor Villas and his family regarding the morning news. These phrases will help you to express worry or lack of sympathy in certain situations, and to make requests. Listen to the conversations on your cassette, then practice these exchanges with your partner.

Cómo expresar preocupación *Expressing worry*

Cómo hacer reproches   *Expressing reproach*

Cómo pedir cosas   *Making requests*

Prácticas

Cómo expresar preocupación	Expressing worry
¡Ay, Dios mío!	Good grief!
¡Es una pesadilla!	It's a nightmare!
¡Eso debe ser horrible!	That must be horrible!
¡Pobre!	Poor thing!
¡Qué espanto/pena!	What a shame!
¡Qué horror!	How horrible!
¡Qué lástima!	What a pity!
¡Qué mala suerte/pata!	What bad luck!
¡Qué terrible!	How terrible!
¡Qué triste!	How sad!

A. Las noticias. With a partner, practice reading the following headlines and take turns expressing concern.

- **Ejemplo**   En Japón un terremoto mató a cien personas
    ESTUDIANTE 1: ***Acabo de leer que en Japón hubo un terremoto° devastador.***
    ESTUDIANTE 2: ***¡Qué horror!***

1. La disminución de la capa de ozono puede afectar el equilibrio ecológico mundial
2. La contaminación del aire está llegando un nivel muy peligroso en Los Ángeles
3. Washington está convencido de que Corea del Norte dispone de bombas atómicas
4. La exposición excesiva al sol puede provocar daños irreversibles en la piel
5. Un incendio forestal destruyó más de 100.000 hectáreas de pinos en el sur de España
6. Doce víctimas al chocar un autobús con un tren en México
7. No se pudo recuperar las obras de arte robadas en un museo de Londres

B. Hoja de la Caridad. Many Hispanic newspapers include a section devoted to requests for charitable contributions. Readers indicate the family they wish to help by writing the number that appears with each petition on a check or money order and sending it to **Caritas.** This Spanish organization then directs all funds to the appropriate family. With your partner, read five or six petitions and discuss each one, mentioning the reasons the family is requesting help and making the appropriate comments.

- **Ejemplo**   **50.920.** – Señora anciana, que vive con un hijo alcohólico. Sus ingresos son únicamente la pensión de la madre. Se pide ayuda para lo más necesario.

    ESTUDIANTE 1: ***Una señora anciana que vive con un hijo alcohólico pide ayuda económica.***
    ESTUDIANTE 2: ***¡Qué lástima! Tiene muy poco dinero.***
    ESTUDIANTE 1: ***¡Pobre!***

---

terremoto *earthquake*

NÚMERO 833 – DOMINGO 27 DE MAYO

HOJA de la CARIDAD

DIRIGIDA POR CÁRITAS DE MADRID-ALCALÁ
MARTÍN DE LOS HEROS, 21 • Teléfs. 542 01 00 y 247 14 03 • 28008-MADRID
Donativos: de 8 de la mañana a 8 de la tarde

50.921. – Matrimonio de toxicómanos en rehabilitación. Tienen una niña de siete años. La mujer trabaja algunos días como secretaria, pero no les es suficiente.

50.922. – Mujer recién operada y no puede trabajar. La parroquia le ayuda con alimentos. Vive sola y está separada. Se pide dinero hasta que se reponga.

50.923. – Anciano, enfermo de cáncer en estado grave. Su mujer no puede salir a trabajar porque tiene que atenderle. La parroquia les ayuda con alimentos, pero tienen deudas de alquiler a las que no pueden hacer frente.

50.924. – Ayuda para pagar la guardería de una niña, que está a cargo de los abuelos, ya que la madre es enferma mental. Viven de la pensión de jubilación del abuelo. La señora ya no puede trabajar como antes por tener que cuidar de la enferma.

50.925. – Señora de sesenta y ocho años, abandonada por el marido, en muy precaria situación económica, y con múltiples problemas de salud. Debe siete meses de alquiler en el piso donde vive.

50.926. – Una joven de veintidós años con una hija de un año. Su marido, drogadicto, está interno en un centro de rehabilitación. Arrastra deudas, principalmente de farmacia y alimentos.

50.927. – Familia con dos hijos de un año y dos meses. El padre enfermo de SIDA y la madre padece de hepatitis. Nadie puede trabajar, por lo tanto, no tienen ningún ingreso.

50.928. – Se necesitan alimentos especiales para una niña de dieciséis meses que es alérgica a determinados productos lácteos. Los padres son peruanos, en trámites de legalizar su situación. Les resulta muy difícil encontrar trabajo.

50.929. – Enfermo crónico, operado de cáncer, en tratamiento de radioterapia. Está en paro y sufre depresiones. Actualmente vive en casa de un familiar.

Cómo hacer reproches	*Expressing reproach*
Es culpa tuya.	*It's your fault.*
¿Qué esperas?	*What do you expect?*
¡Que esto te sirva de lección!	*That will teach you! Let this be a lesson to you!*
¿Qué importancia tiene eso?	*What's so important about that?*
Te lo mereces.	*You deserve it.*
¿Y qué?	*So what?*

C. Tú tienes la culpa. Working in pairs, take turns reading the statements and responding by expressing lack of sympathy.

■ **Ejemplo** ESTUDIANTE 1: ***Acabo de perder mi trabajo porque a veces llego tarde.***
ESTUDIANTE 2: ***Pues, ¿qué esperas?***

1. Nunca reparo el auto y ahora no funciona.
2. Nunca tengo dinero porque lo malgasto.
3. Nunca llego a los sitios a la hora porque me levanto tarde.
4. No puedo sacar libros de la biblioteca porque no los devuelvo a tiempo.
5. No puedo entender los dictados en el exámen porque no escucho los cassettes en el laboratorio.

Cómo pedir cosas	*Making requests*
¿Me da(n)/das . . . ?	*Will you give me . . . ?*
¿Me hace(n)/haces el favor de . . . ?	*Will you do me the favor of . . . ?*
¿Me pasa(n)/pasas . . . ?	*Will you pass me . . . ?*
¿Me puede(n)/puedes dar . . . ?	*Can you give me . . . ?*
¿Me puede(n)/puedes traer . . . ?	*Can you bring me . . . ?*
—¿Quiere(n)/quieres darme . . . ?	*Do you want to give me . . . ?*
—Sí, cómo no.	*Yes, of course.*

D. ¿Qué hay para tomar? Many bars in Costa Rica traditionally serve **bocas** or **boquitas.** These appetizers—black beans, **ceviche,** potato chips, sausages, and the like—are designed to accompany your drink, but you could eat enough **bocas** to make a light meal. Practice asking your partner for the following items, using the expressions for making requests and the appropriate direct object pronouns. Remember, if you are in a bar or restaurant, it is customary to ask for something using the formal form.

■ **Ejemplo** café

ESTUDIANTE 1: *¿Me puede traer un café?*
ESTUDIANTE 2: *Muy bien. En seguida se lo traigo.*
ESTUDIANTE 1: *¿Me puede dar una Coca-Cola?*
ESTUDIANTE 2: *Bueno, en seguida se la traigo.*

1. té con limón
2. refresco
3. cerveza
4. porción de ceviche
5. papas fritas°
6. agua mineral

7. horchata°
8. ron° con cola
9. copa de vino
10. frijoles
11. frutas frescas
12. sándwich

◆ Video that supports this chapter includes the following:

¡A CONOCERNOS! Video Program: *La vida urbana* provides support for thematic and linguistic elements in the chapter. Activities that support this video appear in the **Instructor's Resource Kit.**

Mosaico cultural: Profesiones y oficios expands upon the cultural material presented in the chapter. Activities that support this video are found in the *Mosaico cultural* Video Guide.

Una cafetería en San José

---

papas fritas *French fries* **horchata** *beverage made from milk, sugar, rice, ground peanuts, cinnamon, salt and cloves* **ron** (*m.*) *rum*

COMPOSICIÓN

Antes de escribir

Telarañas. In *Capítulo 3,* you learned about organization as an important composition strategy. Many people, however, find that selecting an appropriate topic is the hardest part of writing. In this chapter, you will learn a helpful strategy for generating ideas as well as for organizing them. This easy, fun strategy is called **telarañas** (*spider webs*).

◆ **Orientación**   To review the goals and use of the *Composición* section, see the *Orientación* on p. 42.

◆ **Atajo** writing assistant supports your efforts with the task outlined in this *Composición* section by providing useful information when the following references are accessed:

Capítulo 6   *La vida urbana*

Phrases/functions   asking information; comparing and contrasting; comparing and distinguishing; disapproving; expressing irritation; self-reproach

Vocabulary   banking; city; office; professions; trades; working conditions

Grammar   personal pronouns: indirect objects; personal pronouns: indirect/direct objects; comparisons: adjectives; comparisons: inequality; comparisons: irregular

LA CIUDAD

¡A escribir!

Let's assume you are going to write something about **la ciudad.** This general topic would be the center of our **telaraña.** At this point, just let your imagination run wild and think of whatever themes might be associated with **la ciudad.** You are probably thinking of things like urban problems, night life, shopping, sightseeing, and public transportation. Think of these subthemes as the threads of a spider web radiating out from its center. In addition, there are often other topics related to more than one of the subthemes. Think of these as the crosswise strands of the web. Any one of these subthemes could be the basis for a composition. You could even choose a subtheme and make it the center of a **telaraña.** In this activity, you will create your own **telaraña** and then write a short paragraph about it. **¡Qué divertido!**

A. ¡Cuántas ideas hay! Choose one of the chapter themes already introduced: **la playa, la familia, la universidad, un apartamento, de compras,** or **la ciudad.** Draw a **telaraña** with as many subthemes and crosswise threads as you can. Then compare your web with that of two other classmates who have chosen the same theme.

■ **Ejemplo**

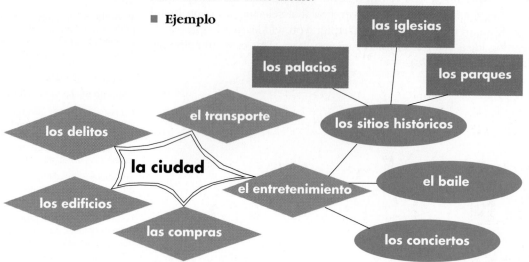

B. Desarrollar más ideas. Select one of the subthemes or a crosswise thread of your web. Then draw up a list of nouns, adjectives, and verbs you think you will need to develop a descriptive paragraph about your selected topic.

C. Composición. Using your list of words as a guide, write a short paragraph in Spanish. Of course, you will want to incorporate the vocabulary from activity B. To avoid repetition of nouns, you should also use direct and indirect object pronouns as well as personal pronouns.

Después de escribir

A. Revisión. Check your paragraph. Make sure your description is clear and that you have used appropriate adjectives and pronouns. As you revise your draft, check for spelling and punctuation errors.

B. En parejas. Exchange your description with another member of the class. Check carefully for verb errors. Be sure the subject of the verb and verb suffix match in person and number. Check for noun-adjective agreement, making sure the gender (masculine or feminine) and number (singular or plural) of the adjective matches that of the noun. Also check the use of personal, direct object, and indirect object pronouns and make sure they match their referents.

VOCABULARIO

Orientación To review the goals of the *Vocabulario* sections, see the *Orientaciones* on pp. 43–44.

Using a cassette recorder. Do you use all your senses when studying Spanish vocabulary? In previous chapters, you were advised to use visual imagery and to make up original sentences in corporating new vocabulary. Some students have found that taping new vocabulary on a cassette and listening to it later helps them remember the new items. Try this technique and see if it works for you.

Prácticas

A. Make up a series of situations in Spanish appropriate for expressing sympathy or lack of sympathy.

B. Has something ever happened to someone close to you that you thought he or she really deserved? Think of some of those situations and a response that tells him or her how you really feel.

C. Make a list requesting information about some things that interest you in Costa Rica.

D. Draw your family tree and label the professions and occupations of your family members.

E. Compare yourself with your best friend. Write down at least ten comparisons.

F. Read the following article about how to cope with stress in the urban jungle. Then tell your partner five or six things he or she has to do to survive in the city.

■ **Ejemplo**   *No hay que intentar cambiar en todo.*

ADIÓS, ESTRÉS, ADIÓS

El estrés, tan inevitable como el amor, suele provocar serios problemas. Dicen los que saben, que la jungla urbana predispone al individuo al estrés saludable (eustrés) o al distrés (que puede causar patologías). Pero no todo está perdido. Hay decenas de estudios médicos que aportan datos de cómo convivir en la ciudad.

1. No prolongar las meditaciones sobre si está bien o mal.
2. Actuar.
3. Pensar si es un problema que sufre sólo usted o si es general.
4. Reconocer el problema.
5. Prepararse para enfrentar el estrés.
6. Reconocer que tiene un enorme poder sobre su vida y debe usarlo para cuidarse.
7. Reconocer que puede hacer infinitos cambios en su vida.
8. Hablar con alguien sobre sus problemas.
9. No tomar tranquilizantes o alcohol para soportar el ruido.
10. No intentar cambiar todo de golpe .
11. Evitar situaciones conflictivas.
12. Comer sanamente, consumir poca carne roja, poca sal y comida con colesterol.
13. Beber poco alcohol.
14. Evitar los lugares y horas de concentración de automóviles (provocan el 70 por ciento de la contaminación.)
15. Correr—o bien temprano o bien tarde—por lugares abiertos.
16. Tener sólo animales domésticos que en tamaño y número guarden relación con la vivienda.
17. Acostumbrarse al silencio. Escuchar música a bajo volumen. No gritar. Denunciar ruidos molestos.

de Clarín

G. Rewrite the nouns from the **Vocabulario** on pages 230–231 and regroup them according to gender.

VOCABULARIO

Profesiones y oficios *Professions and occupations*

abogado/abogada	*attorney*	maestro/maestra	*teacher*
actor (*m.*)/actriz (*f.*)	*actor*	médico/médica	*doctor*
ama de casa	*homemaker*	periodista (*m./f.*)	*journalist*
bombero/bombera	*firefighter*	policía/mujer policía	*police officer*
científico/científica	*scientist*	programador/programadora	*programmer*
cocinero/cocinera	*cook*	secretario/secretaria	*secretary*
dentista (*m./f.*)	*dentist*	(p)sicólogo/(p)sicóloga	*psychologist*
doctor/doctora	*doctor*	técnico/técnica	*technician*
enfermero/enfermera	*nurse*	trabajador/trabajadora social	*social worker*
gerente (*m./f.*)	*manager*	traductor/traductora	*translator*
ingeniero/ingeniera	*engineer*	veterinario/veterinaria	*veterinarian*
locutor/locutora	*announcer*		

ADDITIONAL TERMS

bibliotecario/bibliotecaria	*librarian*	dependiente/dependienta	*clerk*
camarero/camarera	*server/waitperson*	farmacéutico/farmacéutica	*pharmacist*
mesero/mesera (Mex.)		fotógrafo/fotógrafa	*photographer*
comerciante (*m./f.*)	*merchant*	funcionario público/	*public official*
contable (*m./f.*)	*accountant*	funcionaria pública	
contador/contadora		mecánico/mecánica	*mechanic*

Lugares (*m.*) y edificios *Places and buildings*

ayuntamiento/municipalidad (*f.*)	*city hall*	iglesia	*church*
banco	*bank*	jardín (*m.*)	*flower garden*
catedral (*f.*)	*cathedral*	(jardín) zoológico	*zoo*
centro comercial	*shopping center*	kiosco	*kiosk, stand*
cine (*m.*)	*movie theater, cinema*	oficina	*office*
		oficina de correos	*post office*
clínica	*clinic*	palacio	*palace*
emisora de radio	*radio station*	parque	*park*
empresa	*firm, business*	plaza	*square*
escuela	*school*	restaurante (*m.*)	*restaurant*
estación (*f.*) de bomberos/ policía	*fire/police station*	supermercado	*supermarket*
		taller (*m.*)	*workshop, garage*
fábrica	*factory*	teatro	*theater*
hogar (*m.*)	*home*	tienda	*store, shop*
hospital (*m.*)	*hospital*		

ADDITIONAL TERMS

carnicería	*butcher shop*	pastelería	*pastry shop*
lavandería	*laundry*	pescadería	*fish market*
panadería	*bakery*	tintorería	*dry cleaners*

Otras palabras y expresiones *Other words and expressions*

a tiempo completo (parcial)	*full-time (part-time)*	beneficios	*benefits*
ambiente (*m.*)	*atmosphere, environment*	carta de recomendación	*letter of recommendation*
aspirante (*m./f.*)	*job candidate*	conseguir (i)/obtener una entrevista	*to get an interview*
aumento de sueldo	*raise*		

Otras palabras y expresiones   *Other words and expressions (continued)*

despedir (i)	*to fire*	puesto de trabajo	*position, job*
estar desempleado/desempleada	*to be unemployed*	rellenar una solicitud	*to fill out a job*
estar en huelga	*to be on strike*	de trabajo	*application*
	(unemployed)	renunciar (a)	*to resign*
estar jubilado/jubilada	*to be retired*	solicitar	*to apply*
privado/privada	*private*	sueldo	*salary*
público/pública	*public*		

Objetos indirectos   *Indirect object pronouns*

Singular		Plural	
me	*to/for me*	nos	*to/for us*
te	*to/for you*	os	*to/for you (all)*
le	*to/for you, him, her, it*	les	*to/for you (all), them*

Algunas comparaciones   *Some comparisons*

Adjective		Comparative		Superlative	
buen(o)/buena	*good*	mejor	*better*	el/la mejor	*best*
mal(o)/mala	*bad*	peor	*worse*	el/la peor	*worst*
joven	*young*	menor	*younger*	el/la menor	*youngest*
viejo/vieja	*old*	mayor	*older*	el/la mayor	*oldest*

Cómo expresar preocupación   *Expressing worry*

¡Ay, Dios mío!	*Good grief!*
¡Es una pesadilla!	*It's a nightmare!*
¡Eso debe ser horrible!	*That must be horrible!*
¡Pobre!	*Poor thing!*
¡Qué espanto/pena!	*What a shame!*
¡Qué horror!	*How horrible!*
¡Qué lástima!	*What a pity!*
¡Qué mala suerte/pata!	*What bad luck!*
¡Qué terrible!	*How terrible!*
¡Qué triste!	*How sad!*

Cómo hacer reproches   *Expressing reproach*

Es culpa tuya.	*It's your fault.*
¿Qué esperas?	*What do you expect?*
¡Que esto te sirva de lección!	*That will teach you! Let this be a lesson to you!*
¿Qué importancia tiene eso?	*What's so important about that?*
Te lo mereces.	*You deserve it.*
¿Y qué?	*So what?*

Cómo pedir cosas   *Making requests*

¿Me da(n)/das . . . ?	*Will you give me . . . ?*
¿Me hace(n)/haces el favor de . . . ?	*Will you do me the favor of . . . ?*
¿Me pasa(n)/pasas . . . ?	*Will you pass me . . . ?*
¿Me puede(n)/puedes dar . . . ?	*Can you give me . . . ?*
¿Me puede(n)/puedes traer . . . ?	*Can you bring me . . . ?*
—¿Quiere(n)/quieres darme . . . ?	*Do you want to give me . . . ?*
—Sí, cómo no.	*Yes, of course.*

El medio ambiente

La Costa Brava, España

PRIMERA ETAPA Preparación

◆ **Orientación** To review the goals and use of the *Preparación* and *Introducción* sections, see the *Orientaciones* on p. 12.

◆ **Orientación** Beginning with this chapter, the instructions for the activities are in Spanish. *Don't panic!* Take this opportunity to put into practice the reading skills you've developed.

◆ Note that in Spain the most common term for *car* is **coche.**

INTRODUCCIÓN

El medio ambiente. La ecología y la conservación del medio ambiente se han convertido en unos temas de interés no solamente en Centroamérica, sino también en México, Sudamérica y España. En la página siguiente, el artículo de *Elle,* una revista popular, demuestra la preocupación que muchos hispanohablantes sienten hacia el medio ambiente.

Antes de leer

Cambios. Antes de leer el artículo *Todo es natural* en la página siguiente, escribe una lista de cambios propuestos por ecologistas y científicos para mejorar el medio ambiente. En parejas, decidan si estos cambios se han realizado o no.

■ **Ejemplo** COCHES gasolina con plomo° o gasolina sin plomo
   Mi coche utiliza gasolina sin plomo, pero el coche de mis padres es muy viejo y utiliza gasolina con plomo.

1. VACACIONES acampar en las montañas o visitar un parque de atracciones
2. MODA llevar ropa hecha de fibra natural o llevar ropa hecha de fibra sintética
3. COMIDA comer comida vegetariana o comer carne
4. PRODUCTOS COSMÉTICOS usar productos naturales o usar productos químicos
5. TRANSPORTE ir en coche o utilizar transportes públicos
6. PAPEL llevar los periódicos a reciclar o tirarlos todos a la basura

¡A leer!

Todo es natural. Lee el artículo y escribe cinco oraciones que mencionen productos o cosas que contribuyan al nuevo estilo **verde** de vida.

■ **Ejemplo** *La bicicleta es un medio de transporte no contaminante para circular por la ciudad.*

◆ ◆ ◆

---

plomo *lead*

TODO ES NATURAL

CONSUMIR ALIMENTOS VEGETARIANOS, ACICALARSE CON SPRAYS QUE NO DAÑEN LA CAPA DE OZONO Y, CUANDO EL FRÍO APRIETE, CALARSE UN MAGNÍFICO ABRIGO DE PIEL FALSA PARA IR EN BICI A TRABAJAR, CONSTITUYE TODO UN ESTILO DE VIDA, DE COLOR VERDE.

Viaje. El Molino, ubicado entre Soria y Segovia, y bordeado por un río, tiene cuatro habitaciones dobles, una cuadra desde la que se organizan excursiones a caballo y una pradera donde se instalan mesas a la sombra de los árboles para almorzar o cenar. Irresistible.

Belleza. Body Shop vende productos elaborados a base de plantas. También se han sumado a la batalla ecologista.

Aerosoles. Afortunadamente, la lista de productos en aerosol que no dañan la capa de ozono se ha incrementado notablemente.

Campaña antiabandono. La Fundación Purina trata de evitar que miles de perros y gatos mueran cada año al ser abandonados por sus dueños.

Herbolario. En Sabia, una de las mejores tiendas de Madrid, se venden toda clase de libros y productos de belleza y alimentación.

Pieles. Falsas, pero bellas. El diseñador italiano Moschino utiliza la piel sintética porque según dice él, hay que ser cariñoso con los animales.

Moda. Lino en bruto y seda salvaje son las telas preferidas para la moda de hoy.

de *Elle*

Después de leer

En tu casa. Usando la lectura y tus oraciones como guía, describe cinco o seis productos que sean buenos para el medio ambiente.

■ **Ejemplo** *El champú Body Shop está elaborado a base de plantas.*

◆ **Orientación** To review the goals and use of the *Cultura* section, see the *Orientación* on p. 14.

 Guía Cultural

◆ For additional information on **España,** see the *Guía cultural.*

España

CAPITAL	Madrid
GEOGRAFÍA	Europa; queda al sur de Francia, al norte de África, al este de Portugal, con costas al mar Mediterráneo al océano Atlántico y al mar Cantábrico.
ÁREA	492.463 kilómetros cuadrados
POBLACIÓN	38.000.000
EXPORTACIÓN	Aceite de oliva, vino, hierro, productos de cuero y de artesanía, juguetes, moda
MONEDA	Peseta

La ecología en España. Muchas compañías y organizaciones en España están haciendo auténticos esfuerzos para proteger y conservar el medio ambiente. El Parlamento Español, junto con La Federación de Amigos de la Tierra, han declarado los años 90 como La Década del Medio Ambiente. La Asociación Ecologista de Defensa de la Naturaleza realiza campañas contra la tala de árboles y contra el uso de aerosoles que dañen la capa de ozono.

Práctica

Ecologistas. Lee la siguiente descripción con las propuestas de cuatro organizaciones nacionales e internacionales para proteger el medio ambiente. En parejas, escriban dos o tres cosas que cada grupo hace para hacer consciente al público.

◆ **Orientación** To review the goals and use of the *Práctica(s)* section, see the *Orientación* on p. 19.

■ **Ejemplo** *Amigos de la Tierra lucha contra el armamento.*

 Amigos de la Tierra: Asociación de carácter internacional que, en España, cuenta con 15.000 socios. Mantiene una lucha constante contra los armamentos, la energía nuclear, la contaminación y los pesticidas. Denuncia los transportes de productos tóxicos y defiende el esfuerzo en la búsqueda de alternativas fuentes de energía.

Greenpeace: La delegación en España de esta organización de ámbito internacional reúne a más de 15.000 miembros. Sus esfuerzos se centran en la defensa del Mediterráneo. Se opone a la presencia de submarinos y barcos con armamento nuclear; intenta detener los vertidos industriales que contaminan las aguas. Actúa en forma no violenta para proteger la naturaleza.

 Depana: Se mantiene al margen de acciones ambientales y se ocupa más de la supervivencia vegetal y animal. Suma 1.200 miembros. Regula la circulación motorizada en las reservas naturales.

 Adenex: Actúa en España a nivel local. Sus 4.500 socios batallan para preservar el patrimonio natural y cultural de Extremadura. Intentaron parar el proyecto de urbanización en un embalse de origen romano próximo a Mérida y tomaron parte en la formación del parque natural de Monfrague.

Para conseguir un planeta más habitable es preciso vivir de forma más ecológica

Madrid. Rosalía Mayor

El riesgo de destruir el medio ambiente está aumentando la sensibilización de los ciudadanos ante este gran problema. Una de las maneras de conseguir un mundo más habitable es mediante un hogar más ecológico donde se eviten, sin bajar la calidad y el nivel de vida, aquellos productos con alta toxicidad o que contaminen el agua y la atmósfera. Cambiando algunos hábitos y conductas se puede conseguir que mejore nuestro entorno.

El reciclaje. Desde 1987, los países del Mercado Común han estado colaborando para informarles a todos sus miembros sobre la importancia de la conservación y del uso de los recursos naturales. Una de las maneras más eficaces y populares para llevar a cabo este fin es a través del reciclaje. En Madrid y en Barcelona, primeras ciudades que tuvieron centros de reciclaje, se les pide a todos los ciudadanos que separen la basura en dos grupos: materiales orgánicos y materiales no orgánicos tales como el vidrio, el metal o el plástico.

Práctica

◆ As you work on this **Práctica**, remember to make the article and the verb agree with the object mentioned: **Una lata de aluminio tarda . . .** or **Unas yuntas plásticas tardan . . .**

Nuestra basura. Mira la ilustración y luego, en parejas, expliquen cuanto tardan los siguientes artículos en descomponerse.

■ **Ejemplo**   lata de aluminio
   Estudiante 1: *¿Cuánto tarda en descomponerse una lata de aluminio?*
   Estudiante 2: *Una lata de aluminio tarda entre 200 y 500 años en descomponerse.*

1. camisa de algodón
2. botella de plástico
3. lata de hojalata°
4. periódicos
5. mesa de bambú
6. cuadernos
7. silla de madera pintada
8. calcetín de lana
9. bolsa de plástico
10. botellas de cristal

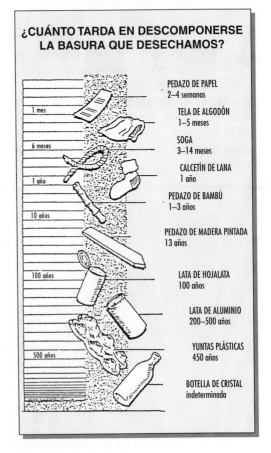

¿CUÁNTO TARDA EN DESCOMPONERSE LA BASURA QUE DESECHAMOS?

1 mes
6 meses
1 año
10 años
100 años
500 años

PEDAZO DE PAPEL
2–4 semanas

TELA DE ALGODÓN
1–5 meses

SOGA
3–14 meses

CALCETÍN DE LANA
1 año

PEDAZO DE BAMBÚ
1–3 años

PEDAZO DE MADERA PINTADA
13 años

LATA DE HOJALATA
100 años

LATA DE ALUMINIO
200–500 años

YUNTAS PLÁSTICAS
450 años

BOTELLA DE CRISTAL
indeterminada

---

hojalata *tin*

España: Tierra de contrastes. La geografía de España es variada e interesante. Sus paisajes cambian según su clima y su topografía. A continuación vas
a escuchar un texto. Intenta sacar las ideas principales. Luego contesta las preguntas de la sección *Comprensión.*

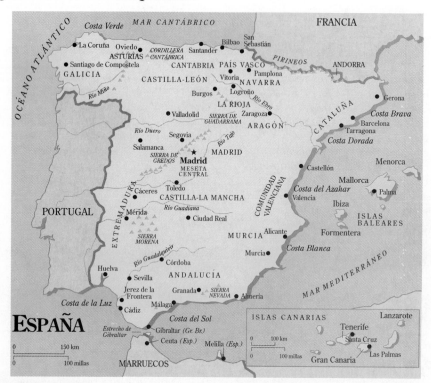

◆ **Orientación** In the *Expresiones* section, you will practice
listening to a passage that presents key vocabulary related to
the chapter theme. The passage,
which is recorded, corresponds to
the illustration in your textbook.
Your instructor may play the
recording or read the passage
aloud, or both. After you hear the
passage twice, you will be ready
to answer the *Comprensión*
questions.

Comprensión

Lee las siguientes preguntas y contéstalas brevemente en español. ¿Entendiste
las ideas principales del texto que escuchaste?

1. ¿Qué países forman la Península
   Ibérica?
2. ¿Cuál es la mayor cordillera de
   España?
3. ¿Dónde está la Costa Verde?
4. ¿Dónde están las estaciones de
   esquí más populares?
5. ¿Dónde está la meseta principal
   de España?

6. ¿Cómo es la Meseta central?
7. ¿Cuál es el único río navegable en
   España?
8. ¿Dónde están los balnearios más
   famosos?
9. ¿Qué lengua se habla en San
   Sebastián?
10. ¿Qué es El Sardinero?
11. ¿Qué quieres visitar en España?

◆ Refer back to *Capítulo 2,*
p. 65, for other directions.

◆ ◆ ◆

Direcciones	*Directions*		
noreste (*m.*)	*northeast*	sureste (*m.*)	*southeast*
noroeste (*m.*)	*northwest*	suroeste (*m.*)	*southwest*

Topografía	*Topography*		
árido/árida	*dry, arid*	montañoso/ montañosa	*mountainous*
bahía	*bay*	península	*peninsula*
balneario	*spa, resort*	pico	*mountain peak*
bosque (*m.*)	*forest, wood(s)*	pozo	*well, pool*
campo	*field*	prado	*meadow*
catarata	*waterfall*	profundo/profunda	*deep*
cerro	*hill*	puerto	*mountain pass, port*
continente (*m.*)	*continent*		
cordillera/sierra	*mountain range*	ría	*estuary, fjord*
costa	*coast*	río	*river*
desierto	*desert*	rocoso/rocosa	*rocky*
golfo	*gulf*	salvaje	*wild*
isla	*island*	selva	*jungle*
islote (*m.*)	*barren island*	selva tropical	*tropical rain forest*
lago	*lake*	tierra/Tierra	*land, earth/Earth (the planet)*
llano	*plain*		
manantial (*m.*)	*spring*	valle (*m.*)	*valley*
meseta	*plateau*		
montaña	*mountain*		

Prácticas

A. Mapa de España. Consulta el mapa de la página 239. ¿En qué dirección quedan los siguientes lugares?

■ **Ejemplo** *Galicia está al noroeste de España, al norte de Portugal y al oeste de Asturias.*

1. Madrid
2. el río Guadalquivir
3. la Costa del Sol
4. San Sebastián
5. Francia
6. Portugal
7. el océano Atlántico
8. Alicante
9. Ceuta
10. el río Ebro

B. Un poco de geografía. En grupos de tres, den ejemplos de los siguientes rasgos° geográficos de Estados Unidos.

■ **Ejemplo** ríos

ESTUDIANTE 1: *El río Bravo separa Estados Unidos de México.*

ESTUDIANTE 2: *El río Colorado pasa por el Gran Cañón.*

ESTUDIANTE 3: *El río Columbia separa los estados de Oregón y Washington.*

1. ríos
2. montañas
3. bahías
4. islas
5. sierras
6. cataratas
7. golfos
8. lagos

C. Sitios de la naturaleza. Descríbele a alguien de la clase un lugar natural en Estados Unidos. Él/Ella tiene que adivinar el lugar.

■ **Ejemplo** ESTUDIANTE 1: *Es un lugar al noreste de Estados Unidos. Cerca hay un lago muy grande. Está entre Canadá y Estados Unidos. Muchas parejas van allí.*

ESTUDIANTE 2: *Son las cataratas del Niágara.*

D. ¿Cómo es . . .? Una pregunta común que se hace durante un viaje al extranjero es «¿Cómo es el lugar donde vives?» Con alguien de la clase, prepara una descripción de tu región, incluyendo no solamente el paisaje sino también una descripción de tu ciudad o de tu pueblo.

E. Miraflores de la Sierra. Lee el siguiente folleto sobre *Miraflores de la Sierra* donde la Universidad Autónoma de Madrid ofrece cursos de español para extranjeros. Luego, usándolo como modelo, junto con otras dos personas escriban un folleto breve sobre otro lugar que sea perfecto para cursos de verano.

MIRAFLORES DE LA SIERRA

Miraflores es una localidad situada a 45 km. de Madrid y ubicada en pleno centro de la Sierra de Guadarrama. Su clima durante el verano —alrededor de 20 °C de media—, así como su situación entre montañas; hacen de Miraflores un lugar ideal para un curso de verano.

La residencia donde se imparte el curso, situada a 500 m. del centro de la villa, posee diversas instalaciones deportivas tales como piscina, pistas de tenis, campo de fútbol, etc. Por otro lado, Miraflores es un perfecto punto de partida para excursiones y marchas a lugares próximos tales como: el nacimiento del río Lozoya; el monasterio de El Paular; El Escorial, con su palacio-monasterio de estilo herreriano; Segovia, con su acueducto romano; Ávila, encerrada en sus murallas medievales, y las cercanas pistas de esquí del Puerto de Navacerrada.

UBICACIÓN DE LA RESIDENCIA

Rascafría.
RESIDENCIA LA CRISTALERA
Navacerrada.
Manzanares.
Colmenar Viejo.
Soto del Real.
MIRAFLORES
Canencia.
MADRID
Guadalix.
UNIVERSIDAD AUTÓNOMA

---

rasgos *characteristics*

Así es

Cómo hablar del tiempo

◆ **Orientación** To review the goals and use of the *Así es* section, see the *Orientación* on p. 21.

Spain is only a little larger than the state of Texas. Yet at certain times of the year, because of varying altitudes, it is possible to sunbathe on the beach in southern Spain and, after a day's drive north, ski in the mountains. While you study the following weather expressions, remember that talking about the weather is as much a social activity as it is an exchange of information.

▲ In Spanish, there are three types of phrases you will use to describe the weather: phrases with **hacer,** with **estar,** and with **hay.** First let's look at some phrases with **hacer.**

Cómo hablar del tiempo	*Talking about the weather*		
—¿Qué tiempo **hace?**	*What's the weather like?*		
—**Hace** buen tiempo.	*It's nice weather.*		
—**Hace** mal tiempo.	*It's bad weather.*	**Hace** frío.	*It's cold.*
Hace calor.	*It's hot.*	sol.	*It's sunny.*
fresco.	*It's cool.*	viento.	*It's windy.*

▲ Now let's look at some phrases with **estar.**

Está despejado.	*It's clear.*	**Está** nevando.	*It's snowing.*
Está cubierto.	*It's overcast.*	**Está** nublado/nuboso.	*It's cloudy.*
Está lloviendo.	*It's raining.*		

▲ Finally a number of weather conditions are expressed with **hay.**

Hay tormentas en el Atlántico.	*There are storms in the Atlantic.*
Hay truenos y relámpagos en los Pirineos.	*There is thunder and lightning in the Pyrenees.*
Hay niebla en el puerto de Pajares.	*It's foggy in the mountain pass of Pajares.*
Hay lluvia en el norte.	*There is rain in the north.*
Hay nieve en las montañas.	*There is snow in the mountains.*
Hay viento en las islas Canarias.	*There is wind in the Canary Islands.*
Hay heladas en zonas de Sierra Nevada.	*There is frost in the Sierra Nevada area.*

Prácticas

A. El tiempo. Estudia la sección *El tiempo* del periódico *El País* en la página siguiente. Luego, en parejas, describan el tiempo en las diferentes regiones de España en invierno.

■ **Ejemplo** ESTUDIANTE 1: *¿Qué tiempo hace hoy en las islas Canarias?*
ESTUDIANTE 2: *En las islas Canarias está despejado.*

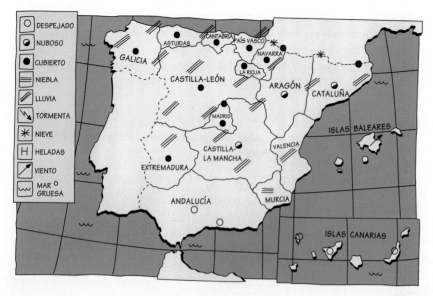

○	DESPEJADO
◑	NUBOSO
●	CUBIERTO
☰	NIEBLA
⊘	LLUVIA
↘	TORMENTA
✳	NIEVE
H	HELADAS
↗	VIENTO
∿∿	MAR GRUESA

de *El País*

B. ¿Qué tiempo hace? Las estaciones y el tiempo no son iguales en todas las partes del mundo. En parejas, decidan qué tiempo hace en los siguientes lugares.

■ **Ejemplo**   diciembre en Buenos Aires

> ESTUDIANTE 1: *¿Qué tiempo hace en diciembre en Buenos Aires?*
> ESTUDIANTE 2: *En diciembre en Buenos Aires hace calor.*

1. noviembre en Miami
2. enero en Caracas
3. diciembre en Madrid
4. junio en Alaska
5. agosto en Costa Rica
6. marzo en San Francisco
7. febrero en México, D.F.
8. julio en la Antártida
9. mayo en Bogotá
10. abril en tu ciudad

◆ **Una cosita más**   The seasons in the countries south of the equator are reversed: for example, college students in Buenos Aires have their summer break in December instead of June. If you would like to compare the weather in the major cities around the world, check any major newspaper.

C. Símbolos meteorológicos. Estudia los símbolos meteorológicos y determina el significado° de cada uno. Compara tus resultados con los de alguien en la clase.

■ **Ejemplo**   *El dibujo C indica que hay nubes y claros en la región.*

heladas	calor	nieve	viento
niebla	despejado	nubes y claros°	lluvia
tormenta	nublado	frío	

a.   b.   c.   d.   e.   f.

g.   h.   i.   j.   k.

---

mar gruesa *rough seas*   **significado** *meaning*   **nubes y claros** *clouds and clear skies*

D. Preparando las maletas. En parejas, decidan qué ropa hay que llevar en verano a las diferentes ciudades españolas. Usen el mapa de la página 239. (Observen que las temperaturas se dan en grados Celsius, no en grados Fahrenheit.) Después elijan otra ciudad del mapa para pasar tres semanas de vacaciones y escriban una lista con todas las cosas que hay que llevar en las maletas.

◆ **Una cosita más** Most countries around the world measure their temperature in Celsius, not Fahrenheit. A simple formula is all you need to make the conversion. For example, in Galicia the temperature in Fahrenheit would be approximately 58° F.

■ **Ejemplo**   Valencia   30
En Valencia hace calor porque están a 30 grados. Hay que llevar un traje de baño.

1. Barcelona   19
2. Santiago   15
3. Granada   22
4. Toledo   28
5. Segovia   13
6. Pamplona   18
7. Bilbao   21
8. Sevilla   21
9. Lanzarote   22
10. Galicia   16

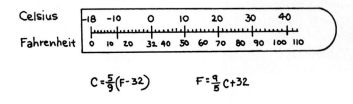

$$C = \frac{5}{9}(F - 32) \qquad F = \frac{9}{5}C + 32$$

EL TIEMPO EN ESPAÑA HOY

	MÁX.	MÍN.		MÁX.	MÍN.		MÁX.	MÍN.		MÁX.	MÍN.
Albacete	18	9	Cuenca	15	9	Madrid	14	11	Santander	22	20
Alicante	22	10	Galicia	16	11	Mahón	20	14	Santiago	15	13
Almería	22	12	Gerona	20	15	Málaga	21	12	Segovia	13	10
Ávila	11	9	Gijón	19	17	Melilla	22	15	Sevilla	21	12
Badajoz	18	15	Granada	22	8	Murcia	23	12	Soria	12	9
Barcelona	19	13	Guadalajara	14	10	Orense	16	14	Tarragona	20	13
Bilbao	21	19	Huelva	20	16	Oviedo	17	13	Teruel	17	9
Burgos	12	10	Huesca	14	10	Palencia	14	10	Toledo	28	20
Cáceres	16	14	Ibiza	23	14	Palma	22	12	Valencia	30	22
Cádiz	21	15	Jaén	22	18	Palmas, Las	22	16	Valladolid	14	12
Castellón	21	13	Lanzarote	22	17	Pamplona	18	15	Vigo	16	15
Ceuta	19	15	León	12	10	Pontevedra	16	13	Vitoria	15	13
Ciudad Real	18	10	Lérida	17	10	Salamanca	14	13	Zamora	14	13
Córdoba	22	10	Logroño	20	15	San Sebastián	21	18	Zaragoza	16	11
Coruña, La	16	15	Lugo	14	12	S. C. Tenerife	22	17			

E. ¿Qué hacen Uds. cuando . . .? En parejas, indiquen actividades apropiadas para cada situación.

■ **Ejemplo**   *Cuando está lloviendo, leo un buen libro en mi casa.*

1. Cuando hace mucho calor . . .
2. Cuando hace frío . . .
3. Cuando está nevando . . .
4. Cuando hay truenos y relámpagos . . .
5. Cuando hace buen tiempo . . .
6. Cuando está lloviendo . . .
7. Cuando hace fresco . . .
8. Cuando está despejado y hace sol . . .

PRIMERA FUNCIÓN

Describing and narrating habitual activities in the past using the imperfect of regular verbs

▲ In Spanish, as in English, several tenses may be used to tell about activities in the past. One of these tenses, the IMPERFECT, describes actions that used to take place routinely. The imperfect also provides background information in NARRATION (telling stories). Study the following examples.

◆ **Orientación** To review the goals of the *Funciones,* see the *Orientación* on p. 23.

 Diario de actividades

◆ For additional practice on the imperfect of regular verbs, see the *Diario de actividades, Primera función.*

César **esquiaba** todos los días en invierno cuando **vivía** en Burguete, en los Pirineos.
*César **used to ski** every day in the winter when he **lived** in Burguete in the Pyrenees.*

En el puerto de Peñíscola, algunos hombres **pescaban** mientras otros **reparaban** las redes.
*In the port of Peñíscola, some men **were fishing** while others **were repairing** the nets.*

The imperfect may also be followed by verbs in the infinitive. Verbs like **desear, gustar, pensar, preferir,** and **querer** are most frequently used in this construction.

Playa y castillo de Peñíscola

Mis sobrinitos me siempre decían que **querían visitar** la Cueva de Dragut en Cullera porque **esperaban encontrar** allí algún tesoro escondido por el famoso pirata inglés. No sabían que ahora la cueva era un lugar donde se daban conciertos en verano.
*My little nephews always told me that they **wanted to visit** the Cave of Dragut in Cullera because they **hoped to find** there some of the treasure hidden by the famous English pirate. They didn't know that now the cave was a place where summer concerts were given.*

There are several English equivalents for the Spanish imperfect tense. The phrase *used to* reflects a habitual or routine activity, as does the *-ed* ending. *Was/were* + *-ing* usually indicates background information in a narrative. The forms of the imperfect tense are easy to learn. Study the chart below and provide your own English equivalents.

El tiempo imperfecto: verbos regulares		
-ar	**-er**	**-ir**
cant**aba**	hac**ía**	viv**ía**
cant**abas**	hac**ías**	viv**ías**
cant**aba**	hac**ía**	viv**ía**
cant**ábamos**	hac**íamos**	viv**íamos**
cant**abais**	hac**íais**	viv**íais**
cant**aban**	hac**ían**	viv**ían**

Prácticas

A. Érase una vez . . . Ernest Hemingway, famoso autor norteamericano, pasó algunos años de su vida en España y escribió muchas obras sobre temas españoles. También escribió cuentos infantiles. Lee los siguientes párrafos de su libro ***El toro fiel*** y escribe una lista de los verbos regulares en imperfecto.

El toro fiel

Había una vez un toro al que le encantaba luchar y luchaba con todos los demás toros de su misma edad o de cualquier otra edad, y era el campeón.

Sus cuernos eran tan resistentes como la madera dura y tan afilados como las púas de un puerco espín.

Cuando luchaba le dolía la base de los cuernos, pero eso no le preocupaba en absoluto. Los músculos del cuello se le encrespaban en lo que los entendidos llaman el morrillo, y su morrillo se elevaba como una montaña cuando se disponía a entrar en combate.

B. De joven. En parejas, pregunten cuándo ustedes hacían las siguientes cosas.

■ **Ejemplo** tocar un instrumento musical
ESTUDIANTE 1: *¿Qué instrumento musical tocabas en la escuela?*
ESTUDIANTE 2: *Yo tocaba el violín. ¿Y tú?*
ESTUDIANTE 1: *Yo tocaba el piano cuando tenía diez años.*

1. salir con los amigos por la noche
2. tener que ayudar en casa
3. coleccionar insectos (estampillas, tarjetas de béisbol . . .)
4. comprar historietas
5. cortar la hierba
6. visitar a los parientes
7. visitar los parques de atracciones
8. comer hamburguesas (pizza, tacos y espaguetis . . .)
9. acostarse a las ocho
10. echarse la siesta
11. llevar uniforme en el colegio
12. aprender las tablas de multiplicar

C. Una entrevista. Usando las palabras que aparecen a continuación, escribe diez preguntas para alguien de la clase. Después entrevístale a tu compañero/compañera.

■ **Ejemplo** tener un gato o un perro
     ESTUDIANTE 1: ***¿Cuándo tenías un gato o un perro?***
     ESTUDIANTE 2: ***Tenía un gato cuando tenía once años.***

¿Dónde?	asistir a clases de natación°
¿A qué hora?	acostarse
¿Con quién?	gustar comer
¿Por qué?	hacer durante el verano
¿Quién(es)?	viajar con tus abuelos
¿Qué?	tomar vacaciones
¿Cuándo?	preferir pasar el verano
	jugar al tenis
	escuchar canciones infantiles
	hacer rompecabezas°

D. Los peces picaban° bien. Mucha gente cree que los tiempos modernos no son como el pasado. Estudia la caricatura a continuación y escribe cinco o más cosas positivas del pasado.

■ **Ejemplo** vivir más tranquila
     La gente vivía más tranquila.

1. hablar con los vecinos
2. no trabajar los fines de semana
3. utilizar los transportes públicos
4. llevar una vida sana
5. no sufrir de los nervios
6. divertirse con la familia
7. salir de excursión con los amigos
8. no preocuparse tanto por el dinero

—¿Éste es el rinconcito maravilloso donde picaban tan bien?

---

natación *swimming* **rompecabezas** *puzzles* **peces picaban** *fish used to bite*
rinconcito *little piece of land* (from cartoon above)

◆ As you do *Práctica E,* be sure to use object pronouns in your responses whenever possible.

E. La escuela secundaria. Entrevista a los otros miembros de la clase para saber si hacían las siguientes actividades en la escuela secundaria.

■ **Ejemplo**   dibujar animalitos o flores en los libros
    Estudiante 1: *¿Dibujabas animalitos en los libros?*
    Estudiante 2: *Sí, los dibujaba en mi libro de matemáticas.*

1. conducir el coche de tu familia
2. comer caramelos todos los días
3. salir de camping con los amigos
4. ver MTV toda la noche
5. jugar en unos equipos deportivos
6. tener un novio/una novia
7. cantar en un coro
8. gastar mucho dinero en discos o CDs
9. tocar un instrumento musical en la banda
10. trabajar durante los veranos

◆ **Una cosita más**   The following vocabulary will help you talk about ecology.

verter   *to dump*   talar los bosques   *to cut down forests*   evitar   *to avoid*   reciclar   *to recycle*   desarrollar   *to develop*   recursos naturales   *natural resources*   tirar   *to throw out*

F. En el año 2100. En unos cien años, la gente espera que las industrias solucionen sus propios problemas de contaminación. Escribe unas oraciones desde el punto de vista de un ecologista del año 2100, explicando lo que hacían las industrias en el siglo XX.

■ **Ejemplo**   verter productos tóxicos en los ríos
    Las industrias vertían productos tóxicos en los ríos.

1. talar los bosques
2. destruir la flora y la fauna marinas
3. causar la destrucción de los bosques con la lluvia ácida
4. no controlar el uso de productos tóxicos
5. no evitar el uso de pesticidas en la agricultura
6. producir demasiados productos sintéticos
7. malgastar la energía
8. no reciclar papel

 Diario de actividades

◆ For additional practice on using the imperfect of irregular verbs, see the *Diario de actividades, Segunda función.*

SEGUNDA FUNCIÓN

Describing and narrating habitual activities in the past using the imperfect of irregular verbs

▲ Only three verbs—**ir, ser,** and **ver**—are IRREGULAR in the IMPERFECT TENSE. Study the examples and the forms below and on the next page.

Cuándo **éramos** niños pasábamos las vacaciones en Sagunto en la provincia de Castellón. Todos los días **íbamos** a la acrópolis romana donde más de 10.000 espectadores **veían** obras de teatro de 200 años antes de Jesucristo. Allí jugábamos entre las ruinas. Volvíamos a casa en Valencia a las nueve de la noche, cansados de un día completo de excursión.

La acrópolis romana de Sagunto

El tiempo imperfecto: verbos irregulares

ir	ser	ver
iba	era	veía
ibas	eras	veías
iba	era	veía
íbamos	éramos	veíamos
ibais	erais	veíais
iban	eran	veían

Prácticas

Expresiones de repetición	*Expressions of frequency*		
a menudo	*frequently*	siempre	*always*
a veces	*at times*	todas las tardes/	*every afternoon/*
de vez en cuando	*from time to time*	noches	*evening*
generalmente/por lo general	*generally*	todos los días/meses/ años/lunes, etc.	*every day/ month/year/ Monday, etc.*
los lunes/ martes, etc.	*on Mondays/ Tuesdays, etc.*	usualmente	*usually*
normalmente	*normally*		

A. Las vacaciones. Cuando eras joven, ¿adónde ibas de vacaciones con la familia? Empleando las expresiones de repetición, escribe seis oraciones en las que menciones cuándo, cómo y con quién pasabas las vacaciones. También describe algunas de tus actividades favoritas.

B. En la época de tus bisabuelos. ¿Cómo era la vida en los tiempos de tus bisabuelos? Describe cinco actividades del pasado. Luego compara éstas con las actividades descritas por alguien de la clase.

■ **Ejemplo**
Cuando mis bisabuelos eran jóvenes,
no había lavadora para lavar la ropa.
Tenían que lavar la ropa a mano.

C. ¿Quién ayudaba a proteger la naturaleza? Usando los siguientes temas como punto de partida, entrevista a alguien de la clase y decide cómo esta persona ayudaba a proteger la naturaleza en los años 80.

■ **Ejemplo**   tirar botellas de cristal a la basura

ESTUDIANTE 1: *¿Tirabas botellas de cristal a la basura?*

ESTUDIANTE 2: *Siempre tiraba botellas de cristal a la basura, pero ahora las reciclo.*

1. pertenecer a una asociación como Greenpeace
2. lavar la ropa con un detergente biodegradable
3. comprar gasolina con plomo o gasolina sin plomo
4. verter productos tóxicos a los ríos
5. fumar
6. comprar aerosoles
7. tirar artículos y botellas de plástico a la basura
8. usar insecticidas
9. poner fertilizantes en el jardín
10. reciclar papel

◆ Remember to use object pronouns in your responses whenever possible.

Diario de actividades

◆ For additional practice in making comparisons, see the *Diario de actividades, Tercera función.*

TERCERA FUNCIÓN
Making comparisons between similar people, things, or actions

In *Capítulo 6,* you practiced using the regular and irregular comparative and superlative forms of adjectives to contrast people, things, or actions. Sometimes, however, you may wish to make COMPARISONS to show ways in which things are *similar.* In English, you say that Mount Castle in Colorado is *as tall as* Mount Quandry (14,265 ft) or that South Dakota is *as large as* Nebraska (approx. 77,000 sq mi). Read the following sentences and notice how similar comparisons are formed in Spanish.

Benidorm es **tan** grande **como** Torremolinos. (pob. 29.000)
El río Ebro es **tan** largo **como** el río Duero.
Los Pirineos no son **tan** altos **como** los Andes.

▲ COMPARISONS OF EQUALITY using ADJECTIVES or ADVERBS are formed as follows:

verb + **tan** + adjective/adverb + **como**

▲ If you wish to form COMPARISONS using NOUNS instead of adjectives or adverbs, you must use a different formula. Notice that in the following sentences, **tanto** is an ADJECTIVE and therefore agrees in number and gender with the noun it modifies. Comparisons of equality using NOUNS are formed as follows:

verb + **tanto(s)/tanta(s)** + noun + **como**

Se produce **tanto** vino en Andalucía **como** en La Rioja.
En el campo no hay **tanta** contaminación **como** en la ciudad.
En Barcelona hay **tantos** museos **como** en Madrid.
España produce **tantas** naranjas como California.

▲ The expression **tanto como** is used as an ADVERB. As such, it has only one form.

Me gusta ir a la playa **tanto como** ir a las montañas.
En España quiero visitar las grandes ciudades **tanto como** las pequeñas localidades turísticas.

◆ **Una cosita más** You will also find **tanto como** followed by a subject pronoun: **No hablo tanto como tú.**

Prácticas

A. Estados y regiones. Aunque España es uno de los países más grandes de Europa, es pequeño en comparación con Estados Unidos. La superficie total de España es de 492.463 km², casi° el tamaño de California y Carolina del Sur juntos. La lista a continuación contiene las diecisiete comunidades autónomas de España y algunos estados norteamericanos que son más o menos del mismo tamaño. Escribe seis oraciones comparando algunas regiones de España con algunos estados.

■ **Ejemplo** *España es casi tan grande como California y Carolina del Sur.*

COMUNIDADES AUTÓNOMAS	. KM²	ESTADOS	KM²
Andalucía	87.268	California	411.015
Aragón	47.669	Connecticut	12.973
Asturias	10.565	Delaware	5.328
Cantabria	5.289	Hawai	16.706
Castilla—La Mancha	79.226	Indiana	93.994
Castilla—León	94.147	Maine	86.027
Cataluña	31.930	Maryland	27.394
Extremadura	41.602	Massachusetts	21.386
Galicia	29.434	New Hampshire	24.097
La Rioja	5.034	Rhode Island	3.144
Madrid	7.995	Carolina del Sur	80.432
Murcia	11.317	Vermont	26.180
Navarra	10.421	West Virginia	62.628
País Vasco	7.261		
Comunidad Valenciana	23.305		
Islas Baleares	5.014		
Islas Canarias	7.273		

◆ Some states (**Carolina del Norte, Carolina del Sur, Dakota del Norte, Dakota del Sur, Hawai, Luisiana, Nueva York, Pensilvania,** etc.) have Spanish equivalents, whereas others (**New Hampshire, West Virginia**) do not.

◆ To convert square kilometers to square miles: Km² x .386. To convert square miles to square kilometers: Miles² x 2.59.

Galicia, Valle del Río Navia

---

casi *almost*

◆ **Una cosita más** When forms of **haber** are used to express the existence of something, they are considered impersonal, and only the third person singular is used.

B. Antes y después. Muchas personas creen que la vida hace veinte o treinta años era mucho mejor que la de hoy en día. En parejas, escriban diez comparaciones contrastando cosas del pasado y del presente.

■ **Ejemplo** *Antes no había <u>tantos</u> coches <u>como</u> ahora y era más fácil encontrar un sitio donde estacionar.*

El acueducto romano, Ronda, Andalucía

C. Animales domésticos. A la mayoría de los niños les gusta jugar con los animales. Cuéntale a alguien de la clase cómo eran los animales favoritos de tu niñez. Puedes hablar sobre tus propios animales o puedes comparar algunos animales famosos de la televisión o del cine. Debes incluir su nombre, color, tamaño y temperamento.

■ **Ejemplo** *Mi gato, Midnight, era tan grande, negro y cariñoso como el gato de mi amiga Teresa.*

◆ ◆ ◆

TERCERA ETAPA Estrategias

COMPRENSIÓN AUDITIVA Textbook Cassette

◆ **Orientación** To review the goals and use of the **Estrategias** and **Comprensión auditiva,** see the **Orientaciones** on p. 36.

Using grammatical cues. Now that you have practiced recognizing the overall structure of sentences, it is important to sharpen your focus and concentrate on the individual elements. While it is possible to understand the general content of an oral passage by skimming and scanning, that may not be enough. For example, you may recognize a message on your answering machine as a reminder from the dentist, but that in itself will not be very useful if you are unable to determine whom the message is for, or the time of the appointment. By focusing on specific grammatical cues and their interrelationship, it is possible to comprehend an oral text in more detail.

First it is necessary to concentrate on the *verb.* The verb is the grammatical core of a sentence. It expresses an action or a state, and if the subject is understood, the verb may be the only element necessary to form a complete utterance. Next listen for the *subject* of the sentence. The subject of the sentence may contain articles, nouns, pronouns, adjectives, and prepositional phrases, or the subject may be explicit only through the verb form. The first four elements, if they are related, all agree in number and gender, so by listening for these redundant cues, it is possible to determine whether the subject is singular or plural, masculine or feminine. Once you have identified the subject and the verb, it is necessary to listen for *objects* of the sentence to determine who or what is receiving the action of the verb (direct object) or who is receiving the direct object or is affected in some way by the action of the verb (indirect object). Remember, determining the placement of the objects will also provide additional clues. Is the sentence a negative or an affirmative command? Can you separate the object from the subject pronouns? Although more elements may be present, these are the ones you will most frequently find in many oral exchanges and messages.

Antes de escuchar

Los bosques. En colaboración con la compañía Kellogg's, los "Defensores de la naturaleza" han hecho una serie de anuncios publicitarios que tratan sobre el medio ambiente. En grupos de tres, escriban en inglés qué información creen que debería incluirse en los siguientes temas.

- Cómo se regenera un bosque
- Los bosques purifican el aire

◆ ◆ ◆

¡A escuchar!

La conservación. Escucha tu cassette y decide cuál es el tema más apropiado de la lista para cada segmento.

- Los bosques retienen el agua
- Los bosques purifican el aire
- Los bosques controlan el clima
- ¿Qué hace un bosque?

Después de escuchar

A. Un resumen. Escucha de nuevo el cassette y escribe un resumen con las ideas principales que acabas de escuchar.

B. Una campaña publicitaria. En parejas, preparen un anuncio sobre otro tema (los ríos, los lagos, el aire o el reciclaje).

Noticias e información en la educación
Programa Escolar del periódico LA OPINIÓN

El periódico es un innovador instrumento para la enseñanza, utilizado por padres y educadores de todo el mundo. Es importante leer periódicos para enterarnos de lo que sucede en nuestra comunidad y en las de otros países. También es importante reciclar los periódicos para conservar puro nuestro medio ambiente.

Usted puede ayudar matriculando a su hijo las clases del programa de Noticias e información en la educación del periódico LA OPINIÓN. Para informarse, llame a Patricia Nichols, (213) 896-2141.

LECTURA

Using grammatical cues. Recognizing grammatical cues is much easier when dealing with a written text because it is possible to closely examine each element in the sentence. You should first identify the type of sentence and then begin to look at the different meaning "chunks." Remember, you should not look at each word individually but at the units of words that work together. Once you have identified the verb, locate the subject and all its parts, and the pronouns. Then look at the entire sentence and, in context, determine if your interpretation makes sense.

◆ **Orientación**   To review the goals and use of the *Lectura* section, see the *Orientación* on p. 38.

Antes de leer

Terapia para el planeta. El planeta Tierra necesita ayuda. En parejas, escriban seis sugerencias de cómo se puede ayudar al planeta, utilizando los verbos y las frases a continuación como guía.

◆ **Vocabulario esencial**
Un Planeta en terapia intensiva

desechos	*wastes*
basureros	*rubbish dumps*
invernadero	*greenhouse*

■ **Ejemplo**   proteger a los animales
   Es necesario proteger a los animales.

evitar   verter   conservar   desarrollar   prohibir   usar

1. la energía solar
2. el uso de pesticidas
3. la gasolina sin plomo
4. los productos tóxicos
5. los recursos naturales
6. los aerosoles

¡A leer!

A. Terapia intensiva. Ahora, concentrándote en los elementos básicos de cada oración, lee este artículo y apunta las ideas principales de cada párrafo.

Un planeta en terapia intensiva

Cada vez, menos verde, menos azul, menos transparente, devastados sus bosques, contaminados el cielo y el agua contaminada por los desechos de la sociedad industrial, el planeta Tierra se aleja definitivamente de su imagen de paraíso terrenal. Y hoy quizás haya llegado demasiado tarde la hora ecológica.

Los datos que aporta la realidad son alarmantes: según el Red Data Book que publica la Unión Internacional para la Conservación de la Naturaleza, se calcula que a fines de siglo se habrán extinguido entre medio millón y un millón de diferentes especies de animales y plantas.

El mundo entero está en peligro. El comercio internacional que manipula los residuos contaminantes prospera en las sociedades industrializadas utilizando los países del tercer mundo como basureros de residuos tóxicos a cambio de pagar unos cuantos millones de dólares.

Las perspectivas del futuro son inquietantes, como el agujero de ozono que pasó de ser una curiosidad científica a ser una amenaza real. Los científicos están acumulando pruebas de que el deterioro de la capa de ozono no se debe a un fenómeno natural sino a la utilización de aerosoles (CFC). El deterioro del ozono aumenta directamente el efecto de invernadero en la Tierra que viene a ser agravado por los humos industriales en forma de lluvia ácida, afectando la calidad de las aguas, la Tierra, la fauna y la vegetación.

A pesar de todo hay algunos signos positivos, como el incremento de la conciencia cívica acerca de la importancia de la protección del medio ambiente y la conservación de los recursos naturales para el futuro.

de Clarín

B. Preguntas. Lee el artículo de nuevo y contesta las siguientes preguntas en español.

1. ¿Por qué están contaminados el cielo y el mar?
2. ¿Cuántas especies de animales y plantas van a desaparecer a finales de este siglo?
3. ¿Quiénes emplean los países del tercer mundo como basureros?
4. ¿Qué están acumulando los científicos?
5. ¿Qué es lo que afecta la lluvia ácida?
6. ¿Cuáles son algunos de los signos positivos?
7. ¿Qué piensas acerca del artículo?

Después de leer

En resumen. Usando las respuestas de la actividad anterior como guía, escribe cinco oraciones resumiendo el artículo. Luego compáralas con las oraciones de alguien de la clase, y comenta si estás o no estás de acuerdo con las ideas del autor.

◆ **Orientación** To review the goals and use of the *Comunicación* section, see the *Orientación* on p. 39.

COMUNICACIÓN  Textbook Cassette

Las siguientes conversaciones te ayudan a expresar acuerdo, desacuerdo y obligación. Escucha las conversaciones en tu cassette y practícalas con los demás miembros de la clase.

Cómo expresar acuerdo *Expressing agreement*

Cómo expresar desacuerdo *Expressing disagreement*

Cómo expresar obligación *Expressing obligation*

Prácticas

Cómo expresar acuerdo y desacuerdo
Expressing agreement and disagreement

Así es.	*That's so.*	No es así.	*That's not so.*
Cierto.			
Claro.	*Certainly. Surely./ Sure.*	No es cierto.	*It's not so.*
Claro que sí.			
Seguro.			
Correcto.	*That's right.*	Incorrecto.	*That's not right.*
Cómo no./Por supuesto.	*Of course.*	Todo lo contrario.	*Just the opposite./ Quite the contrary.*
(Estoy) de acuerdo.	*I agree.*	No estoy de acuerdo.	*I don't agree.*
Es cierto/verdad.	*It's true.*	No es cierto/verdad.	*It's not true.*
Eso es.	*That's it.*	No es eso.	*That's not it.*
Exacto.	*Exactly.*	Al contrario.	*On the contrary.*
Muy bien.	*Very good. Fine.*	No está bien.	*It's no good/not right.*
Perfecto.	*Perfect.*	En absoluto.	*Absolutely not. No way.*
Probablemente.	*Probably.*	Es poco probable.	*It's doubtful/not likely.*

A. Opiniones. En parejas, decidan si están o no están de acuerdo con las siguientes afirmaciones sobre el medio ambiente y su conservación.

■ **Ejemplo**   La contaminación del aire es un problema irreversible.
  No, al contrario. No es un problema irreversible porque . . .

1. En Estados Unidos es difícil encontrar estaciones de servicio que vendan gasolina sin plomo.
2. Hay que reciclar las latas de aluminio.
3. Para regenerar la fauna y la flora del Mediterráneo se necesitan aproximadamente mil años.
4. El vidrio° es biodegradable.
5. No hay centros de reciclaje en esta ciudad.
6. En el recinto de la universidad hay recipientes para el reciclaje de papel.
7. El ocelote es un animal en vías de extinción.°
8. La Amistad es un parque costarricense dedicado a la protección de la naturaleza.
9. La producción de artículos de madera no perjudica las selvas tropicales.
10. La contaminación de las aguas en este país no es un problema grave.

◆ Remember to use object pronouns in your responses whenever possible.

B. ¿Qué piensas tú? Escribe seis oraciones verdaderas y falsas sobre la vida en la ciudad, la familia, el trabajo o la universidad. Después, junto con otras dos personas, usen las frases de ***Cómo expresar acuerdo y desacuerdo*** (de la página anterior) para indicar si están o no están de acuerdo con las opiniones de sus compañeros.

■ **Ejemplo**   ESTUDIANTE 1: ***Mis parientes siempre me envían dinero.***
   ESTUDIANTE 2: ***No, no es verdad. No te lo envían.***

C. Viviendas biológicas. Lee el artículo de la página siguiente. Luego, en parejas, decidan si las siguientes afirmaciones son ciertas o falsas.

1. El biomueble se hace de productos sintéticos.
2. En España se pueden comprar electrodomésticos anticontaminantes.
3. La lana es un producto derivado del petróleo.
4. En Europa hay casas construidas totalmente de materiales naturales.
5. No se puede utilizar energía solar para calentar las casas.
6. Las casas biológicas están construidas de materiales naturales y sintéticos.
7. En Alemania hay más de 1.500 casas biológicas.
8. También existen pinturas y muebles que no son tóxicos.

◆ ◆ ◆

---

vidrio *glass* **en vías de extinción** *endangered*

VIVIENDAS BIOLÓGICAS

El biomueble es elaborado sin la intervención de productos sintéticos o derivados del petróleo. Además, en su acabado se utilizan elementos naturales como cera, grasa, tierra y extractos de árboles. Para los que quieran vivir en un entorno natural desde dentro de su casa, hay en España varios establecimientos en los que se pueden comprar muebles y accesorios de decoración ecológicos. En algunos de ellos se pueden comprar también electrodomésticos como hornos, cocinas y frigoríficos no contaminantes.

Para decorar las paredes, dormitorios y salones se pueden adquirir tapices, edredones, rellenos con lana natural esponjada y accesorios de artesanía en resina, madera o metal pintado.

Las «casas biológicas» totalmente construidas de materiales naturales, amuebladas y pintadas con productos no tóxicos y con sistema de calefacción por energía solar ya son una realidad en Europa. Según Uwe Geiner, arquitecto alemán, entre el 5 y el 10 por ciento de las casas que se construyen hoy en Alemania son casas biológicas y en otro 25 por ciento se han utilizado materiales de bioconstrucción como biopintura. En la República Federal de Alemania ya hay aproximadamente 2.000 casas biológicas extendidas por todo el país.

de *Cambio*

Cómo expresar obligación	*Expressing obligation*
(Se) debe + infinitive	*(One) should (ought to) . . .*
(No) es necesario + infinitive	*It's (not) necessary to . . .*
(No) hay que + infinitive	*One should(n't) . . . , One doesn't have to. . .*
Necesitar + infinitive	*To need to . . .*
Tener que + infinitive	*To have to . . .*

D. Sugerencias. Usando las siguientes frases, escribe oraciones en las que se den sugerencias para mejorar el medio ambiente.

■ **Ejemplo** *Las industrias no deben verter productos tóxicos en los ríos.*

1. Los gobiernos . . .
2. Los científicos . . .
3. La gente . . .
4. Las ciudades . . .
5. Todos nosotros . . .
6. Los colegios . . .
7. Las fábricas . . .
8. Los grupos ecológicos . . .
9. Los niños . . .
10. Los maestros en los colegios . . .
11. El presidente de Estados Unidos. . . .
12. Los militares . . .

FERNANDO RUBIO

E. La conservación. Escribe diez sugerencias sobre cómo proteger el medio ambiente. Después compara tu lista con las de los demás miembros de la clase.

■ **Ejemplo** *Hay que conservar los recursos naturales.*
No se deben talar los árboles.

F. No es así. En parejas, lean las siguientes oraciones e indiquen si están de acuerdo o no. Después ofrezcan una solución o una respuesta alternativa en vez de las oraciones falsas.

1. Para conservar la electricidad se deben abrir las ventanas en verano en vez de usar el aire acondicionado.
2. No se debe beber café o refrescos en vasos que no son reusables.
3. Hay que llenar el lavaplatos antes de utilizarlo.
4. No se debe usar el ascensor cuando sólo hay que subir o bajar dos pisos.
5. Se debe lavar la ropa a mano en vez de utilizar la lavadora.
6. Calentar el agua con electricidad no es económico. Hay que bañarse con agua fría.
7. Para ir a la ciudad hay que tomar el autobús.
8. Se deben lavar los platos con agua fría.
9. La gasolina sin plomo no es mejor que la gasolina con plomo.
10. No se deben apagar las luces° de la casa. No gastan tanta energía.
11. Hay que planear las compras para usar menos el coche.
12. Debemos talar más árboles en vez de reciclar el papel. Es más barato.

◆ Video that supports this chapter includes the following:

¡A CONOCERNOS! Video Program:
El medio ambiente provides support for thematic and linguistic elements in the chapter. Activities that support this video appear in the **Instructor's Resource Kit.**

Mosaico cultural: Nuestra naturaleza expands upon the cultural material presented in the chapter. Activities that support this video are found in the **Mosaico cultural** Video Guide.

G. Hay que proteger a los animales. Habla con alguien de la clase y pregúntale su nombre, edad, dirección y cuánto dinero quiere donar a ADENA para proteger a los osos pardos. Después explícale por qué es importante proteger a los animales.

apagar las luces   *turn off the lights*

COMPOSICIÓN

Comparison and contrast. One of the most useful forms of composition is comparison and/or contrast. Comparison and contrast are frequently seen in newspaper and magazine articles and are often incorporated into a written argument to reinforce the writer's point of view.

A comparison points up the similarities between two entities. A contrast points out the differences. Of course, it is possible to include comparisons *and* contrasts within the same composition. After you have decided on your topic, you should get organized by listing the similarities and/or differences between the two entities you wish to compare or contrast. You may need to consult outside sources for information.

Next decide how you will present your information. There are two basic methods: you may either present all the information relating to one topic, then all the information relating to the other, or you may compare and contrast point by point. In writing an effective comparison or contrast, it is best to make an outline of your organization and the relevant items of information.

You have already learned to make comparisons of equality and of inequality, and you have used superlatives, in *Capítulo 6* and *Capítulo 7*. The following chart provides additional phrases that you may use to compare and contrast.

Antes de escribir

◆ **Orientación**   To review the goals and use of the *Composición* section, see the *Orientación* on p. 42.

◆ *Atajo* writing assistant supports your efforts with the task outlined in this *Composición* section by providing useful information when the following references are accessed:

Capítulo 7   *El medio ambiente*

Phrases/functions   agreeing and disagreeing; asking for and giving directions; asking information; comparing and contrasting; comparing and distinguishing; describing the past; describing the weather; expressing compulsion; expressing distance; talking about habitual actions; talking about past events

Vocabulary   animals: birds; animals: domestic; animals: fish; animals: insects; animals: wild; direction and distance; geography; plants: flowers; plants: gardens; plants: trees

Grammar   comparisons: equality; verbs: imperfect

Comparación y contraste	*Comparing and contrasting*
a diferencia de	*unlike, in contrast to*
al contrario	*on the contrary*
como	*like, as*
comparado/comparada con	*compared with*
comparar	*to compare*
del mismo modo	*similarly*
diferente de	*unlike*
en comparación con	*in comparison with*
en contraste con	*in contrast with*
en relación con	*in relation to*
hacer una distinción entre	*to draw a distinction between*

◆ ◆ ◆

A. ¿Cómo son? Estudia la foto de Madrid, la ciudad más grande de España, y la de Bañeres, un pueblo situado a unos 370 kilómetros al sureste de la capital. Luego haz una lista de veinte palabras o frases para describir cada escena.

■ **Ejemplo** CIUDAD
contaminación
oportunidades y alta tecnología

PUEBLO
naturaleza
paz y tranquilidad

Madrid

Bañeres

B. La ciudad y el pueblo. Ahora escribe cinco oraciones comparando la vida en la ciudad y la vida en el pueblo. Usa tus propias palabras y frases como guía.

¡A escribir!

Escenas de la vida. En cada generación se notan las diferencias producidas por los adelantos tecnológicos. Algunos de estos cambios, como los avances en el campo de la medicina, son buenos. Otros cambios, como la destrucción de nuestro medio ambiente, son negativos. Escribe una composición breve (de dos o tres párrafos) en donde se compare y/o se contraste la vida de tus abuelos, la de tus padres y tu propia vida.

Después de escribir

A. Revisión. Después de escribir tu composición, revísala. Presta atención a las siguientes categorías.

❑ verbos (concordancia con sujeto)
❑ concordancia de sustantivos y adjetivos
❑ uso de palabras o frases de comparación
  y contraste
❑ ortografía

B. En parejas. Lee la composición de tu compañero/compañera y corrígela.

VOCABULARIO

◆ **Orientación** To review the goals of the *Vocabulario* sections, see the *Orientaciones* on pp. 43–44.

Guessing meanings using prefixes and root words. Guessing the meanings of words from their prefixes and roots is an important strategy for building vocabulary as well as for enhancing comprehension. Take the verb **tener,** for example. By adding a variety of prefixes, you can "build" different words:

abstener   **contener**   **detener**   **mantener**   **obtener**

As you continue your study of Spanish, be on the watch for root words. You'll be surprised how your vocabulary will increase!

Prácticas

A. Haz una lista de los animales salvajes de tu estado. Indica los animales que están en vías de extinción.

B. Escribe cinco oraciones explicando tu opinión sobre los bosques del noroeste, la contaminación de las vías fluviales° y el aire o la protección de animales en vías de extinción.

C. Dibuja° un mapa de Estados Unidos con los rasgos geográficos más importantes.

D. Lee la sección del tiempo en el periódico de hoy. Escribe en español el pronóstico para tu ciudad y para tres otras ciudades más.

E. Mira estas dos fotos de Ávila y Segovia de la provincia de Castilla-León y compáralas con tu ciudad.

Ávila y Segovia en Castilla-León

F. Escribe de nuevo los sustantivos° del siguiente *Vocabulario* y clasifícalos según su género.

---

vías fluviales *waterways*   **Dibuja** *Draw*   **sustantivos** *nouns*

VOCABULARIO

Direcciones   *Directions*

noreste (*m.*)	*northeast*
noroeste (*m.*)	*northwest*
sureste (*m.*)	*southeast*
suroeste (*m.*)	*southwest*

Topografía   *Topography*

árido/árida	*dry, arid*	meseta	*plateau*
bahía	*bay*	montaña	*mountain*
balneario	*spa, resort*	montañoso/montañosa	*mountainous*
bosque (*m.*)	*forest, wood(s)*	península	*peninsula*
campo	*field*	pico	*mountain peak*
catarata	*waterfall*	pozo	*well, pool*
cerro	*hill*	prado	*meadow*
continente (*m.*)	*continent*	profundo/profunda	*deep*
cordillera/sierra	*mountain range*	puerto	*mountain pass, port*
costa	*coast*	ría	*estuary, fjord*
desierto	*desert*	río	*river*
golfo	*gulf*	rocoso/rocosa	*rocky*
isla	*island*	salvaje	*wild*
islote (*m.*)	*barren island*	selva	*jungle*
lago	*lake*	selva tropical	*tropical rain forest*
llano	*plain*	tierra/Tierra	*land, earth/Earth* (the planet)
manantial (*m.*)	*spring*	valle (*m.*)	*valley*

Cómo hablar del tiempo   *Talking about the weather*

—¿Qué tiempo hace?	*What's the weather like?*
—Hace buen tiempo.	*It's nice weather.*
—Hace mal tiempo.	*It's bad weather.*
calor.	*It's hot.*
fresco.	*It's cool.*
frío.	*It's cold.*
sol.	*It's sunny.*
viento.	*It's windy.*
Está cubierto.	*It's overcast.*
Está despejado.	*It's clear.*
Está lloviendo.	*It's raining.*
Está nevando.	*It's snowing.*
Está nublado/nuboso.	*It's cloudy.*

Hay tormentas en el Atlántico.	*There are storms in the Atlantic.*
Hay truenos y relámpagos en los Pirineos.	*There is thunder and lightning in the Pyrenees.*
Hay niebla en el puerto de Pajares.	*It's foggy in the mountain pass of Pajares.*
Hay lluvia en el norte.	*There is rain in the north.*
Hay nieve en las montañas.	*There is snow in the mountains.*
Hay viento en las islas Canarias.	*There is wind in the Canary Islands.*
Hay heladas en zonas de Sierra Nevada.	*There is frost in the Sierra Nevada area.*

Expresiones de repetición   *Expressions of frequency*

a menudo	*frequently*
a veces	*at times*
de vez en cuando	*from time to time*
generalmente/por lo general	*generally*
los lunes/martes, etc.	*on Mondays/Tuesdays, etc.*
normalmente	*normally*
siempre	*always*
todas las tardes/noches	*every afternoon/evening*
todos los días/meses/años/lunes, etc.	*every day/month/year/Monday, etc.*
usualmente	*usually*

Cómo expresar acuerdo y desacuerdo   *Expressing agreement and disagreement*

Así es.	*That's so.*	No es así.	*That's not so.*
Cierto.			
Claro.	*Certainly. Surely./ Sure.*	No es cierto.	*It's not so.*
Claro que sí.			
Seguro.			
Correcto.	*That's right.*	Incorrecto.	*That's not right.*
Cómo no./Por supuesto.	*Of course.*	Todo lo contrario.	*Just the opposite./Quite the contrary.*
(Estoy) de acuerdo.	*I agree.*		
Es cierto/verdad.	*It's true.*	No estoy de acuerdo.	*I don't agree.*
Eso es.	*That's it.*	No es cierto/verdad.	*It's not true.*
Exacto.	*Exactly.*	No es eso.	*That's not it.*
Muy bien.	*Very good. Fine.*	Al contrario.	*On the contrary.*
Perfecto.	*Perfect.*	No está bien.	*It's no good/not right.*
Probablemente.	*Probably.*	En absoluto.	*Absolutely not. No way.*
		Es poco probable.	*It's doubtful/not likely.*

Cómo expresar obligación   *Expressing obligation*

(Se) debe + infinitive	*(One) should (ought to) . . .*
(No) es necesario + infinitive	*It's (not) necessary to . . .*
(No) hay que + infinitive	*One should(n't) . . . , One doesn't have to . . .*
Necesitar + infinitive	*To need to . . .*
Tener que + infinitive	*To have to . . .*

Comparación y contraste   *Comparing and contrasting*

a diferencia de	*unlike, in contrast to*	diferente de	*unlike*
al contrario	*on the contrary*	en comparación con	*in comparison with*
como	*like, as*	en contraste con	*in contrast with*
comparado/comparada con	*compared with*	en relación con	*in relation to*
comparar	*to compare*	hacer diferencia entre	*to draw a distinction between*
del mismo modo	*similarly*		

CAPÍTULO **8**

Las diversiones

El montañismo en Ecuador

PRIMERA ETAPA Preparación

◆ **Orientación**   To review the goals and use of the *Preparación* and *Introducción* sections, see the *Orientaciones* on p. 12.

En el teatro

INTRODUCCIÓN

El ocio.° Ecuador es un país pequeño, pero es una tierra muy bella. Está situado entre Colombia y Perú en la costa del Pacífico de Sudamérica. Sus recursos naturales y sus herencias culturales les ofrecen a los ecuatorianos y a los turistas una variedad de actividades. En Ecuador el ocio no es sinónimo de la siesta. Al contrario, el tiempo libre se pasa practicando deportes, participando en pasatiempos° y asistiendo a eventos culturales.

Antes de leer

Trabajando en grupos de tres, hagan una lista en español de los pasatiempos preferidos en Estados Unidos. Piensen en una variedad de actividades. Luego elijan las actividades que más les atraen a a los turistas de otros países y que deben incluirse en un folleto turístico. Mientras leen el folleto en la página siguiente, comparen y contrasten las actividades mencionadas con las de Estados Unidos.

¡A leer!

Lee individualmente la siguiente descripción de actividades en Ecuador y busca el sujeto y el verbo de cada oración. Usando esta información, escribe en español las ideas principales de cada sección.

---

ocio *leisure time*   **pasatiempos** *pastimes*

Diversiones en Ecuador

El cine. Se dice que la forma más popular de diversión en Ecuador es ir al cine. Muchas películas son de Hollywood con las voces dobladas en español.

El fútbol. Como en toda Latinoamérica, el fútbol es extremadamente popular. La mayoría de los pueblos tienen un equipo y los partidos importantes se juegan los fines de semana en los estadios de Quito y Guayaquil.

La corrida. Quito, la capital de Ecuador, tiene una plaza monumental para ver las corridas de toros. En diciembre hay una fiesta especial en la ciudad y los matadores principales de España y México participan en las corridas al igual que los toreros locales.

La pesca deportiva. Como Ecuador tiene su costa en el océano Pacífico de Sudamérica, una diversión recientemente popular es la pesca deportiva. La temporada principal de pesca se extiende de junio a diciembre de acuerdo con las corrientes oceánicas.

Las artes. Se programan obras de teatro, bailes y conciertos en el Teatro Nacional Sucre y en la Casa de la Cultura de Quito. Por ejemplo, el grupo de ballet folklórico, Jaccigua, presenta sus canciones y bailes tradicionales todos los miércoles en el Sucre.

◆ **Vocabulario esencial**

dobladas	*dubbed*
fútbol	*soccer*
partidos	*games*
corrida	*bullfighting*
pesca deportiva	*sport fishing*

Después de leer

Pídele la siguiente información a alguien de la clase.

1. ¿Qué actividad te parece más interesante? ¿Por qué?
2. ¿En qué actividad no te gustaría participar? ¿Por qué?
3. Entre los estudiantes de esta universidad, ¿cuáles son las actividades preferidas? ¿Por qué?
4. ¿En qué se parecen las actividades de los ecuatorianos a las de los estadounidenses? ¿En qué se diferencian?

CULTURA

COLOMBIA

LÍNEA ECUATORIAL

OCÉANO PACÍFICO

Quito

ECUADOR

Guayaquil

Islas Galápagos

Cuenca

PERÚ

ISLAS GALÁPAGOS

◆ **Orientación** To review the goals and use of the **Cultura** section, see the **Orientación** on p. 14.

 Guía Cultural

◆ For additional information on **América andina,** see the **Guía cultural.**

Ecuador

CAPITAL	Quito
GEOGRAFÍA	Sudamérica; queda al sur de Colombia y al norte de Perú en la costa del océano Pacífico
ÁREA	106.927 millas cuadradas (276.840 kilómetros cuadrados)
POBLACIÓN	10.300.000
EXPORTACIÓN	Petróleo, café, bananos, cacao
MONEDA	Sucre

Deportes del mundo hispano. En los países hispanos se practican casi todos los deportes. Por lo general, el deporte más importante, tanto para espectadores como para jugadores, es el fútbol, excepto en el Caribe donde es muy popular el béisbol. El ciclismo es un deporte significativo en Sudamérica y España; Miguel Indurain, un ciclista español, ha ganado varias veces el Tour de Francia. Otros deportes que se practican son el baloncesto,° la natación,° el tenis y el boxeo. El último es muy importante en México.

En México, Colombia y Ecuador hay muchos aficionados a las corridas de toros, así como en España. En el País Vasco, una de las comunidades autónomas de España, el deporte preferido es la pelota vasca (el jai alai). Este deporte, que es muy rápido, también se juega en Estados Unidos. El frontón° más grande del mundo se encuentra en Miami.

Así como en Estados Unidos, los gimnasios son cada vez más populares en el mundo hispano. Muchas personas se hacen miembros de los gim-

---

baloncesto *basketball* **natación** *swimming* **frontón** *jai alai court* nasios particulares° porque hay pocos servicios deportivos públicos. El ráquetbol, los ejercicios aeróbicos y el fisiculturismo° se están haciendo muy populares. En los países hispanos las competencias entre escuelas secundarias, y universidades no son tan comunes. En Estados Unidos las competencias entre clubes y equipos—por ejemplo, el Superbowl, la Serie Mundial° y las finales de la NBA—son muy frecuentes y de interés nacional. En el mundo hispano hay la Copa América y la Copa Mundial° de Fútbol y, en ciclismo, la Vuelta a Colombia, la Vuelta a España y el Tour de Francia. Además se cuenta con los Juegos Olímpicos y los Juegos Panamericanos.

En Ecuador, además del fútbol, la pesca deportiva y las corridas de toros, hay muchos deportes populares. La natación, el golf y el tenis se practican en los clubes de Quito y en los balnearios° de la costa. La equitación° y el excursionismo° tienen muchos aficionados en la sierra. Las personas que quieren mantenerse en forma pueden practicar el ciclismo y el montañismo. Un deporte recientemente introducido en Ecuador es el piragüismo,° que practican tanto piragüistas principiantes como expertos.

Los aficionados. En todos los países hispanos las competencias son bastante ruidosas. Los aficionados gritan, aplauden y critican a los jugadores y entrenadores. Tal vez has visto los partidos de fútbol en persona o en la televisión y has oído a los aficionados cantar *¡olé, olé, olé, olé!* Otros gritos de aprobación son *¡bravo! ¡viva!* y *¡gol!* También gritan el nombre del equipo; el Real Madrid, por ejemplo es uno de los equipos más conocidos de España. A diferencia de los aficionados estadounidenses, un aficionado que silba° fuertemente no está favoreciendo al equipo sino criticándolo. Antiguamente en el mundo hispano no existía el concepto de los/las porristas.° Hoy en día, por la influencia estadounidense, es común verlas en países como México.

Prácticas

◆ **Orientación** To review the goals and use of the *Prácticas* section, see the *Orientación* on p. 19.

A. Entrevista. En parejas, contesten las siguientes preguntas en español.

1. ¿Te gustan los deportes en general? ¿Por qué?
2. Si te gustan los deportes, ¿cuál es tu deporte como espectador o cuál practicas preferentemente? ¿Por qué?
3. Si no te gustan los deportes, ¿cuál es tu forma de diversión preferida? ¿Por qué?
4. ¿Conoces a un/una profesional hispano/hispana en el deporte? ¿Qué afición tiene? ¿Quién es? ¿De dónde es? ¿Cómo es?
5. Durante un juego deportivo en Estados Unidos, ¿cómo te portas°? En una función cultural, ¿cómo te portas? ¿Es apropiado este comportamiento en el mundo hispano? ¿Por qué?

---

particulares *private* **fisiculturismo** *body building* **Serie Mundial** *World Series*
Copa Mundial *World Cup* **balnearios** *vacation resorts* **equitación** *horseback riding*
excursionismo *hiking* **piragüismo** *whitewater rafting* **silba** *whistles*
porristas *cheerleaders* **¿cómo te portas?** *how do you behave?*

B. ¿De acuerdo? En parejas, comparen y contrasten las costumbres estadounidenses y las hispanas con respecto a los siguientes temas usando las frases de acuerdo o desacuerdo del *Capítulo 7* (página 257).

■ **Ejemplo** la Serie Mundial

ESTUDIANTE 1: ***En Estados Unidos la Serie Mundial de béisbol es muy popular.***

ESTUDIANTE 2: ***Claro que es importante también en algunos países hispanos como en Venezuela y México.***

1. la Vuelta a Colombia
2. la Copa Mundial
3. las finales de la NBA
4. los Juegos Panamericanos
5. los Juegos Olímpicos

C. Análisis de la cultura. En parejas, consigan la sección de deportes de un periódico hispano en la biblioteca de su universidad o compren un periódico en español en una librería. Hagan una lista de los deportes que aparecen. Por el número de artículos o su posición en la página, determinen cuáles son los deportes más importantes. Finalmente elijan un sólo artículo, léanlo y escriban un resumen breve en español que explique **¿quién(es)? ¿qué? ¿cuándo? ¿dónde?** y **¿por qué?**

De tal palo tal astilla

Los niños siguen los pasos de sus padres, mucho más si hay música de por medio. Los aeróbicos en La Carolina no podían ser la excepción.

◆ **Una cosita más** La Carolina es un parque popular de Quito.

◆ **Orientación** To review the goals and use of the *Expresiones* section, see the *Orientación* on p. 16.

EXPRESIONES Textbook Cassette

Diversiones en Ecuador. Sarah Connor está visitando a su amiga Andrea Vásquez en Ecuador. Las dos amigas conversan sobre las posibles actividades durante la visita. A continuación vas a escuchar un texto. Intenta sacar las ideas principales. Luego contesta las preguntas de la sección *Comprensión.*

Comprensión

¿Sí o no? ¿Entendiste las ideas principales del texto que escuchaste? Lee las siguientes oraciones. Si la oración es correcta, según el texto, contesta **Sí.** Si la oración no es correcta, contesta **No.** Corrige las oraciones incorrectas.

1. Las amigas consultan el calendario de actividades de la televisión.
2. El Teatro Nacional es un edificio impresionante.
3. El Club de Montañismo hace una excursión a la costa.
4. Cotopaxi es el nombre de un club de montañismo.
5. En el Museo Guayamasín se exhibe arte hispano colonial.
6. Es posible explorar la selva por tren.
7. A Sarah no le gusta el arte.
8. Sarah y Andrea van a ver el ecuador en taxi.
9. El ecuador divide el Hemisferio Occidental del Hemisferio Oriental.
10. Las amigas bailan en un club.

Diversiones y aficiones	*Leisure-time activities*		
bailar	*to dance*	ir al parque (de	*to go to the (amuse-*
caminar/pasear	*to walk*	atracciones)	*ment) park*
coleccionar	*to collect*	ir al teatro	*to go to the theater*
cultivar el jardín	*to garden* (flowers)	jugar(ue) a las cartas/	*to play cards*
hacer crucigramas	*to do crossword*	los naipes	
	puzzles	jugar(ue) al ajedrez	*to play chess*
ir a la ópera	*to go to the opera*	revelar fotos	*to develop*
a un club	*to a club*		*photographs*
a un concierto	*to a concert*	sacar fotos	*to take*
a una conferencia	*to a lecture*		*photographs*
al ballet	*to the ballet*	tocar (*un instru-*	*to play* (a musical
al cine	*to the movies*	*mento musical*)	*instrument*)
al circo	*to the circus*	ver la televisión	*to watch television*
al museo	*to the museum*		

Deportes *Sports*

andar en bicicleta	*to bicycle*	jugar al fútbol	*to play football*
motocicleta	*to motorcycle*	americano	
bucear	*to scuba dive*	jugar al ráquetbol	*to play racquetball*
bucear con tubo	*to snorkel*	tenis	*tennis*
de respiración		levantar pesas	*to lift weights*
cazar	*to hunt*	montar a caballo	*to ride horseback*
correr	*to run*	nadar	*to swim*
esquiar	*to ski*	navegar a la vela	*to sail*
hacer montañismo	*to climb mountains*	patinar sobre hielo	*to ice-skate*
ejercicios	*exercise*	patinar sobre ruedas	*to roller-skate,*
ejercicios	*do aerobics*		*roller-blade*
aeróbicos		pescar	*to fish*
esquí acuático	*water-ski*	practicar artes (*f.*)	*to practice martial*
jugar al baloncesto	*to play basketball*	marciales	*arts*
al béisbol	*baseball*	un deporte	*to play a sport*
al fútbol	*soccer*		

Lugares de diversión *Places for recreation*

cancha	*court, field*	museo	*museum*
cine (*m.*)	*movie theater*	patio	*patio, courtyard,*
club (*m.*)	*club*		*(flower) garden*
cuarto oscuro	*darkroom*	piscina	*swimming pool*
estadio	*stadium*	pista	*track, rink*
estudio	*studio*	sala de recreación	*recreation room*
galería	*gallery*	salón (*m.*)	*hall, ballroom*
gimnasio	*gymnasium, gym*	teatro	*theater*
jardín (*m.*)	*(flower) garden*		

Otras palabras *Other words*

aficionado/	*fan*	entrenar	*to train, coach*
aficionada		equipo	*team*
competencia/	*competition*	escultura	*sculpture*
competición (*f.*)		ganar	*to win*
cuadro	*painting*	juego	*game* (Monopoly,
deportivo/	*related to sports,*		hide-and-seek)
deportiva	*sporting*	partido	*game, match*
empatar	*to tie, score*	película	*movie, film*
entrada/boleto	*ticket*	perder (ie)	*to lose*
entrenador/	*coach*	taquilla	*box office*
entrenadora			

Prácticas

A. ¿Dónde se encuentran las diversiones? Hay lugares de diversión en casi todas las universidades. Escribe oraciones completas y descriptivas que indiquen dónde en tu universidad se pueden realizar las siguientes diversiones.

■ **Ejemplo**   nadar
    Es posible nadar en la piscina de cincuenta metros.

1. jugar al tenis
2. ver una película
3. levantar pesas
4. escuchar una orquesta
5. patinar sobre ruedas

6. jugar al ajedrez
7. hacer ejercicios aeróbicos
8. ver la televisión
9. jugar al baloncesto
10. ir a una conferencia

B. Cuando eras joven. ¿Qué actividades te gustaban cuando eras joven? En parejas, pregunten y contesten sobre las actividades que hacían con las siguientes personas.

■ **Ejemplo**   tu mejor amigo o amiga
    ESTUDIANTE 1: ***¿Qué actividades hacías con tu mejor amigo o amiga?***
    ESTUDIANTE 2: ***Él/Ella y yo jugábamos al béisbol en el parque.***

1. tus hermanos
2. otros niños
3. tu mejor amigo o amiga
4. tu familia
5. los adultos

C. ¿Cómo te diviertes? En grupos de tres o cuatro, entrevístense para saber la diversión preferida de cada estudiante y por qué la prefiere. Luego repitan la entrevista para averiguar la diversión menos favorita de cada estudiante y por qué no la prefiere.

Aficionado de montañismo en el valle Ingapirca, Ecuador

D. Energía que crece contigo. Para practicar un deporte o participar en una actividad hay que seguir un régimen básico. El siguiente anuncio, por ejemplo, sugiere un régimen para los niños activos. Después de leer el anuncio, prepara una lista de sugerencias para las personas que practican tu deporte preferido o participan en tu actividad preferida.

■ **Ejemplo**   *los ejercicios aeróbicos*

- llevar ropa cómoda
- variar el tipo de ejercicio
- tomar mucha agua
- tomarse el pulso frecuentemente

Así es

◆ **Orientación** To review the goals and use of the **Así es** section, see the **Orientación** on p. 21.

Cómo hablar del transcurso del tiempo

How long have you been studying Spanish? How long have you been attending college? In Spanish, actions or events that began in the past and that continue into the present are expressed with **hace . . . que.** Study the following sentences about Ecuador and notice the pattern.

Hace cinco mil años **que** Ecuador tiene habitantes.
Hace veinticinco años **que** Ecuador exporta petróleo.
Hace más de treinta años **que** las islas Galápagos son un parque nacional.
Hace mucho tiempo **que** Quito es la capital de Ecuador.

To express how long an action has been in progress, Spanish speakers use this formula:

hace + time period + **que** + present tense verb

The present tense is used because the action is still going on. Now, following this pattern, complete the **Prácticas.**

Las islas Galápagos

Prácticas

A. ¿Cuánto tiempo hace . . .? Completa las siguientes oraciones de una manera original en español.

■ **Ejemplo** Hace mucho tiempo que . . .
   Hace mucho tiempo que estudio las matemáticas.

1. Hace un año que . . .
2. Hace cinco años que . . .
3. Hace diez años que . . .
4. Hace más de diez años que . . .
5. Hace poco tiempo que . . .
6. Hace mucho tiempo que . . .

B. Entrevista. En parejas, pregunten y contesten sobre las siguientes actividades.

■ **Ejemplo** ESTUDIANTE 1: *¿Cuánto tiempo hace que asistes a esta universidad?*
   ESTUDIANTE 2: *Hace dos años que asisto a esta universidad.*

1. estudiar español
2. trabajar/buscar un trabajo
3. practicar tu deporte preferido/participar en tu actividad preferida
4. manejar un auto
5. tener tu mejor amigo/amiga
6. ser estudiante
7. querer viajar a un país extranjero
8. vivir en tu residencia actual°
9. salir con tus amigos actuales
10. asistir a esta universidad

C. Autobiografía. Escribe un párrafo de diez oraciones en el cual menciones cuánto tiempo hace que haces tus actividades rutinarias.

---

actual *current*

SEGUNDA ETAPA Funciones

◆ **Orientación**   To review the goals of the *Funciones,* see the **Orientación** on p. 23.

 Diario de actividades

◆ For additional practice with the preterite tense and contrasts between the imperfect and the preterite, see the *Diario de actividades, Primera función.*

PRIMERA FUNCIÓN
Reporting actions that began, ended, or were completed in the past using the preterite tense of regular verbs

In English, when we recall a specific point in the past, we talk about it using the past tense. In Spanish, that same point in the past can be represented by two different tenses. In *Capítulo 7,* you learned that a habitual, routine, or ongoing activity in the past is expressed by the IMPERFECT tense.

▲ In this chapter, you will study the PRETERITE tense. The preterite describes the *beginning* or the *end* of an action in the past.

Comenzamos a patinar.	*We **began** to skate.*
La conferencia **terminó** a las seis.	*The lecture **ended** at six o'clock.*

▲ In addition, the preterite refers to actions known to have been completed, though their beginning and/or ending point may be unknown.

El concierto **duró** tres horas.	*The concert **lasted** three hours.*
¿Te **comiste** toda la pizza?	***Did** you **eat** up all the pizza?*

Not all verbs, however, are *action* verbs. The verbs **ser, estar, haber,** and **parecer,** for example, are sometimes called verbs of *state* because no action or movement is associated with them. The preterite tense is used with these verbs only when there is a sudden change, a reaction, or a clear limitation of time.

De repente, el animal nos **pareció** muy extraño.	*Suddenly the animal **seemed** very strange to us.*
Estuvimos cuatro semanas en Ecuador.	*We **were** in Ecuador for four weeks.*

▲ The preterite forms of regular verbs are stressed on the verb SUFFIXES, not on their STEMS. It is especially important to remember which forms have accent marks and how the pronunciation of the third person singular form of the preterite differs from the first person singular of the present.

(yo) habl**o**   o   (usted/él/ella) habl**ó**

As you study the preterite endings for regular verbs in the chart on the next page, you will notice two other important things.

▲ The **-er** and **-ir** verbs have the same suffixes.

▲ The **nosotros** forms have the same suffixes in the present and preterite for **-ar** and **-ir** verbs. In conversation, you will be able to differentiate the tenses from the context.

El pretérito: verbos regulares		
-ar	**-er**	**-ir**
habl**é**	volv**í**	viv**í**
habl**aste**	volv**iste**	viv**iste**
habl**ó**	volv**ió**	viv**ió**
habl**amos**	volv**imos**	viv**imos**
habl**asteis**	volv**isteis**	viv**isteis**
habl**aron**	volv**ieron**	viv**ieron**

▲ Another important aspect of the preterite is that verbs ending in **-car, -gar,** and **-zar** undergo a spelling change in the first person singular. In each case, the change is necessary to preserve the pronunciation of the final stem consonant. All other forms of these verbs follow the regular pattern. Study the following chart.

Verbos que cambian la primera persona singular del pretérito		
-car	**-gar**	**-zar**
practi**car** → practi**qué**	lle**gar** → lle**gué**	comen**zar** → comen**cé**

Finally, because the preterite refers to specific entities and events in the past, it is often accompanied by expressions of definite time. Before completing the **Prácticas,** study the time expressions in the following chart.

Expresiones de tiempos definidos	*Definite-time expressions*		
a las cinco de la tarde	*at five in the afternoon*	ayer	*yesterday*
anoche	*last night*	el año pasado	*last year*
anteayer	*the day before yesterday*	el mes anterior a	*the month before*
		el sábado pasado	*last Saturday*
		esta mañana	*this morning*

◆ ◆ ◆

Prácticas

A. Adivinanzas. ¿En qué actividades te ocupaste ayer? Escoge cinco de la lista a continuación y escríbelas. Luego, en parejas, intenta adivinar lo que tu compañero/compañera escribió. La primera persona en adivinar las cinco actividades gana el juego.

■ **Ejemplo**   ESTUDIANTE 1: *¿Escuchaste la radio ayer?*
                ESTUDIANTE 2: *No, no escuché la radio ayer.* or *No, no la escuché ayer.*

asistir a una conferencia   lavar los platos
barrer el suelo   levantarse temprano
comer en un restaurante   llegar tarde a clase
comprar algo en la librería   pasar la aspiradora
comprarle un regalo a alguien   practicar un deporte
escribir una carta   sacar unas fotos
escuchar la radio   salir con amigos
estudiar en la biblioteca   tocar el piano (la guitarra, etc.)
hablar por teléfono   vender algo

B. ¿Quién se divierte más? En grupos de tres o cuatro, contesten las siguientes preguntas. Después de contestarlas, determinen quién de todos se divierte más.

1. ¿Adónde viajaste el año pasado?
2. ¿A qué hora llegaste a la universidad hoy?
3. ¿Cuántas horas estudiaste anoche?
4. ¿Qué leíste esta mañana?
5. ¿Qué deportes practicaste en verano (en otoño, en invierno, en primavera)?
6. ¿Dónde asististe últimamente a una exhibición de arte?
7. ¿En qué restaurante elegante comiste recientemente?
8. ¿Qué ropa deportiva compraste este año?
9. ¿Cuándo asististe a un partido de baloncesto o de fútbol americano?
10. ¿Con quiénes saliste el fin de semana pasado?

C. ¿Qué les pasó a tus amigos? Empleando las frases de la *Práctica A,* escribe un párrafo sobre las actividades de tus amigos.

D. El cine. En la página siguiente se describen tres películas que dieron en la televisión. Después de leer las descripciones, contesta las siguientes preguntas.

1. ¿Qué películas dieron?
2. ¿A qué hora empezó cada una?
3. ¿Cuál fue el tema de cada película?
4. ¿Quiénes actuaron en las películas?

▲ **TODO POR AMOR**

Julia Roberts, que encarna a una chica desengañada del amor, respondiendo a un aviso clasificado encuentra trabajo como enfermera-acompañante de un joven millonario que sufre de leucemia y del cual, por supuesto, se enamora; es una historia conmovedora y humana.

Lunes 01, 21h30, Teleamazonas

▲ **CHERNOBYL**

En los campos de Ukrania, ocurrió el peor accidente industrial de la era nuclear. La explosión de la planta nuclear de "Chernobyl" hizo historia; la población aterrada trató de fugarse de la radiación mortal, que era empujada por los vientos a través de todo el este de Europa.

Domingo 07, 21h00, TNT

▲ **ROBANDO BASE**

Agridulce drama acerca de un ex-beisbolista que trata de recomponer su vida cuando regresa a casa después de 20 años, para recibir las cenizas de una antigua amiga que se ha suicidado.

Miércoles 03, 21h30, Teleamazonas

SEGUNDA FUNCIÓN

Reporting actions that began, ended, or were completed in the past using the preterite tense of stem-changing verbs

▲ All **-ar** and **-er** verbs that have stem changes in the present indicative are REGULAR in the preterite. Study the examples below.

 Diario de actividades

◆ For additional practice with the preterite tense and contrasts between the imperfect and the preterite, see the *Diario de actividades, Segunda función.*

Verbos que no cambian la raíz en el pretérito			
sentarse		**perder**	
me **senté**	nos **sentamos**	**perdí**	**perdimos**
te **sentaste**	os **sentasteis**	**perdiste**	**perdisteis**
se **sentó**	se **sentaron**	**perdió**	**perdieron**

The three types of stem-changing **-ir** verbs, however, do have STEM CHANGES in the preterite. These changes take place *only* in the third person singular **(usted/él/ella)** and third person plural **(ustedes/ellos/ellas)** forms. Stem changes for the three categories are as follows:

◆ For a review of stem-changing -ir verbs, see *Capítulo 5,* pp. 172–177.

▲ Verbs like **dormir,** whose stem vowel changes from **o** to **ue** in the present, change the stem vowel from **o** to **u** in the preterite third person forms.

durmió   **durmieron**

Another verb that functions like **dormir** is **morir.**

▲ Verbs like **mentir,** whose stem vowel changes from **e** to **ie** in the present, change the stem vowel from **e** to **i** in the preterite third person forms.

mintió   **mintieron**

Other verbs that function like **mentir** include **divertirse** (*to have fun*), **preferir, sentir(se),** and **sugerir.**

▲ Verbs like **seguir,** whose stem vowel changes from **e** to **i** in the present, change the stem vowel from **e** to **i** in the preterite third person forms.

siguió   **siguieron**

Other verbs that function like **seguir** include **competir, conseguir, pedir, (son)reír, repetir, servir,** and **vestirse.**

Verbos que cambian la raíz en el pretérito
Verbs whose stems change in the preterite

competir (i)	*to compete*	reír (i)	*to laugh*
conseguir (i)	*to obtain, get*	repetir (i)	*to repeat*
divertirse (i)	*to have fun*	seguir (i)	*to follow*
dormir (u)	*to sleep*	sentir (i)	*to regret*
mentir (i)	*to lie*	sentirse (i)	*to feel*
morir (u)	*to die*	sonreír (i)	*to smile*
pedir (i)	*to ask for, request*	sugerir (i)	*to suggest*
preferir (i)	*to prefer*	vestirse (i)	*to get dressed*

Prácticas

A. El medio ambiente del pasado. Aunque los recursos naturales son limitados hay personas que abusan de éstos. Usando las preguntas de la página siguiente como guía, describe a alguien que conoces que no protege la naturaleza.

■ **Ejemplo**   ¿Quién pidió un abrigo de piel para su cumpleaños?
Mi amiga Abigail pidió un abrigo de piel para su cumpleaños.

BAR
ECOLÓGICO

·EL PRIMER Y ÚNICO BAR DEL ECUADOR QUE ESTÁ TRABAJANDO PARA PROTEGER EL PLANETA TIERRA. TE INVITA A QUE LO DISFRUTES PROTEGIÉNDOLO DE MUCHAS MANERAS

Av. 12 de Octubre 19-55 y Cordero. Telf. 566-668

1. ¿Qué actividades derrochadoras° sugirió esta persona recientemente?
2. ¿Qué productos no reciclables adquirió últimamente?
3. ¿Qué hábitos derrochadores repitió esta semana?
4. ¿Sugirió un producto derrochador que no te gustó? ¿Cuál?
5. ¿Se sintió mal por sus acciones de derroche? ¿Por qué?

B. Una encuesta. En grupos de tres o cuatro, practiquen el uso de los verbos **-ir** que cambian la raíz en el pretérito. Pregunten y contesten usando los verbos de la lista de la página 282. Al preguntar, usen la forma **usted.**

■ **Ejemplo**   ESTUDIANTE 1: *¿Dónde consiguió entradas para el concierto de rock?*

   ESTUDIANTE 2: *Las conseguí en Ticketmaster.*

C. El libro de las diversiones. Lee este anuncio del *Libro de las diversiones,* y piensa en tus experiencias cuando se agota° una conversación. Luego, en parejas, describan las actividades que sugirieron ustedes y sus amigos en el pasado para llenar esos ratos.° Después elijan la sugerencia más original o divertida. Usen estos verbos en sus descripciones: **competir, conseguir, sugerir.**

■ **Ejemplo**   *Una vez mi amigo Ken sugirió un partido de mini-golf.*

ENTRETENIMIENTO

EL LIBRO DE LAS DIVERSIONES

De Pierre Berloquin y Frédéric Vitoux. Ed. J. de Olañeta, 1.900 ptas.

♥ ♥ Como dicen los autores en el prefacio de este libro, por muy amena que sea una reunión de amigos, siempre hay un momento en que se agota la conversación y es fácil caer en el aburrimiento. Para llenar esos ratos muertos y hacerlos divertidos, están los juegos de grupo. Los autores han elaborado una extensa lista de propuestas de juegos, con explicaciones claras y sencillas, dividiéndolos en grupos: juegos de erudición, de táctica y habilidad, de reflejos, lingüísticos, de cartas... Para todos los gustos.

de mía

---

derrochadoras *wasteful*   **se agota** *is exhausted, used up*   **ratos** *moments*

◆ For additional information and practice on the preterite of "irregular" verbs, see the *Diario de actividades, Tercera función.*

TERCERA FUNCIÓN

Reporting actions that began, ended, or were completed in the past using the preterite tense of "irregular" verbs

▲ Several common Spanish verbs have stem changes that carry throughout all the preterite forms. Many textbooks call these forms irregular, even though they are regular once the stem changes have been determined. There are three categories of verbs more accurately called STRONG PRETERITES.

Verbs that change the stem VOWEL.

hacer → h*i*ce   **venir → v*i*ne**   **poder → p*u*de**

Verbs that change the final stem CONSONANT.

traducir → tradu*je*   **traer → tra*je***

Verbs that change both the stem VOWEL AND CONSONANT.

andar → and*uv*e   **estar → est*uv*e**   **tener → t*uv*e**
querer → qu*is*e   **poner → p*us*e**
decir → d*ij*e   **saber → s*up*e**

In addition to the regularity of the stem changes throughout the preterite forms, these verbs are regular in another aspect: the stress always falls on the next-to-the-last syllable. Although the strong preterites are easy to learn, it is impossible to determine from the infinitive whether a verb is a strong preterite or not. Some dictionaries follow the infinitive with a symbol and/or a number that refers to a model verb chart. By looking at the chart, you can determine the correct pattern for the preterite forms.

Before doing the ***Prácticas,*** study the following chart. Note that the third person singular of **hacer** has a spelling change **(hizo)** to preserve the sound of the stem consonant.

Pretéritos fuertes					
hacer		**traer**		**estar**	
hice	hicimos	traje	trajimos	estuve	estuvimos
hiciste	hicisteis	trajiste	trajisteis	estuviste	estuvisteis
hizo	hicieron	trajo	trajeron	estuvo	estuvieron

▲ Certain verbs (**querer, saber, tener,** and others) have special meanings in the preterite. These special meanings refer to the concept of a sudden change of state, as explained in the ***Primera función*** of this chapter. With these verbs, the change is really an intensification of the imperfect state. Study the chart at the top of the next page.

Verbo	Imperfecto		Pretérito
haber	*was, were*	→	*occurred*
querer	*wanted*	→	*tried*
no querer	*did not want*	→	*refused*
saber	*knew*	→	*found out*
tener	*had*	→	*got*

▲ In contrast to the strong preterites, some verbs are truly IRREGULAR in the preterite. The verb **dar,** for example, has the same preterite endings as regular **-er** and **-ir** verbs, but without the accent marks. In addition, **ser** and **ir** have *identical* irregular preterite forms. The preterite forms of these irregular verbs are given in the following chart. Memorize these forms.

Verbos irregulares en el pretérito			
dar		**ir/ser**	
di	dimos	fui	fuimos
diste	disteis	fuiste	fuisteis
dio	dieron	fue	fueron

Prácticas

A. El fin de semana. En grupos de tres o cuatro, compartan la siguiente información sobre el fin de semana pasado.

1. ¿Qué actividades hicieron?
2. ¿Dónde estuvieron durante la tarde?
3. ¿Adónde fueron para divertirse?
4. ¿Qué cosa interesante supieron?
5. ¿Alguien vino de visita°/llamó por teléfono? ¿Quién?
6. ¿Qué le dijeron a esta persona?

B. Un día de diversión. ¿Recuerdas un día de diversión muy especial con tus amigos o tus parientes? Piensa en los eventos de ese día tan divertido, y escribe un párrafo breve sobre tus experiencias. Usa las siguientes frases para recordar los detalles importantes.

- ropa que te pusiste
- hora que llegaron tus amigos o tus parientes
- adónde fueron
- cosas que llevaron tus amigos o tus parientes
- cosas interesantes que dijeron
- actividades que hicieron

Contesta con la forma adecuada de **venir** en el pretérito.

C. Historia de la bicicleta. En parejas, lean el siguiente artículo sobre la historia de la bicicleta y contesten las preguntas con oraciones completas en español.

UNA REMINISCENCIA EGIPCIA

La bicicleta podría tener sus raíces prehistóricas en el período del faraón Ramsés II.

Con el agudo problema del smog, la bicicleta ha adquirido una elevada reputación como vehículo para las ciudades, considerando que no emite gases contaminantes y además sirve como ejercicio para mantener buenas condiciones físicas. Sin embargo, la mayoría de las calles urbanas no están aptas para transitar en bicicleta.

Si bien su antecedente cercano fue un vehículo de cuatro ruedas exhibido en la corte de Versalles en 1761, podría afirmarse que sus orígenes se remontan al año 1.300 antes de Cristo en Egipto, ya que representaciones de esa época muestran a un hombre montado sobre un palo con dos ruedas en sus extremos. También algunos frescos rescatados de las ruinas de Pompeya tienen figuras similares.

Pero la historia de la bicicleta empieza en 1791 con un invento de dos ruedas pertenecientes al conde Mede de Sivrac que se convierte en un objeto de entretenimiento para los aristócratas. Como el aparato estaba hecho de madera y para impulsarlo se requería apoyar regularmente los pies en el suelo, se le puso el nombre de celerífero, al principio, y velocífero después.

Casi un siglo demoró la transformación del velocífero en la actual bicicleta. Un paso intermedio fue el velocípedo, obra del francés Pierre Lallament, quien agregó un cigüeñal y pedales a la rueda delantera. Las ruedas eran de madera, pero estaban conectadas a un cuadro de hierro bastante liviano y con horquillas flexibilizadoras del pedaleo. Tenía un sillín y la rueda delantera tenía un diámetro mayor que la trasera, aparte de una especie de volante. Era el año 1855.

Lallement vendió la patente del velocípedo a Ernest Michaux, quien obtuvo beneficios sustanciosos cuando cinco años después comenzó la producción en serie de este vehículo que dejó de ser un entretenimiento para las personas adineradas y se transformó en un medio de transporte.

Las modificaciones hechas a principios de este siglo permitieron que este vehículo llegara a manos de las distintas clases sociales. Sus características alentaron el surgimiento de un deporte que ha alcanzado gran difusión: el ciclismo.

de Buen domingo

En el grabado se aprecia una escena en una plaza parisina, donde se observan a varios usuarios montados en sus draisinas. En la foto, una de las bicicletas más modernas y prácticas.

1. ¿Cuál es el posible origen de la bicicleta?
2. ¿Qué tipo de bicicleta hizo el conde Mede de Sivrac?
3. ¿Qué nombre le puso al invento?
4. ¿Qué modificaciones le hizo Pierre Lallament al velocípedo?
5. ¿Quién obtuvo los primeros beneficios económicos del velocípedo?
6. ¿Qué resultados tuvo la producción en serie del velocípedo?

COMPRENSIÓN AUDITIVA Textbook Cassette

Antes de escuchar

Identifying the organization of a text. Many things we listen to everyday follow a familiar organization. For example, a radio commercial often features a jingle accompanied by a description of the product and exhortations to buy it. Local newscasts focus on the local news, sometimes preceded or followed by national and international highlights; then comes the weather forecast, and then sports. Many listening texts are typically organized as follows:

- *Chronological.* Chronological texts provide information arranged according to the order of time. Instructions, recipes, stories, and jokes usually follow a chronological organization. Indicators such as **primero, después,** and **finalmente** may organize the chronology.

- *Categorized.* Categorization lends itself to many types of content. Information may be categorized visually, verbally, or graphically by means of charts, graphs, and headings, all of which indicate the key content.

- *Argumentative.* Arguments may be presented in favor of **(a favor de)** or against **(en contra de)** a given position. Recognizing the type of argument is an invaluable aid to comprehending an argumentative text.

- *Descriptive.* Descriptive texts are sometimes hard to identify because description is often combined with narration, argumentation, analysis, and other techniques. Description enables the listener to imagine characters, scenes, and action, as well as interior characteristics such as personality and emotions.

The radio commercial is organized *argumentatively;* the local news is organized *categorically.* Other texts may be organized *chronologically,* such as an anecdote, or *descriptively,* such as a film preview. By quickly identifying the organization of a text, the listener can focus on content and anticipate the types of information to follow.

A. En grupos de tres o cuatro, describan la organización típica de los siguientes textos.

- venta de ropa para toda la familia
- invitación a un festival
- propaganda política
- anuncio de un locutor/una locutora de radio
- cuento de hadas°

B. Ahora hagan una lista de cinco tipos más de textos orales y su organización típica.

◆ **Orientación**   To review the goals and use of the *Estrategias* and *Comprensión auditiva* sections, see the **Orientaciones** on p. 36.

---

cuento de hadas *fairy tale*

¡A escuchar!

Vas a oír cuatro textos orales. Identifica la organización de cada texto según las siguientes categorías:

- argumentativo
- categorizado
- cronológico
- descriptivo

Después de escuchar

A. La idea principal. Escucha de nuevo los textos y escribe en español un resumen que explique la idea principal de cada uno.

B. Detalles. Escucha de nuevo los textos y contesta brevemente las siguientes preguntas en español.

1. ¿Qué tipo de festival se programa en el Parque Memorial?
2. ¿Cuáles son las fechas del festival?
3. ¿A qué número de teléfono hay que llamar para pedir más información?
4. ¿Qué encontró el hombre en su postre?
5. ¿Qué comentó el mesero?
6. ¿Cuáles son las edades que conforman con los juguetes mencionados?
7. ¿Qué juguete desarrolla la coordinación de los ojos y las manos?
8. ¿Qué tipos de cambios ocurren con la edad?
9. ¿Qué implicaciones tienen estos cambios?
10. ¿Por qué no se deben saltar las comidas?

◆ **Orientación** To review the goals and use of the *Lectura* section, see the *Orientación* on p. 38.

LECTURA

Antes de leer

Identifying the organization of a text. Recognizing the way a reading text is organized can often enhance your comprehension just as recognizing the textual organization helps you comprehend an oral text. Before doing the activities, review the four basic types of text organization by reading the following summaries:

- *Chronological.* Chronological texts provide information in sequential order.
- *Categorized.* Information may be categorized by means of charts, graphs, and headings, all of which indicate the key content.
- *Argumentative.* Arguments may be presented in favor of (**a favor de**) or against (**en contra de**) a given position.
- *Descriptive.* Description is often combined with narration, argumentation, analysis, or other writing techniques.

¿Qué significa relajarse? Pues, depende del individuo. Algunas personas prefieren relajarse con actividades físicas mientras que otras prefieren descansar. Antes de leer el artículo en la página siguiente, piensa en las distintas maneras en las que tú y tus amigos se relajan. Haz una lista de estas formas de relajarse. Luego lee el título del texto y estudia las fotos para anticipar el contenido.

¡A leer!

Lee el texto e identifica su organización:

- argumentativo
- categorizado
- cronológico
- descriptivo

Técnicas de relajación

Los orientales son maestros en el campo de la relajación. Aprender esos milenarios conocimientos no es demasiado complicado. Sólo requiere un poco de paciencia. ¡Anímese!

Yoga, el método más antiguo

Aprendiendo esta técnica conseguirá un gran dominio y desarrollo del cuerpo y también de la mente.

La base del yoga está en determinadas posturas y en el control de la respiración y su objetivo es mejorar el estado general de su organismo y de su mente.

Tiene doce estilos diferentes para poder elegir, pero el más clásico es el yoga hindú original. Una de sus muchas ventajas es que puede practicarlo sin esfuerzo a cualquier edad.

Zen

La ayuda a aceptar la vida tal y como es. A grandes rasgos le muestra la relatividad del mundo con sus cambios, su fugacidad y sus paradojas. Con estos conocimientos adquiere capacidad para entender que lo importante no es intentar cambiar el universo sino, por el contrario, adaptarse a él con plena conciencia. No cabe duda que es el primer paso hacia la felicidad.

Tai-chi

Para los chinos, creadores de este método, resulta habitual verlos en grupos, realizándolo al aire libre antes de dirigirse a su trabajo. Los ejercicios exigen concentración para poderlos hacer de una forma lenta y suave. Su filosofía fundamental es que las fuerzas positivas y negativas se unan en perfecta armonía.

Shiatsu

Los primeros en practicarlo fueron los chinos, pero lo popularizaron los japoneses con el nombre de *masaje tradicional japonés*.

El método se basa en la realización de una serie de presiones en determinados puntos del cuerpo llamados *meridianos*. Con estos masajes se consigue relajar y ablandar las tensiones musculares, producto de la energía estancada, disminuyendo todos los bloqueos.

Bioenergética

Los psiquiatras Lowen y Pierrakos la pusieron de moda en la ciudad de Nueva York, al comienzo de los años cincuenta, y hoy sigue vigente.

La teoría se basa en la existencia de una energía vital, que es el origen de todas las manifestaciones físicas del universo. Esta energía actúa en puntos como nuestra respiración, gestos, mirada y expresión. El fin de esta técnica es desbloquear nuestras defensas emocionales y mentales por medio de determinados ejercicios físicos.

Meditación trascendental

Su fundador es el doctor en física hindú, Maharishi Mashesh Yogui. El objetivo es conseguir la iluminación a través del desarrollo de las potencias de la persona para llegar a unas metas espirituales. La técnica consiste en meditar dos veces al día sobre un *mantra*, que es un sonido con una vibración especial y que ayuda a concentrarse mejor. Según establece la meditación trascendental, lo único que tenemos que hacer es expandir nuestra conciencia para que surja el conocimiento.

de *mía*

Después de leer

A. Técnicas de relajación. Escribe una lista de las técnicas de relajación, sus métodos y un beneficio atribuido a cada una.

■ **Ejemplo**

TÉCNICA	MÉTODO	BENEFICIO
yoga	posturas, control de la respiración	dominio y desarrollo del cuerpo y de la mente

B. ¿Qué te parecen? ¿Qué forma de relajamiento descrita en el texto te parece más beneficiosa? Escribe un argumento de cinco oraciones a favor de tu técnica preferida.

◆ **Orientación** To review the goals and use of the *Comunicación* section, see the *Orientación* on p. 39.

COMUNICACIÓN 🔲 Textbook Cassette

Los siguientes diálogos te ayudan a añadir información y a pedir clarificación y opiniones en una conversación. Escucha los diálogos en tu cassette y practícalos con los demás miembros de la clase.

Cómo añadir información *Adding information*

Cómo pedir clarificación *Asking for clarification*

Cómo pedir opiniones   *Asking for opinions*

¿QUÉ TE PARECE ESTE CUADRO?

PUES . . . ES DIFERENTE.

¿QUÉ PIENSAS DE ESTA ESTATUA?

A VER . . . ES MUY INTERESANTE.

¿NO TE GUSTA EL ARTE MODERNO?

NO ES QUE NO ME GUSTA . . . ¡ES QUE NO LO ENTIENDO!

Prácticas

Cómo añadir información *Adding information*	
Además . . .	*In addition . . .*
A propósito . . . } De paso . . .	*By the way . . .*
También . . .	*Also . . .*

A. El ocio. Estudia esta encuesta y escribe las actividades femeninas en orden de preferencia. Luego ordena las actividades masculinas. Finalmente, con alguien de la clase, compara y contrasta estas preferencias con las tuyas; usa las frases para añadir información.

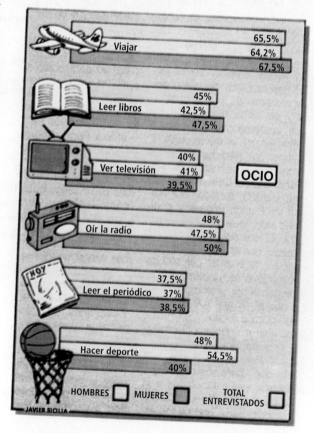

OCIO

Viajar — 65,5% / 64,2% / 67,5%

Leer libros — 45% / 42,5% / 47,5%

Ver televisión — 40% / 41% / 39,5%

Oír la radio — 48% / 47,5% / 50%

Leer el periódico — 37,5% / 37% / 38,5%

Hacer deporte — 48% / 54,5% / 40%

HOMBRES ☐ MUJERES ☐ TOTAL ENTREVISTADOS ☐

JAVIER SICILIA

◆ Video that supports this chapter includes the following:

¡A CONOCERNOS! Video Program: *Las diversiones* provides support for thematic and linguistic elements in the chapter. Activities that support this video appear in the **Instructor's Resource Kit.**

Mosaico cultural: Deportistas y aficionados expands upon the cultural material presented in the chapter. Activities that support this video are found in the *Mosaico cultural* **Video Guide.**

B. Excursiones. En grupos de tres, hablen sobre algunos sitios del mundo hispano que les gustaría visitar. Cada persona debe añadir algo más que se puede hacer en cada sitio.

■ **Ejemplo** ESTUDIANTE 1: ***Me gustaría ir a las islas Galápagos para ver las plantas.***

ESTUDIANTE 2: ***De paso, puedes ver los animales.***

ESTUDIANTE 3: ***También puedes ir al centro de investigaciones científicas.***

Cómo pedir clarificación   *Asking for clarification*

¿Cómo?	*What?*
Dígame (Dime) una cosa.	*Tell me something.*
Más despacio.	*More slowly.*
No comprendo./No entiendo.	*I don't understand.*
¿Perdón?	*Pardon me?*
¿Qué? Otra vez, por favor.	*What? One more time, please.*
Repita (Repite), por favor.	*Please repeat.*

C. En Ecuador. En parejas, lean las siguientes oraciones y pidan una clarificación que corresponda a cada una. Tu compañero/compañera tiene que clarificar.

■ **Ejemplo** El fútbol es muy popular en Ecuador.

ESTUDIANTE 1: ***¿Perdon? ¿Qué es popular?***

ESTUDIANTE 2: ***El fútbol.***

1. La línea ecuatorial está a quince millas de Quito.
2. El lugar de vacaciones más popular de Ecuador es Salinas.
3. El mercado de artesanías más importante está en Otavalo.
4. En Ambato, Ecuador, se fabrican sombreros de Panamá.
5. La excursión por el Valle de los Volcanes es muy impresionante.
6. Es posible cruzar la selva amazónica por hotel flotante.

Valle de los volcanes

Cómo pedir opiniones	Asking for opinions
¿Cuál prefieres?	Which do you prefer?
¿Qué opinas de . . . ?	What's your opinion about . . . ?
¿Qué piensas?	What do you think?
¿Qué te parece(n) . . . ?	How does/do . . . seem to you?
¿Te gusta(n) . . . ?	Do you like . . . ?
¿Te interesa(n) . . . ?	Are you interested in . . . ?

Cómo dar opiniones	Giving opinions
Me gusta(n) . . .	I like . . .
Me interesa(n) . . .	I'm interested in . . .
Me parece(n) . . .	It seems . . . to me. (They seem . . . to me.)
Opino que . . .	It's my opinion that . . .
Pienso que . . .	I think that . . .
Prefiero . . .	I prefer . . .

D. ¿Qué opinas de . . . ? Pídele a alguien de la clase su opinión sobre las siguientes cosas.

■ Ejemplo la televisión
      ESTUDIANTE 1: *¿Qué opinas de la televisión?*
      ESTUDIANTE 2: *Pienso que la televisión es muy violenta.*

1. el reciclaje de papel
2. el arte moderno
3. la violencia en el cine
4. la experimentación con animales
5. la energía nuclear
6. la ingeniería genética
7. el fumar en sitios públicos
8. la contaminación de las aguas

COMPOSICIÓN

Making smooth transitions. As you become more skillful in writing Spanish, you will be able to pay more attention to style. Making smooth transitions (and avoiding abrupt changes) between sentences and paragraphs is an important aspect of writing style. You can achieve smooth transitions by adding stock phrases to your compositions. Study the transitional words and phrases in the chart on the next page.

◆ ◆ ◆

◆ **Orientación** To review the goals and use of the *Composición* section, see the *Orientación* on p. 42.

◆ *Atajo* writing assistant supports your efforts with the task outlined in this *Composición* section by providing useful information when the following references are accessed:

Capítulo 8 Las diversiones

Phrases/functions asking for advice; asking for help; describing the past; expressing an opinion; making transitions; repeating; talking about films

Vocabulary arts; board games; camping; computers; game cards; leisure; media: photography and video; media: television and radio; musical instruments; sports; sports equipment

Grammar verbs: preterite; verbs: preterite and imperfect

◆ **Una cosita más** There are three equivalents of *but* in Spanish:

1. *But* followed by a contrastive adjective or adverb: **Roberto es inteligente *pero* perezoso.**

2. *But* preceded by a negative verb: **No voy a hacer windsurf *sino* bucear.**

3. *But* followed by a clause: **No quiero pescar hoy *sino que* prefiero quedarme en casa.**

Palabras y frases de transición   *Transitional words and phrases*

TO SHOW THAT A SIMILAR POINT IS BEING MADE

además	*besides, furthermore*
del mismo modo	*similarly*
otra vez	*again*
también	*also, in addition*

TO SHOW THAT A CONTRASTING POINT IS BEING MADE

a pesar de	*in spite of*
al contrario	*on the contrary*
aunque	*although*
no obstante	*however*
pero/sino (que)	*but*
por otra parte	*moreover, on the other hand*
sin embargo	*nevertheless*

TO SHOW RELATIONSHIPS

así	*thus*
en particular	*in particular*
en principio	*in principle*
por eso	*therefore*

TO SHOW ORDER OF EVENTS

al fin y al cabo	*after all*
al principio	*at the beginning*
ante todo	*first of all, first and foremost*
anteriormente	*formerly*
antes/previamente	*previously*
inicialmente	*initially*
en conclusión/en suma	*in conclusion*
en resumen	*in summary*
entonces/después/luego	*then, next*
hasta ahora/hasta aquí	*up to now, so far*
hasta hace poco	*until a little while ago*
para empezar	*to begin with*
por último	*lastly, finally*

Miniaturas naturales

Hasta hace bien poco, los *bonsais* eran un cultivo exótico y minoritario. Por eso de las cosas de la moda, se han convertido en los últimos años en uno de los regalos más solicitados para la fiestas de Navidad. Muchos de ellos, sin embargo, apenas sobreviven al llegar la primavera, y no precisamente por desidia, sino porque la mayoría de las veces se adquieren como objetos decorativos, olvidando que se trata de plantas extremadamente delicadas que requieren una atención especial.

El País

Antes de escribir

A. Los *bonsais*. Lee ***Miniaturas naturales,*** fragmento de un artículo sobre el arte de los *bonsais,* que son árboles en miniatura. Luego identifica y clasifica las palabras y frases de transición, según la lista.

B. Organización. Repasa la estrategia de la organización de un texto en la página 287. Luego identifica el tipo de organización del artículo ***Miniaturas naturales.***

¡A escribir!

Elige un tema relacionado con tu diversión preferida. Luego determina una organización adecuada para elaborar el tema: argumentativa, categorizada, cronológica o descriptiva. Por ejemplo, describiendo un día cuando hiciste montañismo se expresa bien por una organización cronológica de los sucesos. Entonces escribe una composición coherente sobre el tema, incorporando palabras y frases de transición adecuadas.

Después de escribir

A. Revisión 1. Revisa tu composición, según las siguientes preguntas:

ARGUMENTACIÓN	¿Se presentan los argumentos en orden de importancia?
CATEGORIZACIÓN	¿Hay subtítulos o diagramas que indiquen las varias categorías?
CRONOLOGÍA	¿Hay palabras o frases que indiquen la cronología?
DESCRIPCIÓN	¿Cómo se describe el tema: físicamente, psicológicamente, ordenadamente?

B. Revisión 2. En parejas, intercambien sus composiciones y revísenlas prestando atención a los siguientes criterios:

- Introducción interesante
- Idea central suficientemente enfocada
- Transiciones adecuadas
- Organización clara y adecuada
- Concordancia entre sujetos y verbos
- Concordancia entre sustantivos y adjetivos
- Conclusión

VOCABULARIO

Using suffixes to expand vocabulary. Have you ever been at a loss for words? Of course you have! It happens to everyone . . . especially when trying to communicate in a foreign language. Because of the similarities between Spanish and English, however, you may sometimes be able to "fake it" when you find yourself on the spot. Many English words can be changed into Spanish by adding a suffix and modifying the pronunciation. Study the following examples.

◆ **Orientación** To review the goals and use of the *Vocabulario* sections, see the *Orientaciones* on p. 43-44.

Sufijos	*Suffixes*		
INGLÉS	**EJEMPLO**	**ESPAÑOL**	**EJEMPLO**
-ace	*preface*	-acio	**prefacio**
-age	*reportage*	-aje (*m.*)	**reportaje**
-ance/ancy	*importance*	-ancia	**importancia**
-ant	*important*	-ante	**importante**
-ary	*anniversary*	-ario	**aniversario**
-ator	*aviator*	-dor/dora	**aviador/aviadora**
-cle	*receptacle*	-culo	**receptáculo**
-cy	*frequency*	-cia	**frecuencia**
-ent	*imminent*	-ente	**inminente**
-ge	*privilege*	-gio	**privilegio**

	Sufijos *Suffixes* (continued)		
INGLÉS	**EJEMPLO**	**ESPAÑOL**	**EJEMPLO**
-ic	*logic*	**-ico/-ica**	**lógico/lógica**
-ine	*discipline*	**-ina**	**disciplina**
-ism	*vegetarianism*	**-ismo**	**vegetarianismo**
-ist	*dentist*	**-ista** (*m./f.*)	**dentista**
-ment	*department*	**-mento**	**departamento**
-mony	*ceremony*	**-monia**	**ceremonia**
-ter/-tre	*center*	**-tro**	**centro**
-tery	*mystery*	**-terio**	**misterio**
-tion	*precaution*	**-ción** (*f.*)	**precaución**
-ty	*society*	**-dad/-tad** (*f.*)	**sociedad/libertad**
-ure	*adventure*	**-tura**	**aventura**
-y	*geology*	**-ía**	**geología**

Now add suffixes to these English words to make their Spanish equivalents.

adversary	spectators	velocity
spectacle	exhibition	literature
sufficient	obstacles	athleticism

Prácticas

A. Haz una lista de cinco deportes y el equipo que le corresponda cada uno.

■ **Ejemplo** **bucear**
aletas, tubo de respiración, etc.

B. Explícale a alguien de la clase todas tus actividades de ayer y anoche.

C. Tienes la oportunidad de entrevistar a personas famosas. Piensa en diez celebridades y pídeles sus opiniones sobre varios temas.

■ **Ejemplo** **Andre Agassi: ¿Qué opina usted del tenis de hoy?**

D. Haz una cronología lineal personal con las expresiones de tiempo de este capítulo: **el año pasado, el mes pasado, anteayer, ayer, anoche.** Describe una actividad usando cada expresión de tiempo.

■ **Ejemplo** **Aprendí a patinar el año pasado.**

E. Escribe de nuevo los sustantivos del *Vocabulario* en las páginas 297–299 y clasifícalos según su género.

◆ ◆ ◆

VOCABULARIO

Diversiones y aficiones *Leisure-time activities*

bailar	*to dance*
caminar/pasear	*to walk*
coleccionar	*to collect*
cultivar el jardín	*to garden* (flowers)
hacer crucigramas	*to do crossword puzzles*
ir a la ópera	*to go to the opera*
a un club	*to a club*
a un concierto	*to a concert*
a una conferencia	*to a lecture*
al ballet	*to the ballet*
al cine	*to the movies*
al circo	*to the circus*
al museo	*to the museum*
al parque (de atracciones)	*to the (amusement) park*
al teatro	*to the theater*
jugar(ue) a las cartas/los naipes	*to play cards*
al ajedrez	*chess*
revelar fotos	*to develop photographs*
sacar fotos	*to take photographs*
tocar (*un instrumento musical*)	*to play* (a musical instrument)
ver la televisión	*to watch television*

Deportes *Sports*

andar en bicicleta	*to bicycle*
motocicleta	*motorcycle*
bucear	*to scuba dive*
bucear con tubo de respiración	*to snorkel*
cazar	*to hunt*
correr	*to run*
esquiar	*to ski*
hacer montañismo	*to climb mountains*
ejercicios	*exercise*
ejercicios aeróbicos	*do aerobics*
esquí acuático	*water-ski*
jugar al baloncesto	*to play basketball*
al béisbol	*baseball*
al fútbol	*soccer*
al fútbol americano	*football*
al ráquetbol	*racquetball*
al tenis	*tennis*
levantar pesas	*to lift weights*
montar a caballo	*to ride horseback*
nadar	*to swim*
navegar a la vela	*to sail*
patinar sobre hielo	*to ice-skate*
ruedas	*to roller-skate, roller-blade*
pescar	*to fish*
practicar artes (*f.*) marciales	*to practice martial arts*
un deporte	*to play a sport*

Lugares de diversión *Places for recreation*

cancha	*court, field*	jardín (*m.*)	*(flower) garden*
cine (*m.*)	*movie theater*	museo	*museum*
club (*m.*)	*club*	patio	*patio, courtyard, (flower) garden*
cuarto oscuro	*darkroom*	piscina	*swimming pool*
estadio	*stadium*	pista	*track, rink*
estudio	*studio*	sala de recreación	*recreation room*
galería	*gallery*	salón (*m.*)	*hall, ballroom*
gimnasio	*gymnasium, gym*	teatro	*theater*

Otras palabras *Other words*

aficionado/aficionada	*fan*	equipo	*team*
competencia/competición (*f.*)	*competition*	escultura	*sculpture*
cuadro	*painting*	ganar	*to win*
deportivo/deportiva	*related to sports, sporting*	juego	*game* (Monopoly, hide-and-seek)
empatar	*to tie, score*	partido	*game, match*
entrada/boleto	*ticket*	película	*movie, film*
entrenador/entrenadora	*coach*	perder (ie)	*to lose*
entrenar	*to train, coach*	taquilla	*box office*

Expresiones de tiempos definidos *Definite-time expressions*

a las cinco de la tarde	*at five in the afternoon*
anoche	*last night*
anteayer	*the day before yesterday*
ayer	*yesterday*
el año pasado	*last year*
el mes anterior a	*the month before*
el sábado pasado	*last Saturday*
esta mañana	*this morning*

Verbos que cambian la raíz en el pretérito *Verbs whose stems change in the preterite*

competir (i)	*to compete*	reír (i)	*to laugh*
conseguir (i)	*to obtain, get*	repetir (i)	*to repeat*
divertirse (i)	*to have fun*	seguir (i)	*to follow*
dormir (u)	*to sleep*	sentir (i)	*to regret*
mentir (i)	*to lie*	sentirse (i)	*to feel*
morir (u)	*to die*	sonreír (i)	*to smile*
pedir (i)	*to ask for, request*	sugerir (i)	*to suggest*
preferir (i)	*to prefer*	vestirse (i)	*to get dressed*

Cómo añadir información *Adding information*

Además . . .	*In addition . . .*
A propósito/De paso . . .	*By the way . . .*
También . . .	*Also . . .*

Cómo pedir clarificación *Asking for clarification*

¿Cómo?	*What?*	¿Perdón?	*Pardon me?*
Dígame (Dime) una cosa.	*Tell me something.*	¿Qué? Otra vez, por favor.	*What? One more time, please.*
Más despacio.	*More slowly.*	Repita (Repite), por favor.	*Please repeat.*
No comprendo./ No entiendo.	*I don't understand.*		

Cómo pedir opiniones   *Asking for opinions*

¿Cuál prefieres?	*Which do you prefer?*
¿Qué opinas de . . . ?	*What's your opinion about . . . ?*
¿Qué piensas?	*What do you think?*
¿Qué te parece(n) . . . ?	*How does/do . . . seem to you?*
¿Te gusta(n) . . . ?	*Do you like . . . ?*
¿Te interesa(n) . . . ?	*Are you interested in . . . ?*

Cómo dar opiniones   *Giving opinions*

Me gusta(n) . . .	*I like . . .*
Me interesa(n) . . .	*I'm interested in . . .*
Me parece(n) . . .	*It seems . . . to me. (They seem . . . to me.)*
Opino que . . .	*It's my opinion that . . .*
Pienso que . . .	*I think that . . .*
Prefiero . . .	*I prefer . . .*

Palabras y frases transicionales   *Transitional words and phrases*

TO SHOW THAT A SIMILAR POINT IS BEING MADE

además	*besides, furthermore*
del mismo modo	*similarly*
otra vez	*again*
también	*also, in addition*

TO SHOW THAT A CONTRASTING POINT IS BEING MADE

a pesar de	*in spite of*
al contrario	*on the contrary*
aunque	*although*
no obstante	*however*
pero/sino (que)	*but*
por otra parte	*moreover, on the other hand*
sin embargo	*nevertheless*

TO SHOW RELATIONSHIPS

así	*thus*
en particular	*in particular*
en principio	*in principle*
por eso	*therefore*

TO SHOW ORDER OF EVENTS

al fin y al cabo	*after all*
al principio	*at the beginning*
ante todo	*first of all, first and foremost*
anteriormente	*formerly*
antes/previamente	*previously*
inicialmente	*initially*
en conclusión/en suma	*in conclusion*
en resumen	*in summary*
entonces/después/luego	*then, next*
hasta ahora/hasta aquí	*up to now, so far*
hasta hace poco	*until a little while ago*
para empezar	*to begin with*
por último	*lastly, finally*

La salud

Una clínica colombiana

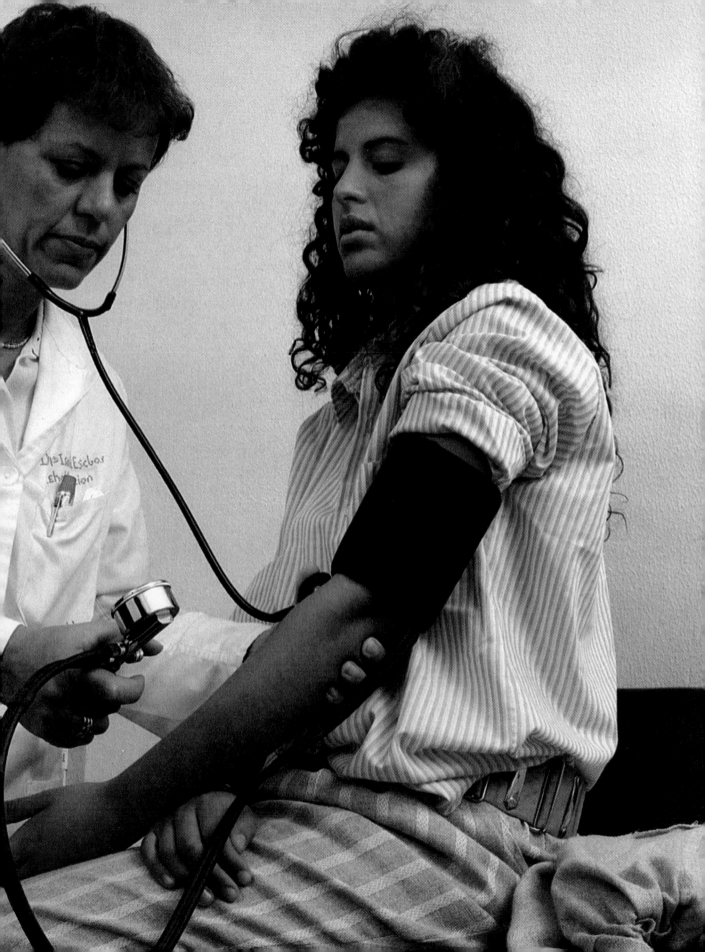

◆ **Orientación** To review the goals and use of the *Preparación* and *Introducción* sections, see the *Orientaciones* on p. 12.

INTRODUCCIÓN

Antes de leer

Buena salud. Being in good health is an international issue, and articles on how to maintain one's physical well-being and appearance are featured in newspapers and magazines in all Spanish-speaking countries. These articles range from tips on avoiding stress and maintaining a positive attitude to ideas for meals, diet suggestions, and exercise plans for the weekend athlete. Before answering the questionnaire below, list four things you do to maintain a healthy lifestyle and four things you would like to improve or avoid.

◆ **Vocabulario esencial ¿Qué tal la salud?**

dolor de cabeza *headache*

■ **Ejemplo** BUENO: *Corro todas las mañanas antes de ir a clases.*
MALO: *No bebo mucha agua y como poca fruta.*

¡A leer!

¿Qué tal la salud? Ahora lee las siguientes preguntas y determina si tienes o no tienes buena salud.

¿Qué tal la salud?

1. ¿Qué haces por la noche antes de acostarte?
   - (O) Hago cosas que me gustan y que me relajan, como leer un libro o escuchar la radio.
   - (X) Tomo una cerveza mientras que veo la televisión.
   - (+) Trabajo hasta que es hora de dormir. Nunca tengo tiempo para descansar.
2. ¿Qué tomas generalmente al mediodía?
   - (+) Una bebida dietética
   - (O) Una comida sencilla pero sana
   - (X) Una hamburguesa, papas fritas y una Coca-Cola
3. ¿Qué haces cuando tienes dolor de cabeza?
   - (O) Salgo a tomar aire para relajarme.
   - (X) Me tomo una aspirina.
   - (+) Me preocupo porque sé que tengo que continuar trabajando.
4. ¿Qué haces cuando alguien se enfada contigo?
   - (X) Empiezo a gritar y a llorar.
   - (O) Intento explicar las razones con cierta moderación y al mismo tiempo con firmeza.
   - (+) No digo nada y continúo con el trabajo, pero durante el resto del día estoy de mal humor.
5. ¿Practicas algún deporte o haces algún tipo de ejercicio?
   - (X) Casi nunca
   - (+) Sólo cuando la ropa me aprieta mucho
   - (O) Con cierta regularidad
6. ¿Cómo es tu alimentación en general?
   - (X) Más bien rica; me gusta comer bien.
   - (O) Variada; me gusta comer bien, pero al mismo tiempo trato de controlar lo que como.
   - (+) Depende. Algunos días como, otros no.

7. ¿Tienes tiempo para dedicarte a alguna actividad que te gusta, además del trabajo?
- (X) De vez en cuando, pero no tengo preferencias.
- (+) Trabajo demasiado y no tengo tiempo para otras actividades.
- (O) A pesar de estar siempre muy ocupado/a dedico algunos momentos a relajarme.

8. ¿Sufres de dolores de cabeza, depresiones o estrés?
- (O) Muy rara vez
- (+) Con frecuencia
- (X) A veces

RESULTADOS DEL CUESTIONARIO

Más Os ¡Felicitaciones! Gozas de buena salud, así como de buena resistencia al estrés.

Más Xs Tu actitud respecto a tu bienestar físico es de una absoluta falta de interés. Tienes que pensar en mejorar la calidad de tu vida, en hacer más ejercicio y en disminuir la dosis de alcohol, café, tabaco, etc.

Más + s El exceso de trabajo, un ritmo de vida demasiado intenso y la tensión son las causas de tu malestar, que se pueden resumir en una sola palabra: estrés. La calidad de vida es tan importante como el trabajo. Tienes que aprender a descansar y a divertirte más.

Después de leer

A. Preguntas personales. En parejas, contesten las siguientes preguntas brevemente en español.

1. ¿Qué haces antes de acostarte?
2. ¿Qué tomas mientras estás viendo la televisión?
3. Normalmente, ¿qué comes al mediodía?
4. ¿Te gustan las bebidas dietéticas?
5. Cuando tienes dolor de cabeza, ¿qué tomas?
6. ¿Cuándo te enfadas? ¿Quién se enfada contigo frecuentemente?
7. ¿Qué deportes practicas?
8. ¿Tratas de controlar lo que comes?
9. Además del trabajo o de los estudios, ¿qué otras actividades haces?
10. ¿Cuándo te pones nervioso/nerviosa?

B. Sugerencias. Según la información dada en el cuestionario, cuéntale a alguien de la clase cómo vas a mejorar tu condición física y qué malos hábitos vas a cambiar.

■ **Ejemplo**   ESTUDIANTE 1: ***En vez de estudiar hasta la hora exacta de dormir, voy a relajarme viendo la televisión o leyendo un libro.***

   ESTUDIANTE 2: ***Por la mañana, sólo bebo café. Voy a intentar comer mejor.***

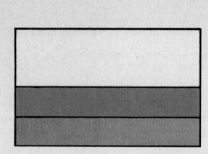

◆ **Orientación** To review the goals and use of the *Cultura* section, see the *Orientación* on p. 14.

  Guía Cultural

◆ For additional information on **América andina,** see the *Guía cultural.*

Colombia

CAPITAL	Bogotá
GEOGRAFÍA	En Sudamérica; situada al suroeste de Venezuela, al oeste de Brasil, al norte de Perú y al este del océano Pacífico
ÁREA	439.737 millas cuadradas (1.138.918 kilómetros cuadrados)
POBLACIÓN	28.790.000
EXPORTACIÓN	Café, bananos, productos textiles, azúcar, maquinaria, flores, esmeraldas
MONEDA	Peso

Los centros de salud. En Colombia, el sistema de salud más común para la mayoría de los trabajadores es el seguro social porque ofrece servicios médicos gratuitos. El seguro social incluye atención médica y cirugía en los hospitales, y en algunos casos, los medicamentos. También hay centros médicos especializados y clínicas privadas. Para poder ofrecer mejores servicios de salud, todas las grandes ciudades cuentan con planes médicos. Muchas veces estos planes médicos no están al alcance del trabajador común. Los planes médicos incluyen medicina general, medicina preventiva, pediatría, optometría, ortopedia, ginecología y laboratorios clínicos. El plan de medicina preventiva ofrece terapia física y servicios de odontología. Las compañías que ofrecen este servicio equivalen a un buen seguro médico en Estados Unidos.

Cuando uno no se siente bien pero no necesita ir al médico, muchas veces se le puede consultar a un farmacéutico quien puede recomendarle medicamentos para curar un catarro°, una indigestión o algún tipo de dolor muscular. El farmacéutico puede dar medicamentos sin receta médica, aconsejar a la gente, ofrecer algunos servicios: tomar la presión, poner inyecciones y hacer diferentes tipos de análisis. Todos los días una lista de farmacias de turno o de guardia se publica en los periódicos locales en donde se indican el horario y la dirección. En caso de urgencia, la gente puede comprar el medicamento necesario a cualquier hora del día o de la noche.

♦ **Orientación** To review the goals and use of the *Prácticas* section, see the *Orientación* on p. 19.

Prácticas

A. Preguntas personales. Contesta las siguientes preguntas sobre los servicios médicos de tu universidad.

1. ¿Tienes seguro de salud? ¿Cuánto cuesta por trimestre/semestre/año?
2. ¿Cuánto cuesta una consulta médica si tienes un catarro y/o algún tipo de dolor muscular?
3. Cuando estás enfermo/enferma, ¿prefieres ir a tu médico de cabecera° o al centro de salud estudiantil? ¿Por qué?
4. ¿Cuándo fue la última vez que fuiste a urgencias?
5. ¿Cuántas veces al año vas al médico? ¿al dentista?
6. Cuando tienes que comprar un medicamento a las diez o las once de la noche, ¿adónde vas?
7. ¿Es difícil conseguir un buen tratamiento médico en Estados Unidos si uno no tiene seguro médico?

B. ¿Servicios para todos? En parejas, escriban cinco oraciones que describan un buen programa de seguro médico.

■ **Ejemplo** *Un buen programa de seguro médico es económico.*

---

catarro *cold*   **médico de cabecera** *general practitioner*

El servicio de urgencias. En Colombia, como en muchos otros países hispanohablantes, hay buenos servicios de urgencias. Allí acuden los enfermos que requieren una atención inmediata cuando la vida de éstos corre peligro. Los médicos citan como casos de urgencia los accidentes, la aparición de dolor en cualquier parte del cuerpo, los vómitos repetidos, las hemorragias que no se detienen, la diarrea en los niños, y así sucesivamente. Hospitales y clínicas privadas ofrecen servicios de urgencia. En estos lugares, hay un grupo de profesionales de salud debidamente calificado. Este grupo de profesionales incluye enfermeros, enfermeras, médicos generales y médicos especialistas. Por ejemplo, la Organización Sanitas Internacional dispone de una infraestructura tal que sus usuarios y público en general tienen a su disposición los Medicentros. Éstos están especializados en la atención inmediata y en la consulta externa. Los Medicentros se han ubicado estratégicamente en todo el país como por ejemplo en Santafé de Bogotá, Cali, Medellín, Bucaramanga y Barranquilla. En ellos se atiende a los usuarios las 24 horas del día. Hay médicos generales y especializados preparados para atender inmediatamente a los enfermos.

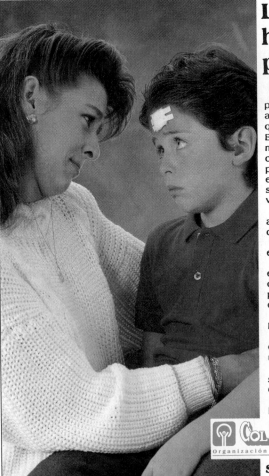

La vida es hermosa ... pero frágil!

En cualquier momento puede presentarse un accidente o una emergencia que ponen en peligro la salud. En ése y en todos los momentos, Colsanitas está con usted. Colsanitas le presta servicio de Urgencias en forma cálida y oportuna a sus afiliados, con todas estas ventajas:

• Más centros de atención inmediata disponibles .
• Más profesionales y entidades adscritos.
• Atención de urgencias en más ciudades: 36 en total con carné y en el resto del país, con reembolso del valor de los servicios.
• Respaldo de Sanitas Internacional.
• La más amplia experiencia en asistencia médica integral.

Compare y tome su más sana decisión: afíliese a Colsanitas, que lleva más de 10 años amando y cuidando la vida.

ColSanitas
Organización Sanitas Internacional

Su más sana decisión.

• Santafé de Bogotá • Armenia
• Barrancabermeja • Barranquilla
• Bucaramanga • Cali • Cartagena
• Cartago • Cúcuta • Granada
• Manizales • Medellín • Palmira
• Pereira • Santa Marta • Villavicencio

Prácticas

A. ColSanitas. Lee el anuncio de *ColSanitas.* Después, en parejas, escriban una lista de los servicios que ofrecen.

■ **Ejemplo**
ColSanitas ofrece servicio de urgencias.

B. Opiniones. En varios países hay un control por parte del gobierno de los precios que los laboratorios farmacéuticos pueden asignarles a los medicamentos. En parejas, escriban cinco oraciones que apoyen o rechacen la idea de precios fijos° para los medicamentos.

precios fijos *fixed prices*

EXPRESIONES  Textbook Cassette

◆ **Orientación** To review the goals and use of the *Expresiones* section, see the *Orientación* on p. 16.

El cuerpo humano. En esta lección vas a aprender las partes del cuerpo humano y algunas expresiones relacionadas con la salud y el estado físico. A continuación vas a escuchar un texto. Intenta sacar las ideas principales. Luego contesta las preguntas de la sección *Comprensión.*

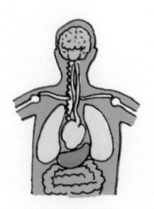

Comprensión

¿Entendiste las ideas principales del texto que escuchaste? Lee las siguientes preguntas y contéstalas brevemente en español.

1. ¿Dónde se encuentran las caderas?
2. ¿A qué se refiere la palabra "extremidades"?
3. ¿Qué hace el codo?
4. ¿Dónde se encuentran o se localizan cuatro de los órganos de los sentidos?
5. ¿Qué sentido está localizado en los ojos?
6. ¿Para qué sirven las cejas?
7. ¿Qué contiene la boca?
8. ¿Qué controla el cerebro?
9. ¿Qué hacen las arterias y venas?
10. ¿Con qué respira el ser humano?

Para hablar del cuerpo	*Talking about the body*		
adelgazar	*to lose weight*	masticar	*to chew*
aliviar	*to relieve, alleviate*	oler°	*to smell*
doblar	*to bend*	proteger	*to protect*
engordar	*to gain weight*	respirar	*to breathe*
mantenerse (ie)	*to stay fit, keep*	sostener (ie)	*to support*
en forma	*in shape*	tocar	*to touch*

---

oler huelo, hueles, huele, olemos, oléis, huelen

◆ The plural of **nariz** is **narices**.

Partes de la cabeza *Parts of the head*

barbilla	*chin*	mejilla	*cheek*
boca	*mouth*	nariz (*f.*)	*nose*
cara	*face*	oído	*(inner) ear*
ceja	*eyebrow*	ojo	*eye*
diente (*m.*)	*tooth*	oreja	*(outer) ear*
frente (*f.*)	*forehead*	párpado	*eyelid*
labio	*lip*	pelo/cabello	*hair*
lengua	*tongue*	pestaña	*eyelash*

Partes del tronco *Parts of the trunk*

abdomen (*m.*)	*abdomen*	hombro	*shoulder*
cadera	*hip*	muslo	*thigh*
cintura	*waist*	nalga	*buttock*
cuello	*neck*	pecho	*chest, breast*
espalda	*back*		

Extremidades *Extremities*

brazo	*arm*	pie (*m.*)	*foot*
codo	*elbow*	pierna	*leg*
dedo/pulgar (*m.*)	*finger, toe/thumb*	rodilla	*knee*
mano (*f.*)	*hand*	tobillo	*ankle*
muñeca	*wrist*		

Sentidos *Senses*

gusto	*taste*
oído	*hearing*
olfato	*smell*
tacto	*touch*
vista	*sight*

Partes del esqueleto *Parts of the skeletal system*

columna vertebral	*spinal column*
coyuntura	*joint*
hueso	*bone*

Órganos internos	*Internal organs*		
arteria	*artery*	intestino	*intestine*
cerebro	*brain*	pulmón (*m.*)	*lung*
corazón (*m.*)	*heart*	riñón (*m.*)	*kidney*
estómago	*stomach*	vena	*vein*
hígado	*liver*		

◆ Note these plural forms:
corazones, pulmones, riñones.

Palabras relacionadas	*Related words*		
cutis (*m.*)	*complexion*	respiración (*f.*)	*breathing*
delantero/delantera	*front*	salud (*f.*)	*health*
digestión (*f.*)	*digestion*	sangre (*f.*)	*blood*
inferior	*lower*	sano/sana	*healthy*
piel (*f.*)	*skin*	ser humano	*human being*
postura	*posture*	superior	*upper*

Prácticas

A. Asociaciones. Trabaja con alguien de la clase e identifica las partes del cuerpo que se asocian con los siguientes procesos y actividades.

■ **Ejemplo** el fumar
>> *los pulmones*

1. la respiración
2. el beber
3. el correr
4. el tacto
5. el olfato
6. la vista
7. el cantar
8. el hablar
9. la natación
10. los juegos de vídeo
11. el gusto
12. el oído
13. la digestión
14. el ballet
15. el pensamiento

B. Simón dice. En parejas, practiquen algunos mandatos que incluyan partes del cuerpo.

■ **Ejemplo** nariz
>> ESTUDIANTE 1: ***Simón dice: «Tócate°***
>> ***la nariz.»***
>> ESTUDIANTE 2: (Touches his/her nose.)
>> ESTUDIANTE 1: ***Simón dice: «Levanta°***
>> ***el brazo izquierdo.»***
>> ESTUDIANTE 2: (Raises his/her left arm).
>> ESTUDIANTE 1: ***«Baja° la cabeza.»***

EL PRÓXIMO FASCÍCULO ES MUY FÁCIL DE DIGERIR
(Pruébalo el domingo)

Aparato Respiratorio
Aparato Circulatorio
Corazón
Aparato Digestivo
Sistema Urinario

ENCICLOPEDIA SERES VIVOS
EL TIEMPO

Tócate *Touch* **Levanta** *Raise* **Baja** *Lower*

◆ **Una cosita más** When talking about body parts, Spanish speakers use the definite article instead of the possessive adjective: **Me duele *la* cabeza.** *My head hurts.* **Tengo *los* pies hinchados.** *I have swollen feet.*

C. Un análisis del cerebro. Descubre si piensas más con el hemisferio izquierdo del cerebro o con el derecho. Contesta las siguientes oraciones con **Sí** o **No.** Luego lee el análisis a continuación.

◆ **Vocabulario esencial**
Análisis del cerebro

rompecabezas	*puzzles*
números impares	*odd numbers*
números pares	*even numbers*

ANÁLISIS DEL CEREBRO

1. Captas los conceptos espaciales.
2. Tienes talento para hacer planes.
3. Tienes buena intuición.
4. Te gusta poner las cosas en secuencia.
5. Tienes una mente lógica y creadora.
6. Aplicas la lógica para resolver problemas.
7. Te gusta bailar y tienes ritmo.
8. Te gustan las lenguas.
9. Aprecias las bellas artes y la música.
10. Tienes una buena memoria.
11. Entiendes fácilmente los aparatos mecánicos.
12. Siempre dices la palabra correcta.
13. Tienes una coordinación física superior.
14. Te gusta analizar los problemas desde varias perspectivas.
15. Puedes calcular las distancias con precisión.
16. Tienes buen sentido del tiempo.
17. Te consideras una persona sentimental.
18. Tienes facilidad para las matemáticas.
19. Te gustan los rompecabezas.
20. Tienes talento para escribir cartas.
21. Siempre tienes nuevas ideas.
22. Mantienes bien arreglado tu escritorio.
23. Aprecias las cosas bellas.
24. Tienes capacidad para los juegos de palabras.

ANÁLISIS

Los números impares miden el hemisferio derecho. Los números pares miden el hemisferio izquierdo. Cuenta todas las respuestas afirmativas que corresponden a los números impares. Después cuenta las respuestas afirmativas que corresponden a los números pares. Si la diferencia entre los totales es dos o menos, no tienes un hemisferio dominante. Si uno de los totales (impares o pares) es más de dos, ése es tu hemisferio dominante.

Dominio del hemisferio derecho Eres una persona intuitiva y perceptiva. Tienes capacidad para los aparatos mecánicos y entiendes los dibujos mecánicos. Tienes una buena coordinación física.

Dominio del hemisferio izquierdo Tienes talento para las palabras y lenguas. Usas la lógica y el análisis. Tienes una buena memoria y tienes capacidad para las matemáticas. Tienes un buen sentido del tiempo.

D. Seres Vivos. Lee el índice de materias de la enciclopedia visual **_Seres Vivos_**
y busca la definición apropiada para las partes del cuerpo a continuación.

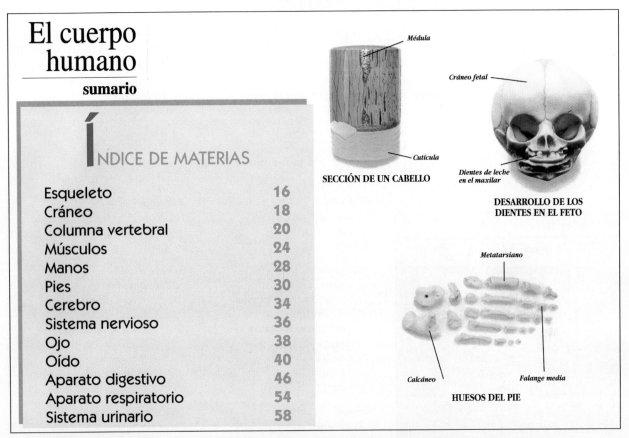

El cuerpo humano

sumario

Médula

Cutícula

SECCIÓN DE UN CABELLO

Cráneo fetal

Dientes de leche en el maxilar

DESARROLLO DE LOS DIENTES EN EL FETO

Metatarsiano

Calcáneo

Falange media

HUESOS DEL PIE

1. Los riñones filtran las toxinas y sin ellos una persona no podría vivir
2. Central de intercambio de gases del cuerpo con el exterior
3. Informa al cerebro de los sonidos que le llegan y de la posición del individuo en el espacio
4. Órganos de recepción y transformación de las materias líquidas y sólidas necesarias para la obtención de energía, de protección frente a invasiones de microorganismos ajenos al cuerpo
5. Es el órgano encargado de transformar la luz en impulsos nerviosos
6. La más compleja red de comunicación conocida hasta el momento
7. El órgano que más nos diferencia del resto de los animales
8. Nos sirve de soporte y nos ayuda a mantener el equilibrio en la marcha bípeda°
9. Es probablemente la herramienta° más útil del Reino Animal
10. Permiten la mayor parte de los movimientos del cuerpo
11. Es la parte del esqueleto que mayor trabajo realiza a lo largo de nuestra vida
12. Es la parte del esqueleto que corresponde a la cabeza
13. Sin un soporte rígido, sería imposible la existencia de algunos animales incluso de pequeño tamaño

---

bípeda _two-legged_ **herramienta** _tool_

◆ **Orientación**   To review the goals and use of the *Así es* section, see the *Orientación* on p. 21.

Así es

Cómo describir síntomas

The embassies, **Oficinas de Turismo,** or hotel concierges in Colombia will provide the names of English-speaking physicians, and many major hotels and hospitals have translators available. For a mild case of indigestion or a headache, however, a trip to the local pharmacy will usually suffice. The following phrases will help you describe some typical symptoms.

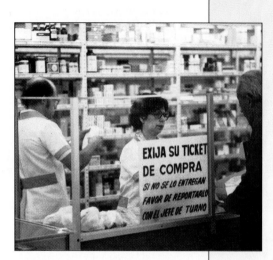

Una farmacia en Bogotá

En la farmacia	*At the pharmacy*
desmayarse	*to faint*
estornudar	*to sneeze*
fracturarse/romperse	*to break*
marearse	*to feel/get dizzy*
vomitar	*to vomit*
tener catarro	*to have a cold*
diarrea	*diarrhea*
dolor (*m.*) de garganta	*a sore throat*
dolores musculares	*muscle aches*
el pulso acelerado	*a rapid pulse rate*
erupción (*f.*)	*a rash*
fiebre (*f.*)	*a fever*
mareos	*to be dizzy*
tos (*f.*)	*a cough*
Me duele la cabeza/ la espalda, etc.	*I have a headache/ backache, etc.*
Me duele todo el cuerpo.	*My whole body aches.*
Me tiemblan las manos.	*My hands are shaking.*
necesitar pastillas (contra la fiebre/los mareos, etc.)	*to need pills (for fever/ dizziness, etc.)*
necesitar una receta/unas aspirinas/un antibiótico/ unas gotas/un jarabe	*to need a prescription/aspirins/ antibiotics/drops/cough syrup*

Prácticas

A. No me encuentro bien. Descríbele algunos síntomas a alguien de la clase. Él/Ella tiene que decidir si tú debes ir al médico, ir a la farmacia o solamente quedarte en cama.

■ **Ejemplo**   ESTUDIANTE 1: *Tengo fiebre y me duele la cabeza.*
ESTUDIANTE 2: *Debes tomar dos aspirinas y quedarte en cama.*

B. Tengo que faltar a clase. Escríbele una nota a tu instructor o instructora explicándole que estás enfermo/enferma y que tienes que faltar a clase.

C. Dios cura pero el médico se lleva la plata°. En parejas, hagan los papeles de médico y paciente, describiendo cómo se sienten y diciendo la enfermedad que tienen.

■ **Ejemplo** ESTUDIANTE 1: *Tengo mareos y diarrea.*
ESTUDIANTE 2: *Usted tiene gripe.*

Problemas de salud *Health problems*			
alergia	*allergy*	inflamación (*f.*) de	*strep throat*
anorexia	*anorexia*	la garganta	
asma (*m.*)	*asthma*	insomnio	*insomnia*
cortada	*cut*	mononucleosis (*f.*)	*mononucleosis*
depresión (*f.*)	*depression*	paperas	*mumps*
estreñimiento	*constipation*	quemadura (de sol)	*(sun)burn*
fractura	*broken bone, fracture*	resaca	*hangover*
gripe (*f.*)	*flu*	resfriado	*cold*
hepatitis (*f.*)	*hepatitis*	rubéola	*German measles*
hipertensión (*f.*)	*hypertension, high blood pressure*	sarampión (*m.*)	*measles*
		varicela	*chicken pox*

D. En el consultorio. Cuando no nos sentimos bien y vamos al doctor/ a la doctora, éste/ésta nos hace preguntas sobre nuestro estado. En parejas, practiquen preguntando y dando información sobre su salud.

■ **Ejemplo** tomar vitaminas
ESTUDIANTE 1: *¿Hace cuánto tiempo que tomas vitaminas?*
ESTUDIANTE 2: *Hace un año que tomo vitaminas.* o
Nunca tomo vitaminas.

1. sufrir de depresión
2. tener hipertensión
3. padecer de° insomnio
4. dolerle la cabeza
5. tener gripe
6. tener resaca
7. sufrir de resfriados
8. estar cansado/cansada
9. no comer bien
10. estar a dieta

◆ **Vocabulario esencial**
Achaques universitarios

morder   *to bite*
uña   *fingernail*

E. Achaques universitarios. En parejas, lean el artículo a la derecha y adivinen las enfermedades típicas de los estudiantes.

Achaques universitarios

Ramón Bayes y María Dolores Riba, profesores de la facultad de Psicología de Barcelona, han realizado un estudio según el cual casi la cuarta parte de los estudiantes universitarios padecen de dolores de cabeza, el 13% sufre de estreñimiento y más del 8% tiene etapas de insomnio. El trabajo revela también que un 25% se muerde las uñas y un 3.5% tiene tendencia a arrancarse pelos de la cabeza. Un dato curioso es que las mujeres sufren más de dolores de cabeza que sus colegas, así como de estreñimiento, mientras que los hombres las superan en *tics* nerviosos. El resto de los problemas están repartidos por igual entre ambos sexos mientras son estudiantes universitarios. ■

de mía

Dios curo pero el médico se lleva la plata.
God cures but the doctor gets the money.
padecer de *to suffer from*

SEGUNDA ETAPA Funciones

◆ **Orientación** To review the goals of the **Funciones,** see the **Orientación** on p. 23.

Diario de actividades

◆ For additional practice with informal commands, see the **Diario de actividades, Primera función.**

PRIMERA FUNCIÓN
Giving direct orders using regular informal commands

▲ IMPERATIVE forms are used, both in English and in Spanish, when giving direct orders or COMMANDS **(mandatos).** Some examples in English of affirmative and negative commands are:

Warm up before exercising.
Walk two miles every day.
Don't drink too much coffee.
Don't smoke.

Spanish has several kinds of command forms. In this lesson, you will learn how to give INFORMAL COMMANDS. Informal commands, like the **tú** form of verbs, are used with family, friends, and people of your own age. In some Hispanic cultures, informal commands may be used with domestic helpers, such as maids and gardeners. Both affirmative and negative informal commmands may be softened by adding **por favor.**

As you study the chart below, which shows the AFFIRMATIVE INFORMAL COMMANDS for regular **-ar, -er,** and **-ir** verbs, notice that in each instance the command form is exactly the same as the **usted** form of the verb in the present tense.

Read the following examples about what to do if you have flu symptoms.

Toma antibióticos por la mañana y por la noche.
Bebe muchos líquidos.
Duerme por lo menos ocho horas al día.

Mandatos afirmativos informales			
	-ar	**-er**	**-ir**
VERBO	nadar	correr	abrir
MANDATO	na**da**	corr**e**	abr**e**

Prácticas

A. Cómo curar los ronquidos°. Lee el siguiente artículo sobre cómo evitar los ronquidos y escribe una lista de los mandatos informales.

> # Tratamientos para combatir los ronquidos
>
> ➡ Duerme con la cabeza un poco elevada.
>
> ➡ Baja de peso. Al engordar, también aumenta el volumen de los tejidos de la garganta, lo que favorece el bloqueo de las vías respiratorias.
>
> ➡ Evita los tranquilizantes, somníferos o antihistamínicos pues deprimen el sistema nervioso central.
>
> ➡ Reduce el consumo del alcohol, que también actúa como depresivo del sistema nervioso central. Según un estudio del Colegio de Me-
>
> dicina de la Universidad de Florida, 20 hombres que bebieron un promedio de cinco tragos antes de acostarse roncaron más que los que iban a dormir sobrios.
>
> ➡ Bloquea el ruido. En algunos países es común vender aparatos de "ruidos blancos" que reproducen el sonido de las olas o de lluvias fuertes. Compra una máscara para evitar la luz.
>
> ➡ Recurre al especialista.

B. Para una mejor vida. Escríbele una carta a alguien que sufra de estrés explicándole lo que tiene que hacer para mejorar su forma de vivir. Menciona cómo, dónde o con quién se puede hacer cada actividad.

■ **Ejemplo** cultivar un jardín
   Cultiva un jardín. Planta flores alrededor de la casa o en macetas.

1. pasear
2. montar a caballo o andar en bicicleta
3. practicar un deporte
4. nadar
5. pintar o dibujar
6. levantar pesas o practicar yoga
7. leer un buen libro
8. escuchar música o tocar un instrumento musical

◆ **Vocabulario esencial**
Tratamientos para combatir los ronquidos

peso	*weight*
tejido	*tissue*
vías respiratorias	*airways*
somníferos	*sleeping pills*
trago	*drink, "shot"*
ruido	*noise*
recurrer	*to consult*

C. Una vida sana. Para evitar enfermedades, es bueno cuidar la alimentación, hacer ejercicio y llevar una vida sana. Dale sugerencias a alguien de la clase.

■ **Ejemplo** beber muchos líquidos
   Bebe muchos líquidos.

1. tomar una aspirina todos los días
2. descansar después de comer
3. dormir ocho horas cada noche
4. evitar comida con grasa°
5. comer fruta fresca
6. tomar vitamina C con calcio
7. dejar de fumar
8. comprar productos con menos cantidad de azúcar°
9. caminar en vez de ir en auto a los sitios que están cerca
10. nadar en la piscina de la universidad

---

ronquidos *snoring* **grasa** *fat* **azúcar** *sugar*

▲ The NEGATIVE INFORMAL COMMANDS are a bit more complex. They are formed by taking the **yo** form of the verb, removing the **-o** ending, and adding the opposite vowel (**a → e** or **e → a**) plus **-s**. The word **no** goes directly in front of the verb. The commands have all the stem changes that normally occur in the present indicative. Read the following examples about household safety and study the chart before beginning the **Prácticas.**

No **levantes** objetos pesados sin la ayuda de alguien.
No **dejes** medicamentos cerca de los niños.
No **te subas** encima de sillas o mesas para cambiar bombillas.

◆ **Una cosita más** Verbs that end in **-car, -zar,** and **-gar** have the same spelling changes as in the **yo** form of the preterite. For example:

**buscar/busqué → no busques
empezar/empecé → no empieces
jugar/jugué → no juegues.**

Mandatos negativos informales

VERB	**yo** FORM MINUS **o**	PLUS OPPOSITE VOWEL	PLUS **s**
nadar	nado – o = nad	nad + e = nad**e**	no nad**es**
comer	como – o = com	com + a = com**a**	no com**as**
abrir	abro – o = abr	abr + a = abr**a**	no abr**as**

D. Primeros auxilios. ¿Qué se debe hacer durante una tormenta? ¿Cómo se trata una quemadura? En parejas, elijan la acción apropiada para cada caso.

■ **Ejemplo**   hablar por teléfono   durante una tormenta
    No hables por teléfono durante una tormenta.

buscar rápidamente refugio debajo de un árbol   en la playa
colocar los aparatos eléctricos cerca de la bañera   en el hogar
buscar información sobre las vacunas obligatorias   durante una tormenta
tomar mucho sol   en los viajes

E. Ejercicios saludables. Escribe seis recomendaciones para controlar la tendencia a hacer exceso de ejercicios.

■ **Ejemplo**   ***No corras más de dos millas al día.***

F. En casa. Escríbele una nota a alguien que va a limpiarte la casa diciéndole lo que no debe hacer.

■ **Ejemplo**   ***No muevas los papeles de su lugar.***

▲ Both direct and indirect object pronouns and reflexive pronouns may be used with informal commands. They are *attached* to AFFIRMATIVE COMMANDS, but they *precede* the verb in NEGATIVE COMMANDS. The indirect object or the reflexive pronoun precedes the direct object pronoun and an accent mark is written over the stressed vowel. Remember that the indirect object pronouns **le** and **les** always change to **se** when used together with the direct object pronouns **lo, la, los,** and **las.**

¿Es importante levantar **pesas** cada dos días?   Sí, levánta**las** cada dos días.
¿Es necesario tomar**le** la temperatura al niño?   Sí, tóma**le** la temperatura.
¿Hay que comprar**le vitaminas al niño**?   Sí, cómpra**selas.**

◆　◆　◆

¿Debo tomar **medicamentos** sin consultarle al médico?

No, no **los** tomes.

¿Debo bañar**me** con agua caliente cuando tengo fiebre?

No, no **te** bañes con agua caliente sino con agua tibia.

G. Preguntas. En parejas, hagan preguntas sobre si deben o no deben realizar las siguientes actividades. No se olviden de incluir el pronombre del complemento directo cuando sea necesario.

■ **Ejemplo**   beber bebidas alcohólicas
ESTUDIANTE 1: **¿Debo beber bebidas alcohólicas?**
ESTUDIANTE 2: **No, no las bebas.** o
Bébelas con moderación.

1. fumar cigarrillos
2. tomar vitaminas en vez de comer tres comidas diarias
3. preocuparse mucho por la salud
4. comprar comida con muchos conservantes y aditivos
5. practicar artes marciales
6. tomar la presión arterial todos los años
7. llevar gafas° en vez de lentes de contacto
8. cultivar verduras sin echarles pesticidas
9. tomar pastillas de Biodramina° antes de viajar en avión
10. llamar al médico de cabecera por un dolor de estómago
11. comer pescado° cuatro veces a la semana
12. beber diez vasos de agua cada día

SEGUNDA FUNCIÓN
Giving direct orders using irregular informal commands

 In Spanish, several irregular verbs have IRREGULAR AFFIRMATIVE INFORMAL COMMAND forms. These forms, the most common of which are shown in the chart on the next page, should be memorized. As you study the forms and the examples, identify the commands that Calvin's mother uses as she orders him to take a bath.

📖 Diario de actividades

◆ For additional practice with irregular informal commands, see the *Diario de actividades, Segunda función.*

◆ **Vocabulario esencial**
Calvin
Como si fuera mi culpa — *As if it were my fault*
escondite — *hiding place*

---

gafas *glasses*   **Biodramina** *Dramamine*   **pescado** *fish*

Mandatos afirmativos informales de verbos irregulares		
VERBO	**MANDATO AFIRMATIVO**	
dar	da	¡**Da**le de comer al niño!
decir	di	¡**Di** siempre la verdad!
hacer	haz	¡**Haz** ejercicio todos los días!
ir (se)	ve (te)	¡**Ve** al dentista cada seis meses!
poner	pon	¡**Pon** hielo en la quemadura!
salir	sal	¡**Sal** en seguida!
ser	sé	¡**Sé** prudente con los medicamentos!
tener	ten	¡**Ten** cuidado con la comida!
venir	ven	¡**Ven** aquí!

Prácticas

A. En la misma casa. En parejas, den mandatos informales.

■ **Ejemplo**   poner la mesa
   Pon la mesa.

1. hacer la cama
2. poner los libros en la estantería
3. darle de comer al gato
4. ir de compras
5. decirle al profesor que estás enfermo/enferma
6. ser un poco más tolerante
7. tener paciencia con tus amigos
8. venir aquí para ayudarme con la limpieza
9. hacer la tarea antes de la una de la mañana
10. salir con los amigos de vez en cuando

B. ¡Qué niños! Todas las personas que cuidan a los niños saben la importancia de los mandatos informales. En parejas, hagan una lista de los mandatos afirmativos que serían más útiles con un niño o una niña de seis años.

■ **Ejemplo**   ***Vete a dormir ahora mismo.***

▲ In the chart on the next page, which shows the NEGATIVE INFORMAL COMMAND forms of IRREGULAR verbs, you will notice that most of the forms are based on the first person singular **(yo)** present indicative form. As a general rule, the negative informal command forms of verbs with a **yo** form ending in **-go** or **-zco** in the present indicative are based on this form. For example:

traer/traigo → no **traigas**
desaparecer/desaparezco → no **desaparezcas**
conducir /conduzco → no **conduzcas**

Mandatos informales negativos de verbos irregulares

VERBO	MANDATO NEGATIVO	
dar	no des	¡**No** les **des** tus medicamentos a otros enfermos!
decir	no digas	¡**No digas** mentiras!
hacer	no hagas	¡**No hagas** tonterías!
ir(se)	no te vayas	¡**No te vayas** sin pedir permiso!
poner	no pongas	¡**No** le **pongas** demasiada sal a la comida!
salir	no salgas	¡**No salgas** sin abrigo!
ser	no seas	¡**No seas** tan impertinente!
tener	no tengas	¡**No** les **tengas** tanto miedo a los dentistas!
venir	no vengas	¡**No vengas** a clase sin tu tarea!

◆ **Una cosita más** There are also affirmative and negative command forms for **vosotros**. These are formed by changing the final **-r** of the infinitive to **-d**. For example:

hablar → habla<u>d</u>
comer → come<u>d</u>
escribir → escribi<u>d</u>
ir → i<u>d</u>, salir → sali<u>d</u>

When the affirmative command of **vosotros** is used with the reflexive pronoun **os**, the final **-d** is dropped. For example:

bañar → baña<u>os</u>
poner → pone<u>os</u>

The negative command forms of **vosotros** are formed by using the opposite vowel in the verb ending. For example:

hablar → no habl<u>éis</u>
comer → no com<u>áis</u>
escribir → no escrib<u>áis</u>

Prácticas

C. La primera semana de clases. Los nuevos estudiantes en la universidad siempre necesitan consejos sobre lo que se debe y lo que no se debe hacer para poderles sacar máximo provecho° a los estudios. En parejas, escriban cinco consejos que les darían a estos estudiantes usando verbos irregulares.

■ **Ejemplo** *No vayas a los bares todas las noches.*

D. Antes de comenzar. Antes de comenzar una dieta, un programa de ejercicios u otras actividades que requieran un buen estado físico, debes consultar con un médico. En parejas, escriban seis consejos para una persona que quiera comenzar a cuidarse más.

■ **Ejemplo** *No practiques el esquí acuático sin previo entrenamiento.*

▲ Direct and indirect object pronouns and reflexive pronouns are attached to affirmative commands, but they precede the verb in negative commands. The indirect object or the reflexive pronoun precedes the direct object pronoun. Remember to write an accent mark over the stressed vowel, if necessary.

___
provecho *advantage*

Prácticas

E. ¿Sí o no? En parejas, hagan y contesten preguntas sobre la salud. Luego decidan si los consejos son apropiados o equivocados.

■ **Ejemplo**   ponerle mucha sal a la comida
  ESTUDIANTE 1: *¿Debo ponerle mucha sal a la comida?*
  ESTUDIANTE 2: *No, no se la pongas.*

1. ir al dentista cada tres años
2. hacer ejercicios aeróbicos
3. salir a la calle sin abrigo
4. ser prudente con las bebidas alcohólicas
5. hacerse un chequeo médico todos los años
6. decirle toda la verdad al médico
7. tener siempre antibióticos y pastillas contra el dolor en casa
8. ir a urgencias cuando tienes catarro
9. poner los lentes de contacto en agua destilada
10. guardar las frutas en el refrigerador

F. Recomendaciones. Usando los mandatos irregulares, prepara una lista de recomendaciones para los aficionados del ejercicio.

■ **Ejemplo**   *Ten cuidado al levantar pesas.*

G. Consejos. En grupos de tres, lean los siguientes horóscopos y, pensando en algunos amigos o parientes, hagan una lista de lo que deben hacer para solucionar sus problemas de salud.

■ **Ejemplo**   Libra   Mal de salud, tanto física como emocional y mental.

No te pongas nervioso en tu trabajo.
Ve al cine o al teatro para relajarte.

---

1. Géminis   Tus asuntos monetarios pasan por un buen momento.

2. Tauro   Este mes resulta muy propicio para comprar.

3. Cáncer   Tus relaciones amorosas siguen adelante.

4. Capricornio   No es de los mejores meses para tu salud.

5. Leo   La buena suerte puede llamar a tu puerta.

---

6. Escorpio El amor te sonríe.   7. Aires Tienes la posibilidad de realizar un viaje.

8. Acuario Los entretenimientos y las diversiones abundan en este mes.

9. Virgo Existen muy buenas oportunidades para conseguir trabajo.

10. Sagitario Mucha vitalidad pero cuidado con tu estómago.

11. Piscis Una buena época para disfrutar de tu hogar.

Diario de actividades

◆ For additional practice using formal commands, see the *Diario de actividades, Tercera función.*

TERCERA FUNCIÓN
Giving direct orders and advice using formal commands

In the *Primera* and *Segunda funciones,* you learned how to give orders to family and friends with informal commands. Now you will learn how to give orders and instructions to people or groups you address as **usted** or **ustedes.** As you will see, the formation of the FORMAL COMMANDS is similar to that of the negative informal commands.

▲ To form the SINGULAR FORMAL **(usted)** COMMAND of regular verbs, drop the **-o** ending from the **yo** form of the present indicative tense and add **-e** for **-ar** verbs and **-a** for **-er** and **-ir** verbs. The PLURAL FORMAL **(ustedes)** COMMAND is formed by adding **-n** to the singular command form. The negative commands are formed by adding the word **no** before the verb.

NO ESPERE MÁS AVISOS PARA ALIVIAR LOS SÍNTOMAS DEL RESFRIADO

¡NUEVA!

Johnson's fricción mentolada
ALIVIA
Johnson & Johnson

LA FÓRMULA DELICADA QUE ALIVIA EFECTIVAMENTE LOS SÍNTOMAS DEL RESFRIADO.

Johnson & Johnson

◆ **Una cosita más** Verbs with a **yo** form ending in **-go** or **-zco** in the present indicative have formal commands like the following examples:

decir → (no) diga(n)
hacer → (no) haga(n)
poner → (no) ponga(n)
salir → (no) salga(n)
tener → (no) tenga(n)
venir → (no) venga(n)
conocer → (no) conozca (n)
producir → (no) produzca (n)

Mandatos formales			
-ar		**-er**	
respir**e**	respir**en**	com**a**	com**an**
no respir**e**	**no** respir**en**	**no** com**a**	**no** com**an**
-ir		**Reflexivos**	
viv**a**	viv**an**	sient**ese**	sient**ense**
no viv**a**	**no** viv**an**	**no se** siente	**no se** sient**en**

▲ There are several irregular formal commands. These should be memorized. Here are the most common ones.

Mandatos formales irregulares		
VERBO	**SINGULAR**	**PLURAL**
dar	dé	den
estar	esté	estén
ir	vaya	vayan
saber	sepa	sepan
ser	sea	sean
ver	vea	vean

▲ As you study the following examples, notice the PLACEMENT of direct and indirect object pronouns and reflexive pronouns.

—¿Necesito tomar **las vitaminas** para el crecimiento?
—Sí tóme**las.**
o
—No, no **las** tome.

—¿Debo llamar **al médico** si padezco de insomnio?
—Sí, lláme**lo.**
o
—No, no **lo** llame.

—Para aliviar las quemaduras, ¿tengo que bañar**me** con agua fría?
—Sí, báñe**se** con agua fría.
o
—No, no **se** bañe con agua fría.

Prácticas

◆ **Vocabulario esencial**
Ayúdenos a rechazar la droga
porte *(m.)*   carrying
firma   signature
sede *(f.)*   headquarters

A. Contra la droga. Lee el siguiente anuncio e identifica todos los mandatos formales. Después escribe tres mandatos más para incluirlos en la campaña contra el consumo de drogas.

Ayúdenos a rechazar la Droga

Si usted no comparte la despenalización del consumo de la dosis personal de droga, apóyenos en la iniciativa de convocar a un referéndum para prohibir su porte y consumo.

Recoja firmas en el formato punteado, o fotocopia, y envíelo a la Cra. 7 Nº. 57–67 en Bogotá o a las sedes de la campaña en el país, a más tardar, el lunes 30 de mayo.

La Nación

B. En el consultorio. En parejas, practiquen los siguientes mandatos que le daría un doctor/una doctora a su paciente.

- **Ejemplo**   sacar la lengua
  Saque la lengua.

1. respirar hondo
2. extender los brazos
3. abrir la boca
4. levantar los pies
5. acostarse en posición totalmente horizontal
6. ir a la farmacia más cercana con esta receta
7. dejar de fumar
8. no comer comida con muchas especias
9. hacer más ejercicio
10. doblar la rodilla

C. En la sala de urgencias. En grupos de tres, escriban diez mandatos que se oyen frecuentemente en la sala de urgencias.

- **Ejemplo**   **Este paciente tiene fiebre. Póngale una inyección.**

En el consultorio *At the doctor's office*	
examen (médico)	*examination*
historia médica	*medical history*
medicamento	*medication*
poner(le) una inyección	*to give (someone) an injection*
prueba	*test*
recetar	*to prescribe*
sacar(le) rayos X	*to take X rays (of someone)*
tomar(le) la presión arterial	*to take (someone's) blood pressure*
tomar(le) la temperatura	*to take (someone's) temperature*
tratamiento	*treatment*
vacunar	*to vaccinate*

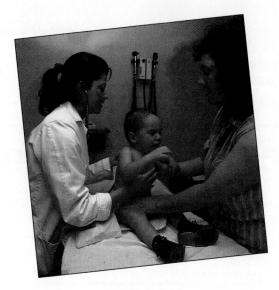

Doctora Duarte con un paciente

D. Cómo mejorar la salud pública.
Seguro que tienes opiniones sobre la política o el gobierno. Escríbeles una lista de diez mandatos a los políticos de tu ciudad, región o país para la mejora de la salud pública.

■ **Ejemplo**
No permitan los vertidos tóxicos.

E. Diez consejos. Lee el artículo de FLEX e identifica los mandatos formales. Después dale cinco consejos a alguien de la clase para dormir mejor.

◆ **Vocabulario esencial**
10 Consejos para dormir mejor

lecho	*bed*
blando/blanda	*soft*
duro/dura	*hard*
colchón *(m.)*	*mattress*

10 consejos para dormir mejor.

Lea estos 10 consejos de Flex. La empresa que desde 1920 se desvela por el sueño de nuestro país: Investigando, innovando, creando nueva tecnología..., pensando siempre en su descanso. Por eso, si usted sueña con dormir mejor, siga los consejos de Flex y duerma a lo grande.

1 Los niños deben dormir de firme: 9 de cada 10 niños y jóvenes duermen de forma inadecuada en la etapa esencial del crecimiento. La posición horizontal y un lecho equilibrado es lo que necesitan para el perfecto crecimiento.

2 Evite los estimulantes: Evite el café, el té y el alcohol en las horas que anteceden al sueño. Al igual que las comidas copiosas son enemigos irreconciliables del buen dormir.

3 Haga deportes, pero de día: El jogging, los ejercicios y el deporte practicado durante las últimas horas del día, produce un cansancio y una tensión muscular que provoca un estímulo inadecuado para las horas del sueño. Por eso la ducha antes de dormir es relajante.

4 No duerma blando, ni duro: Si sufre dolores de espalda lo indicado es un colchón multielástico que se adapta perfectamente a las distintas partes del cuerpo, sobre una base firme y resistente.

5 Elija su colchón según su peso y su estatura: En las tiendas especializadas le darán información.

6 La cama es cosa de dos: el colchón y la base. Lo ideal es dormir en un colchón multielástico sobre una base firme.

7 Silencio, se duerme: La habitación de dormir ha de estar bien ventilada y silenciosa. Colchón multielástico más Canapé eliminan todo tipo de ruidos.

8 No duerma a ciegas: La oscuridad total puede ser fuente de perturbación. Un poco de claridad es sedante y tranquilizadora.

9 Algo muy importante: Observe escrupulosamente un ritmo regular en las horas de acostarse y levantarse.

10 Y un consejo que vale por diez:

Mejor que un Flex ni lo sueñe.

FLEX

COMPRENSIÓN AUDITIVA 📼 Textbook Cassette

◆ **Orientación** To review the goals and use of the *Estrategias* and *Comprensión auditiva* sections, see the *Orientaciones* on p. 36.

Antes de escuchar

Recognizing the speaker's intent. Recognizing the intent of the speaker is another helpful listening strategy. For example, in a radio commentary, the speaker may criticize the effects of secondhand smoke or may comment on the efforts to ban cigarettes in public buildings. During the "critic's corner," a film reviewer may offer an opinion about a recent box-office hit or may critique the latest Broadway production. When listening to a speaker or speakers, one needs first to identify the form of the discourse: a free exchange (spontaneous free speech between two or more people), deliberate free speech (interviews and discussions), an oral presentation of a written text (newscasts and lectures), or an oral presentation of a fixed script (plays or films). Once you have placed what you hear in the proper context, you can then begin to focus on the tone or topic for cues that will help you predict the oral message.

Temas. En parejas, traten de escribir algunos temas sobre la salud que serían apropiados para expresar las siguientes intenciones.

■ **Ejemplo** para criticar
  uso de tabaco, uso excesivo del alcohol, falta de ejercicio

1. para persuadir
2. para defender
3. para advertir°

4. para ofrecer una opinión
5. para explicar

6. para dar información
7. para entretener
8. para enseñar

¡A escuchar!

Información al consumidor. Vas a escuchar cuatro textos. Identifica la intención del locutor y escribe el tema principal de cada pasaje.

• para dar información
• para advertir

• para explicar
• para persuadir

Después de escuchar

A. Comprensión. Escucha de nuevo los textos y contesta las siguientes preguntas brevemente en español. Luego repasa las preguntas antes de escuchar los textos por segunda vez.

1. Para un dolor de espalda, ¿cuántos minutos tienes que estar en la bañera?
2. ¿Hay que bañarse con agua fría o agua caliente?
3. ¿Qué hay que hacer después del baño?
4. ¿Cuáles son los antiguos herbolarios?
5. Antiguamente, ¿para qué se usaba el peyote?
6. ¿Qué otra cualidad tiene esta planta?

---

advertir *to warn, to notify*

7. ¿A qué edad necesita toda persona hacerse un análisis de colesterol?

8. ¿Cuándo se debe uno hacer un análisis bioquímico?

9. ¿Qué es el tabaco suave?

10. ¿Cuál es la alternativa para los fumadores que quieran conservar su salud?

B. Textos originales. En parejas, usen uno de los textos como modelo y escriban dos textos breves para dar consejos y explicar un proceso.

◆ **Orientación** To review the goals and use of the *Lectura* section, see the *Orientación* on p. 38.

LECTURA

Antes de leer

Recognizing the function of a text. Written texts take many different forms. You have already encountered a number of these in your textbook and *Diario de actividades:* literary texts (novels, short stories, plays), technical texts (reports, reviews, textbooks, handbooks), correspondence (personal and business letters, postcards, notes), journalistic literature (articles from newspapers, magazines, editorials, classified ads, weather reports), informational texts (dictionaries, guidebooks, timetables, maps), or realia (tickets, menus, recipes, advertisements).

To comprehend a text, it is important to recognize its function—the purpose for which the text was written. For example, technical texts or informational texts are written to *inform,* to *instruct* or to *report factual information.* Texts, however, may have other functions. Editorial texts usually *criticize* or *comment* on a particular event. Columns on the editorial page may *defend, persuade,* or *offer an opinion.* Still other texts are designed to *clarify,* to *advise,* to *caution,* or to *entertain.*

◆ **Vocabulario esencial**
¿Cita médica?

fresa de   *dentist's drill*
    odontología
quejido   *complaint*
sopesar   *to weigh up*

A buscar textos. En grupos de tres, trabajen con el libro de texto y el *Diario de actividades* y busquen por lo menos ocho textos diferentes con distintas funciones.

◆ **Una cosita más** A lo mejor hay más de una respuesta.

■ Ejemplo	CAPÍTULO	TEXTO	PÁGINA	FUNCIÓN
	Capítulo 9	*Achaques universitarios*	*313*	*to report factual information*

¿CITA MÉDICA?
Cuando la espera lo desespera

Algo más desesperante que el sonido de una fresa de odontología o el quejido de un paciente cuando alguien se encuentra en un consultorio médico antes de ser atendido, es la espera.

Durante ella, muchas personas hacen o se imaginan de todo con tal de sopesar el tedioso paso del tiempo en un salón completamente iluminado, lleno de personas, y con música ambiental de fondo.

Es común que en la espera muchos se tensionen y piensen, por ejemplo, que ese dolor en el hígado es un cáncer, cuando en verdad se trata de una intoxicación por todas las comidas y el trago que con-sumió el día anterior.

Otras personas, en cambio, deciden conversar con los otros pacientes, ojear las revistas de hace años, criticar la decoración del consultorio, pelear con la secretaria de turno o mirar para todos los lados. Pero aparte de sus fantasías o de su peculiar forma de pasar el tiempo, estos son algunos consejos para que usted tenga una espera más tranquila.

☛ Lleve un libro o una revista que esté leyendo o tenga interés de leer.
☛ Observe los folletos de información sobre enfermedades.
☛ Aproveche el tiempo para organizar su agenda o hacer nuevas amistades.
☛ Tómese un tiempo para descansar, si ha tenido o va a tener un día muy agitado.

de Tiempo

¡A leer!

¿Cita médica? Lee este artículo de un periódico colombiano sobre una cita médica y determina la función del texto.

Después de leer

A. En el consultorio. En parejas, escriban una lista de los diferentes tipos de comportamientos que típicamente se ven en el consultorio médico.

■ **Ejemplo** *Muchas personas ojean viejas revistas de decoración o de salud.*

B. ¿En pro o en contra? En grupos de tres, defiendan o rechacen la costumbre de hacer esperar al paciente en el consultorio médico.

COMUNICACIÓN 📼 Textbook Cassette

◆ **Orientación** To review the goals and use of the *Comunicación* section, see the *Orientación* on p. 39.

Los siguientes diálogos se parecen a los comentarios que hace el narrador en la sección *Comprensión auditiva* de tu cassette. Las frases te ayudan a dar sugerencias e instrucciones y a decir si crees o no crees algo. Escucha los diálogos en tu cassette y practícalos con los demás miembros de la clase.

Cómo dar sugerencias usando expresiones impersonales
Giving suggestions using impersonal expressions

Cómo dar instrucciones usando el infinitivo
Giving instructions using infinitives

¿Creer o no creer? *Expressing belief and disbelief*

Prácticas

Cómo dar sugerencias usando expresiones impersonales
Giving suggestions using impersonal expressions

es bueno	*it's good*
es conveniente	*it's convenient*
es importante	*it's important*
es imprescindible	*it's indispensable*
es mejor	*it's better*
es necesario }	
es preciso	*it's necessary*
es preferible	*it's preferable*

A. ¿Qué se debe hacer? En parejas, lean las siguientes oraciones y den soluciones apropiadas. Usen las expresiones impersonales en sus oraciones según el ejemplo.

■ **Ejemplo**   perder sus tarjetas de crédito

ESTUDIANTE 1: ***¿Qué se debe hacer cuando uno pierde sus tarjetas de crédito?***

ESTUDIANTE 2: ***Es preciso llamar al banco.***

1. ganar la lotería
2 encontrar $100 en la calle
3. conseguir dos entradas para un concierto
4. aumentar quince libras°
5. recibir una invitación para una cena formal
6. llegar tarde el primer día de trabajo
7. perder el libro de español
8. tener un accidente con el auto de un amigo
9. romper un vidrio de la ventana del vecino
10. perder la mochila

---

libras *pounds*

Cómo dar instrucciones usando el infinitivo
Giving instructions using infinitives

Aplicar una pomada.	*Apply cream or ointment.*
Bañarse con agua fría/caliente.	*Take a bath in cold/hot water.*
Lavar la herida.	*Wash the wound.*
Llamar al médico.	*Call the doctor.*
Pedir información.	*Ask for information.*
Poner hielo.	*Put on ice.*
Poner una tirita/una venda.	*Put on a Band-Aid/a bandage.*
Quedarse en la cama.	*Stay in bed.*
Sacar la lengua.	*Stick out your tongue.*
Tomar la medicina/las pastillas . . .	*Take the medicine/pills . . .*
después de cada comida.	*after each meal.*
dos veces al día.	*two times a day.*
antes de acostarse.	*before going to bed.*

B. Primeros auxilios. Lee los seis tratamientos a continuación y adivina la urgencia a la que corresponden.

◆ **Vocabulario esencial**
Urgencias/Tratamientos

infarto	*heart attack*
picadura	*bite*
medusa	*jelly fish*
hipo	*hiccough*

URGENCIAS

a. electrocución
b. picaduras de medusa
c. insomnio
d. asma
e. hipo
f. infarto

TRATAMIENTOS

1. Arrancar de la piel todos los tentáculos y el resto del animal. Lavar la zona con agua de mar, después con alcohol o amoníaco. Llevar a la víctima a un centro sanitario para su cuidado.

2. No tocar a la víctima mientras esté todavía en contacto con la fuente de energía. Permanecer sobre algún material aislante mientras intente desconectar la corriente eléctrica con un pedazo de plástico o papel de periódico. Llamar al médico inmediatamente.

3. Mantener un horario regular para levantarse. No echar la siesta. Hacer ejercicio físico de modo regular.

4. Respirar en una bolsa de papel (no de plástico) durante varios minutos.

5. Evitar el humo, el cigarrillo y a los fumadores. Evitar el uso de analgésicos. Tener siempre un inhalador en la cartera, en el auto y en la oficina.

6. Llamar a una ambulancia en seguida y tapar al paciente con unas mantas. No dar bebidas alcohólicas u otros estimulantes.

C. Un amigo enfermo. En parejas, escríbanle una nota a un amigo que no se encuentra bien porque se cayó° de un caballo. Denle algunos consejos apropiados usando las expresiones de la lista o su imaginación.

¿Creer o no creer?	*Expressing belief and disbelief*		
Es cierto/verdad.	*That's right./ That's true.*	Es poco probable.	*It's doubtful/ unlikely.*
Estoy seguro/segura.	*I'm sure.*	No lo creo.	*I don't believe it.*
Lo creo.	*I believe it.*	Cabe dudas.	*There are doubts.*
No cabe duda de que . . .	*There can be no doubt that . . .*	Lo dudo.	*I doubt it.*
No lo dudo.	*I don't doubt it.*		
No tengo la menor duda.	*I haven't the slightest doubt.*	Tengo mis dudas.	*I have my doubts.*
Tienes razón.	*You're right.*	No tienes razón.	*You're wrong.*

D. ¡Cuántas mentiras se dicen! Lee las siguientes oraciones sobre la salud y, en parejas, hagan comentarios.

■ **Ejemplo** Los adultos no necesitan beber leche.
   No es verdad. Hay que tomar calcio de alguna forma para evitar problemas con los huesos.

1. La sal provoca hipertensión.
2. El agua con sal engorda.
3. Fumar ayuda a la digestión.
4. El whisky es bueno para los que han sufrido un infarto.
5. Hay que tomar complejos vitamínicos todos los días.

IDEAS CLARAS
Salud: ¡cuántas mentiras se dicen!

Roncar significa dormir plácidamente. Los ronquidos pueden ser síntoma de una mala respiración nasal, o de una flacidez del velo nasal que dificulta el paso de oxígeno, haciendo que se respire por la boca.

Las quemaduras mejoran con pasta de dientes. Aunque es uno de los remedios caseros más extendidos, no tiene una base científica, pues cada marca tiene por lo general una composición distinta.

◆ Use informal commands or **hay que** + infinitive.

E. Primeros auxilios. Explícale a alguien de la clase lo que se debe hacer si te cortes en el dedo.

---

se cayó *he fell*

F. ¡Cuántas enfermedades! En parejas, indiquen cuándo, dónde o por qué sufrieron de las siguientes enfermedades.

■ **Ejemplo** una fractura

> ***Me fracturé el brazo cuando me caí de un caballo.***
> ***Tenía 13 años y mis padres me llevaron al hospital.***

1. gripe
2. varicela
3. una quemadura de sol
4. mareo
5. infección de garganta
6. resaca
7. insomnio
8. mononucleosis

COMPOSICIÓN

Antes de escribir

Definitions. There are many kinds of expository (nonfiction) writing. The *definition* is perhaps the most common. When we think of definitions, we usually think of the dictionary. Yet an extended definition can be the subject of a composition, an article, or even a book. There are various ways to define a term:

1. By EXAMPLE **La penicilina es un antibiótico poderoso.**
2. By SYNONYM **La respiración es la inhalación de aire.**
3. By WORD ORIGIN **Estetoscopio: instrumento que sirve para auscultar. Del griego: στηθος (pecho) + scopio.**
4. By CLASS **Rubéola: enfermedad contagiosa, normalmente contraída por los niños.**

As you study the above definitions, notice that they all follow a similar pattern:

TERM TO BE DEFINED ➡	Name the word you are defining.	**La penicilina**
CONNECTOR ➡	Usually the word required is **es**.	**es**
CLASS ➡	Use a class or category with which your reader is likely to be familiar.	**un antibiótico**
DIFFERENTIATING DETAILS ➡	Describe the details that make this thing different from other members of the same class.	**poderoso extracto de los cultivos del moho° que se emplea para combatir las enfermedades causadas por ciertos microorganismos.**

---

moho *mold*

◆ Remember to use the preterite tense in your responses when you describe specific events in the past, but the imperfect if you tell how old you were at the time.

◆ Video that supports this chapter includes the following:

¡A CONOCERNOS! Video Program: *La salud* provides support for thematic and linguistic elements in the chapter. Activities that support this video appear in the **Instructor's Resource Kit**.

Mosaico cultural: Remedios tradicionales y modernos expands upon the cultural material presented in the chapter. Activities that support this video are found in the *Mosaico cultural* **Video Guide**.

◆ **Orientación** To review the goals and use of the *Composición* section, see the *Orientación* on p. 42.

◆ *Atajo* writing assistant supports your efforts with the task outlined in this *Composición* section by providing useful information when the following references are accessed:

Capítulo 9 *La salud*

Phrases/functions asserting and insisting; describing health; expressing an opinion; requesting or ordering

Vocabulary body; medicine; senses; sickness

Grammar verbs: imperative **tú**; verbs: imperative **usted(es)**; verbs: imperative **vosotros**

¡A escribir!

A. Fuerza brutal. Lee el siguiente anuncio y escríbele una nota a alguien de la clase describiendo el producto.

◆ **Vocabulario esencial**
¡Fuerza brutal!

paliza	beating, thrashing
carne de buey	beef
culturista *(m./f.)*	body builder
disecada	dried
batido	shake
comida	food

¡FUERZA BRUTAL!

Para conseguir una **fuerza BRUTAL** y un tamaño DESCOMUNAL, no sólo debes entrenar como un animal usando pesos pesados y suficientes series como para despertar y desarrollar cada célula muscular de tu cuerpo, sino que también debes alimentarte para aguantar esas palizas y además nutrir abundantemente y regularmente todos tus músculos.

La carne de buey es el mejor alimento para el volumen muscular, los más grandes culturistas y sobre todo aquellos de mayor peso corporal tienen predilección por los abundantes filetes de buey durante su época de volumen. Ahora para aquellos que no pueden sentarse a comer medio kilo de carne 4 o 5 veces al día (no sólo por tiempo, precio o apetito) disponemos de carne de buey disecada a baja temperatura y comprimida en tabletas sin ningún tipo de aditivos. Buey 100% puro en tabletas de 1.200 mg, ideal para llevar encima y consumir a cualquier hora, solas o para enriquecer los batidos o comidas. Cada tableta aporta 1.000 mg de proteína de alto valor biológico, siendo además fuente de vitaminas y minerales.

Bote de 250 tabletas de 1.200 mg. P.V.P. 975 ptas.

BOLETÍN DE PEDIDOS PAG. 59

SI ENTRENAS COMO UN ANIMAL... ALIMÉNTATE COMO TAL!!

B. Definiciones. Selecciona una parte del cuerpo, una profesión, una materia de la universidad y una actividad o un deporte que te gusta. Escribe cuatro párrafos breves para definir cada tema. Utiliza una estrategia distinta en cada definición.

Después de escribir

A. Revisión 1. Revisa tu composición, según las siguientes preguntas:

MODELO ¿Qué modelo de definición elegiste: ejemplo, sinónimo, origen de palabra o clase? ¿Seguiste el modelo del texto?

CLASE ¿Está bien explicada la clase o categoría?

DETALLES ¿Explica los detalles que distinguen entre sus clases?

B. Revisión 2. En parejas, intercambien sus composiciones y luego revísenlas prestando atención a los detalles de la tabla de la página siguiente.

❑ *Introducción interesante*
❑ *Transiciones adecuadas*
❑ *Organización clara y adecuada*
❑ *Concordancia entre sustantivos y adjetivos*
❑ *Estrategias distintas en cada definición*

VOCABULARIO

◆ **Orientación** To review the goals and use of the *Vocabulario* sections, see the *Orientaciones* on pp. 43–44.

Using suffixes with adjectives and verbs. In *Capítulo 8,* you learned how to create Spanish nouns by adding suffixes to English root words. The same technique may be used with adjectives and verbs. Study the charts below and, as you read, jot down the adjectives and verbs that contain these suffixes.

Sufijos de adjetivos			
INGLÉS	**EJEMPLO**	**ESPAÑOL**	**EJEMPLO**
-acious	*tenacious*	**-az**	**tenaz**
-an	*European*	**-o/a**	**europeo/europea**
-aneous	*instantaneous*	**-áneo/ánea**	**instantáneo/instantánea**
-ant/ent	*pertinent*	**-ente**	**pertinente**
-ary	*secondary*	**-ario/aria**	**secundario/secundaria**
-ive	*effective*	**-ivo/iva**	**efectivo/efectiva**
-ous	*contagious*	**-oso/osa**	**contagioso/contagiosa**
-tional	*institutional*	**-cional**	**institucional**

Sufijos de verbos			
INGLÉS	**EJEMPLO**	**ESPAÑOL**	**EJEMPLO**
-ate	*vibrate*	**-ar**	**vibrar**
-fy	*rectify*	**-ficar**	**rectificar**
-ize	*minimize*	**-izar**	**minimizar**
-e	*preserve*	**-ar**	**preservar**

Prácticas

A. Indica las partes del cuerpo y nómbralas en voz alta.°

B. Recuerda la última visita que hiciste al médico. Describe tus síntomas.

---

en voz alta *aloud*

C. Haz el siguiente "test".

Un cuerpo «10»

Desde que Bo Derek fuera una mujer «10» en el cine, más de uno ha querido llegar a tan ansiada calificación. Desafiando el hecho de que nadie es buen juez de sí mismo y teniendo en cuenta que muchas veces es más importante la armonía del conjunto que la perfección de los elementos, juzgue cada una de las partes de su cuerpo y puntúelas del 1 al 4. Prescinda de los cánones de belleza y guíese por su propio y personal criterio.

Puntúe de uno a cuatro cada parte de su cuerpo:

1. Cabellos.
2. Frente.
3. Ojos.
4. Nariz.
5. Boca.
6. Dientes.
7. Orejas.
8. Rostro.
9. Cuello.
10. Hombros.
11. Brazos.
12. Manos.
13. Pecho o tórax.
14. Caderas.
15. Barriga.
16. Genitales.
17. Pelvis.
18. Espalda.
19. Trasero.
20. Muslos.
21. Piernas.
22. Rodillas.
23. Tobillos.
24. Pies.
25. Altura.
26. Esbeltez.
27. Estruc. corpórea.
28. Cutis.
29. Tonicidad.
30. Juicio global.

© Luisa Franceschini Rampazzo. De Vecchi.

SOLUCIÓN

RESPUESTAS

Suma todos los puntos que se haya concedido; busque luego en los distintos grupos el que le corresponda.

Entre 120 y 110

¡El amor que siente por su cuerpo recuerda al de Narciso! Decididamente se gusta hasta el punto que parece ser un poco megalómano o carente de sentido crítico. De todos modos, una actitud de este tipo tiene sobre los demás un impacto muy positivo: su seguridad los arrastra y los fascina.

Entre 109 y 60

Se encuentra a gusto en su propia piel, y no por considerarse perfecto, sino porque sabe que ciertos pequeños defectos, si se saben llevar, pueden ser para los demás motivo de atracción. Además, se trata de defectos que los juzga con poca severidad, ya que en general encuentra su cuerpo bastante agradable, por lo que suele tener una buena relación con él, procurando siempre encontrarse en su «envoltorio».

Entre 59 y 30

Acepta discretamente su propio cuerpo, al que quiere suficientemente, pero sin pasarse. ¿A qué se debe esta moderación suya? ¿Unas simples calificaciones no son suficientes para aclararlo, pero analice sus respuestas y así podrá ponerse en el buen camino, llegando a quererse un poco más.

Entre 29 y 0

Decididamente no se gusta nada o ha sido demasiado severo consigo mismo. ¿Por qué? Una enfermedad o un malestar ocasional pueden explicar este rechazo. Pero si esta actitud negativa es una constante mantenida desde hace tiempo, entonces es que las cosas no van bien dentro de usted. Sentirse incómodo en la propia piel puede estropear las relaciones con los otros, además de con uno mismo. Y también las relaciones sexuales pueden verse perjudicadas. Intente quererse un poco más bien y júzguese con mayor benevolencia. Así también los demás empezarán a hacerlo.

de ABC

D. Escribe de nuevo los sustantivos del siguiente *Vocabulario* y clasifícalos según su género.

VOCABULARIO

Para hablar del cuerpo   *Talking about the body*

adelgazar	*to lose weight*		oler	*to smell*
aliviar	*to relieve, alleviate*		proteger	*to protect*
doblar	*to bend*		respirar	*to breathe*
engordar	*to gain weight*		sostener	*to support*
mantenerse en forma	*to stay fit, keep in shape*		tocar	*to touch*
masticar	*to chew*			

Partes de la cabeza   *Parts of the head*

barbilla	*chin*	labio	*lip*	oreja	*(outer) ear*
boca	*mouth*	lengua	*tongue*	párpado	*eyelid*
cara	*face*	mejilla	*cheek*	pelo/cabello	*hair*
ceja	*eyebrow*	nariz (*f.*)	*nose*	pestaña	*eyelash*
diente (*m.*)	*tooth*	oído	*(inner) ear*		
frente (*f.*)	*forehead*	ojo	*eye*		

Partes del tronco   *Parts of the trunk*

abdomen (*m.*)	*abdomen*	hombro	*shoulder*
cadera	*hip*	muslo	*thigh*
cintura	*waist*	nalga	*buttock*
cuello	*neck*	pecho	*chest, breast*
espalda	*back*		

Extremidades   *Extremities*

brazo	*arm*	mano (*f.*)	*hand*	pierna	*leg*
codo	*elbow*	muñeca	*wrist*	rodilla	*knee*
dedo/pulgar (*m.*)	*finger, toe/thumb*	pie (*m.*)	*foot*	tobillo	*ankle*

Sentidos   *Senses*

gusto	*taste*	olfato	*smell*	vista	*sight*
oído	*hearing*	tacto	*touch*		

Partes del esqueleto   *Parts of the skeletal system*

columna vertebral	*spinal column*
coyuntura	*joint*
hueso	*bone*

Órganos internos *Internal organs*

arteria	*artery*	intestino	*intestine*
cerebro	*brain*	pulmón (*m.*)	*lung*
corazón (*m.*)	*heart*	riñón (*m.*)	*kidney*
estómago	*stomach*	vena	*vein*
hígado	*liver*		

Palabras relacionadas *Related words*

cutis (*m.*)	*complexion*	respiración (*f.*)	*breathing*
delantero/delantera	*front*	salud (*f.*)	*health*
digestión (*f.*)	*digestion*	sangre (*f.*)	*blood*
inferior	*lower*	sano/sana	*healthy*
piel (*f.*)	*skin*	ser humano	*human being*
postura	*posture*	superior	*upper*

En la farmacia *At the pharmacy*

desmayarse	*to faint*
estornudar	*to sneeze*
fracturarse/romperse	*to break*
marearse	*to feel/get dizzy*
vomitar	*to vomit*

tener catarro	*to have a cold*
diarrea	*diarrhea*
dolor (*m.*) de garganta	*a sore throat*
dolores musculares	*muscle aches*
el pulso acelerado	*a rapid pulse rate*
erupción (*f.*)	*a rash*
fiebre (*f.*)	*a fever*
mareos	*to be dizzy*
tos (*f.*)	*to have a cough*

Me duele la cabeza/la espalda, etc.	*I have a headache/backache, etc.*
Me duele todo el cuerpo.	*My whole body aches.*
Me tiemblan las manos.	*My hands are shaking.*

necesitar pastillas (contra la fiebre/los mareos, etc.)	*to need pills (for fever/dizziness, etc.)*
necesitar una receta/unas aspirinas/ un antibiótico/unas gotas/un jarabe	*to need a prescription/aspirins/antibiotics/ drops/cough syrup*

Problemas de salud *Health problems*

alergia	*allergy*	inflamación (*f.*) de la garganta	*strep throat*
anorexia	*anorexia*	insomnio	*insomnia*
asma (*m.*)	*asthma*	mononucleosis (*f.*)	*mononucleosis*
cortada	*cut*	paperas	*mumps*
depresión (*f.*)	*depression*	quemadura (de sol)	*(sun)burn*
estreñimiento	*constipation*	resaca	*hangover*
fractura	*broken bone, fracture*	resfriado	*cold*
gripe (*f.*)	*flu*	rubéola	*German measles*
hepatitis (*f.*)	*hepatitis*	sarampión (*m.*)	*measles*
hipertensión (*f.*)	*hypertension, high blood pressure*	varicela	*chicken pox*

En el consultorio *At the doctor's office*

examen (médico)	*examination*
historia médica	*medical history*
medicamento	*medication*
poner(le) una inyección	*to give (someone) an injection*
prueba	*test*
recetar	*to prescribe*
sacar(le) rayos X	*to take X rays (of someone)*
tomar(le) la presión arterial	*to take (someone's) blood pressure*
tomar(le) la temperatura	*to take (someone's) temperature*
tratamiento	*treatment*
vacunar	*to vaccinate*

Cómo dar sugerencias usando expresiones impersonales
Giving suggestions using impersonal expressions

es bueno	*it's good*
es conveniente	*it's convenient*
es importante	*it's important*
es imprescindible	*it's indispensable*
es mejor	*it's better*
es necesario	*it's necessary*
es preciso	
es preferible	*it's preferable*

Cómo dar instrucciones usando el infinitivo *Giving instructions using infinitives*

Aplicar una pomada.	*Apply cream or ointment.*
Bañarse con agua fría/caliente.	*Take a bath in cold/hot water.*
Lavar la herida.	*Wash the wound.*
Llamar al médico.	*Call the doctor.*
Pedir información.	*Ask for information.*
Poner hielo.	*Put on ice.*
Poner una tirita/una venda.	*Put on a Band-Aid/a bandage.*
Quedarse en la cama.	*Stay in bed.*
Sacar la lengua.	*Stick out your tongue.*
Tomar la medicina/las pastillas . . .	*Take the medicine/pills . . .*
después de cada comida.	*after each meal.*
dos veces al día.	*two times a day.*
antes de acostarse.	*before going to bed.*

¿Creer o no creer? *Expressing belief and disbelief*

Es cierto/verdad.	*That's right./That's true.*	Es poco probable.	*It's doubtful/unlikely.*
Estoy seguro/segura.	*I'm sure.*	No lo creo.	*I don't believe it.*
Lo creo.	*I believe it.*	Cabe dudas.	*There are doubts.*
No cabe duda de que . . .	*There can be no doubt that . . .*	Lo dudo.	*I doubt it.*
No lo dudo.	*I don't doubt it.*	Tengo mis dudas.	*I have my doubts.*
No tengo la menor duda.	*I haven't the slightest doubt.*	No tienes razón.	*You're wrong.*
Tienes razón.	*You're right.*		

Las comidas

Pescadores en Chile

PRIMERA ETAPA Preparación

◆ **Orientación** To review the goals and use of the *Preparación* and *Introducción* sections, see the *Orientaciones* on p. 12.

INTRODUCCIÓN

La pirámide alimenticia. Hoy día todo el mundo se interesa por la salud y el ejercicio. Un tema frecuente en las revistas, los programas de televisión y la conversación cotidiana es la dieta. ¿En qué consiste una dieta sana?° Se deben considerar los alimentos° básicos y cómo se proporcionan.

Antes de leer

A. Alimentos. Antes de leer sobre la pirámide alimenticia, estudia el siguiente cuadro. ¿Cuáles son los alimentos que comes con frecuencia?

☐ el aceite   ☐ los dulces   ☐ el pan

☐ el arroz   ☐ los frijoles   ☐ la grasa   ☐ el pescado

☐ las aves   ☐ los huevos   ☐ el queso

☐ el azúcar   ☐ la leche   ☐ las frutas

☐ las carnes   ☐ las nueces   ☐ las verduras

B. Una dieta sana. Tanto en los países hispanohablantes como en Estados Unidos la gente se preocupa mucho por la dieta. Pero, ¿cómo se sabe lo que sí es una dieta sana? Escribe en español una lista de fuentes sobre la nutrición que tú consultas regularmente.

---

sana *healthy, healthful*   **alimentos** *foods*

¡A leer!

La pirámide alimenticia. Se da mucho énfasis al papel de los alimentos y a los ejercicios físicos para mantener un peso saludable. La pirámide alimenticia, desarrollada por el Departamento de Agricultura de Estados Unidos (y difundida por todo el mundo), enfatiza el consumo de más verduras, frutas y granos y menos grasas y azúcares. La pirámide se divide en seis categorías: los granos, las verduras, las frutas, los productos lácteos, las carnes y las grasas. Los alimentos que están en la base de la pirámide son los que se deben comer con frecuencia. También se indican las porciones recomendadas que se deben comer diariamente de cada categoría. Pero, ¿qué significa una porción? Mientras lees la pirámide, apunta las porciones representativas de cada categoría.

◆ **Vocabulario esencial**
La pirámide alimenticia

arvejas	*peas*
ejotes	*string beans*
zanahoria	*carrot*
manzana	*apple*
naranja	*orange*

GRASAS Y POSTRES

Se recomiendan muy pocas cantidades y no muy seguido.

LECHE Y SUS DERIVADOS

Se recomiendan de 2 a 3 porciones diarias.
Ejemplos de una porción:
- 1 taza de leche
- 1/2 taza de yogurt
- 45 g de queso

VEGETALES

Se recomiendan de 3 a 5 porciones diarias.
Ejemplos de una porción:
- 1 zanahoria
- 1/2 taza de ejotes
- 1/2 taza de coliflor

CARNE (y sus derivados) Y LEGUMBRES

Se recomiendan de 2 a 3 porciones diarias.
Ejemplos de una porción:
- 1 huevo
- 60 g de pollo o pescado
- 1/2 taza de frijoles o arvejas

FRUTAS

Se recomiendan de 2 a 4 porciones diarias.
Ejemplos de una porción:
- 1/2 taza de papaya
- 1 manzana
- 1 naranja

CEREALES, PAN Y PASTAS

Se recomiendan de 6 a 11 porciones diarias.
Ejemplos de una porción:
- 1 rodaja de pan - 1/2 taza de cereal - 1/2 taza de arroz

HAGA DE LA BUENA NUTRICIÓN UNA TRADICIÓN

Kellogg's®

Después de leer

A. Comprensión. Contesta las siguientes preguntas brevemente en español.

1. ¿Cuántas categorías de alimentos contiene la pirámide?
2. ¿Cuáles son las categorías?
3. ¿Qué nombres de alimentos son cognados?
4. ¿Cuál es la categoría menos recomendada?
5. ¿Cuál es la categoría más recomendada?
6. ¿Qué cantidad (en tazas) de frutas se debe comer diariamente?
7. ¿Cuántos gramos de carne se deben comer diariamente (una libra = 454 gramos; 1 onza = 28.35 gramos)?

B. Tu dieta. Analiza las comidas° que mencionaste en la sección *Antes de leer* de la página 340. ¿En qué categorías de la pirámide incluyes estas comidas? Escribe un análisis de cada comida.

■ **Ejemplo**   La Coca-Cola

La Coca-Cola es una bebida dulce. Debo beberla sólo de vez en cuando.

◆ ◆ ◆

---

comidas *foods, meals*

CHILE

ARGENTINA

Valparaíso

Santiago

OCÉANO PACÍFICO

Concepción

Temuco

Punta Arenas

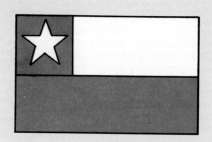

Chile

CAPITAL	Santiago
GEOGRAFÍA	Sudamérica; queda al sur de Perú y al oeste de Bolivia y Argentina.
ÁREA	292.132 millas cuadradas (756.622 kilómetros cuadrados)
POBLACIÓN	13.500.000
EXPORTACIÓN	Cobre, hierro, papel, madera y frutas
MONEDA	Peso

◆ **Orientación** To review the goals and use of the *Cultura* section, see the *Orientación* on p. 14.

Guía Cultural

◆ For additional information on *El Cono Sur,* see the *Guía cultural.*

Las odas de Pablo Neruda. Pablo Neruda (seudónimo de Ricardo Neftalí Reyes Basoalto) es una de las figuras más respetadas de la literatura hispanoamericana. Durante su juventud en Temuco, Chile, conoció a la poeta Gabriela Mistral, ganadora del Premio Nóbel de literatura de 1945, y los dos establecieron una cordial amistad. Además de ser poeta, Neruda tuvo una distinguida carrera diplomática. En 1971 ganó el Premio Nóbel de literatura.

En *Odas elementales* (1954) Neruda explora aspectos de la vida cotidiana—la ropa, los alimentos, la tierra y los animales. Para mostrar las preocupaciones de las personas sencillas, Neruda describe estos aspectos de la vida con mucha sensibilidad. Ahora lee "Oda al maíz" e intenta determinar el tema principal del poema.

Pablo Neruda

◆ **Una cosita más** "Oda al maíz" reflects the importance of corn as the basic food for most of the native cultures of the Americas. As Neruda reveals, corn is not only the basic food but also the source for mythology and creation. It is said that the Maya people created the fruit (grain) we call corn, which shows the inventiveness and highly developed culture of that nation. (For further information on this theme, refer to **Popol Vuh,** the book of the Maya culture.) In **"Oda al maíz,"** Neruda provides a beautiful image, as if a kernel had given birth to the topography of South America.

Oda al maíz

América, de un grano
de maíz te elevaste
hasta llenar
de tierras espaciosas
el espumoso
océano.
Fue un grano de maíz tu geografía.
El grano adelantó una lanza verde,
la lanza verde se cubrió de oro
y engalanó la altura
del Perú con su pámpano amarillo.

Pero, poeta, deja
la historia en su mortaja
y alaba con tu lira
al grano en sus graneros;
canta al simple maíz de las cocinas.

Primero suave barba
agitada en el huerto
sobre los tiernos dientes
de la joven mazorca.

Luego se abrió el estuche
y la fecundidad rompió sus velos
de pálido papiro
para que se desgrane
la risa del maíz sobre la tierra.

A la piedra
en tu viaje, regresabas.
No a la piedra terrible
al sanguinario
triángulo de la muerte mexicana,
sino a la piedra de moler,
sagrada
piedra de nuestras cocinas.
Allí leche y materia
poderosa y nutricia
pulpa de los pasteles
llegaste a ser movida
por milagrosas manos
de mujeres morenas.

Donde caigas, maíz
en la olla ilustre
de las perdices o entre los fréjoles
campestres, iluminas
la comida y las aceras
el virginal sabor de tu substancia.

Morderte,
panocha de maíz, junto al océano
de cantata remota y vals profundo.
Hervirte
y que tu aroma
por las sierras azules
se despliegue.

Pero, ¿dónde
no llega
tu tesoro?

En las tierras marinas
y calcáreas,
peladas, en las rocas
del litoral chileno,
a la mesa desnuda
del minero
a veces sólo llega
la claridad de tu mercadería.

Puebla tu luz, tu harina, tu esperanza,
la soledad de América
y el hambre
considere tus lanzas
legiones enemigas.

Entre tus hojas como
suave guiso
crecieron nuestros graves corazones
de niños provincianos
y comenzó la vida
a desgranarnos.

Vocabulario esencial
Odas elementales

engalanar	to grace
pámpano	tassels
mortaja	shroud
mazorca	ear of corn
estuche	husks
piedra de moler	grinding stone
perdices	partridges
fréjoles	beans
morderte	(to) bite into you
calcáreas	chalky
litoral	coast
mercadería	radiance
desgranarnos	to shuck us

◆ **Orientación** To review the goals and use of the **Prácticas** section, see the **Orientación** on p. 19.

Prácticas

A. Interpretación. Trabajen en grupos de tres o cuatro y comenten los siguientes temas relacionados con la oda de Neruda.

1. ¿Qué importancia tiene el maíz en las Américas?
2. ¿Cómo describe Neruda el maíz?
3. ¿Cómo se prepara el maíz en las cocinas?
4. ¿Cómo se sirve el maíz?
5. ¿Quiénes comen el maíz?

B. Oda original. Usando la oda de Neruda como ejemplo, elige un alimento (tal vez tu alimento preferido) y escribe una oda breve.

C. Análisis de la cultura. Chile tiene la distinción de tener dos ganadores del Premio Nóbel de literatura. Tanto Gabriela Mistral como Pablo Neruda influyeron grandemente en la poesía española e hispanoamericana. En grupos de tres o cuatro, hagan las siguientes investigaciones.

1. Vayan a la biblioteca de su universidad y busquen los nombres de los hispanoamericanos y estadounidenses que han ganado el Premio Nóbel de literatura. Anoten el año en que cada uno ganó el premio.
2. ¿Reconocen algunos de esos escritores? ¿Pueden pensar en una obra de cada uno?
3. ¿Qué poetas estadounidenses conocen ustedes? ¿Hay un/una poeta estadounidense que trate los temas cotidianos como lo hace Neruda? Si no conocen a ningún/ninguna poeta estadounidense, busquen una antología de poesía y elijan algunos poemas que les interesen.

La etiqueta. Ya conoces el concepto de la sobremesa, que es la costumbre de conversar después de una comida. Al comer con amigos en un país hispano, es importante que sepas algo de la etiqueta. Por ejemplo, en Estados Unidos dejar las manos en el regazo° durante la cena es considerado aceptable, pero en el mundo hispano no lo es. Comer todo lo de tu plato en Estados Unidos es un cumplido; en algunos países hispanos significa que todavía tienes hambre. Por eso es mejor que dejes un poquitín de comida en tu plato. Los hispanos generalmente usan la mano izquierda para tomar el tenedor. Ahora también se acepta cambiar de mano al estilo estadounidense. Y por supuesto, es necesario probar todas las comidas y hacer comentarios positivos. Las siguientes expresiones te ayudarán.

En la mesa		At the table	
copa	wine glass	taza	cup
cubiertos	table setting, cutlery	tenedor (*m.*)	fork
		vaso	glass
cuchara	soup spoon		
cucharita	teaspoon	Buen provecho.	Enjoy your meal.
cuchillo	knife	Estoy satisfecho/satisfecha (lleno/llena).	I'm full.
fuente (*f.*)/ tazón (*m.*)	soup bowl		
mantel (*m.*)	tablecloth	Permítame/Permíteme la sal, por favor.	Please pass the salt.
platillo	saucer	Todo estuvo delicioso.	Everything was delicious.
plato	plate, dish		
servilleta	napkin		

---

regazo *lap*

Práctica

En la mesa. Usando el siguiente dibujo, describe donde se colocan los cubiertos en una mesa.

■ **Ejemplo**   *El plato está en medio de° los cubiertos.*

◆ **Orientación**   To review the goals and use of the **Expresiones** section, see the **Orientación** on p. 16.

EXPRESIONES   Textbook Cassette

En el mercado. Aunque los supermercados al estilo estadounidense son cada vez más populares en los países hispanos, muchas personas prefieren comprar en los mercados tradicionales. En la mayoría de las ciudades chilenas, los mercados generalmente son edificios grandes en los que docenas de vendedores tienen sus tiendas individuales. A continuación vas a escuchar un texto. Intenta sacar las ideas principales. Luego contesta las preguntas de la sección *Comprensión.*

---

en medio de *in between*

Comprensión

¿Sí o no? ¿Entendiste las ideas principales del texto que escuchaste? Lee las siguientes oraciones. Si la oración es correcta, según el texto, contesta **Sí**. Si la oración no es correcta, contesta **No**. Corrige las oraciones que no estén bien.

1. Hoy es el cumpleaños de Pilar Armijo.
2. La señora Armijo quiere preparar una cena especial.
3. En la carnicería se vende cerdo.
4. El plato principal de la cena es pierna de cordero.
5. Se compran huevos por kilo.
6. El aguacate es una carne.
7. La señora Armijo va a preparar una ensalada de frijoles.
8. Se venden papayas en una frutería.
9. El mango es una verdura.
10. La señora Armijo compra el pan en el Mercado Central.

Tiendas	*Stores and shops*		
carnicería	*butcher shop*	panadería	*bakery*
frutería	*fruit store*	pescadería	*fish store*
lechería	*dairy store*	verdulería	*vegetable store*

Aves y carnes	*Poultry and meat*		
cabrito	*kid*	jamón (*m.*)	*ham*
carne (*f.*) de vacuno/de res	*beef*	pato	*duck*
		pavo	*turkey*
cerdo	*pork*	pollo	*chicken*
cordero	*lamb*	salchicha	*sausage*
fiambre (*m.*)	*luncheon meat, cold cut*	ternera	*veal*
		tocino	*bacon*

Verduras	*Vegetables*		
aceituna	*olive*	frijol (*m.*)	*bean*
aguacate (*m.*)	*avocado*	guisante (*m.*)	*pea*
ajo	*garlic*	judía verde	*green bean*
apio	*celery*	lechuga	*lettuce*
bróculi (*m.*)	*broccoli*	maíz (*m.*)	*corn*
calabacita	*zucchini*	papa	*potato*
calabaza	*squash, pumpkin*	tomate (*m.*)	*tomato*
cebolla	*onion*	tuna	*cactus fruit*
ensalada	*salad*	zanahoria	*carrot*
espinaca	*spinach*		

◆ **Vocabulario adicional** fréjol (alternate spelling) *bean* arveja *pea* ejote *string bean*

Frutas *Fruit*

cereza	*cherry*	naranja	*orange*
durazno/melocotón (*m.*)	*peach*	papaya	*papaya*
fresa	*strawberry*	pasa	*raisin*
limón (*m.*)	*lemon,*	pera	*pear*
	lime	piña	*pineapple*
mango	*mango*	plátano	*banana*
manzana	*apple*	toronja	*grapefruit*
melón (*m.*)	*melon*	uva	*grape*

◆ **Vocabulario adicional**
crema chantilly *whipped cream*
crema dulce *whipping cream*
leche agria *buttermilk*

Condimentos *Condiments*

aceite (*m.*)	*oil*	pimienta	*pepper*
crema/nata	*cream*	sal (*f.*)	*salt*
(agria/batida)	*(sour/whipped)*	salsa de tomate	*tomato sauce,*
mantequilla	*butter*	(dulce)	*ketchup*
mayonesa	*mayonnaise*	vinagre (*m.*)	*vinegar*
mostaza	*mustard*		

Mariscos y pescados *Shellfish and fish*

atún (*m.*)	*tuna*	mariscal (*m.*)	*raw shellfish*
calamar (*m.*)	*squid*		*marinated in*
camarón (*m.*)/	*shrimp*		*lime juice*
gamba		mejillón (*m.*)	*mussel*
cangrejo	*crab*	ostra	*oyster*
ceviche (*m.*)	*raw fish marinated*	pulpo	*octopus*
	in lime juice	salmón (*m.*)	*salmon*
langosta	*lobster*	trucha	*trout*

Otros comestibles *Other provisions*

agua	*water*	pan (*m.*)	*bread*
arroz (*m.*)	*rice*	pastel (*m.*)	*pastry, cake, pie*
azúcar (*m.*)	*sugar*	queso	*cheese*
café (*m.*) con	*coffee with*	sopa	*soup*
leche	*hot milk*	vino	*wine*
huevo	*egg*	(blanco/rosado/	*(white/rosé/red)*
leche (*f.*)	*milk*	tinto)	
licuado	*shake made with fruits, juices, and ice*		

Comidas del día *Daily meals*

desayuno	*light breakfast*	comer	*to eat, eat dinner*
desayunar	*to eat breakfast*	comida	*meal, dinner*
almuerzo	*morning snack, lunch*	merendar (ie)	*to eat a snack*
		merienda	*snack*
almorzar (ue)	*to eat a morning snack/lunch*	cena	*supper*
		cenar	*to eat supper*

Otras palabras *Other words*

cocinar	*to cook*	libra	*pound*
docena	*dozen*	litro	*liter* (1.057 quarts)
duro/dura	*tough, hard*	plato principal	*main dish, entrée*
fresco/fresca	*fresh*	postre (*m.*)	*dessert*
ingrediente (*m.*)	*ingredient*	rico/rica	*rich, delicious*
kilo	*kilogram* (2.2 pounds)	sabroso/sabrosa	*delicious*
		tierno/tierna	*tender*

Prácticas

A. ¿Qué comiste ayer? Hoy día se le da mucho énfasis a la dieta. Haz una lista de todo lo que comiste y bebiste ayer. Después, junto con otras dos o tres personas, intercambien sus listas y determinen quién tiene la dieta más sana del grupo.

B. Una cena especial. ¿Qué preparaste para una cena especial, tal como un cumpleaños, un aniversario o alguna otra celebración? Escribe un párrafo en el que describas el menú e incluyas los ingredientes de los platos.

◆ Review the use of the preterite in *Capítulo 8* before you write your paragraph.

C. Una encuesta. En parejas, háganse preguntas sobre sus preferencias de comidas. Usen las siguientes preguntas como punto de partida.

1. ¿Cuál es tu fruta favorita?
2. ¿Cuál es la verdura que menos te gusta?
3. ¿Comes carne? ¿Eres vegetariano/vegetariana?
4. ¿Qué cenas generalmente?
5. ¿Tomas café o té?
6. ¿Cuál es tu postre favorito?
7. ¿En qué restaurante comes con frecuencia?
8. ¿Qué platos componen tu comida ideal?

D. Una buena dieta para el corazón. La Asociación Norteamericana del Corazón recomienda una dieta baja en colesterol para reducir el peligro de ataques cardíacos. Lee la siguiente lista de alimentos, que se divide en dos columnas: una incluye los alimentos que se pueden comer y la otra incluye los alimentos que se deben evitar. Con la ayuda de la tabla escribe tu propia lista y decide si tu dieta tiene poco o mucho colesterol.

EVITE ESTOS ALIMENTOS	DISFRUTE DE ESTOS ALIMENTOS
VERDURAS Y FRUTAS Coco; consuma aceitunas y aguacates, pero solamente en pequeñas cantidades.	**VERDURAS Y FRUTAS** Casi todos los vegetales y las frutas son considerados alimentos "buenos".
PRODUCTOS LÁCTEOS Todos los que contengan más de 1% de grasa, como leche pura y productos hechos con leche pura, como helados; toda clase de cremas, y sustitutos no lácteos, como crema para el café hecha con aceite de coco o de palma.	**PRODUCTOS LÁCTEOS** Puede consumir aquéllos que contienen sólo 0–1% de grasa, como leche, quesos y yogurts descremados o bajos en grasa.
GRASAS Y ACEITES Grasa sólida y otras grasas como mantequilla y manteca; aceite de palma o de coco.	**GRASAS Y ACEITES** Aceites vegetales; margarinas no hechas con aceites saturados, y semillas y nueces.
PANES, CEREALES Y CHOCOLATE Evite los que, en su preparación, incluyen yemas de huevo, grasas y aceites saturados o productos de leche entera (evite salsas cremosas, comidas fritas, panecillos de mantequilla).	**PANES, CEREALES, PASTA Y VEGETALES RICOS EN ALMIDÓN** Panes bajos en grasa; cereales tanto fríos como calientes; arroz y pasta; vegetales ricos en almidón como papa y calabaza.
CARNES, LEGUMBRES Y HUEVOS Evite las de primera calidad y cualquier otra carne que tenga grasa: tocino, carnes frías y vísceras. No más de una ración de langosta o camarones a la semana; no más de tres yemas de huevo a la semana.	**CARNES, LEGUMBRES Y HUEVOS** Consuma pollo y pavo sin pellejo; carne magra de res, ternera, cerdo y cordero; pescado y mariscos; frijoles, guisantes, lentejas o tofu (todos son buenos sustitutos para la carne, algunas veces a la semana); clara de huevo.

Usted puede solicitar el folleto en español "Cuídese y aliméntese", escribiendo a la American Heart Association, National Center, 7320 Greenville Avenue, Dallas, TX 75231.

de La familia de hoy

◆ **Orientación** To review the goals and use of the *Así es* section, see the *Orientación* on p. 21.

Así es

Los restaurantes. Santiago, la capital de Chile, tiene cuatro zonas principales de restaurantes: el Centro, Baquedano, Bellavista y Providencia. Cada zona tiene muchos restaurantes recomendables y un ambiente distinto. En la capital se encuentran restaurantes de todo tipo: alemanes, chinos, españoles, franceses, italianos y norteamericanos. Los restaurantes del Centro están muy ocupados durante las horas del almuerzo (1:00–4:00 de la tarde) cuando comen los comerciantes. Baquedano, una zona de artistas, se conoce por sus restau-

rantes íntimos. Bellavista es una zona bohemia perfecta para tomar una copita°
o escuchar música en una de las muchas *peñas.*°

Antes de comenzar las ***Prácticas,*** estudia las siguientes expresiones que se
usan en los restaurantes.

Cómo pedir comida en un restaurante	*Ordering a meal in a restaurant*
mesero/mesera	*server, waitperson*
¿Cuánto es la entrada?	*How much is the cover charge?*
¿Está incluida la propina?	*Is the tip included?*
Me falta/faltan el/la/un/una . . .	*I need the/a/an . . .*
botella de vino	*bottle of wine*
hielo	*ice*
¿Me puede traer . . . , por favor?	*Can you please bring me . . . ?*
¿Puedo ver la carta/el menú/la lista de vinos?	*May I see the menu/the wine list?*
¿Qué recomienda usted?	*What do you recommend?*
¿Qué tarjetas de crédito aceptan?	*What credit cards do you accept?*
Quisiera hacer una reserva para . . .	*I'd like to make a reservation for . . .*
¿Se necesitan reservas?	*Are reservations necessary?*
¿Tiene usted una mesa para . . . ?	*Do you have a table for . . . ?*
Tráigame la cuenta por favor.	*Please bring me the check/bill.*

Prácticas

A. Buenos días. En
parejas, usen este menú
como guía y representen
al mesero/a la mesera y
al cliente/a la cliente de
un restaurante.

BUENOS DÍAS
DESAYUNO

EL CONTINENTAL

Selección de Jugos o Frutas Frescas
Pan Tostado o Daneses
Mantequilla y Mermelada
Café, Té o Chocolate

EL AMERICANO

Selección de Jugos o Frutas Frescas
Pan Tostado o Daneses
Mantequilla y Mermelada
Dos huevos a su gusto con Salchichas,
Tocino o Jamón
Café, Té o Chocolate

JUGOS – FRUTAS – CEREALES

Jugos Frescos de Naranja,
V-8, piña, tomate
Medio Melón
Plato de Frutas Tropicales
Corn Flakes o Rice Krispies
Granola Natural
Con Plátano

HUEVOS y OMELETTES

Dos Huevos, al gusto
Con Jamón, Tocino o Salchicha
Omelette a la Española
Huevos Rancheros

**RECIÉN HORNEADOS
EN NUESTRA PANADERÍA**

Pasteles Daneses Pequeños
Pan Tostado Francés
Muffin Inglés

PARA BEBER

Café, Té o Café descafeinado
Leche
Chocolate Estilo Suizo

---

tomar una copita *to have a drink* **peñas** *music clubs*

B. El Canto Gallo. El restaurante Canto Gallo de Santiago ocupa un antiguo edificio del siglo pasado. Todas las noches hay un espectáculo de música chilena y los lunes y viernes se puede comer todo lo que uno quiera por un precio económico. El Canto Gallo ofrece platos chilenos como los siguientes:

- **Empanadas**   Pastel envuelto en forma de media luna con carne, cebolla, pasas, huevos duros y aceitunas.
- **Humitas**   Puré de maíz cocido en hojas. Se parecen a los tamales mexicanos pero menos picantes y sin carne.
- **Porotos granados**   Sopa de judías pintonas, calabaza, cebolla y maíz servida con bistec.
- **Ensalada a la chilena**   Ensalada de tomates picados, cebolla, sal, aceite y vinagre.
- **Panqueque celestino**   *Crepes* rellenos de caramelo.

Ahora crea un anuncio de radio para el restaurante Canto Gallo e incorpora la siguiente información:

- nombre del restaurante
- especialidades chilenas
- "Comilona a la chilena"° lunes y viernes
- Avda. Las Condes 12345
- espectáculo de música chilena
- reservas
- entrada
- tarjetas de crédito

C. Unos problemas. En grupos de tres o cuatro, decidan lo que van a decirle al mesero/a la mesera para solucionar los siguientes problemas.

- ■ **Ejemplo**   Se acabó el pan.
  ESTUDIANTE 1: *¿Nos puede traer más pan, por favor?*
  ESTUDIANTE 2: *Sí, en seguida.*

1. Quieres una botella de vino pero no sabes qué marca pedir.
2. Necesitas un cuchillo.
3. Quieres una taza de café.
4. No tienes suficiente dinero para pagar la cuenta.
5. Quieres saber si tienes que dejar una propina.
6. Tu Coca-Cola no está fría.
7. Vas a un restaurante con diez amigos.
8. No sabes si quieres fruta o cereal para el desayuno.
9. Terminaste de comer y quieres pagar.
10. Se acabó el agua.

◆ ◆ ◆

"Comilona a la chilena" *All you can eat*

PRIMERA FUNCIÓN
Expressing cause-and-effect relationships using the present subjunctive

▲ Spanish has two categories, or moods, of verbs: INDICATIVE and SUBJUNCTIVE. Within each of these moods, there are various TENSES. So far, you have studied the present, imperfect, and preterite tenses in the INDICATIVE mood. As you read the following note, find and identify the verbs and their tenses.

◆ **Orientación** To review the goals of the *Funciones,* see the *Orientación* on p. 23.

 Diario de actividades

◆ For additional practice with the subjunctive, see the *Diario de actividades, Primera función.*

Querido David,

Tengo algunos minutos libres y sólo quiero decirte que aquí todos estamos bien. El otro día mi amiga Marge me invitó a la fiesta de despedida para Janette. Por fin consiguió un trabajo en la Universidad de Iowa. Como te puedes imaginar, acepté la invitación en seguida porque Marge prepara unos platos exquisitos. Cuando ella vivía en Chile aprendió a preparar humitas, empanadas, panqueque celestino—¡un montón de cosas! Comí un poco de todo. Pepe preparó una buena sangría. Todos te envían recuerdos.

Juanita

Did you find the verbs? Notice that Juanita used the present, imperfect, and preterite tenses as she described the party for Janette. All these tenses are in the INDICATIVE mood. Now you will learn about the other mood, the SUBJUNCTIVE, which is used in specific situations. These include expressing cause-and-effect relationships, value judgments, and emotional reactions *(Segunda función),* and unexperienced/unknown entities and events *(Tercera función).*

▲ The subjunctive mood usually appears in COMPLEX sentences, that is, sentences that have an INDEPENDENT CLAUSE and a DEPENDENT CLAUSE. Not every complex sentence, however, will contain a subjunctive verb form. If the sentence is merely reporting facts, then a verb in the indicative mood will be used. In the note above, Juanita was simply reporting the facts as they occurred, so the subjunctive was not used.

The following sentences illustrate how the subjunctive mood works in complex sentences.

INDEPENDENT CLAUSE	DEPENDENT CLAUSE
El mesero recomienda	que yo **pruebe** el postre.
The server recommends	*that I **try** the dessert.*

In this example, you can see that a cause-and-effect relationship is at work; the waiter is trying to get someone to try the dessert by making a recommendation.

▲ Whenever there is an attempt to *influence* the action of the verb in the dependent clause, the verb in the dependent clause will be expressed in the SUBJUNCTIVE. If there is only one subject mentioned and the sentence is a simple (noncomplex) sentence, however, the subjunctive mood is not required. Study the following contrasts:

SIMPLE/INDICATIVE MOOD
Prefiero comer en casa.

COMPLEX/SUBJUNCTIVE MOOD
Prefiero que ustedes com**an** en casa.

In the following examples of cause-and-effect relationships, identify the independent and dependent clauses. Notice that the conjunction **que** connects the two clauses. Then identify the subjunctive verb. Finally give the English equivalent of these ideas.

Deseamos que Carina pruebe el flan.
Américo insiste en que sus hijos coman verduras.
Recomiendo que cenemos muy pronto.
Le pido al mesero que me traiga un café con leche.

Dozens of Spanish verbs and expressions may signal a cause-and-effect relationship. A few of them are shown in the following chart.

Verbos y expresiones que indican causa y efecto			
Verbs and expressions that indicate cause and effect			
desear	*to want, wish, desire*	querer (ie)	*to want*
esperar	*to hope*	recomendar (ie)	*to recommend*
insistir (en)	*to insist (on)*	sugerir (ie)	*to suggest*
pedir (i)	*to ask for, request*		
preferir (ie)	*to prefer*	¡Ojalá . . . !	*I hope . . . !*
prohibir	*to prohibit*		

▲ Now that you are familiar with the basic concepts of the subjunctive mood, see how the verbs are formed in Spanish. The present subjunctive is formed like the formal commands. Except for a few irregular verbs, all present subjunctive forms are based on the **yo** form of the present indicative. The **-o** suffix is removed and the endings are applied. Notice that the theme vowel for **-ar** verbs is **-e-** and that the theme vowel for **-er** and **-ir** verbs is **-a-**. Here are some examples:

El presente del subjuntivo		
probar (ue)	**comer**	**pedir (i)**
prueb**o** (−o) = prueb-	com**o** (−o) = com-	pid**o** (−o) = pid-
prueb**e** prob**emos**	com**a** com**amos**	pid**a** pid**amos**
prueb**es** prob**éis**	com**as** com**áis**	pid**as** pid**áis**
prueb**e** prueb**en**	com**a** com**an**	pid**a** pid**an**

Prácticas

A. Identificación. Estudia las siguientes oraciones e identifica las que contienen una relación de causa y efecto. ¡Cuidado! No todas las oraciones muestran una relación de causa y efecto.

1. Mom doesn't want us to eat candy before dinner.
2. The chef says that the fish is excellent.
3. They insist that dinner be served at 10:00.
4. I know that they like to eat there.
5. They are sure that they have tasted **ceviche** before.
6. He wants us to prepare a typical Chilean meal for him.
7. She hopes that the server doesn't spill soup on her.
8. The restaurant prohibits our smoking in this section.
9. What do you suggest that I order?
10. Would you like another glass of wine?

B. ¿Qué hay para comer/tomar? Usa las siguientes comidas y bebidas típicas de Chile para sugerir que alguien de la clase coma o tome lo siguiente. Él/Ella debe contestar que **Sí** o que **No.**

■ **Ejemplo**
ESTUDIANTE 1: ***Sugiero que pidas las humitas.***
ESTUDIANTE 2: ***Sí, quiero probarlas.***

1. empanadas
2. porotos granados
3. ensalada a la chilena
4. panqueque celestino
5. vino tinto
6. curanto

El curanto

C. La salud. En grupos de tres o cuatro, repasen las expresiones de salud del *Capítulo 9,* página 313. Después elijan un problema relacionado con la salud y la dieta y den recomendaciones y sugerencias para remediarlo.

■ **Ejemplo** Estás resfriado.
ESTUDIANTE 1: ***Recomiendo que comas muchas naranjas por su alto nivel de vitamina C.***
ESTUDIANTE 2: ***Sugiero que bebas mucha agua.***
ESTUDIANTE 3: ***Espero que tomes aspirina para la fiebre.***

D. Un picnic. En parejas, planeen un picnic. Mencionen lo que quieren que los otros lleven o preparen. No se olviden de las actividades, ni de las comidas y bebidas.

■ **Ejemplo** ESTUDIANTE 1: ***Quiero que Pepito prepare los sándwiches.***
ESTUDIANTE 2: ***Espero que juguemos al voleibol.***

◆ **El curanto** is a typical meal from southern Chile. It consists of seafood, meats, and potatoes. Originally it was made in a hole in the ground with the sides and bottom lined with leaves. First a fire was made in the hole, then the coals were taken out and the leaves and food put in to cook for hours. Thus **el curanto** is similar to many regional cookouts in the United States such as the New England clam or lobster bake, the midwestern fish boil, the Hawaiian luau, the southern pig roast, and the northwestern salmon bake.

A few frequently used verbs are irregular in the present subjunctive. As you study the following chart, notice that the verb endings are the same as those of regular verbs in this tense. Only the stem is irregular.

El subjuntivo: verbos irregulares					
dar	**estar**	**ir**	**saber**	**ser**	**ver**
dé	esté	vaya	sepa	sea	vea
des	estés	vayas	sepas	seas	veas
dé	esté	vaya	sepa	sea	vea
demos	estemos	vayamos	sepamos	seamos	veamos
deis	estéis	vayáis	sepáis	seáis	veáis
den	estén	vayan	sepan	sean	vean

◆ Note that **dé** has an accent mark to distinguish it from the preposition **de**.

◆ **Una cosita más** The present subjunctive form of **haber (hay)** is **haya**. This is the only subjunctive form of **haber** that you will use in this textbook.

Práctica

E. Mi restaurante favorito. Usando un elemento de cada columna, escribe seis oraciones completas en español sobre las comidas de tu restaurante favorito. Usa distintos sujetos en cada oración.

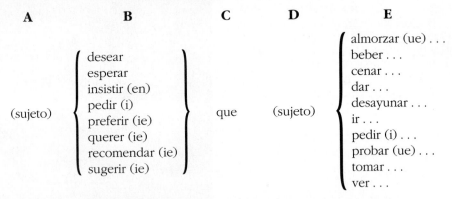

A	B	C	D	E
(sujeto)	desear esperar insistir (en) pedir (i) preferir (ie) querer (ie) recomendar (ie) sugerir (ie)	que	(sujeto)	almorzar (ue) . . . beber . . . cenar . . . dar . . . desayunar . . . ir . . . pedir (i) . . . probar (ue) . . . tomar . . . ver . . .

■ **Ejemplo** *Yo recomiendo que ustedes pidan la sopa de papas en La Fogata.*

SEGUNDA FUNCIÓN
Expressing value judgments and emotional reactions using the present subjunctive

 Diario de actividades

◆ For additional practice using the subjunctive to express value judgments and emotional reactions, see the *Diario de actividades, Segunda función.*

COMPLEX sentences that express a VALUE JUDGMENT or EMOTIONAL REACTION in the main clause require a SUBJUNCTIVE verb in the DEPENDENT CLAUSE. Value judgments and emotional reactions include expressions of doubt and denial, happiness and sadness, and some of the so-called impersonal expressions with **es.** Study the following examples.

Dudamos que este restaurante **acepte** tarjetas de crédito.

Siento que no te **guste** ese plato.

We doubt *that this restaurant **accepts** credit cards.*

I'm sorry *that you **don't like** that dish.*

Es importante que **probemos** la cocina de diferentes lugares.

*It's important that we **try** different cuisines.*

Tal vez haya comida baja en grasa en ese restaurante de autoservicio.

***Perhaps there's** low-fat food in that self-service restaurant.*

Notice that in each example, the sentence reflects the speaker's judgment or psychological response to the situation. Study the following vocabulary boxes, which include some of the more frequently used expressions of value judgment and emotional reaction.

Expresiones de duda *Expressions of doubt*

dudar	*to doubt*	no es claro	*it's not clear*
no creer	*not to believe*	no es evidente	*it's not evident*
no estar seguro/segura	*not to be sure*	no es seguro	*it's not sure*
no pensar (ie)	*not to think*	no es verdad	*it's not true*
es dudoso	*it's doubtful*	acaso/quizá(s)/tal vez	*perhaps*
no es cierto	*it's not certain/ true*		

Juicios de valor *Value judgments*

es bueno	*it's good*	es posible	*it's possible*
es importante	*it's important*	es probable	*it's probable*
es malo	*it's bad*	es raro	*it's strange*
es mejor	*it's best*	es terrible	*it's terrible*
es necesario	*it's necessary*	es urgente	*it's urgent*

Expresiones de emoción *Expressions of emotion*

alegrarse (de)	*to be glad*	es (una) lástima	*it's a pity, it's too bad*
encantar	*to be delighted*	es triste	*it's sad*
gustar	*to like*		
sentir (ie)	*to regret, feel sorry*		
temer	*to fear*		
tener miedo (de)	*to be afraid (of)*		

▲ Remember that EXPRESSIONS OF FACT do not call for the subjunctive. Study these contrastive sentences.

Es verdad que el queso **contiene** mucha grasa.

***It's true** that cheese **contains** a lot of fat.*

BUT:

Es una lástima que el queso **contenga** mucha grasa.

*It's too bad that cheese **contains** a lot of fat.*

The first sentence expresses a fact, so the verb in the dependent clause is in the INDICATIVE. The second sentence expresses a value judgment, so the verb in the dependent clause is in the SUBJUNCTIVE. The expressions of fact shown on the following page do not call for the subjunctive.

Expresiones que denotan certeza	*Expressions of certainty*		
creer	*to believe*	es obvio	*it's obvious*
estar seguro/segura (de)	*to be sure*	es verdad	*it's true*
		está claro	*it's clear*
es cierto	*it's certain, it's true*		
es evidente	*it's evident*		

Prácticas

A. ¿Qué cocina te gusta? A los estadounidenses les gusta una variedad de cocinas internacionales. En grupos de tres o cuatro, expresen sus reacciones o juicios de valor sobre los siguientes tipos de cocinas.

■ **Ejemplo** china

      Es bueno que la cocina china contenga mucha fibra.

1. chilena
2. china
3. estadounidense
4. italiana
5. mexicana

6. francesa
7. alemana
8. vegetariana
9. baja en grasa y colesterol
10. típica de los estudiantes

B. Una cena comunal. Escribe cinco pares de oraciones relacionadas con la olla común° que contrasten la realidad con una emoción o un juicio de valor. Consulta las expresiones de duda y las de certeza que se encuentran en las tablas anteriores.

■ **Ejemplo** **Estoy segura (de) que Blanca va a preparar el plato principal.**
            Dudo que traiga carne porque es vegetariana.

C. El ocio. Repasa las formas de diversión del **Capítulo 8,** páginas 273–274. Después, junto con otras dos personas, expresen y comenten sobre lo que les gusta hacer cuando tienen tiempo libre. Usen las siguientes exclamaciones para comentar.

Exclamaciones	*Exclamations*
¡Ándale!	*There you go!*
¡Claro que sí/no!	*Of course!/Of course not!*
¡Estás loco/loca!	*You're crazy!*
¡Hombre!	*Man!*
¡Mujer!	*Woman!*
¡No me di cuenta!	*I didn't realize that!*
¡No me digas!	*You don't say!*
¡No puede ser!	*It can't be!*
¡Qué va!	*You've gotta be kidding! Gimme a break!*

■ **Ejemplo** el golf
      ESTUDIANTE 1: **Es una lástima que sea tan caro jugar al golf.**
      ESTUDIANTE 2: **¡No me di cuenta!**
      ESTUDIANTE 3: **Sí, cuesta quince dólares.**

----

olla común *potluck dinner*

◆ The concept of **la olla común** emerged in Chile during the time of President Allende (1970–1973), when people got together during strikes or protests. At that time, food was scarce, so this became a good way of sharing whatever they had. Nowadays **la olla común** refers to a potluck dinner.

D. Pollo para el grupo.
Usando el cupón de Quentaquín como punto de partida, comenten en parejas los méritos de las gangas.

CUPÓN		CUPÓN
QUENTAQUÍN FRIED CHICKEN		**Tel.** 18-14-80
"El Mejor Sabor de Pollo en el Mundo"		
Vagón del Cielo	**Caja familiar**	**Cubeta Familiar**
30 Grandes piezas	10 Grandes piezas	15 Grandes piezas
12 Panecillos	6 Panecillos	8 Panecillos
1 Litro de ensalada	1/2 Ensalada	1/2 Ensalada
Equivalente a 4 pollos	Equivalente a 1/2 pollo	Equivalente a 2 pollos
Por sólo	Por sólo	Por sólo
$43,000	**$15,900**	**$21,900**

Oferta válida únicamente presentando este CUPÓN
Tecnológico y de la Raza (puente al revés)

■ **Ejemplo**   ESTUDIANTE 1: *Es obvio que el Vagón del Cielo es más grande que la Cubeta Familiar.*
ESTUDIANTE 2: *Sí, ¡pero es dudoso que necesitemos treinta piezas de pollo!*

TERCERA FUNCIÓN

Expressing unknown/unexperienced entities and events using the present subjunctive

Diario de actividades

◆ For additional practice with the subjunctive, see the ***Diario de actividades, Tercera función.***

▲ The third concept of the subjunctive focuses on entities (people or things) and events that are unknown to, or as yet unexperienced by, the speaker. As such, they have not yet become part of the speaker's reality. The following examples should help clarify this concept.

No conocemos a nadie que **viva** en Santiago.

We don't know anyone who *lives* in Santiago. (UNKNOWN ENTITY)

Conocemos a un chico que **vive** en Chile.

We know a guy who *lives* in Chile. (FACT)

Voy a llamarlo para que **cene** con nosotros.

I'm going to call him so that he *(can) eat dinner* with us. (UNEXPERIENCED EVENT)

Lo **llamé** y **cenó** con nosotros.

I called him and he *ate dinner* with us. (FACT)

The expressions below are frequently used when referring to unknown/unexperienced entities and events.

Expresiones que indican falta de conocimiento o experiencia
Expressions that indicate a lack of knowledge or experience

¿conocer?	*to know, to be acquainted with* (question)
no conocer	*not to know, not to be acquainted with*

SUCESO EN EL FUTURO + :

a fin de que/para que	*so (that)*	después (de) que	*after*
a menos que	*unless*	en caso (de) que	*in case (that)*
antes (de) que	*before*	hasta que	*until*
con tal (de) que	*provided (that)*	tan pronto como	*as soon as*
cuando	*when*		

Prácticas

A. Entrevista. Usando las siguientes frases como guía, entrevístale a alguien de la clase sobre sus conocidos.

■ **Ejemplo** hablar portugués
   ESTUDIANTE 1: *¿Conoces a alguien que hable portugués?*
   ESTUDIANTE 2: *Sí, tengo un amigo que habla portugués.* o
       No, no conozco a nadie que hable portugués.

1. jugar al fútbol
2. tocar el saxofón
3. no manejar un auto
4. entender las matemáticas
5. querer ser artista
6. saber bailar el merengue
7. dormir más de ocho horas todas las noches
8. ir al cine con frecuencia
9. no salir con amigos los fines de semana
10. ser actor/actriz

B. Planes para el futuro. Complete las siguientes oraciones de una manera lógica.

■ **Ejemplo** Luis va a ir al supermercado después (de) que su mamá . . .
   Luis va a ir al supermercado después (de) que su mamá le escriba una lista de cosas para comprar.

1. Voy a prepararles un plato especial a mis amigos cuando . . .
2. Voy a comprar un lavaplatos nuevo para que mi familia . . .
3. Los estudiantes comieron mucho para el desayuno en caso (de) que la profesora . . .
4. Vamos a ir al restaurante nuevo a menos que los críticos . . .
5. Vamos a ir al café tan pronto como nosotros . . .

C. Vamos a celebrar. En grupos de tres o cuatro, planeen las comidas y las actividades para las ocasiones siguientes.

■ **Ejemplo** picnic
   ESTUDIANTE 1: *Voy a comprar salchichas a menos que no les gusten.*
   ESTUDIANTE 2: *Necesitamos muchos refrescos en caso (de) que lleguen muchas personas.*
   ESTUDIANTE 3: *Quiero jugar al voleibol después (de) que comamos.*

1. fiesta de Año Nuevo
2. despedida de soltera/soltero°
3. fiesta del club de español
4. celebración antes de un partido de fútbol
5. cena bailable°

◆ ◆ ◆

---

despedida de soltera/soltero *bridal shower/bachelor party* **cena bailable** *dinner dance*

TERCERA ETAPA Estrategias

COMPRENSIÓN AUDITIVA Textbook Cassette

◆ **Orientación** To review the goals and use of the **Estrategias** and the **Comprensión auditiva** sections, see the **Orientaciones** on p. 36.

Using information from the text. You have already learned and practiced the strategy of guessing from context. In this chapter, you will learn more about using textual information to comprehend a listening or reading text. Note these types of information that may be incorporated into a text:

- Definitions of unfamiliar terms
- Problems and solutions
- Causes and effects
- Comparisons and contrasts

DEFINITIONS OF UNFAMILIAR TERMS.   There are various ways to define new terms.

- Some speakers like to define by using *illustrations.*

  Gabriela Mistral, Miguel Ángel Asturias, Pablo Neruda, y Octavio Paz son ganadores hispanoamericanos del Premio Nóbel de literatura.

- *Synonyms* are also useful clues to definition. They are presented with the verbs **ser, significar,** and **querer decir.**

  Guisar es cocinar.

- Definition by *class* is another way in which speakers convey new ideas to their listeners.

  El durazno es una fruta que se parece al albaricoque.

PROBLEMS AND SOLUTIONS.   When a speaker has set forth a problem, usually a solution—or at least a recommendation—follows. Some key words that signal solutions and recommendations are shown below.

Problemas y soluciones	*Problems and solutions*		
componer	*to repair*	resolución (*f.*)	*resolution*
propuesta	*proposal*	resolver (ue)	*to resolve*
recomendación (*f.*)	*recommendation*	solución (*f.*)	*solution*
recomendar (ie)	*to recommend*	solucionar	*to solve*
remediar	*to remedy*	sugerencia	*suggestion*
remedio	*remedy*	sugerir (ie)	*to suggest*
reparar	*to repair*		

Sugiero que compres las frutas en el Mercado Central.

CAUSES AND EFFECTS. Speakers often present cause-and-effect relationships when relating news events. Study the following words and phrases that express cause and effect.

Causa y efecto	Cause and effect
a causa de	on account of
así que	thus, therefore
causar	to cause
como consecuencia/resultado	as a consequence/as a result
por	because of, due to, owing to
porque	because
responsabilizar	to make someone responsible
resultar de/en	to result in

Los esfuerzos de la gente resultaron en una ceremonia impresionante.

COMPARISONS AND CONTRASTS. Both comparisons and contrasts are often used to illustrate a spoken text. Comparisons highlight the similarities between topics, while contrasts highlight the differences. Comparisons and contrasts may be organized in two ways: a global presentation of one topic is given in its entirety and then the second topic is given in its entirety, or the two topics are compared one aspect at a time. The following chart provides words and phrases commonly used in making comparisons and contrasts.

Comparaciones y contrastes		Comparisons and contrasts	
a diferencia de	unlike	al igual que	like
al contrario de		de la misma manera	in the same way
en cambio/ por otro lado	on the other hand	parecerse a	to be similar, to be like
más/menos que	more/less than	tan(to) . . . como	as . . . as

Al igual que el curanto, un asado se prepara al aire libre.

Antes de escuchar

La producción y exportación de vinos es una industria principal de Chile. Antes de escuchar el texto, contesta las siguientes preguntas sobre los vinos. Si no puedes contestar todas las preguntas, pregúntale a alguien de la clase.

1. Hay tres categorías básicas (o "colores") de vino. ¿Cuáles son?
2. ¿Qué países del mundo producen vinos finos?
3. ¿Qué país tiene la fama de producir los mejores vinos del mundo?
4. ¿Cómo se dice en español las siguientes palabras? (Usa tu diccionario.)
   a. grapevine   b. vineyard   c. cask (barrel)

¡A escuchar!

Usando tu cassette, escucha el texto sobre la producción de vinos. Identifica el tipo de información que se presenta.

- ❑ definición
- ❑ problema y solución
- ❑ causa y efecto
- ❑ comparación y contraste

Después de escuchar

A. Comprensión. Contesta las siguientes preguntas sobre el texto.

1. ¿Cómo eran las condiciones para la viticultura en Chile en el siglo XIX?
2. ¿Qué ocurrió en el siglo XX? ¿Por qué?
3. ¿Qué hicieron los viticultores?
4. ¿Qué cambios efectuaron?
5. ¿Cómo efectuaron los cambios?
6. ¿Cuál fue el resultado?

B. Actividad cooperativa. En grupos de cuatro, usen las palabras y frases de las páginas anteriores para seguir estas instrucciones:

1. Identifiquen un problema de su universidad.
2. Definan y describan el problema.
3. Especifiquen la causa y las consecuencias del problema.
4. Comparen y contrasten el problema de su universidad con el mismo problema en otras universidades o con otros problemas de su universidad.
5. Recomienden posibles soluciones al problema.

Una viña chilena

LECTURA

Using information from the text. Being able to determine the type of information given in a text is an excellent key to comprehension. Before doing the activities in this section, review the following summaries of the four types of information often presented in reading texts.

◆ **Orientación** To review the goals and use of the *Lectura* section, see the *Orientación* on p. 38.

- DEFINITIONS. Unfamiliar terms may be defined by illustration, class, or synonym.
- PROBLEMS AND SOLUTIONS. A problem may be presented along with a solution or recommendations for potential solutions.
- CAUSES AND EFFECTS. A topic may be presented as a cause followed by its effects, or vice versa.
- COMPARISONS AND CONTRASTS. Two topics may be related in terms of their similarities (comparisons) or differences (contrasts).

◆ Vocabulario esencial
Etiqueta en la mesa

batas	*robes*
desteñidas	*faded*
alcaparras	*capers*
borde (*m.*)	*edge*

Antes de leer

Vas a leer cinco textos breves en forma de cartas. Estas cartas y sus respuestas tratan del tema general de la etiqueta. Antes de leer las cartas, contesta las siguientes preguntas.

1. ¿Lees las secciones de consejos del periódico como "Miss Manners"? ¿Cómo son las cartas que se presentan? ¿Cómo son las respuestas? ¿Qué tipo de información contienen tanto las cartas como las respuestas?
2. ¿Conoces a alguien que no siga las reglas de la etiqueta en la mesa? ¿Cómo se comporta esta persona?
3. ¿Recibiste una invitación que no querías aceptar? ¿Qué hiciste?
4. Cuando vas a un restaurante o comes en casa de otra persona, ¿qué haces cuando un plato contiene un ingrediente que no te gusta?
5. ¿Qué haces cuando alguien te sirve un vaso que está demasiado lleno?
6. ¿Qué arreglos tienes que hacer cuando quieres invitar a un grupo grande a tu casa, tu apartamento o tu cuarto?

¡A leer!

Ahora lee las cartas.

SABER VIVIR

Etiqueta en la Mesa

Por la Condesa Márgara di Persia

Una tía de mi marido que vive con nosotros y es buena y cariñosa, especialmente con mis hijos, pero me crea un problema grave, por su descuidado aspecto físico, a menudo usa batas de casa sucias y desteñidas, sus manos y su pelo están en permanente desorden, a veces come con la mano, cosas inapropiadas, como ensaladas, yo le he mostrado varias veces su magnífico vídeo de etiqueta y ella responde que eso es para cuando hay visitas o se sale a comer fuera. ¿Qué piensa usted de la etiqueta en el seno de la familia?

Justamente las reglas de urbanidad empiezan en la intimidad del hogar. Nadie se puede improvisar persona refinada en compañía de extraños si cotidianamente no practica lo que pretende lucir. Háblele con paciencia y cariño. Explíquele que entre otras cosas está dando mal ejemplo a los niños que tanto quiere, y ella misma irá perdiendo la propia estima. Nadie tiene derecho a ofender a los demás. Antes de salir de su cuarto por la

Andrew Melick

mañana, cada uno tiene el deber de cuidar de su apariencia, limpia y ordenada; así será más lindo encontrarse con los demás miembros de la familia y darles los buenos días con una fresca sonrisa.

Soy manager de artistas y cantantes, con algunos de ellos tengo buenas relaciones, pero hay uno en particular, con el cual quisiera quedar nada más en una relación de trabajo. Él me ha invitado dos veces a comer en su casa y yo le he dicho que no, dándole un pretexto. ¿Qué debo hacer cuando me invite la próxima vez?

Con cortesía pero con tono muy firme, le puede contestar «hoy no puedo, cuando pueda te avisaré». Creo que será suficiente para que no exista una cuarta invitación; si así no fuera, tendrá que explicarle que a usted no le gusta mezclar las relaciones de trabajo con las relaciones sociales. Nadie está obligado a dejarse imponer cómo y con quién pasar su tiempo libre.

A menudo encuentro en los alimentos «alcaparras», a mí no me gustan y me cuesta mucho trabajo comerlas. ¿Qué hacer con ellas?

No se ponga a revolver la comida con el tenedor para descartarlas, simplemente seleccione el alimento en las partes en que no hay alcaparras. Tampoco informe a los comensales cuando un alimento o condimento no es de su gusto.

¿Es correcto tomar del vaso de jugo con la cucharita cuando el vaso está demasiado lleno?

Los líquidos como: té, jugo, café, leche, etc., no se llevan a la boca con cucharita, sino directamente del vaso o taza, los cuales nunca deben estar demasiado llenos; entre el líquido y el borde del recipiente debe haber siempre, una pulgada.

Quisiera dar en casa una cena íntima para la familia, somos veinte personas y la mesa de mi comedor es sólo para diez, tampoco tengo sillas suficientes y no me parece conveniente usar las butacas del florida room. ¿Qué puedo hacer?

Con facilidad encontrará donde alquilar tres mesitas cuadradas, con doce sillas que puede fácilmente colocar en su florida room; distribuya los puestos de modo que en cada mesa haya una persona de las que viven en la casa.

La Condesa Márgara di Persia ofrece clases privadas y consultas sobre etiqueta. Para información sobre las mismas, favor llamar al 443–5535.

de Miami

Después de leer

A. Comprensión. Contesta brevemente en español las siguientes preguntas sobre *Etiqueta en la mesa.*

1. ¿Por qué es problemático el comportamiento de la tía?
2. Para ser una persona refinada, ¿qué se tiene que hacer?
3. ¿Cómo se rechaza cortesmente una invitación?
4. Si te sirven un plato que no te gusta, ¿qué haces?
5. La condesa no contesta definidamente la pregunta sobre el vaso lleno de líquido. ¿Qué haces tú en este caso?
6. ¿Cómo recomienda la condesa que la señora arregle su casa para una cena con veinte invitados?

B. Anécdotas. Basándose en las siguientes preguntas, en grupos de tres, cuenten anécdotas personales relacionadas con la etiqueta.

1. ¿Qué ocurrió?
2. ¿Te quedaste avergonzado/avergonzada por el incidente? ¿Por qué?
3. ¿Cómo resultó?
4. ¿Qué solución potencial (soluciones potenciales) puedes ofrecerles a otros estudiantes que tengan problemas de este tipo?

◆ **Orientación** To review the goals and use of the *Comunicación* section, see the *Orientación* on p. 39.

COMUNICACIÓN 📼 Textbook Cassette

Las siguientes conversaciones te ayudan a describir, negar, contradecir y a quejarte. Escucha las conversaciones en tu cassette y practícalas con los demás miembros de la clase.

Cómo describir la comida *Describing food*

Cómo quejarse *Complaining*

Cómo negar y contradecir *Negating and contradicting*

Prácticas

Cómo describir la comida *Describing food*

Contiene . . .	*It contains . . .*
Es como . . .	*It's like . . .*
Es dulce (salado/salada, agrio/agria, etc.) . . .	*It's sweet (salty, bitter, etc.) . . .*
Huele a . . .	*It smells like . . .*
Sabe a . . .	*It tastes like . . .*
Se parece a . . .	*It looks like . . .*
Su textura es blanda/dura/cremosa, etc.	*Its texture is soft/hard/creamy, etc.*

A. La pirámide. Estudia la pirámide de la página 341. Luego, usando las palabras y frases anteriores, escribe una descripción de cada una de las siguientes comidas o bebidas.

- **Ejemplo**   Dr. Pepper

   El refresco Dr. Pepper se parece a la Coca-Cola. Es dulce y contiene mucho azúcar. Sabe a cola y frutas.

1. Mountain Dew
2. frozen yogurt
3. Asian pear (pear apple)
4. brocflower
5. corn dog

Cómo quejarse *Complaining*

Es demasiado costoso/costosa (problemático/problemática, etc.).	*It's too expensive (problematic, etc.).*
Esto es el colmo.	*This is the last straw.*
No es justo.	*It isn't fair.*
¡No, hombre/mujer!	*No way!*
No puedo esperar más.	*I can't wait anymore.*
No puedo más.	*I can't take this anymore.*
Pero, por favor . . .	*But, please . . .*

B. Problemas y más problemas. Lee los siguientes problemas. Después, en parejas, representen las situaciones incorporando las frases para quejarse.

- **Ejemplo**   Tu comida va a tardar media hora porque el cocinero está muy ocupado.

   ESTUDIANTE 1: ***Es obvio que la comida va a tardar mucho.***
   ESTUDIANTE 2: ***No puedo esperar más; tengo una cita en media hora.***

1. Vas a la librería y descubres que ya no se publica el libro que quieres.
2. La lavandería te llama por teléfono para decirte que perdieron tus pantalones.
3. El mecánico te dice que la reparación de tu auto va a costar mil dólares.
4. Recibes una carta del *Internal Revenue Service* en la que te indican que tienes que pagar doscientos dólares más de impuestos.

◆ Remember that **usted** is generally used instead of **tú** in formal situations or with people you don't know well.

5. Vas al supermercado para compar una cosa y cuando llegas a la caja, hay tres personas delante de ti con carritos llenos de comida.
6. Tienes que estudiar para un examen y tus amigos te dicen que van a alquilar un vídeo.

Cómo negar y contradecir *Negating and contradicting*	
¡Imposible!	*Impossible!*
¡Jamás!/¡Nunca!	*Never!*
Ni hablar.	*Don't even mention it.*
No es así.	*It's not like that.*
No está bien.	*It's not all right.*

C. Los alimentos. Lee las siguientes oraciones sobre la comida. Después, en parejas, comenten y den otras sugerencias sobre la nutrición.

■ **Ejemplo** ESTUDIANTE 1: *No es necesario beber mucha agua.*
ESTUDIANTE 2: *No es así. Hay que beber ocho vasos de agua al día.*

1. Hay siete grupos básicos de alimentos.
2. Es mejor comer chocolate que frutas.
3. Los cereales y la leche pertenecen al mismo grupo.
4. Los huevos no contienen mucho colesterol.
5. El café contiene muchas calorías.
6. Una buena dieta consiste en comer solamente yogurt y frutas.
7. Los vegetales pueden sustituir a las frutas en una buena dieta.
8. La carne roja contiene poca grasa.

COMPOSICIÓN

Sequence and conclusion. In this chapter, you are going to learn how to sequence your thoughts and conclude your paragraphs in an interesting manner. There are a number of ways to sequence thoughts and actions within a paragraph. In an anecdote or a story, it is most common to find a *chronological* sequence. Sometimes, however, a reverse chronological order fits the topic better and provides more punch. Chronological order is often signaled by ordinal numbers (see **Capítulo 5,** page 166) or other time-related words and phrases such as **ahora, después, entonces, luego, el próximo año, en 1996.**

When describing a place, you may want to arrange the description according to the *relative positions* of things: outside to inside, inside to outside, farthest away to closest, and so on. Spatial relationships like these are often signaled by prepositions of location (see **Capítulo 3,** page 92).

Another useful sequence is *from the general to the specific,* in which you begin with a statement and then supply the details. Whenever you write a paragraph, think about the topic and choose the most appropriate sequence.

Nothing ruins an interesting paragraph more than a boring conclusion. Although you have a great deal of flexibility as to how to end a paragraph, you should keep a few general guidelines in mind. Stick with the same *tone* that

◆ Video that supports this chapter includes the following:

¡A CONOCERNOS! Video Program: *Las comidas* provides support for thematic and linguistic elements in the chapter. Activities that support this video appear in the **Instructor's Resource Kit.**

Mosaico cultural: Ricos sabores expands upon the cultural material presented in the chapter. Activities that support this video are found in the ***Mosaico cultural* Video Guide.**

◆ **Orientación** To review the goals and use of the *Composición* section, see the *Orientación* on p. 42.

◆ ***Atajo*** writing assistant supports your efforts with the task outlined in this **Composición** section by providing useful information when the following references are accessed:

Capítulo 10 *Las comidas*

Phrases/functions appreciating food; asking in a store; denying; disapproving; expressing irritation; sequencing events; writing a conclusion; writing an introduction

Vocabulary food *(all)*; poetry

Grammar verbs: subjunctive agreement; verbs: subjunctive with **ojalá;** subjunctive with **que**

you have used throughout your paragraph; a humorous paragraph should have a humorous ending. Don't repeat what you have already stated, but include a *summary statement* as an effective conclusion. You may want to encourage the reader to pursue the topic by presenting a *problem or question* for further investigation. The following chart provides some words and phrases to use in closing your paragraph.

Cómo concluir *Concluding*	
al fin y al cabo	*when all is said and done*
al final	*in the end*
así (es que)	*thus (it is)*
en conclusión	*in conclusion*
en resumen/en suma	*in sum, in summary*
finalmente/por fin/por último	*finally*
por eso	*therefore*

Antes de escribir

Antes de escribir tu propio párrafo, lee el modelo en **Paso a paso, El arte de cocinar la pasta** e identifica el tipo de secuencia y la conclusión que se da.

PASO A PASO
EL ARTE DE COCINAR LA PASTA

Cocinar pasta puede parecer fácil, pero hay una serie de normas que deben cumplirse si se quiere obtener un óptimo resultado.

1er paso: Por cada 100 gramos de pasta seca se debe calcular un litro de agua. Esto es importante porque si el agua es escasa, al colocar la pasta, ésta se enfriará, dejará de hervir y se volverá pegajosa y aglutinada.

2do paso: El tema de agregar aceite para que no se pegue la pasta es controvertido. Por un lado, es perfecto para que esto no ocurra y, por el otro cubre la pasta con una delgada capa de grasa que impide que la salsa se una al fideo.

Las pastas largas se deben introducir de punta, desplegándolas en abanico en todo el perímetro de la olla.

3er paso: El agua debe estar hirviendo antes de introducir la pasta y conviene tapar la olla para acelerar el proceso.

4to paso: La sal conviene colocarla cuando el agua ya está hirviendo. La cantidad ideal es de 10 gramos (una cucharada de postre) por cada litro de agua. No obstante, si hay un caso de hipertensión en la familia se puede reducir la cantidad o eliminarla.

5to paso: Cuando el agua ya está hirviendo y convenientemente salada, se debe introducir la pasta. Si se trata de pastas largas se deben colocar de punta, desplegándolas en abanico y se van empujando suavemente a medida que entran en contacto con el agua. La cocción debe llevarse a cabo a olla destapada porque de otro modo los fideos se ablandan demasiado.

6to paso: El agua debe hervir continuamente. Al principio conviene revolver con cierta asiduidad para evitar que la pasta se pegue, luego no hace falta. Para revolver usar preferentemente un tenedor de madera.

7mo paso: La pasta debe estar cocinada al dente (es decir, algo dura), pero su tiempo de cocción varía en cada caso.

8vo paso: Pasar la pasta por un colador en el que pueda entrar toda su capacidad. En cuanto a echarle un chorro de agua fría hay dos posturas: una a favor (lava el almidón de la superficie de la pasta) y la otra en contra (enfría la pasta y el agua puede alterar la consistencia y su sabor).

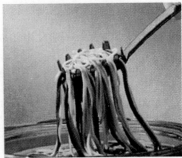

La cocción varía para cada pasta: un cabello de ángel lleva tres minutos y una lasagna alrededor de 20.

Antes de servir la pasta siempre se la debe pasar por el colador.

de *Buena Salud*

¡A escribir!

Ahora elige un tema relacionado con los alimentos tal como un plato preferido, una comida especial que recuerdes o consejos sobre la dieta. Elige la secuencia más adecuada para presentar tu información. Después escribe un párrafo sobre el tema elegido incluyendo una conclusión interesante.

Después de escribir

A. Revisión. Revisa tu composición según las siguientes preguntas:

- **Secuencia.** ¿Qué tipo de secuencia elegiste? ¿Incorporaste las palabras y frases adecuadas para informarle al lector de esta secuencia?
- **Tono.** ¿Cómo es el tono de tu párrafo? ¿Usas el mismo tono en todo el párrafo?
- **Conclusión.** ¿Cómo concluiste el párrafo? ¿Crees que tu conclusión es buena? ¿Qué tipo de impresión deja en el lector?

B. Intercambio. En parejas, intercambien sus composiciones y revísenlas prestando atención a los siguientes criterios:

> ❑ *Introducción interesante*
>
> ❑ *Transiciones adecuadas*
>
> ❑ *Organización clara y adecuada*
>
> ❑ *Secuencia identificable*
>
> ❑ *Concordancia entre sujetos y verbos*
>
> ❑ *Concordancia entre sustantivos y adjetivos*
>
> ❑ *Conclusión fuerte e interesante*

VOCABULARIO

◆ **Orientación** To review the goals of the *Vocabulario* sections, see the *Orientaciones* on pp. 43–44.

Using note cards. One of the easiest ways to study and build vocabulary is by using note cards. If you have a few minutes to spare while you wait between classes or drink a cup of coffee in the student union, flip through your cards and learn the meanings of new words.

To help you memorize the vocabulary item, you can create personalized study cards based on this model. At the top of the card, write the word. Directly below the word, write its English equivalent and part(s) of speech. Then use the word in a sentence or phrase. Finally associate it with another familiar word or phrase in your native language or Spanish. Look over this sample card for the word **piña.**

WORD	piña
MEANING	pineapple
PART OF SPEECH	noun
PHRASE/SENTENCE	**Venden piñas en una frutería.**
ASSOCIATION	piña colada

Prácticas

A. Haz una lista con las comidas que comes una vez a la semana, una vez al mes y casi nunca.

B. Escribe una lista con los ingredientes que necesitas para preparar un plato típico de tu región.

C. Escribe de ocho a diez cosas que se deben incluir en una buena dieta para bajar de peso.

D. Haz una encuesta para decidir cuáles son los platos más populares y menos populares de la clase.

VOCABULARIO

En la mesa   *At the table*

Buen provecho.	*Enjoy your meal.*
Estoy satisfecho/satisfecha (lleno/llena).	*I'm full.*
Permítame/Permíteme la sal, por favor.	*Please pass the salt.*
Todo estuvo delicioso.	*Everything was delicious.*

copa	*wine glass*	fuente (*f.*)/tazón (*m.*)	*soup bowl*	taza	*cup*
cubiertos	*table setting, cutlery*	mantel (*m.*)	*tablecloth*	tenedor (*m.*)	*fork*
cuchara	*soup spoon*	platillo	*saucer*	vaso	*glass*
cucharita	*teaspoon*	plato	*plate/dish*		
cuchillo	*knife*	servilleta	*napkin*		

Tiendas   *Stores and shops*

carnicería	*butcher shop*	lechería	*dairy store*	pescadería	*fish store*
frutería	*fruit store*	panadería	*bakery*	verdulería	*vegetable store*

Aves y carnes   *Poultry and meat*

cabrito	*kid*	fiambre (*m.*)	*luncheon meat, cold cut*	pollo	*chicken*
carne (*f.*) de vacuno/de res	*beef*	jamón (*m.*)	*ham*	salchicha	*sausage*
cerdo	*pork*	pato	*duck*	ternera	*veal*
cordero	*lamb*	pavo	*turkey*	tocino	*bacon*

Verduras   *Vegetables*

aceituna	*olive*	cebolla	*onion*	maíz (*m.*)	*corn*
aguacate (*m.*)	*avocado*	ensalada	*salad*	papa	*potato*
ajo	*garlic*	espinaca	*spinach*	tomate (*m.*)	*tomato*
apio	*celery*	frijol (*m.*)	*bean*	tuna	*cactus fruit*
bróculi (*m.*)	*broccoli*	guisante (*m.*)	*pea*	zanahoria	*carrot*
calabacita	*zucchini*	judía verde	*green bean*		
calabaza	*squash, pumpkin*	lechuga	*lettuce*		

Frutas   *Fruit*

cereza	*cherry*	manzana	*apple*	pera	*pear*
durazno/melocotón (*m.*)	*peach*	melón (*m.*)	*melon*	piña	*pineapple*
fresa	*strawberry*	naranja	*orange*	plátano	*banana*
limón (*m.*)	*lemon, lime*	papaya	*papaya*	toronja	*grapefruit*
mango	*mango*	pasa	*raisin*	uva	*grape*

Condimentos   *Condiments*

aceite (*m.*)	*oil*	pimienta	*pepper*
crema/nata (agria/batida)	*cream (sour/whipped)*	sal (*f.*)	*salt*
mantequilla	*butter*	salsa de tomate (dulce)	*tomato sauce, ketchup*
mayonesa	*mayonnaise*	vinagre (*m.*)	*vinegar*
mostaza	*mustard*		

Mariscos y pescados   *Shellfish and fish*

atún (*m.*)	*tuna*	ceviche (*m.*)	*raw fish marinated in lime juice*	ostra	*oyster*
calamar (*m.*)	*squid*	langosta	*lobster*	pulpo	*octopus*
camarón (*m.*)/	*shrimp*	mariscal (*m.*)	*raw shellfish marinated in lime juice*	salmón (*m.*)	*salmon*
gamba		mejillón (*m.*)	*mussel*	trucha	*trout*
cangrejo	*crab*				

Otros comestibles   *Other provisions*

agua	*water*	licuado	*shake made with fruits, juices, and ice*
arroz (*m.*)	*rice*	pan (*m.*)	*bread*
azúcar (*m.*)	*sugar*	pastel (*m.*)	*pastry, cake, pie*
café (*m.*) con leche	*coffee with hot milk*	queso	*cheese*
huevo	*egg*	sopa	*soup*
leche (*f.*)	*milk*	vino (blanco/rosado/tinto)	*wine (white/rosé/red)*

Comidas del día   *Daily meals*

desayuno	*light breakfast*	comida	*meal, dinner*
desayunar	*to eat breakfast*	merendar (ie)	*to eat a snack*
almuerzo	*morning snack, lunch*	merienda	*snack*
almorzar (ue)	*to eat a morning snack, lunch*	cena	*supper*
comer	*to eat, eat dinner*	cenar	*to eat supper*

Otras palabras   *Other words*

cocinar	*to cook*	litro	*liter* (1.057 quarts)
docena	*dozen*	plato principal	*main dish, entrée*
duro/dura	*tough, hard*	postre (*m.*)	*dessert*
fresco/fresca	*fresh*	rico/rica	*rich, delicious*
ingrediente (*m.*)	*ingredient*	sabroso/sabrosa	*delicious*
kilo	*kilogram* (2.2 pounds)	tierno/tierna	*tender*
libra	*pound*		

Cómo pedir comida en un restaurante   *Ordering a meal in a restaurant*

mesero/mesera	*server, waitperson*
¿Cuánto es la entrada?	*How much is the cover charge?*
¿Está incluida la propina?	*Is the tip included?*
Me falta/faltan el/la/un/una . . .	*I need the/a/an . . .*
botella de vino	*bottle of wine*
hielo	*ice*
¿Me puede traer . . . , por favor?	*Can you please bring me . . . ?*
¿Puedo ver la carta/el menú/la lista de vinos?	*May I see the menu/the wine list?*
¿Qué recomienda usted?	*What do you recommend?*
¿Qué tarjetas de crédito aceptan?	*What credit cards do you accept?*
Quisiera hacer una reserva para . . .	*I'd like to make a reservation for . . .*
¿Se necesitan reservas?	*Are reservations necessary?*
¿Tiene usted una mesa para . . . ?	*Do you have a table for . . . ?*
Tráigame la cuenta por favor.	*Please bring me the check/bill.*

Verbos y expresiones que indican causa y efecto
Verbs and expressions that indicate cause and effect

desear	*to want, wish, desire*
esperar	*to hope*
insistir (en)	*to insist (on)*
pedir (i)	*to ask for, request*
preferir (ie)	*to prefer*
prohibir	*to prohibit*
querer (ie)	*to want*
recomendar (ie)	*to recommend*
sugerir (ie)	*to suggest*
¡Ojalá . . . !	*I hope . . . !*

Expresiones de duda   *Expressions of doubt*

dudar	*to doubt*	no es claro	*it's not clear*
no creer	*not to believe*	no es evidente	*it's not evident*
no estar seguro/segura	*not to be sure*	no es seguro	*it's not sure*
no pensar (ie)	*not to think*	no es verdad	*it's not true*
es dudoso	*it's doubtful*	acaso/quizá(s)/tal vez	*perhaps*
no es cierto	*it's not certain/true*		

Juicios de valor   *Value judgments*

es bueno	*it's good*	es posible	*it's possible*
es importante	*it's important*	es probable	*it's probable*
es malo	*it's bad*	es raro	*it's strange*
es mejor	*it's best*	es terrible	*it's terrible*
es necesario	*it's necessary*	es urgente	*it's urgent*

Expresiones de emoción   *Expressions of emotion*

alegrarse (de)	*to be glad*	es (una) lástima	*it's a pity/it's too bad*
encantar	*to be delighted*	es triste	*it's sad*
gustar	*to like*		
sentir (ie)	*to regret, feel sorry*		
temer	*to fear*		
tener miedo (de)	*to be afraid (of)*		

Expresiones que denotan certeza   *Expressions of certainty*

creer	*to believe*	es evidente	*it's evident*
		es obvio	*it's obvious*
estar seguro/segura (de)	*to be sure*	es verdad	*it's true*
es cierto	*it's certain/true*	está claro	*it's clear*

Exclamaciones   *Exclamations*

¡Ándale!	*There you go!*	¡No me di cuenta!	*I didn't realize that!*
¡Claro que sí/no!	*Of course!/Of course not!*	¡No me digas!	*You don't say!*
¡Estás loco/loca!	*You're crazy!*	¡No puede ser!	*It can't be!*
¡Hombre!	*Man!*	¡Qué va!	*You've gotta be kidding! Gimme a break!*
¡Mujer!	*Woman!*		

Expresiones que indican falta de conocimiento o experiencia
Expressions that indicate a lack of knowledge or experience

¿conocer?	*to know, to be acquainted with* (question)
no conocer	*not to know, not to be acquainted with*

SUCESO EN EL FUTURO + :

a fin de que/para que	*so (that)*	después (de) que	*after*
a menos que	*unless*	en caso (de) que	*in case (that)*
antes (de) que	*before*	hasta que	*until*
con tal (de) que	*provided (that)*	tan pronto como	*as soon as*
cuando	*when*		

Problemas y soluciones   *Problems and solutions*

componer	*to repair*	resolución (*f.*)	*resolution*
propuesta	*proposal*	resolver (ue)	*to resolve*
recomendación (*f.*)	*recommendation*	solución (*f.*)	*solution*
recomendar (ie)	*to recommend*	solucionar	*to solve*
remediar	*to remedy*	sugerencia	*suggestion*
remedio	*remedy*	sugerir (ie)	*to suggest*
reparar	*to repair*		

Causa y efecto   *Cause and effect*

a causa de	*on account of*	por	*because of, due to, owing to*
así que	*thus, therefore*	porque	*because*
causar	*to cause*	responsabilizar	*to make someone responsible*
como consecuencia/resultado	*as a consequence/as a result*	resultar de/en	*to result in*

Comparaciones y contrastes   *Comparisons and contrasts*

a diferencia de } al contrario de }	*unlike*	al igual que	*like*
		de la misma manera	*in the same way*
en cambio/por otro lado	*on the other hand*	parecerse a	*to be similar/to be like*
más/menos que	*more/less than*	tan(to) . . . como	*as . . . as*

Cómo describir la comida   *Describing food*

Contiene . . .	*It contains . . .*
Es como . . .	*It's like . . .*
Es dulce (salado/salada, agrio/agria, etc.) . . .	*It's sweet (salty, bitter, etc.) . . .*
Huele a . . .	*It smells like . . .*
Sabe a . . .	*It tastes like . . .*
Se parece a . . .	*It looks like . . .*
Su textura es blanda/dura/cremosa, etc.	*Its texture is soft/hard/creamy, etc.*

Cómo quejarse   *Complaining*

Es demasiado costoso/costosa (problemático/problemática, etc.).	*It's too expensive (problematic, etc.).*	¡No, hombre/mujer!	*No way!*
		No puedo esperar más.	*I can't wait anymore.*
Esto es el colmo.	*This is the last straw.*	No puedo más.	*I can't take this anymore.*
No es justo.	*It isn't fair.*	Pero, por favor . . .	*But, please . . .*

Cómo negar y contradecir   *Negating and contradicting*

¡Imposible!	*Impossible!*	No es así.	*It's not like that.*
¡Jamás!/¡Nunca!	*Never!*	No está bien.	*It's not all right.*
Ni hablar.	*Don't even mention it.*		

Cómo concluir   *Concluding*

al fin y al cabo	*when all is said and done*
al final	*in the end*
así (es que)	*thus (it is)*
en conclusión	*in conclusion*
en resumen/en suma	*in sum, in summary*
finalmente/por fin/por último	*finally*
por eso	*therefore*

Relaciones interpersonales

Una boda

PRIMERA ETAPA Preparación

◆ **Orientación**   To review the goals and use of the *Preparación* and *Introducción* sections, see the *Orientaciones* on p. 12.

INTRODUCCIÓN

Las relaciones laborales. El conocimiento de los rituales y las costumbres de cada cultura puede facilitarnos tanto a mejorar en las relaciones laborales como a obtener buenos resultados en los negocios. El considerar los hábitos de nuestros clientes, proveedores y amigos extranjeros nos asegura una buena parte del éxito de las transacciones que hacemos. Antes de leer *Costumbres y modales a nivel internacional,* estudia el **Vocabulario esencial.**

Antes de leer

Vas a leer un artículo sobre las costumbres y los modales en los negocios internacionales. Primero haz la siguiente actividad.

A. ¿Cómo se dice? Escribe brevemente en español dos oraciones que correspondan a la situación indicada.

■ **Ejemplo**   un favor
   Entre amigos/colegas: *¿Me prestas tu boli?*
   En los negocios: *¿Puede usted prestarme su bolígrafo?*

1. saludo   2. despedida   3. comida

¡A leer!

Ahora lee *Costumbres y modales a nivel internacional.* Luego completa las actividades de la sección *Después de leer.*

Vocabulario esencial
Costumbres y modales a nivel internacional

costumbre (f.)	custom
dorso	back, reverse side
homenajear	to honor, pay homage to, fete
imprimir	to print
involucrar	to involve
meter la pata	to stick one's foot in one's mouth
modales (m. pl.)	manners
nivel (m.)	level
palmada	pat, clap
rechazado/ rechazada	rejected
valorar	to value, esteem
vincular	to link

COSTUMBRES Y MODALES
A NIVEL *INTERNACIONAL*

Era martes por la tarde. Nos reuníamos con clientes japoneses, a las 7:30, que nos habían invitado a un restaurant oriental en medio de la city porteña para homenajearnos.

Se trataba de clientes importantes y no era cuestión de que mi falta de experiencia en este tipo de "reuniones" interfiriera en ese negocio que nos había llevado dos años de intenso trabajo para que comenzaran a considerar nuestros productos.

Mr. Isiguro Nakasami, el más viejo del grupo, hizo el pedido para todos nosotros, que nos habíamos acomodado en una mesa redonda. Primer plato: sopa. No era lo que tenía en mente, pero... cuchara en mano, me propuse tomarla, cuando escucho a mi "vecino de silla" hacer mucho ruido mientras tomaba la sopa. "¡Mmmummm, mmmummm, ah, ah!" una y otra vez. Resistí la tentación de mirarlo hasta que sin querer, mis ojos se detuvieron en él.

"¿A Ud. no gustar sopa?" preguntó el japonés luego de haberse sentido incómodo por mi mirada. "En Japón, insistió, cuando la sopa nos gusta hacemos ruido, entiende?" Definitivamente entendí el mensaje, y comencé a hacer ruido acompañándolo." Esta anécdota nos la contó María Luisa R., jefe de exportaciones de una compañía multinacional.

Los códigos y costumbres cambian notablemente de una cultura a otra. Conocer cuales son los más importantes para cada país con los que nos vinculamos, facilitará la comunicación. De esta forma, se busca que las relaciones laborales fluyan, en lugar de que puedan obstaculizarse por factores externos al negocio en cuestión. Para lograrlo, la única manera es informándonos, investigando, antes de "meter la pata". Aquí van algunos puntos que pueden sernos útiles en diferentes situaciones.

EL BESO

Muchos de nuestros hábitos más naturales, como darle un beso a una persona que recién nos acaban de presentar, o mantener una distancia muy corta al hablar, desaparecen en otros países, e incluso llegan a ser percibidos como una falta de cortesía.

En los Estados Unidos, como en el resto del mundo, el saludo institucional es estrechar la mano. A su vez, una distancia de un metro es prudente para conversar con otra persona. El beso está reservado para las parejas, o amigos muy íntimos, quienes a su vez normalmente se saludan con una palmada en la espalda.

Saludar con un beso en la mejilla fuera de la Argentina nos puede significar sentirnos rechazados por la otra persona, ya que es probable que se sienta incómoda. Si se trata de un hombre, es posible que malinterprete la situación. Es mejor evitar ese tipo de acercamiento y solucionarlo, simplemente extendiendo la mano.

En aquellos países cuyo idioma no incluye el trato formal "de USTED", sus ejecutivos se refieren a una persona que recién conocen como: "Señor, Señora, Señorita" y el apellido sin excepción.

INTERCAMBIAR TARJETAS

La tarjeta personal es la "carta de presentación" de un ejecutivo. Cuando las relaciones se manejan básicamente fuera del país, es importante que las tarjetas mantengan los códigos internacionales, que normalmente se vuelcan a lo tradicional. En el caso de que nuestros clientes o relaciones laborales estén en Japón o algún otro país de Oriente, es conveniente hacer imprimir el dorso de la tarjeta en japonés o en el idioma que sea necesario para nuestro trabajo. Esto refleja un gesto de cortesía y acercamiento a la otra cultura.

Específicamente con los japoneses, el intercambio de tarjetas es un rito. Si el intercambio se produce en un cocktail o una reunión, el japonés que entrega su tarjeta (lo mismo hará él con la nuestra), espera que ésta sea observada ciudadosamente y leída, mientras la sostenemos con las dos manos, como una forma de valorizar a la otra persona. Luego podremos guardarla.

Recordemos que con los extranjeros debemos hablar despacio, tanto si hablan nuestro idioma, o nos servimos de algún otro para comunicarnos. Procuremos evitar todo tipo de chistes que involucren a otra cultura, país, grupo social, etc.: puede ser peligroso.

de *Working Woman*

Después de leer

A. Comprensión. Contesta las siguientes preguntas brevemente en español.

1. ¿Por qué creía el señor Nakasami que a su colega no le gustó la sopa?
2. ¿Cómo se puede facilitar la comunicación en el ámbito° de las relaciones laborales?
3. ¿Cómo saludan los argentinos a una persona que les acaban de presentar?
4. ¿Qué sinónimos se sugieren para **usted**?
5. ¿Cómo se recibe una tarjeta personal de un japonés?
6. ¿Qué cosa peligrosa recomienda el autor que se evite en los trámites internacionales?

B. Meter la pata. Todos metemos la pata de vez en cuando, y es aún más fácil meterla en situaciones interculturales. En grupos de tres o cuatro, hagan la siguiente actividad.

1. Cada persona menciona un incidente vergonzoso en el que metió la pata y explica cómo lo resolvió.
2. Los otros miembros del grupo ofrecen sugerencias para evitar el problema en el futuro.

ámbito *field, area*

◆ **Orientación** To review the goals and use of the *Cultura* section, see the *Orientación* on p. 14.

 Guía Cultural

◆ For additional information on **El Cono Sur,** see the *Guía cultural.*

Argentina

CAPITAL	Buenos Aires
GEOGRAFÍA	Sudamérica; queda al sur de Brasil y Paraguay, al este de Chile y al oeste de Uruguay
ÁREA	1.072.067 millas cuadradas (2.776.654 kilómetros cuadrados)
POBLACIÓN	33.500.000
EXPORTACIÓN	Carne de vacuno, maíz, trigo, lana, cuero
MONEDA	Peso

Los barrios de Buenos Aires. Buenos Aires es una ciudad muy grande, con unos diez millones de habitantes (un tercio de la población nacional). Con frecuencia se describe como el "París de las Américas" por su arquitectura, cultura y tradiciones de influencia europea. El centro de esta ciudad cosmopolita es pequeño, porque tiene un área que se compone de sólo diez por dieciséis cuadras. El centro está dividido en cuatro zonas principales: la **Plaza de la República** (en la Avenida 9 de Julio, la calle más ancha del mundo), la **Plaza de Mayo** (el verdadero centro de la ciudad), la **Plaza San Martín** (una zona muy elegante) y la **Plaza del Congreso** (la sede del gobierno). Además de esta zona central, Buenos Aires tiene muchos otros barrios que son únicos porque conservan su carácter distintivo, ya sea por sus equipos de fútbol, su identidad étnica o sus fiestas tradicionales. La siguiente guía describe algunos barrios de Buenos Aires.

◆ **Una cosita más** Avenida 9 de Julio is so wide that each side has its own name! The east side is called **Carlos Pellegrini,** and the west side is called **Cerrito.**

◆ ◆ ◆

BUENOS AIRES POR SUS BARRIOS

◆ **Vocabulario esencial**
Buenos Aires por sus barrios

empedradas	*cobblestone(d)*
pilotes (*m. pl.*)	*stilts*
porteños	*inhabitants of Buenos Aires*
primera dama	*first lady*
remo	*rowing*

• **La Boca.** La Boca es el antiguo barrio italiano de Buenos Aires. Este pintoresco barrio se distingue por sus casas pintadas de vivos colores. En el pasado fue el puerto principal de la ciudad. Hoy se conoce como el barrio artístico por sus murales y sus esculturas. A lo largo de la calle El caminito, todos los domingos se realiza una feria de artistas y artesanos. En este barrio se originó Boca Juniors, el popularísimo club de fútbol argentino.

• **San Telmo.** San Telmo, por sus vestigios coloniales como por sus calles empedradas y conventillos, es una zona histórica. Aquí hay también muchos clubes de tango y de jazz. En la Plaza Dorrego todos los domingos se celebra un mercado famoso de antigüedades.

 • **Palermo.** La arquitectura predominante de Palermo, como su nombre lo indica, es de estilo italiano. En este barrio se encuentra el parque (que lleva el mismo nombre) más grande y bonito de Buenos Aires con el jardín zoológico, el jardín botánico, los campos de polo y el Hipódromo Argentino, donde tienen lugar las carreras de caballos.

• **Tigre.** El barrio Tigre se compara con la ciudad italiana de Venecia. Está situado en el delta del río Paraná. Muchos de sus habitantes viven en casas fabricadas sobre pilotes y el medio de transporte principal son las lanchas. En verano muchos porteños van los fines de semana a Tigre para practicar deportes acuáticos como el esquí, el windsurf y el remo.

 • **La Recoleta.** En La Recoleta los edificios se identifican por su arquitectura parisiense. En este elegante barrio se encuentran los apartamentos (llamados **departamentos** en Argentina) más elegantes Buenos Aires, además de tiendas, galerías y restaurantes de buen tono. El cementerio que lleva el mismo nombre, Cementerio de La Recoleta, es el monumento más famoso de Buenos Aires porque allí se encuentra el sepulcro de Evita Perón, que fue primera dama de Argentina. El cementerio se caracteriza por una mezcla increíble de mausoleos de estilo bizantino, griego, romano, francés e italiano. Domingo Faustino Sarmiento, el célebre ensayista argentino, también reposa en La Recoleta.

◆ **Orientación**   To review the goals and use of the *Prácticas* section, see the *Orientación* on p. 19.

Prácticas

A. Guía turística. Escribe una guía turística de tu propia ciudad. Describe sus barrios interesantes y la principal atracción turística de cada zona.

B. ¿Qué quieren ver? En parejas, elijan los barrios de Buenos Aires que les gustaría ver y expliquen por qué les interesan.

Eva Perón. Una de las figuras más destacadas de la cultura argentina es María Eva Duarte de Perón. De origen humilde, llegó a ser actriz de cine y luego se casó con Juan Domingo Perón, un coronel que más tarde fue elegido presidente de Argentina (en 1946 y en 1951). Conocida por sus obras de caridad, "Evita" fue adorada por la gente común que se identificaba con ella. Después de su muerte en 1952, se convirtió casi en una santa y sus fieles partidarios le pidieron al Vaticano que la canonizara por las milagrosas curas que le atribuyeron. Hoy día Evita reposa en el mausoleo de su familia, los Duarte, en el Cementerio de La Recoleta en Buenos Aires. Los fieles todavía le dejan ramos de flores a su amada Evita delante de su sepulcro de mármol negro.

Prácticas

A. Más allá de la realidad. De vez en cuando un personaje histórico se convierte en una figura exageradamente grande. En parejas, mencionen y describan algunas figuras históricas de Estados Unidos que hayan obtenido este tipo de fama.

B. Una biografía. Elige uno de los personajes de la *Práctica A* y escribe un resumen breve de su vida y obras.

C. Análisis de la cultura. El siguiente es un chiste común argentino:

Los mexicanos descendieron de los aztecas.
Los peruanos descendieron de los incas.
Los argentinos descendieron de los barcos.

Es verdad que la influencia europea en la cultura argentina es enorme. En grupos de tres o cuatro, vayan a la biblioteca de su universidad y busquen más información sobre Argentina. Cada grupo debe elegir uno de los siguientes temas: la comida, la música, la arquitectura, las bellas artes, las fiestas y los festivales, los pasatiempos, la educación, el gobierno, la economía, la gente indígena. Después de recopilar toda la información necesaria, presenten un informe oral en la clase.

EXPRESIONES [Textbook Cassette]

◆ **Orientación** To review the goals and use of the *Expresiones* section, see the *Orientación* on p. 16.

Una fiesta de cumpleaños. Además de celebrar el día de su santo (que corresponde al nombre de la persona), muchos hispanos celebran el día en que nacieron, igual que en Estados Unidos. A continuación vas a escuchar un texto. Intenta sacar las ideas principales. Luego, completa la sección **Comprensión.**

Comprensión

¿Sí o no? ¿Entendiste las ideas principales del texto que escuchaste? Lee las siguientes oraciones. Si la oración es correcta, según el texto, contesta **Sí.** Si la oración no es correcta, contesta **No.** Corrige las oraciones que no estén bien.

1. Gabriela Ramírez celebró su cumpleaños.
2. Silvina Ramírez es la hermana de Gabriela.
3. Alejandra Solís celebró su fiesta de cumpleaños en casa.
4. La niña cumplió siete años.
5. El lugar estaba decorado con piñatas.
6. Los invitados comieron hamburguesas.
7. Después de comer, los niños jugaron.
8. La niña recibió muchos regalos.

Acontecimientos sociales y religiosos — *Social and religious events*

aniversario	*(wedding) anniversary*	despedida de soltero	*bachelor party*
banquete (*m.*)	*banquet*	día festivo	*holiday*
bar/bat mitzvah (*m.*)	*bar/bat mitzvah*	festival (*m.*)	*festival*
bautizo	*baptism*	fiesta de canastilla	*baby shower*
boda civil	*civil marriage ceremony*	fiesta de cumpleaños	*birthday party*
		fiesta sorpresa	*surprise party*
boda religiosa	*church wedding*	funeral (*m.*)	*funeral*
ceremonia de graduación	*graduation ceremony*	juerga	*bash*
		misa	*Mass*
convite (*m.*)/ banquete (*m.*)	*banquet, open house*	onomástico	*saint's day, birthday*
compromiso	*engagement*	pachanga	*rowdy celebration*
culto	*religious service*	Primera Comunión	*First Communion*
cumpleaños (*sing./pl.*)	*birthday*	santo/día del santo	*saint's day*
despedida de soltera	*bridal shower*	té (*m.*)	*afternoon tea*

Entre amigos y parientes — *Among friends and relatives*

agasajar	*to lavish attention on, fete*	disfrutar	*to enjoy*
		excusarse	*to make an excuse*
atender (ie) a	*to wait on, attend to, pay attention to* (other people)	felicitar	*to congratulate*
		festejar	*to entertain*
		guardar un secreto	*to keep a secret*
brindar/brindar por	*to make a toast/to toast* (someone)	jurar	*to swear, give one's word*
chismear	*to gossip*	pasarlo bien/mal	*to have a good/bad time*
compartir	*to share*		
comprometerse	*to get engaged*		

Personas — *People*

agasajado/agasajada festejado/festejada	*guest of honor*	invitado/invitada	*guest*
		madrina	*godmother*
amiguito/amiguita	*buddy, pal, chum*	maestro/maestra de ceremonias	*leader of the ceremony*
anfitrión/anfitriona	*host*		
asistentes (*m. pl.*)	*those* (the people) *present*	novio/novia	*groom/bride; fiancé/fiancée*
bar mitzvah (*m.*)	*thirteen-year-old Jewish male*	padrino	*godfather*
		quinceañera	*fifteen-year-old* (female)
bat mitzvah (*f.*)	*thirteen-year-old Jewish female*		
		testigo (*m./f.*)	*witness*
colega (*m./f.*)	*colleague*		
cumpleañero/ cumpleañera	*birthday boy/ birthday girl*		

Prácticas

A. Una celebración. Piensa en una celebración a la cual asististe. Usando las siguientes preguntas como guía, escribe un párrafo sobre la celebración.

1. ¿Cuál fue el motivo de la celebración?
2. ¿Dónde tuvo lugar?
3. ¿Quién fue el anfitrión/la anfitriona?
4. ¿Cuántos invitados asistieron?
5. ¿Qué actividades hicieron los asistentes?
6. ¿Cómo lo pasaron?

B. Celebraciones. Casi todas las culturas del mundo tienen celebraciones que marcan la transición de la niñez a la edad adulta. En algunos países hispanos, por ejemplo, una chica celebra sus quince años con una misa especial, una cena, un baile . . . o con todas estas cosas. Piensa en una celebración similar a la que hayas asistido y descríbesela a alguien de la clase.

C. Los brindis y deseos. Escribe lo que les dirías a los festejados en las siguientes celebraciones.

1. a/una señora mayor en su cumpleaños
2. a/unos novios en la recepción de su boda
3. a/un niño/una niña en su bar/bat mitzvah
4. a/un amigo/una amiga que acaba de comprometerse
5. a/un/una pariente que acaba de recibir un homenaje
6. a/unos amigos que se gradúan de la universidad

D. Una fiesta sorpresa. Alberto Stevens fue agasajado con una fiesta sorpresa. Lee el artículo y contesta las preguntas. Después, junto con otras dos o tres personas, representen a Alberto y a los invitados en la fiesta. Los "invitados" deben felicitar a "Alberto". Alberto recibe las felicitaciones con cortesía.

1. ¿Cuándo tuvo lugar la fiesta sorpresa?
2. ¿Quién organizó la fiesta?
3. ¿Quiénes fueron los invitados?
4. ¿Qué celebraron?
5. ¿Cómo sorprendieron a Alberto?
6. ¿Qué cantaron?
7. ¿Cómo lo pasaron?

SOCIALES

Fiesta sorpresa para celebrar el cumpleaños de Alberto Stevens Carrera

Con agradable fiesta sorpresa celebró su cumpleaños Alberto Stevens Carrera, quien recibió la tarde del domingo un sinfín de felicitaciones por su día.

Rosela Araiza fue la encargada de organizar todos los preparativos y de invitar a amigos y familiares en secreto para que el festejado no se enterara de la grata convivencia que le estaban preparando a fin de celebrar su onomástico.

A la hora que llegó el cumpleañero, las luces del domicilio ubicado en Vicente Suárez #478 se encendieron y se escucharon las tradicionales "mañanitas" para Alberto, quien a lo largo del festejo estuvo feliz por todas las muestras de cariño.

El ambiente de camaradería fue disfrutado por todos los asistentes, quienes pasaron horas muy gratas.

de Diario de Juárez

◆ **Orientación**   To review the goals and use of the *Así es* section, see the *Orientación* on p. 21.

Así es

Cómo charlar. Many of the topics considered appropriate for casual conversation in English are also acceptable in Spanish. Such common topics as weather, school and classes, hobbies, and travel can be discussed in most social situations. Personal topics—family, romance, business matters—should be avoided. Topics are generally introduced in three ways: with an EXCLAMATION, a QUESTION, or a STATEMENT.

¡Qué clima más estupendo!
¿Crees que va a llover?
Parece que va a llover.

Prácticas

A. ¡Qué tiempo . . . ! Repasa las expresiones de tiempo en el *Capítulo* **7** en la página 242. Después escribe una lista de exclamaciones adecuadas para tu estado o ciudad. En parejas, charlen y practiquen haciendo comentarios relacionados con el tema.

■ **Ejemplo**   ESTUDIANTE 1: *¡Qué tiempo más estupendo!*
ESTUDIANTE 2: *Sí. Hace sol pero no demasiado calor.*
ESTUDIANTE 1: *Es un día perfecto para dar un paseo por el parque.*

B. Los viajes. En parejas, hablen sobre sus viajes. Hagan y contesten preguntas que revelen adónde fueron y cómo lo pasaron.

■ **Ejemplo**

ESTUDIANTE 1: *El verano pasado fui a Buenos Aires.*

ESTUDIANTE 1: *Lo pasé muy bien. ¡Me encantó la capital! Y tú, ¿hiciste algún viaje?*

ESTUDIANTE 2: *¿Ah, sí? ¿Cómo lo pasaste?*

ESTUDIANTE 2: *Sí. Fui a Barcelona. Yo también lo pasé muy bien.*

C. Preguntas y más preguntas. Escribe en español una lista de cinco preguntas para cada uno de los siguientes temas. Después, en grupos de tres, conversen usando las preguntas como guía.

1. la universidad/las clases
2. las vacaciones
3. el ocio

D. Discusión. A muchas personas les gusta discutir y debatir. Primero lee el artículo siguiente sobre los hábitos de compra de los estadounidenses y de los argentinos. Luego, junto con otras dos o tres personas, inicien una conversación sobre el tema. Finalmente comenten las descripciones presentadas en el artículo.

PASEAR VS. COMPRAR

En los EE.UU., los primeros "malls" nacieron en la década del 20; el hábito de comprar está instalado en la sociedad. El común del americano siente placer en comprar. En la Argentina, el común del ciudadano siente placer en tener. No tanto en comprar. En el acto de compra se tensiona mucho y se torna indeciso. Por ello necesita un estímulo muy fuerte para tomar una decisión de compra. Por ello los shoppings son en realidad un lugar de paseo. Un lugar donde se puede pasar el tiempo en forma agradable, con tentaciones a la vista que hacen volar la fantasía y donde además se puede tomar algo, o comer algo. Situación perfecta para la Argentina. Pero los comerciantes que buscan vender necesitan encontrar caminos para hacerlo. Si no, lo que logran es que la gente los conozca y tal vez con el tiempo los recuerde. Quienes no accionen sobre el cliente desaparecen. Los resultados están a la vista.

de *Mañana*

◆ ◆ ◆

◆ **Orientación** To review the goals and use of the *Funciones,* see the *Orientación* on p. 23.

Diario de actividades

◆ For additional practice with the imperfect subjunctive of **-ar** verbs, see the *Diario de actividades, Primera función.*

◆ If you have forgotten how the preterite is formed, this is a good time to review it. (See pp. 278–279, 281–282, and 284–285 of your textbook and the *Primera función* section of the *Diario de actividades.*) In the chart, study the imperfect subjunctive forms of the verb **festejar** and notice the third person plural form of the preterite **(festejaron),** which is shown as a reminder.

PRIMERA FUNCIÓN

Expressing cause-and-effect relationships, value judgments and emotional reactions, and unknown/unexperienced entities and events using the imperfect subjunctive of regular **-ar** verbs

▲ In *Capítulo 10,* you studied the theory and formation of the present subjunctive. As you will recall, the subjunctive is used in a subordinate clause. When the verb in the main clause expresses a cause-and-effect relationship, a value judgment or emotional reaction, or an unknown/unexperienced entity or event, *and* the verb in the main clause is in the PRESENT or FUTURE INDICATIVE tense, the PRESENT SUBJUNCTIVE is used in the SUBORDINATE CLAUSE.

No quiero que mis amigos *planeen* una fiesta sorpresa.	*I don't want my friends **to plan** a surprise party.*
No se lo vamos a decir a Óscar para que *sea* una sorpresa.	*We're not going to tell Oscar so that **it will be** a surprise.*

▲ When the verb in the main clause is in the PRETERITE or IMPERFECT, however, a different subjunctive must follow in the SUBORDINATE CLAUSE. This is the IMPERFECT (past) SUBJUNCTIVE. The imperfect subjunctive may also be used when the verb in the main clause is in the present indicative, but when the subordinate clause clearly refers to an event in the past.

▲ The STEM for the imperfect subjunctive is based on the THIRD PERSON PLURAL form **(ustedes, ellos, ellas)** of the PRETERITE INDICATIVE.
Notice that the **nosotros/nosotras** form carries a written accent mark.

Imperfecto del subjuntivo de verbos que terminan en *-ar*	
festejar (festejaron)	
festeja**ra**	festejá**ramos**
festeja**ras**	festeja**rais**
festeja**ra**	festeja**ran**

Now that you understand how the imperfect subjunctive of regular **-ar** verbs is formed, study the following paired examples, which illustrate the differences between the PRESENT SUBJUNCTIVE and the IMPERFECT SUBJUNCTIVE.

EMOCIONES Y JUICIOS DE VALOR

Es interesante que Bárbara *celebre* su santo.	*It's interesting that Barbara **celebrates** her saint's day.*
Era interesante que Bárbara *celebrara* su santo.	*It was interesting that Barbara **celebrated** her saint's day.*

Dudan que *encontremos* un salón de fiestas en el último momento.

*They doubt that we **will find** a hall at the last moment.*

Dudaron que *encontráramos* un salón de fiestas en el último momento.

*They doubted that we **would find** a hall at the last moment.*

Espero que *agasajen* al cumpleañero.

*I hope that they **lavish** attention on the birthday boy.* (future)

Esperé que *agasajaran* al cumpleañero.

*I hoped that they **lavished** attention on the birthday boy.* (past)

Prácticas

A. En un banquete. Planear un banquete requiere mucho trabajo y mucha atención a los detalles. Lee las siguientes oraciones sobre un banquete. Después cámbialas al pasado y escribe las oraciones nuevamente.

■ **Ejemplo** Es importante que todos lleguen a tiempo.
    Era importante que todos llegaran a tiempo.

1. Quiero que una cocinera profesional planee el menú.
2. Me alegro de que los invitados acepten la invitación.
3. Alguien sugiere que invitemos a nuestros profesores.
4. Es necesario que yo brinde por los festejados.
5. ¡Ojalá que todos me escuchen!
6. Mis amigos recomiendan que practique el brindis antes del banquete.
7. Es necesario que los miembros del comité me ayuden mucho.
8. Elegimos a un maestro de ceremonias para que todo salga bien.
9. Queremos inspeccionar el salón de fiestas antes de que los invitados lleguen.
10. ¿No hay ningún detalle que se nos olvide?

B. Los preparativos. Hay que hacer muchos preparativos para una fiesta grande. Escribe una nota con los preparativos que ya hiciste para una reunión familiar. Para formar las oraciones, usa una palabra o frase de cada columna en el orden que quieras y agrega más información.

■ **Ejemplo** ***Le pedí al cocinero que preparara un pastel de cumpleaños.***

| Le
Les | pedí | a los invitados
a los meseros
a la pastelera
a mamá
a papá
al cocinero
al maestro de ceremonias | que | preparar
agasajar
brindar
festejar
organizar
recomendar (ie)
cantar
llevar
invitar |

C. ¿Por qué chismeamos? Antes de leer el artículo sobre los chismes, estudia el vocabulario que está al lado del artículo. Luego, junto con otras dos o tres personas, resuman el artículo con la ayuda de las frases a continuación. Usen el imperfecto del subjuntivo en sus oraciones.

■ **Ejemplo** iniciar un rumor

Las autoras dijeron que nunca iniciara un rumor.

1. no revelar un secreto
2. asegurarse de tener buenas relaciones públicas
3. no echarle leña al fuego
4. enfrentarse a los rumores
5. generar fuertes lazos
6. no contarles su vida a todos
7. no agregarles ningún comentario a los chismes
8. no criticar a sus subordinados
9. elogiar generosamente a los otros
10. contar los chismes

◆ **Vocabulario esencial**
Los chismes de oficina

a cargo	*in charge of*
a ultranza	*out-and-out*
acarrear	*to give rise to*
alrededor	*around*
bola de nieve	*snowball*
calidez (*f.*)	*warmth, heat*
cansancio	*tiredness, weariness*
chismes (*m. pl.*)	*gossip*
chismografía	*spread of gossip*
chismoso/ chismosa	*person who spreads gossip*
filo	*edge*
lazo	*tie*
leal	*loyal*
leña	*firewood, fuel*
mala prensa	*bad press*
perjudicar	*to prejudice*
red (*f.*)	*net, network*

Los chismes de oficina

Siempre existen. Son casi inevitables y también un arma de doble filo: según los maneje, puede usarlos a su favor o pueden costarle el puesto.

Alguien está a punto de renunciar. En el directorio se está manejando un proyecto que creará nuevos puestos jerárquicos. Los próximos aumentos de sueldo marcarán diferencias entre puestos que hasta ahora tenían responsabilidades similares. Toda esta información puede ser considerada como *chismes*. Sin embargo, si estos datos son reales, pueden ser valiosos para quien los escucha. Al hablar con los compañeros durante el almuerzo o a la salida del trabajo, uno puede sentirse más conectado con el ambiente. Sin embargo, cuando los chismes son mal intencionados o uno se transforma en el blanco principal, es posible que esto acarree problemas y que incluso esté en peligro la propia carrera laboral. Pero hay formas para manejar la chismografía con habilidad. Aquí, las más importantes:

1. Jamás revele un secreto. Si alguien le hace un comentario con confianza pidiéndole que guarde silencio, mantenga la boca cerrada por más jugoso que sea el chisme. En caso contrario, lo más probable es que su propia reputación se vea perjudicada y que nadie vuelva a confiar en usted.

2. Sea su propio/a agente de relaciones públicas. Como es inevitable que sus compañeros hablen de usted, asegúrese de que digan algo favorable. Sea eficiente, agradezca con calidez los favores, devuelva los llamados telefónicos y vea siempre el lado positivo de las cosas. Por supuesto, sin caer en un optimismo a ultranza.

3. Nunca inicie un rumor ni le eche leña al fuego. No genere información que pueda perjudicar a otros. Si lo hace, pronto adquirirá fama de chismoso/a y nadie querrá acercársele demasiado.

4. Si corren rumores sobre usted, enfréntelos en forma directa. Cuando alguien hable mal de usted, diríjase frontalmente a esa persona y trate de aclarar la situación. No es necesario que asuma una actitud acusadora o que se enoje, pero sí debe exigir una explicación y disipar los rumores equivocados.

5. Genere lazos fuertes. Siempre habrá en una oficina una o dos personas en las que pueda confiar totalmente. Pero tenga cuidado con lo que les dice a las otras. Una observación casual, por ejemplo *"esta reunión es un plomo"*, hecha en un momento de cansancio o distracción, puede volverse en su contra si llega a los oídos equivocados.

6. Sea discreto/a con respecto a su vida privada. En la oficina, no es necesario que cuente su vida a todo el mundo. Nuevamente, ciertos datos personales en manos de personas mal intencionadas pueden volverse en su contra.

7. Ponga fin a rumores desagradables sobre otros. Al defender a otros logrará fama de persona equitativa y razonable. Recuerde que los chismes crecen como bolas de nieve cuando cada uno le agrega algún comentario.

8. No critique a sus subordinados. Actualmente hay una gran movilidad en las empresas. Y los subordinados pueden, dentro de unos años, estar por encima del que hoy es su jefe y si las relaciones no han sido buenas antes, menos lo serán en ese nuevo presente. Además, nada alimentará tanto la *"mala prensa"* sobre alguien como el hecho de crear hostilidad entre quienes tiene a cargo.

9. Elogie generosamente a los otros. Hágalo a menudo y con honestidad; delante de los interesados y a sus espaldas. Al hablar bien de los demás, irá creando a su alrededor una red de personas leales y dispuestas a defenderlo/la cuando los chismes lo/la afecten a usted.

de *Plena*

D. Una celebración de tu pasado. Piensa en una ocasión que celebraste—tu cumpleaños, la Primera Comunión, un bar/bat mitzvah u otra celebración. Usando las siguientes preguntas como guía, escribe seis oraciones sobre la celebración. Luego, en grupos de tres personas, lean sus oraciones y coméntenlas, usando las expresiones que impliquen emoción (página 357).

- **Ejemplo**   ESTUDIANTE 1: **¿Quién te organizó la celebración?**
  ESTUDIANTE 2: **Mis abuelos me la organizaron.**
  ESTUDIANTE 3: **¡Qué bueno que tus abuelos te la organizaran!**

1. ¿Quién te organizó la celebración?
2. ¿Dónde tuvo lugar?
3. ¿Quiénes te festejaron ese día?
4. ¿Qué te regalaron?
5. ¿Qué comidas prepararon?
6. ¿Cómo lo pasaste?

E. Cuando era joven. ¿Qué te pasó cuando eras joven? Completa las siguientes oraciones de una manera lógica, usando el imperfecto del subjuntivo.

1. Mis padres siempre me recomendaban que . . .
2. Cuando cumplí los quince años, yo insistí en que . . .
3. Mis maestros del colegio dudaban que . . .
4. Fue estupendo que . . .
5. No conocía a nadie que . . .

SEGUNDA FUNCIÓN

Expressing cause-and-effect relationships, value judgments and emotional reactions, and unknown/unexperienced entities and events using the imperfect subjunctive of regular -er and -ir verbs

 Diario de actividades

◆ For additional information on the imperfect subjunctive of **-er** and **-ir** verbs, see the **Diario de actividades, Segunda función.**

▲ The IMPERFECT SUBJUNCTIVE forms of regular **-er** and **-ir** verbs also use the THIRD PERSON SINGULAR of the PRETERITE as their STEM. The endings are the same as those for regular **-ar** verbs. *Remember:* Any **-ir** verb with a stem change in the third person plural of the preterite will keep that stem change in the imperfect subjunctive. Similarly, verbs with spelling changes in the preterite will retain these changes in the imperfect subjunctive. Before you begin the ***Prácticas,*** study the following examples. Notice that the preterite form is given in parentheses as a reminder.

Imperfecto del subjuntivo de verbos que terminan en *-er* y en *-ir*			
aprender (aprendieron)		**compartir** (compartieron)	
aprendiera	aprendié**ramos**	compartiera	compartié**ramos**
aprendier**as**	aprendier**ais**	compartier**as**	compartier**ais**
aprendiera	aprendier**an**	compartiera	compartier**an**

◆ ◆ ◆

Imperfecto del subjuntivo de verbos que cambian la raíz

pedir (pidieron)		**dormir** (durmieron)	
pidiera	pidiéramos	durmiera	durmiéramos
pidieras	pidierais	durmieras	durmierais
pidiera	pidieran	durmiera	durmieran

Imperfecto del subjuntivo de verbos que cambian la ortografía

leer (leyeron)		**construir** (construyeron)	
leyera	leyéramos	construyera	construyéramos
leyeras	leyerais	construyeras	construyerais
leyera	leyeran	construyera	construyeran

Prácticas

A. Entre familiares. Nuestros parientes siempre influyen en nosotros. Usa las frases a continuación como punto de partida y completa las oraciones con una cláusula subordinada adecuada que describa las influencias de tu familia. Usa diez de los verbos siguientes en tus oraciones.

aprender	comer	deber	entender	leer	volver
describir	insistir	ocurrir	recibir	salir	vivir

■ **Ejemplo**   Era importante que . . .

Era importante que mis abuelos vivieran cerca de mí.

1. Me alegraba que . . .
2. Era interesante que . . .
3. No me gustaba que . . .
4. No permitieron que . . .
5. Tenían miedo de que . . .
6. Dijeron que . . .
7. Recomendaron que . . .
8. Era bueno que . . .
9. Era malo que . . .
10. Dudaban que . . .

B. Amiguitos. Se dice que la mala compañía es la "manzana que pudre° el cesto entero". Claro que mientras más tratemos de separar a nuestros hijos o amigos de sus compañeros, más tratarán de unirse los amiguitos. En parejas, conversen sobre sus amiguitos del pasado o del presente que les caían mal a sus padres o a otros amigos. Usen los siguientes verbos y frases para guiar la conversación.

(no) gustar	insistir	prohibir	recomendar
sugerir	dudar	negar	no conocer

■ **Ejemplo**   ESTUDIANTE 1: **A mis padres no les gustaba que saliera con mis amiguitos porque siempre volvía tarde a casa.**

ESTUDIANTE 2: **Mis padres no me prohibían que saliera con nadie.**

1. salir con personas desconocidas
2. leer historietas° con mis amiguitos

---

pudre *rots, spoils*   **historietas** *comic books*

3. comer comidas rápidas con mis amiguitos
4. conocer a los padres de mis amiguitos
5. llevar la contraria

6. dormir en la casa de mis amiguitos
7. aprender malos hábitos de mis amiguitos
8. pedir los mismos juguetes que tenían mis amiguitos

C. Desocupación de graduados. Ciertas personas creen que por las responsabilidades de los estudios, trabajo y familia, muchos estudiantes se encuentran al borde de un ataque de nervios. Se dice que a diferencia de los estudiantes del pasado, los de hoy sufren una crisis al no tener control de su vida. Lee el siguiente texto sobre el problema de la desocupación de algunos estudiantes que ya se graduaron. Luego, en grupos de tres personas, comenten este tema. Usen el imperfecto del subjuntivo en varios contextos, según el ejemplo.

■ **Ejemplo** Los graduados del pasado tenían más oportunidades.

ESTUDIANTE 1: ***Dudo que los estudiantes del pasado tuvieran más oportunidades.*** (doubtful statement)

ESTUDIANTE 2: ***Era importante que los estudiantes del pasado consiguieran trabajo fácilmente.*** (value judgment)

ESTUDIANTE 3: ***Es verdad que los estudiantes del pasado tenían tantas preocupaciones como los estudiantes del presente.*** (fact)

Graduado y sin trabajo

El profesional que no encuentra trabajo en lo suyo debería plantearse, en primer lugar, por qué y para qué estudió –dice **Marta Conde**–, porque muchas veces se reciben y no saben para qué." Según la especialista, deben formularse a sí mismos ciertas preguntas tales como: ¿Para qué me sirve lo que estudié? ¿Qué quiero hacer? ¿Puedo llevar adelante un microemprendimiento?, y agrega: "Estos temas deben trabajarse a partir de la autoestima, la perseverancia y la clarificación de objetivos, a corto y mediano plazo".

Por otra parte, están aquéllos que no han sabido formular una propuesta. "Por ejemplo, a los arquitectos les cuesta mucho comercializar sus conocimientos. Quizá podrían elaborar una propuesta propia y no estar a merced de los altibajos del mercado de la construcción", señala Conde.

de Plena

TERCERA FUNCIÓN

Expressing cause-and-effect relationships, value judgments and emotional reactions, and unknown/unexperienced entities and events using the imperfect subjunctive of verbs with irregular stems

▲ Verbs with IRREGULAR THIRD PERSON PLURAL forms in the PRETERITE carry the same stems over to the IMPERFECT SUBJUNCTIVE. As you will recall, many frequently used verbs have irregular preterite stems. Before you do the ***Prácticas,*** study the forms and examples in the charts on the next page. Remember that any compound formed from these verbs will retain the irregular stem.

 Diario de actividades

◆ For additional practice with the imperfect subjunctive of verbs with irregular stems, see the ***Diario de actividades, Tercera función.***

Verbos que tienen la raíz irregular en el imperfecto del subjuntivo			
andar (anduvieron)		**hacer** (hicieron)	
anduvier**a**	anduviér**amos**	hicier**a**	hiciér**amos**
anduvier**as**	anduvier**ais**	hicier**as**	hicier**ais**
anduvier**a**	anduvier**an**	hicier**a**	hicier**an**

Verbos comunes que tienen la raíz irregular en el imperfecto del subjuntivo		
andar/anduviera	hacer/hiciera	saber/supiera
caber/cupiera	ir/fuera	ser/fuera
dar/diera	poder/pudiera	tener/tuviera
decir/dijera	poner/pusiera	ver/viera
estar/estuviera	querer/quisiera	
haber/hubiera	reír/riera	

Mis amiguitos querían que yo *fuera* a su casa para jugar.

Mis padres dudaban que yo *pudiera* jugar al baloncesto por ser tan baja.

No conocíamos a ningún alumno que *tuviera* su propio auto.

Prácticas

A. Profesores y alumnos. Siempre se espera que las relaciones entre los profesores y sus alumnos sean buenas. Piensa en un profesor/una profesora de algún curso anterior y escribe oraciones completas sobre cómo eran sus hábitos usando el imperfecto del subjuntivo y las expresiones a continuación.

(No) Me gustaba que . . .   **(No) Me sorprendió que . . .**
Dudaba que . . .   **Era bueno/malo que . . .**

■ **Ejemplo**   hacer exámenes difíciles
            No me gustaba que hiciera exámenes difíciles.

1. (no) dar mucha tarea
2. (no) saber mucho
3. (no) dar muchos trabajos escritos
4. (no) llegar a tiempo
5. (no) hacer excursiones
6. (no) poder animar a los alumnos
7. (no) querer ayudar a los alumnos
8. (no) haber muchos alumnos en la clase

B. Las mascotas. Se dice que la relación entre los seres humanos y sus mascotas es muy beneficiosa. Por ejemplo, una mascota puede influir en la autoestima, la salud, el equilibrio emocional y la calidad de las relaciones sociales. Completa el siguiente pasaje con las formas adecuadas de los verbos entre paréntesis. ¡Ojo! No todos los verbos están en el imperfecto del subjuntivo.

Mi gato Félix

Cuando tenía veinticinco años un amigo me dio un gato. Ese gato (lo nombré Félix) siempre quería que yo le _____ (dar) comida de mi propio plato. Prefería que yo _____ (ser) su sirvienta y no le importaba nada mi autoestima. Era muy presumido con los invitados de la casa, pero no con los bebés porque le encantaban. Cuando yo _____ (estar) en casa, me seguía por todas partes con su molesta voz de gato.

Una noche Félix me despertó al tocarme repetidamente la cara con una pata. Yo dudaba que él _____ (querer) comida a esa hora. Traté de no hacerle caso, pero se puso cada vez más insistente. De repente me di cuenta del problema . . . había un olor sofocante . . . ¡un incendio! Salté de la cama, agarré al gato y salimos corriendo de la casa. Los bomberos llegaron y extinguieron el incendio. Me alegré mucho que Félix me _____ (haber) salvado la vida. ¡Por eso nunca me quejé más de su comportamiento!

C. Héroe canino. Lee el siguiente artículo sobre Fido, un perro excepcional. Luego, en grupos de tres o cuatro personas, comenten la historia. Usen en sus comentarios los verbos que tienen la raíz irregular.

■ **Ejemplo**   ESTUDIANTE 1: *Fue increíble que Fido tuviera instintos tan fuertes.*
   ESTUDIANTE 2: *Fue milagroso que no muriera.*
   ESTUDIANTE 3: *Los dueños se alegraron que su perro volviera.*

MISTERIOS DE NUESTRO MUNDO: UN PERRO RECORRE 1.500 KILÓMETROS, DE BÉLGICA A ESPAÑA, PARA BUSCAR A SUS DUEÑOS

Muerto de cansancio, con las orejas rotas y las patas seriamente dañadas llegó «Fido» al hogar que tanto echaba de menos. «Fido» es un perro de seis años, cruce de pastor alemán y pastor belga que, guiado por la fuerza del cariño y el recuerdo de sus amos, ha sido capaz de recorrer 1.500 kilómetros sin más ruta que el instinto.

Sus dueños, que ahora viven en Gijón, lo dejaron en una guardería en la ciudad de Mons, cerca de Bruselas, cuando decidieron regresar a España para montar un taller de reparaciones. «Fido» había crecido con ellos, no conocía otra compañía y la nostalgia de los que había defendido y querido le dio fuerza para atravesar Europa en busca de su cariño perdido.

Ésta es la increíble historia de un perro llamado «Fido». Su vida comenzó en Bélgica. Allí fue regalado a un matrimonio que acababa de llegar de España. Él tenía entonces tres meses. Sus dueños, el español José Luis Augusto Redondo y la belga Lise Deremier, padres de dos hijos, David y Mayte, actualmente de diecinueve y cuatro años, respectivamente, lo criaron como si fuera un miembro más de su familia.

«Estaba bien cuidado. Le queríamos. Lo tratábamos como a una persona. Y ahora me he dado cuenta de lo agradecido que puede llegar a ser un perro», dice Lise.

—¿Por qué lo dejaron en Bélgica?
—Decidimos regresar a España para montar un taller de reparaciones de vehículos. Allí vivíamos en una casa con jardín y no lo podíamos meter en un piso ni tampoco llevárnoslo; hubiera sido un lío. Mi marido lo llevó a una guardería para perros.

—¿Tuvieron después alguna noticia de él?
—Sí, al poco de dejarlo allí llamé para preguntar cómo estaba y me dijeron que se lo habían dado a una familia. El año

«Fido», en Gijón, con Lise, su hija Mayte y una amiga

pasado fuimos a Bélgica a verle, pero no nos quisieron dar la dirección.

—¿Saben cómo ha conseguido volver?
—No tenemos ni idea de cómo ha podido ocurrir. Sólo sabemos que lo dejamos en Bélgica hace dos años y que apareció en el portal con las orejas rotas y con cicatrices.

—¿Cómo lo encontraron?
—Bajé a hacer la compra con mi hija, Mayte. Estaba echado en el portal. Con nosotras bajaba otra vecina. Yo creo que debió pensar que estaba loca porque me vio hablando sola y diciendo: «Es mi "Fido", pero no puede ser...». Fue muy emocionante. En cuanto me vio se tiró a mí y empezó a lamerme, a darme besos y lloraba todo el tiempo. Luego, al subir a casa, la vecina se quedó asustada de que se parara justo en nuestro piso, cuando no estuvo nunca.

—¿Y ahora, como se encuentra «Fido»?
—Está muy cansado, pero contento. Duerme mucho y come poco. Casi su único alimento es leche y agua.

—Tenemos entendido que un señor ha reclamado a «Fido» diciendo que es suyo.
—Sí, pero sólo lo afirma y amenaza con venir con la Policía, aunque no muestra nada que confirme lo que dice. Si me lo quitan me muero. Es mi perro, tiene las mismas costumbres, entiende el francés, reconoce los pocos muebles que nos trajimos de Bélgica y obedece a las cosas que le enseñamos de pequeño.

MAMEN CASTILLA
Fotos: JOSÉ MARIA CLARES
(EUROPA PRESS REPORTAJES)

de Hola

◆ **Orientación** To review the goals and use of the *Estrategias* and *Comprensión auditiva* sections, see the *Orientaciones* on p. 36.

COMPRENSIÓN AUDITIVA ▭▭ Textbook Cassette

Identifying narrative strategies. The word *narrative* refers to the telling of a story. A narrative may be factual or fictional. Anecdotes and reports are factual narratives; short stories, novels, plays, and even jokes are fictional. In this chapter, you will study two fictional narratives. Before proceeding, study the following narrative strategies.

- NARRATOR. The narrator is the storyteller but not necessarily the author. He/She may be a character in the story or an outside entity. An *omniscient* narrator tells not only the actions of the characters, but also their thoughts and feelings. A *limited* narrator describes only the characters' actions. After you have identified the narrator, it is important to remember that the events are being reported through the filter of his or her persona, which makes them subjective.

- TIME. Narrators do not always tell a story in chronological order. In modern fiction, it is not unusual to find that the events have been scrambled. Flashbacks are especially common.

- SETTING. Setting refers to the environment in which the actions occur. A novel may have many settings, while shorter works typically have only one.

Antes de escuchar

En grupos de tres o cuatro personas, escriban una lista de cinco novelas o cuentos que todos conocen. Identifiquen al narrador, el tiempo y el escenario de cada obra. Por ejemplo, en el cuento de hadas° *Los tres cerditos,* el narrador es limitado, el orden es cronológico y el escenario es el bosque. Los personajes° son los tres cerditos y el lobo.

¡A escuchar!

Escucha en tu cassette el drama *No hay que complicar la felicidad* por Marco Denevi. Identifica los personajes, el tiempo y el escenario. Recuerda que en las obras literarias, cosas inesperadas e irónicas pueden ocurrir.

Después de escuchar

A. Comprensión. Escucha el drama de nuevo y después contesta las siguientes preguntas.

1. ¿Qué hacen los personajes?
2. ¿Por qué se enoja el hombre?
3. ¿Por qué tiene celos el hombre?
4. ¿Qué responde la mujer?
5. ¿Dónde le dice la mujer que está "el otro"?
6. ¿Por qué se ríe la mujer al quedar sola?
7. ¿Qué pasa al final del drama?

---

cuento de hadas *fairy tale* **personajes** *(m. pl.) characters*

B. Una narración. En grupos de tres o cuatro personas, conviertan el drama *No hay que complicar la felicidad* en una narración. Determinen el tipo de narrador que van a emplear y escriban la narración desde el punto de vista de éste.

LECTURA

◆ **Orientación** To review the goals and use of the *Lectura* section, see the *Orientación* on p. 38.

Identifying narrative strategies. In each of the *Lecturas* in ¡A CONOCER- NOS! you have practiced some of the more important reading strategies using articles from popular magazines and newspapers. Glance back through the *Lecturas* and read one or two of your favorite selections. What strategies did you use as you read? Did you think about visual cues or cognates? Probably most strategies have become so familiar that you use them without thinking.

Antes de leer

A. Repaso de estrategias. Vas a leer *El hombre que tenía dos esposas.* Primero contesta las siguientes preguntas para refrescar tu memoria sobre las estrategias de lectura.

1. What type of information can you obtain from the visuals, titles, and format of the text?
2. What is skimming?
3. Should you look up cognates in the dictionary?
4. What are the differences/similarities between skimming and scanning?
5. Why do you think that "a picture is worth a thousand words"?
6. How can you guess what words mean using the context of the sentence or paragraph?
7. What are "root words" and how can they help you expand your vocabulary?
8. What reasons or intentions do authors have for writing articles?
9. How can texts be organized?
10. What additional strategy must you consider when reading creative works of fiction or poetry?

B. Las fábulas. Una fábula es un cuento que tiene una moraleja, es decir, que enseña una lección. Los personajes de una fábula pueden ser seres humanos, animales u objetos con características humanas. En parejas, piensen en una fábula que conozcan, describan los personajes y comenten la moraleja que transmite.

¡A leer!

El hombre que tenía dos esposas

Antiguamente cuando se permitía que los hombres tuvieran muchas esposas, cierto hombre de edad mediana tenía una esposa vieja y una esposa joven. Cada cual lo quería mucho y deseaba verlo con la apariencia de un compañero adecuado para ella.

El cabello del hombre se estaba poniendo gris, cosa que no le gustaba a la esposa joven porque lo hacía ver demasiado viejo para ser su esposa. Así pues, ella solía peinarle el cabello y arrancarle las canas todas las noches.

En cambio, la esposa de más edad veía encanecer a su esposo con gran placer, porque no le agradaba que la confundieran con la madre de éste. Así pues, todas las mañanas solía arreglarle el cabello arrancándole todos los cabellos negros que podía. El resultado fue que pronto el hombre se encontró completamente calvo.

Después de leer

A. Comprensión. Ahora contesta las siguientes preguntas.

1. ¿Cuántas esposas tenía el hombre?
2. ¿Cómo eran ellas?
3. ¿Querían a su marido o lo odiaban?
4. ¿Cómo deseaban verlo?
5. ¿Qué pasaba con el cabello del hombre?
6. ¿Cómo reaccionaban las dos esposas?
7. ¿Qué hacía cada esposa para resolver el problema?
8. Al final, ¿cómo se encontró el hombre?

B. ¡A la flauta! Todos los miembros de la clase deben trabajar juntos para crear una fábula que corresponda a la siguiente caricatura. Cada persona debe agregarle por lo menos una oración al cuento.

¡A la flauta! Por Nik

◆ **Orientación** To review the goals and use of the *Comunicación* section, see the *Orientación* on p. 39.

COMUNICACIÓN Textbook Cassette

Las siguientes expresiones te ayudan a poder invitar a alguien, a aceptar o rechazar una invitación y a expresar compasión en español. Escucha las conversaciones en el cassette y practícalas con los demás miembros de la clase.

Cómo invitar   *Extending invitations*

Cómo aceptar y rechazar invitaciones *Accepting and declining invitations*

¿QUIERES IR AL PARTIDO DE FÚTBOL ESTA TARDE?

ME GUSTARÍA MUCHO . . . PERO TENGO QUE IR DE COMPRAS.

¿TE GUSTARÍA IR AL CINE ESTA NOCHE? DAN UNA PELÍCULA DE VAQUEROS.

ME ENCANTARÍA . . . PERO TENGO QUE LIMPIAR LA CASA.

ENTONCES ¿CUÁNDO PODEMOS SALIR?

HM . . . ¿QUÉ TAL MAÑANA POR LA NOCHE?

LO SIENTO, PERO NO PUEDO. TENGO QUE ESTUDIAR PARA UN EXAMEN.

Cómo expresar compasión *Expressing sympathy*

¿CÓMO ESTÁ LA FAMILIA?

TODOS BIEN MENOS MI HERMANO PEPE. FUE A BARILOCHE A ESQUIAR Y SE FRACTURÓ UNA PIERNA.

¡QUÉ LÁSTIMA! ¿PERO YA ESTÁ BIEN?

¡AY, NO! AL SALIR DEL HOSPITAL, SE LASTIMÓ EL TOBILLO.

LO SIENTO MUCHO. ¿QUÉ DICE EL DOCTOR?

¡DICE QUE PEPE NECESITA UN BUEN SEGURO MÉDICO!

◆ In the preceding cartoons, two important cultural spots are mentioned. Here is a brief explanation of each:

Buenos Aires's **Teatro Colón** is one of the most famous theaters in the world. Renowned artists perform in the ballets and operas presented in its ornate setting. Because of the theater's excellent acoustics, no sound amplification is used. Visitors may take a guided tour of the **Teatro Colón**'s workshops and rehearsal rooms. In the **Salón Dorado,** designed like the palace of Versailles outside Paris, free recitals are offered Tuesdays through Fridays.

Bariloche, located in southern Argentina, is a popular ski area. Vacationers from all over South America converge on Bariloche's slopes and sophisticated shops and cafés from July to September. The summer season (November–April) brings hikers, campers, and boaters to this lovely alpine area.

<table>
<tr><td colspan="2" align="center">**Cómo invitar** *Extending invitations*</td></tr>
<tr><td>¿Me quieres/quiere acompañar a . . . ?</td><td>*Do you want to accompany me to . . . ?*</td></tr>
<tr><td>¿Quieres/Quiere ir a . . . ?</td><td>*Do you want to go to . . . ?*</td></tr>
<tr><td>Si tienes/tiene tiempo, podemos ir a . . .</td><td>*If you have time, we could go to . . .*</td></tr>
<tr><td>¿Te/Le gustaría ir a . . . conmigo?</td><td>*Would you like to go to . . . with me?*</td></tr>
</table>

<table>
<tr><td colspan="2" align="center">**Cómo aceptar invitaciones** *Accepting invitations*</td></tr>
<tr><td>Sí, con mucho gusto.</td><td>*Yes, with pleasure.*</td></tr>
<tr><td>Sí, me encantaría.</td><td>*Yes, I'd love to.*</td></tr>
<tr><td>Sí, me gustaría mucho.</td><td>*Yes, I'd like to very much.*</td></tr>
</table>

<table>
<tr><td colspan="2" align="center">**Cómo rechazar invitaciones** *Declining invitations*</td></tr>
<tr><td>Lo siento mucho, pero no puedo.</td><td>*I'm very sorry, but I can't.*</td></tr>
<tr><td>Me gustaría, pero no puedo porque . . .</td><td>*I'd like to, but I can't because . . .*</td></tr>
</table>

Prácticas

A. Invitaciones. En parejas, invítense a los siguientes lugares. Luego acepten o rechacen las invitaciones.

■ **Ejemplo** ESTUDIANTE 1: *¿Te gustaría ir conmigo a la filarmónica?*
ESTUDIANTE 2: *Sí, con mucho gusto.*

GARCÍA NO LLORA. Debido a la gran demanda de entradas, Charly García debió agregar cuatro funciones a las cuatro originalmente programadas para la presentación de su ópera rock **La hija de la lágrima**, en el teatro Ópera. A las funciones de los días 15, 16, 17 y 18 próximos, se agregaron ahora las del 22, 23, 24 y 25.

PIANO. Recital de piano a cargo de intérpretes uruguayos. Entrada libre y gratuita. **(Teatro Colón, Salón Dorado, Libertad 621, a las 17.30.)**

HOY

LA FILARMÓNICA. La Orquesta Filarmónica de Buenos Aires repite el programa que incluye obras de Chaikovsky y Rimsky-Korsakov, dirigida por Alexander Anissimov.
(Teatro Colón, Tucumán 1111, a las 21.)

MUSEO DE LA CIUDAD DE BUENOS AIRES
Alsina 412 - Tel.: 343-2123 331-9855
Visitas: lunes a viernes de 11 a 19 domingos de 15 a 19.
Cerrado: sábados
Entrada gratuita: miércoles
Biblioteca: especializada en temas de Buenos Aires, arquitectura histórica y costumbre. Atención de lunes a viernes de 13 a 18. Su patrimonio es la memoria de la ciudad, en él se agrupan las investigaciones, la conservación y la exhibición integrada por los más variados objetos, documentos y elementos de la vida cotidiana.

DEBATE - DEBATE - DEBATE - DEBATE

LA INTERPRETACIÓN DE LA CONSTITUCIÓN REFORMADA

15 de septiembre de 9 a 20 hs.
Facultad de Derecho - Universidad de Buenos Aires
Aula Magna - Figueroa Alcorta y Pueyrredón

9:00 **Andrés D'Alessio**
Apertura

9:30 **Roberto Dromi**
Declaraciones, derechos y garantías

11:00 **María Elisa Carrió**
Poder Legislativo

16:00 **Ricardo Gil Lavedra**
Poder Ejecutivo

17:30 **Humberto Quiroga Lavié**
Poder Judicial

19:00 **Pedro J. Frías**
Provincias y municipios

ORGANIZAN

Facultad de Derecho y Ciencias Sociales de la Universidad Nacional de Buenos Aires

Fundación Centro de Estudios Políticos y Administrativos (CEPA)

Centro de Estudiantes de Derecho de la Universidad Nacional de Buenos Aires

INFORMES

Fundación CEPA: Av. Belgrano 1358
Tel.: 383-2592 / 381-8959 - Fax: 381-6965

Entrada gratuita

CHEJOV. Las tres hermanas, una de las piezas más valiosas de Anton Chejov, con dirección de Valentín Tepliakov, en un ciclo especial de tres funciones. Entrada libre y gratuita.
(Teatro Nacional Cervantes, Sala Argentina, Córdoba 1135, a las 20.30.)

B. Por el recinto. En grupos de tres o cuatro personas, describan una actividad de su universidad. Inviten a sus compañeros. Luego inviten a su instructor/instructora a una función.

	Cómo expresar compasión	*Expressing sympathy*	
Es una pena.	*It's a pity.*	Mis condolencias.	*My condolences.*
Le doy mi pésame.	*You have my sympathy.*	¡Qué lástima!	*What a pity!*
Lo siento mucho.	*I'm very sorry.*		

C. Lo siento mucho. Indica cuáles son las expresiones apropiadas para las siguientes situaciones y escribe una nota breve para cada ocasión.

1. La abuela de un compañero muere.
2. Un amigo está en el hospital.
3. Un pariente acaba de divorciarse.
4. Una compañera pierde su trabajo.
5. Tu amigo recibe una mala nota en su examen.
6. Una amiga se rompe la pierna.

◆ Remember that to invite more than one person, you will need to change the verb forms.

Video that supports this chapter includes the following:

¡A CONOCERNOS! Video Program: *Relaciones interpersonales* provides support for thematic and linguistic elements in the chapter. Activities that support this video appear in the **Instructor's Resource Kit.**

Mosaico cultural: Creencias y celebraciones expands upon the cultural material presented in the chapter. Activities that support this video are found in the ***Mosaico cultural* Video Guide.**

◆ **Orientación** To review the goals and use of the *Composición* section, see the *Orientación* on p. 42.

◆ *Atajo* writing assistant supports your efforts with the task outlined in this *Composición* section by providing useful information when the following references are accessed:

Capítulo 11 *Relaciones interpersonales*

Phrases/functions apologizing; congratulating; encouraging; holiday greetings; inviting, accepting, and declining; reassuring; writing about an author/narrator; writing about characters; writing about structure; writing about theme, plot, or scene

Vocabulary religions; religious holidays

Grammar verbs: subjunctive with a relative; relatives *(all)*

◆ **Una cosita más** The word *whose* has two equivalents in Spanish: **de quién** and **cuyo**. To express **Whose** *is it? (To whom does it belong?),* use **¿De quién es?** Use **cuyo** in sentences such as **Buenos Aires es una ciudad** *cuya* **Avenida 9 de Julio es famosa.** *(Buenos Aires is a city* **whose** *Avenida 9 de Julio is famous.)*

COMPOSICIÓN

Descriptive clauses. You have already studied how to describe people and things using adjectives and adverbs. In this chapter, you will learn how to describe in a more sophisticated way, using descriptive—or relative—clauses. These clauses can be *restrictive* or *nonrestrictive*:

- RESTRICTIVE (provides restrictions to identify the ANTECEDENT)

  La fiesta **que tuvo lugar en casa de Pati** fue estupenda.

- NONRESTRICTIVE (identity of the ANTECEDENT is already clear)

  La fiesta de Pati, **que tuvo lugar el sábado,** fue estupenda.

Notice that nonrestrictive relative clauses are set off by commas. Now study the following relative pronouns.

Pronombres relativos *Relative pronouns*	
que	*that, who, whom*
el que (*also:* los que, la que, las que)	*that, which, whom, the one, the ones*
lo que	*what, which*
el cual (*also:* los cuales, la cual, las cuales)	*which, whom*
lo cual	*which*
quien (*also:* quienes)	*who, whom*
cuyo (*also:* cuyos, cuya, cuyas)	*whose*
donde	*where*

To use relative pronouns correctly, you also need to determine whether a preposition is part of the relative clause. If the clause is restrictive and there is no preposition, **que** is the relative pronoun of choice.

El empleado *que* **me atendió hablaba inglés.**	*The employee* **who** *waited on me spoke English.*

If a preposition is present, then one of the forms of **el que** or **el cual** is used.

La agencia de viajes para *la que/la cual* **trabaja Ana es argentina.**	*The travel agency for* **which** *Ana works is Argentine.*

If the antecedent is a person, then **quien** may also be used.

La persona para *quien* **trabaja Ana es argentina.**	*The person for* **whom** *Ana works is Argentine.*

◆ ◆ ◆

Nonrestrictive clauses without a preposition may always be introduced by **que.**

Las cataratas de Iguazú, *que* están en la frontera brasilera, son muy impresionantes.

*The Iguazú Falls, **which** are on the border with Brazil, are very impressive.*

Nonrestrictive clauses with a preposition are introduced by a form of **el cual** (or **quien** if they refer to a person).

La Casa Rosada, sobre *la cual* oímos mucho, es la oficina del presidente.

*The Pink House, about **which** we heard a lot, is the office of the president.*

Eva Perón, sobre *quien* leímos, fue la primera dama de Argentina.

*Eva Perón, about **whom** we read, was the first lady of Argentina.*

Lo que and **lo cual** are used when the antecedent itself is a clause.

Los argentinos comen mucha carne, *lo que/lo cual* me sorprendió mucho.

*Argentines eat a lot of meat, **which** surprised me a lot.*

Lo que may also be used as a subject.

***Lo que* me sorprendió más fueron las papas fritas.**

***What** surprised me most were the French fries.*

Cuyo is a possessive and therefore agrees with its companion noun in gender and number.

Conozco a un profesor *cuyos* alumnos lo adoran.

*I know a professor **whose** students adore him.*

Donde may be used in any type of relative clause to mean *where.*

Quiero vivir *donde* haga mucho sol.

*I want to live **where** it is very sunny.*

Antes de escribir

Vas a escribir tu propia composición. Primero lee el siguiente modelo titulado *Comer y cocinar. Del placer a la acción solidaria,* e identifica las cláusulas relativas.

Personas & Personajes

Arriba: Teresa Calandra y Cecilia Boucourt, de la pasarela al mordisco (Bice). **Centro:** Condesa Marie Antoinette von Wuthenau de Sagramoso, bocado de chef. **Abajo:** Ing. Peralta Ramos, maestro en torres frente a maestro en platos

Comer y cocinar. Del placer a la acción solidaria

La Noche de los Chefs es la que los maestros del gorro largo se esmeraron y lucieron para sorprender a quienes pagaron una cena en beneficio de la Asociación Argentina de Esclerosis Múltiple. Vernon Dougall, presidente de la entidad, parece tener buenos y golosos amigos entre locales locales, locales británicos y locales americanos, componentes mayoritarios en las mesas pantagruélicas. Momento ideal para encuentros oportunos, con el paladar y la conciencia satisfechas.

La oferta gastronómica siempre es inquieta en Buenos Aires. Ahora, junto al "río inmóvil", en los docks reciclados de Puerto Madero, otro restaurante abre la terraza. Esta, de inspiración tana. Bice -por Beatrice, la *mamma* que inició, en 1926, la cadena en Milán-, espuma ravioli y risotto a punto para comensales famosos en tren de menú inmigrante.

Arriba: Friso del *ristorante* frente al río.
Centro: Francis Mallman con joven amiga comprobando in situ las bondades del risotto milanés.
Abajo: Embajador norteamericano en auténtico Cheek to cheek. De la mesa chef al baile, una noche completa.

El arquitecto Germán Carvajal y Lory Quesada. Contra la esclerosis múltiple.

de *La Nación*

¡A escribir!

Elige un tema en el que hables acerca de las relaciones familiares o amistosas tal como una celebración o un dato histórico. Luego escribe un párrafo sobre este tema en el que incorpores una descripción usando cláusulas relativas de los dos tipos.

Después de escribir

A. Revisión. Revisa tu composición, prestando atención especialmente a las cláusulas relativas. Repasa los ejemplos de las páginas 402–403 de tu libro de texto.

B. Intercambio. En parejas, intercambien sus composiciones y revísenlas. Al revisar, presten atención a los siguientes detalles:

❑	INTERÉS	capta al lector
❑	DESCRIPCIÓN	visual o de otros sentidos
❑	ORGANIZACIÓN	introducción, desarrollo, conclusión
❑	SECUENCIA	lógica
❑	TRANSICIONES	fluidas
❑	GRAMÁTICA	concordancia (sujeto/verbo, sustantivo/adjetivo)

VOCABULARIO

◆ To review the goals and use of the *Vocabulario* sections, see the *Orientaciones* on pp. 43–44.

Multiple meanings. Looking through your vocabulary lists from previous chapters, you have probably noticed that many words in Spanish have multiple meanings. To avoid confusion when you encounter one of these words, write it in your notebook on a special page. Note the additional meanings and include a sample sentence for each. For example:

tocar   *to touch*   **No se deben *tocar* los cuadros en un museo.**

   to play a musical instrument   **Mi primo *toca* el piano.**

Prácticas

A. Repasa el vocabulario de este capítulo y escribe las palabras que tengan varios significados.

B. Haz una lista de las fiestas que se celebran en tu familia y escribe una descripción breve sobre cada una de ellas.

C. Escríbele una invitación a alguien de la clase invitándolo/invitándola a una fiesta en tu casa la semana que viene. Él/Ella debe contestarte por escrito aceptando o rechazando la invitación.

D. Escribe de nuevo los sustantivos del *Vocabulario* siguiente y clasifícalos según su género.

VOCABULARIO

Acontecimientos sociales y religiosos   *Social and religious events*

aniversario	*(wedding) anniversary*
banquete (*m.*)	*banquet*
bar/bat mitzvah (*m.*)	*bar/bat mitzvah*
bautizo	*baptism*
boda civil	*civil marriage ceremony*
boda religiosa	*church wedding*
ceremonia de graduación	*graduation ceremony*
convite (*m.*)/banquete (*m.*)	*banquet, open house*
compromiso	*engagement*
culto	*religious service*
cumpleaños (*m. sing./pl.*)	*birthday*
despedida de soltera	*bridal shower*
despedida de soltero	*bachelor party*
día festivo	*holiday*
festival (*m.*)	*festival*
fiesta de canastilla	*baby shower*
fiesta de cumpleaños	*birthday party*
fiesta sorpresa	*surprise party*
funeral (*m.*)	*funeral*
juerga	*bash*
misa	*Mass*
onomástico	*saint's day, birthday*
pachanga	*rowdy celebration*
Primera Comunión	*First Communion*
santo/día del santo	*saint's day*
té (*m.*)	*afternoon tea*

Entre amigos y parientes   *Among friends and relatives*

agasajar	*to lavish attention on, fete*
atender (ie) a	*to wait on, attend to, pay attention to* (other people)
brindar/brindar por	*to make a toast/to toast* (someone)
chismear	*to gossip*
compartir	*to share*
comprometerse	*to get engaged*
disfrutar	*to enjoy*
excusarse	*to make an excuse*
felicitar	*to congratulate*
festejar	*to entertain*
guardar un secreto	*to keep a secret*
jurar	*to swear, give one's word*
pasarlo bien/mal	*to have a good/bad time*

Personas *People*

agasajado/agasajada festejado/festejada }	*guest of honor*
amiguito/amiguita	*buddy, pal, chum*
anfitrión/anfitriona	*host*
asistentes (*m. pl.*)	*those* (the people) *present*
bar mitzvah (*m.*)	*thirteen-year-old Jewish male*
bat mitzvah (*f.*)	*thirteen-year-old Jewish female*
colega (*m./f.*)	*colleague*
cumpleañero/cumpleañera	*birthday boy/birthday girl*
invitado/invitada	*guest*
madrina	*godmother*
maestro/maestra de ceremonias	*leader of the ceremony*
novio/novia	*groom/bride; fiancé/fiancée*
padrino	*godfather*
quinceañera	*fifteen-year-old* (female)
testigo	*witness*

Cómo invitar *Extending invitations*

¿Me quieres/quiere acompañar a . . . ?	*Do you want to accompany me to . . . ?*
¿Quieres/Quiere ir a . . . ?	*Do you want to go to . . . ?*
Si tienes/tiene tiempo, podemos ir a . . .	*If you have time, we could go to . . .*
¿Te/Le gustaría ir a . . . conmigo?	*Would you like to go to . . . with me?*

Cómo aceptar invitaciones *Accepting invitations*

Sí, con mucho gusto.	*Yes, with pleasure.*
Sí, me encantaría.	*Yes, I'd love to.*
Sí, me gustaría mucho.	*Yes, I'd like to very much.*

Cómo rechazar invitaciones *Declining invitations*

Lo siento mucho, pero no puedo.	*I'm very sorry, but I can't.*
Me gustaría, pero no puedo porque . . .	*I'd like to, but I can't because . . .*

Cómo expresar compasión *Expressing sympathy*

Es una pena.	*It's a pity.*
Le doy mi pésame.	*You have my sympathy.*
Lo siento mucho.	*I'm very sorry.*
Mis condolencias.	*My condolences.*
¡Qué lástima!	*What a pity!*

Pronombres relativos *Relative pronouns*

que	*that, who, whom*
el que (*also:* los que, la que, las que)	*that, which, whom, the one, the ones*
lo que	*what, which*
el cual (*also:* los cuales, la cual, las cuales)	*which, whom*
lo cual	*which*
quien (*also:* quienes)	*who, whom*
cuyo (*also:* cuyos, cuya, cuyas)	*whose*
donde	*where*

Un viaje turístico

Punta del Este, Uruguay

◆ **Orientación** To review the goals and use of the *Preparación* and *Introducción* sections, see the *Orientaciones* on p. 12.

◆ **Vocabulario esencial**
Viaje . . . pero seguro

acudir a	to present oneself at, go to
atravesar	to cross
azotes (*m. pl.*)	scourges
descanso estival	summer break
descorchar	to uncork, open
englobar	to include
entrañar	to involve, include, entail
grifo	faucet
jarrear	to mix, shake vigorously
pautas	guidelines
poder adquisitivo	buying power
regla de oro	golden rule
riesgos	risks

INTRODUCCIÓN

Antes de leer

A. Vamos de vacaciones. Antes de emprender un viaje, hay que hacer toda una serie de preparativos. En parejas, escriban una lista de diez cosas que normalmente hacen cuando planean sus vacaciones.

■ **Ejemplo** *Ir a la oficina de turismo para pedirle unos mapas. Dejarle la llave de la casa a un vecino.*

B. Vocabulario esencial. Antes de leer *Viaje . . . pero seguro,* estudia las palabras y frases esenciales al lado.

¡A leer!

A. Nuestra salud. Cuando se va de viaje, siempre se reciben consejos de los amigos sobre lo que se debe y no se debe hacer y los sitios turísticos que se deben visitar. Como indica el artículo, también es conveniente informarse sobre las cosas que pueden ser importantes y esenciales para el turista. Lee el artículo e identifica algunas enfermedades que pueden contraer los viajeros y las precauciones que se deben tomar.

■ **Ejemplo**
diarreas del viajero — evitar bacterias

B. Antes de viajar. Lee el artículo de nuevo y escribe cinco sugerencias sobre lo que se debe hacer para protegerse contra ciertas enfermedades.

■ **Ejemplo**
Hay que tener en cuenta la zona, porque las enfermedades de zonas frías y las enfermedades de zonas tropicales son diferentes.

Conviene informarse antes de inicar las vacaciones

Viaje... pero seguro

LA mejora del poder adquisitivo y las posibilidades de desplazamiento que permiten los aviones han modificado sustancialmente las costumbres vacacionales de los ciudadanos de los países desarrollados. Hace 15 o 20 años era poco común atravesar las fronteras nacionales para disfrutar del merecido descanso estival. Ahora, un porcentaje elevado de españoles opta por la oferta internacional y da el salto aéreo a otros países, a otros continentes. El cambio entraña riesgos sanitarios que van desde los peligros que supone la alimentación diferente o el clima, y por supuesto las enfermedades endémicas que perviven en otras zonas del planeta. Por ello, conviene informarse bien antes de emprender viaje, especialmente si va acompañado de niños.

Vacunas

Lo primero que debe tenerse en cuenta es la zona a la que se viaja. Los riesgos y enfermedades no son iguales en una zona fría o en el trópico; o si se trata de una zona rural o urbana. Como primera recomendación elija bien la ropa y calzado. Y como norma a recordar tenga en cuenta que el agua y los alimentos son el principal vehículo de transmisión de enfermedades infecciosas.

A la hora de plantearse la posibilidad de vacunarse infórmese, sobre todo si va a viajar a zonas tropicales. Entre las enfermedades más frecuentes, susceptibles de vacunación, se encuentra la fiebre amarilla (conveniente para África y Latinoamérica) y el cólera. El viajero debe saber también que hay países en los que se exige certificado de vacunación para la entrada de turistas, por lo que a la hora de inmunizarse debe acudir a un centro oficial que le expida un certificado oficial.

En el caso del cólera, aunque la Organización Mundial de la Salud no recomienda la vacuna, todavía hay países que la exigen (como Sudán o Pakistán). Confiere una protección en torno al 50 por 100 y su duración oscila entre tres y seis meses. Es efectiva a partir de los seis días de la inoculación.

Las autoridades sanitarias recomiendan informarse también de otras enfermedades susceptibles de vacunación, como la poliomielitis o el tétanos. En el caso de esta última es recomendable a los viajeros, teniendo en cuenta que se debe proceder a la revacunación cada 10 años.

En cuanto a las fiebres tifoideas (transmitidas por agua y alimentos

---

contaminados) se recomienda la vacunación para viajar a zonas tropicales. La eficacia comienza dos semanas después de su administración y persiste durante tres años. Hay que insistir en que previamente a cualquier vacunación debe conocerse bien el sitio al que se va a viajar para que el especialista actúe en consecuencia. Puede ser recomendable en algunos casos la vacunación contra la meningitis (endémica en determinadas zonas).

Otro de los azotes tropicales es el paludismo, transmitido por la picadura de la hembra del mosquito *anopheles*. Endémica en zonas tropicales y subtropicales, como medida de protección debe evitarse la picadura cubriendo la mayor parte del cuerpo posible y utilizando repelentes. No existe medicación efectiva al 100 por 100, por lo que dependiendo del punto de destino el especialista recomendará la pauta de profilaxis a seguir. En caso de aparecer síntomas de paludismo (fiebre, cefaleas, escalofríos...) se debe recabar urgentemente atención médica, aún meses después del regreso de vacaciones.

Diarreas y Sida

Al hablar de riesgos del viajero es inevitable hacer alusión a otros riesgos sanitarios como los trastornos digestivos y las enfermedades de transmisión sexual. En el primer grupo se engloban especialmente las diarreas del viajero, producidas en su mayor parte por bacterias (cambios de aguas); los estreñimientos por desplazamientos largos en posición sentada y los dolores de estómago por condimentos y comidas a las que no estamos acostumbrados.

No puede olvidarse el peligro que entrañan relaciones sexuales esporádicas, frecuentes en vacaciones. Sida, hepatitis, gonococias, sífilis... son endémicas en muchas zonas. Y el mejor consejo para evitarlas es la abstinencia o, en todo caso, la utilización de preservativos.

No debe olvidarse como regla de oro evitar los productos lácteos crudos, no pasteurizados, alimentos crudos cuya preparación se desconozca y los productos congelados sin confianza de que han sido bien conservados. Cuidado con los helados y con el agua. Beba agua mineral y exija que la descorchen delante de usted y en caso de consumirla del grifo hiérvala y bébala después de jarrearla para que vuelva a oxigenarse. En el botiquín no debe faltar analgésicos, antitérmicos, antidiarreicos, pomada contra las picaduras, y sales de rehidratación oral. Viaje... pero seguro. ∎

El País

Después de leer

A. Comprensión. Contesta las siguientes preguntas brevemente en español.

1. ¿Por qué han cambiado las costumbres vacacionales de los ciudadanos de los países desarrollados?
2. ¿De qué debe informarse uno antes de emprender un viaje?
3. ¿Cuál es lo primero que se debe tener en cuenta?
4. ¿Cómo se transmiten las enfermedades infecciosas?
5. ¿En qué zonas son comunes la fiebre amarilla y el cólera?
6. ¿Qué opina la Organización Mundial de la Salud (OMS) sobre la vacuna contra el cólera?
7. ¿Qué es el paludismo?
8. En caso de aparecer síntomas de paludismo, ¿qué se debe hacer?
9. ¿Cuáles son algunas causas de los trastornos digestivos?
10. ¿Qué consejos se dan para evitar el sida?
11. ¿Qué productos se deben evitar o tomar con mucha precaución?
12. ¿Qué medicamentos se deben llevar siempre en el botiquín?

B. No me encuentro bien. Desde un simple resfriado hasta una pierna rota, todos nos hemos puesto enfermos alguna vez durante un viaje. En parejas, cuenten cómo solucionaron algunos de estos problemas de salud durante las vacaciones.

CULTURA

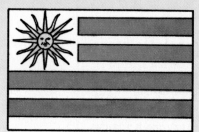

◆ **Orientación** To review the goals and use of the *Cultura* section, see the *Orientación* on p. 14.

📖 Guía Cultural

◆ For additional information on **El Cono Sur,** see the *Guía cultural.*

Uruguay

CAPITAL	Montevideo
GEOGRAFÍA	Sudamérica; situado al sur de Brasil, al este de Argentina y con las costas hacia el océano Atlántico
ÁREA	72.172 millas cuadradas (186.926 kilómetros cuadrados)
POBLACIÓN	3.100.000
EXPORTACIÓN	Lana, carne, naranjas, limones, arroz, industria turística
MONEDA	Peso

Uruguay. Uruguay es uno de los países más pequeños de Sudamérica. Aunque no es un destino preferido de los turistas estadounidenses, su ubicación entre Argentina y Brasil lo convierte en uno de los lugares favoritos de veraneo para los argentinos, los bolivianos, los paraguayos y los brasileños. El país, en su mayoría, presenta una topografía muy parecida a la de su vecino del sur, Argentina, con grandes extensiones de verdes praderas. Colonizado por los españoles y los portugueses, Uruguay ha perdido casi toda la influencia indígena, pero la africana aún es evidente en su música, en su arte y en las fiestas del Carnaval.

En Montevideo, la capital, vive más de la mitad de la población del país. Allí se mezclan la arquitectura clásica europea con los monumentos de carácter histórico y el estilo moderno de los edificios altos. Esta ciudad ofrece un ambiente cosmopolita para quienes quieren disfrutar de las actividades culturales de la capital y a su vez de sus famosas playas. Aunque no puede competir culturalmente con Buenos Aires, dispone de una gran variedad de actividades tales como conciertos, obras de teatro, exposiciones de arte y otros eventos culturales dirigidos a un público muy diverso. Como centro turístico, Montevideo ofrece también excursiones a precios económicos al alcance de todo tipo de bolsillo.

Prácticas

A. Para viajar feliz. Lee los anuncios de los viajes organizados y elige el que te parezca más interesante. Luego, junto con otras dos personas, expliquen sus preferencias.

Monumento al Guacho en Montevideo

Florida Express 15 días. Salida el 12.02.94 con GRUPO FORMADO, visitando Miami, Sawgrass Mill, Fort Lauderdale, Key West y todas las atracciones incomparables de la Florida. Incluye pasaje aéreo, Assist Card, Hoteles de 1a. categoría y 7 comidas.
Precio Plan Familiar: USD 1.925.
Aventura Mexicana 17 días. Salida el 12.02.94. Visitando México, Cuernavaca, Taxco, Acapulco, Mérida, Uxmal, Chichen Itza, Cancún e Isla Mujeres.
Incluye pasaje aéreo, Assist Card, hoteles de 1a. categoría y 6 comidas.
Precio Plan Familiar: USD 2.269
Imperio del Sol 17 días. Salida el 12.02.94. Visitando México, Teotihuacán, Cuernavaca, Taxco, Acapulco, Miami, Fort Lauderdale, Palm Beach, Orlando, Magic Kingdom. Incluye Pasaje Aéreo, Assist Card, hoteles de 1a. categoría y 5 comidas.
Precio Plan Familiar: USD 2.324

PALMERAS Y RASCACIELOS

16 DÍAS.
Salidas: 12.02.94 (Carnaval) y 26.03.94 (S. Santa).
GRUPOS FORMADOS
Disfrute del tour de más éxito en Uruguay visitando New York con espectáculo en Broadway y cena. Conozca el mayor centro de compras de USA, Secaucus, Atlantic City, Philadelfia, Washington, Orlando, Disney World, Epcot Center, Pleasure Island, Empress Lilly con desayuno en Disney, MGM, Miami y Sawgrass Mill. Incluye: pasaje aéreo, Assist Card y Hoteles de Lujo.
Plan Familiar desde: USD 1.877

Conozca Europa de la mano de un experto, con innumerables opciones para visitar el Viejo Continente en mini circuitos y excursiones de 16 a 37 días.
CLUB PETRABAX
Un tour como los de antes: gran nivel y la mejor relación calidad-precio.
EUROPA CLÁSICA
Incluye Andalucía. 31 días y 8 países desde USD 2.849 con pasaje aéreo y Assist Card incluido. Combinaciones con Grecia, Turquía y Tierra Santa.
ITALIA Y LA RIVIERA
16 días visitando Madrid, Zaragoza, Barcelona, Milán, Venecia, Florencia, Roma, Pisa, Niza y alojamiento en Montecarlo. Salidas semanales desde USD 860.
PETRABAX tiene oficinas propias en toda España y en las principales ciudades europeas.

FIESTA EN EL CARIBE

12 DÍAS.
SALIDA GRUPAL: 10.02.94 y todos los miércoles.
Incluye pasaje aéreo y espectacular crucero de habla española Fiesta Marina, con 8 comidas diarias y diversión sin límites. Visitando San Juan, St. Thomas, Santo Domingo, Aruba y la Guaira, 3 días en Miami con traslados y paseos.
Plan base doble: USD 1.856
LUGARES LIMITADOS

VIAJEOFERTA EUROPA

Petrabax. Salida: 12.02.94. 19 días visitando Madrid, Barcelona, Niza, Florencia, Roma, Venecia, Lucerna y París. Conozca el nuevo Louvre y Europa en su mejor temporada cultural. Precio por persona USD 1.768, con pasaje aéreo incluido.

10 DÍAS
CARNAVAL A TODO JAZZ
Salida el 9.02.94.
Disfrute en New Orleans de uno de los carnavales más coloridos y tradicionales del mundo, viviendo el Mardi Gras al ritmo de los maestros del jazz. Combinado con Miami.
INCLUYE PASAJE AÉREO.
Precio por persona USD 2.230
LUGARES LIMITADOS

CONSULTE A SU AGENTE DE VIAJES

CLUB DEL SOL
VIAJES ORGANIZADOS

PASAPORTE SIN LÍMITES

B. ¿Adónde quieres ir? Todos soñamos con unas vacaciones ideales. En parejas, describan el sitio ideal para ir de vacaciones mencionando algunos de sus atractivos y por qué quieren ir allí.

Hoteles, hostales y pensiones. Punta del Este, uno de los lugares de verano más exclusivos de toda Sudamérica, es famoso por sus elegantes casas y hoteles de lujo así como por tener las mejores playas en su litoral. Entre los meses de diciembre y marzo, la temporada alta, aviones procedentes de Buenos Aires llegan con gente dispuesta a divertirse jugando al golf, tomando el sol, montando a caballo y pasando agradables noches en los casinos y discotecas de la península.

En Punta del Este, como en muchos otros lugares del país, hay tres tipos de alojamiento: hoteles, hostales y pensiones. Los hoteles de lujo son los más caros y ofrecen todo tipo de servicios como habitaciones amplias, con toda clase de diversiones y un excelente trato al cliente.

Los hoteles se clasifican según el número de estrellas que el Ministerio de Turismo les asigna. Un hotel de cuatro o cinco estrellas cuesta alrededor de trescientos dólares por noche, aunque los hay de menor precio.

Los hostales y las pensiones son establecimientos muy parecidos. Allí hay habitaciones que suelen ser modestas y sin televisión. Normalmente las habitaciones no disponen de baño privado. Las pensiones son muy económicas.

Cuando se reserva una habitación en un hotel o en una pensión para pasar unos días de vacaciones, se puede elegir entre pensión completa y media pensión. La pensión completa incluye habitación y todas las comidas. La media pensión incluye habitación, desayuno y otra comida.

Prácticas

◆ **Orientación**   To review the goals and use of the *Prácticas* section, see the *Orientación* on p. 19.

A. Los hoteles. Los servicios varían de unos hoteles a otros. Por eso es importante elegir el hotel con cuidado. ¿Qué buscas tú en un hotel? Escribe una lista de los servicios que exiges en orden de importancia.

■ **Ejemplo** *Un precio razonable*

B. ¿Por qué pagar más? Mucha gente cuando va de vacaciones busca el alojamiento más barato que pueda encontrar. Estas personas prefieren pasar el tiempo haciendo excursiones turísticas. Otras personas prefieren hoteles de lujo porque allí casi no hay necesidad de salir a buscar nada. En parejas, hablen sobre el tipo de hotel que prefieren y expliquen por qué.

EXPRESIONES [cassette] Textbook Cassette

◆ **Orientación**   To review the goals and use of the *Expresiones* section, see the *Orientación* on p. 16.

En la agencia de viajes. Cristina y Carlos quieren hacer un viaje al extranjero durante sus vacaciones de verano. Ellos están hablando ahora con el agente de viajes de la agencia Club del Sol sobre algunas ofertas para el mes de diciembre. A continuación vas a escuchar un texto. Intenta sacar las ideas principales. Después completa la sección *Comprensión* en la página siguiente.

Comprensión

¿Sí o no? ¿Entendiste las ideas principales del texto que escuchaste? Lee las siguientes oraciones. Si la oración es correcta, según el texto, contesta **Sí.** Si la oración no es correcta, contesta **no.** Corrige las oraciones que no estén bien.

1. Cristina y Carlos son de Uruguay.
2. Llevan tres meses en Uruguay.
3. Hay excursiones económicas diarias desde Buenos Aires.
4. A ellos les gustan el teatro y el arte.
5. El transporte y el alojamiento con pensión completa están incluidos en el precio de la excursión.
6. Deciden ir a Bolivia para visitar los mercadillos.
7. El Hotel Residencial Rosario es de tres estrellas.
8. Cristina y Carlos van de excursión al lago Titicaca y a las ruinas de Tiahuanaco.
9. Los mercados al aire libre están en Montevideo.
10. Cristina va a comprar artículos hechos de madera para su madre.

Antes de viajar	*Travel preparations*
asiento	*seat*
cheque (*m.*) de viaje/viajero	*traveler's check*
destino	*destination*
hacer/deshacer la maleta	*to pack/unpack one's suitcase*
hacer una reserva/reservación	*to make a reservation*
ir de vacaciones	*to go on vacation*
pagar por adelantado	*to pay in advance*
pasaje (*m.*)/billete/boleto (*m.*)	*ticket*
de ida	*one-way*
de ida y vuelta	*round-trip*
viajar al extranjero	*to travel abroad*
viajar en auto/tren/autobús	*to travel by car/train/bus/*
barco/avión	*boat (ship)/plane*

◆ **Una cosita más** If you want to send a letter or package, you should use **enviar una carta/un paquete** *por* **barco (avión, tierra).**

Transporte y lugares   *Transportation and places*

aduana	*customs*	metro	*subway*
aerolínea/línea aérea	*airline*	mostrador (*m.*)	*counter*
aeropuerto	*airport*	parada	*stop* (taxi, metro)
alquilar un auto/una moto/una bicicleta	*to rent a car/ motorcycle/bicycle*	puerto	*harbor*
andén (*m.*)	*gate* (bus), *platform* (train)	sala de espera	*waiting room*
barco	*ship, boat*	taquilla/ventanilla	*ticket desk* (bus, train)
carretera	*highway*	terminal (*f.*)	*terminal*
control (*m.*) de seguridad	*security check*		
estación (*f.*) de ferrocarril/de autobuses	*train/bus station*	vuelo	*flight*

Las personas   *People*

agente (*m./f.*) de aduana	*customs official*	huésped (*m./f.*)	*guest*
		maletero	*porter*
agente (*m./f.*) de viajes	*travel agent*	pasajero/pasajera	*passenger*
asistente (*m./f.*) de vuelo/azafata (*f.*)	*flight attendant*	policía (*m./f.*)	*police officer*
		portero	*door attendant*
botones (*m.*)	*bellhop*	recepcionista (*m./f.*)	*desk clerk*
camarero/camarera	*server, waitperson*	representante (*m./f.*) de la aerolínea	*airline representative*
conserje (*m./f.*)	*concierge*	viajero/viajera	*traveler*

Palabras y expresiones relacionadas   *Words and related expressions*

abordar	*to board* (a plane)	hacer cola	*to stand in line*
acercarse a	*to approach*	hacer escala	*to make a stop*
aterrizar	*to land*	llegada	*arrival*
bajar de	*to get off/out of* (a train, bus, car)	pasaporte (*m.*)	*passport*
		recibo	*receipt*
conducir/manejar	*to drive*	rellenar/completar	*to fill out*
confirmar	*to confirm*	resguardo/ comprobante (*m.*)	*voucher, credit slip, claim check*
control (*m.*) de pasaporte	*passport control*	revisar el equipaje	*to inspect the baggage*
demora	*delay*		
desembarcar	*to deplane*	salida	*departure*
despegar	*to take off*	subir a	*to get on/in* (a train, bus, car)
estar atrasado/ atrasada	*to be late*	tener algo que declarar	*to have something to declare*
facturar el equipaje	*to check one's bags*		

◆   ◆   ◆

Prácticas

A. Cada cosa en su lugar. Usando el vocabulario de las páginas 416–417, escribe oraciones que describan cuatro o cinco cosas que ocurren en los siguientes lugares.

■ **Ejemplo**   recepción de un hotel

En la recepción de un hotel el huésped pide una habitación, entrega su tarjeta de crédito, firma el resguardo y recoge las llaves de la habitación.

1. mostrador de un aeropuerto
2. agencia de viajes
3. aduana
4. avión
5. sala de espera en un aeropuerto
6. estación de trenes
7. barco
8. parada de metro

B. Vamos de viaje. En grupos de tres, mencionen los artículos que hay que llevar para un viaje a Uruguay. Cada miembro del grupo debe repetir lo que dijo el anterior y agregar un artículo más.

■ **Ejemplo**   ESTUDIANTE 1: *Voy a llevar mi mochila.*
      ESTUDIANTE 2: *Voy a llevar mi mochila y una cámara.*
      ESTUDIANTE 3: *Voy a llevar mi mochila, una cámara y . . .*

C. ¿Qué debo hacer? En parejas, decidan con quién deben hablar o qué deben hacer en las siguientes circunstancias.

■ **Ejemplo**   perder las maletas en el aeropuerto
      ESTUDIANTE 1: *La aerolínea acaba de perder mis maletas.*
      ESTUDIANTE 2: *Sugiero que hables con un representante de la aerolínea.*

1. perder los cheques de viaje en la calle
2. llegar al hotel con maletas muy pesadas
3. no disponer de toallas en la habitación del hotel
4. facturar el equipaje
5. tomar un taxi desde el hotel
6. tomar una pastilla de Biodramina antes de abordar el avión
7. pagar la cuenta del hotel
8. comprar entradas para el teatro

D. El Buquebús. Estudia el anuncio de la página siguiente y contesta las preguntas según la información dada sobre los viajes en Buquebús.

1. ¿Cuántas horas se tarda en viajar desde Buenos Aires a Montevideo? ¿Y a Colonia?
2. ¿Cómo puedes comprar tus pasajes por adelantado?
3. Si sales de Buenos Aires a las doce, ¿a qué hora llegas a Montevideo?
4. Si quieres pasar tres horas en Montevideo y sales de Buenos Aires a las doce, ¿a qué hora tienes que tomar el Buquebús para volver?
5. ¿Cuánto tiene que pagar una familia con tres hijos menores de nueve años por sus pasajes de ida y vuelta?
6. ¿Cuánto tiene que pagar una persona que viaja en primera clase por un pasaje de ida?
7. ¿Es más barato comprar un pasaje de ida y vuelta en Buenos Aires o esperar y comprar el pasaje de regreso en Montevideo?
8. ¿Cuánto tienes que pagar si quieres llevar tu auto a Montevideo?

TARIFAS Y HORARIOS DEL VERANO 94/95

■ LÍNEA A MONTEVIDEO EN LOS "AVIONES DE BUQUEBÚS"

TARIFAS (EN PESOS)	CLASE TURISTA		PRIMERA CLASE	
	IDA	IDA Y VUELTA	IDA	IDA Y VUELTA
MAYORES	35.00	69.00	49.00	98.00
MENORES (H 9 AÑOS)	18.00	35.00	32.00	64.00
M. S/CARGO (H 2 AÑOS)	5.00	10.00	5.00	10.00

BODEGAS	IDA	IDA Y VUELTA
HASTA 1200 KG.	90.00	150.00
MAS DE 1200 KG.	100.00	170.00

■ SALE DE BUE	■ SALE DE MVD
07:30	07:00
10:00	11:30
12:00	13:00
15:30	16:00
19:00	19:30
23:30 (*)	22:00 (*)
04:00 (*)	03:30 (*)

(*) FRECUENCIAS ESPECIALES SUJETAS A DEMANDA.

■ LÍNEA A COLONIA EN 35 MINUTOS EN LOS "AVIONES DE BUQUEBÚS"

E. Entrevista. En parejas, contesten las siguientes preguntas sobre sus viajes y vacaciones.

1. ¿Te gusta viajar? ¿Cuál es tu ciudad preferida? ¿Y tu país preferido?
2. ¿Adónde piensas ir de vacaciones este año?
3. ¿Cómo prefieres viajar: en tren, en avión, en auto, en barco o en autobús?
4. ¿Cómo sueles viajar?
5. ¿Cuándo piensas viajar al extranjero? ¿Con quién? ¿Cuánto tiempo?
6. ¿Cuál es tu hotel preferido? ¿En qué tipo de hotel te quedas normalmente?
7. Cuando vas de viaje, ¿cuánto tiempo tardas en hacer tus maletas? ¿Cuántas maletas llevas?
8. En un avión, ¿pides un asiento de ventanilla o de pasillo?
9. ¿Qué te parece la comida de los aviones?
10. Durante el vuelo, ¿miras una película? ¿Lees una revista? ¿Duermes? ¿Qué haces?
11. Cuando tienes que hacer escala, ¿qué haces en el aeropuerto?
12. Cuando vas de vacaciones, ¿crees que es mejor llevar dinero o cheques de viaje? ¿Por qué?

F. ¿Quién lo pasó mejor? En grupos de cuatro, hagan las siguientes comparaciones y decidan quién tuvo las experiencias más interesantes dentro de cada categoría.

1. la distancia más larga
2. el destino más exótico
3. la experiencia más desagradable
4. el hotel más caro/barato
5. la mejor/peor comida
6. las maletas más pesadas
7. el transporte más rápido
8. las vacaciones más inolvidables

G. Minidiálogo en una agencia de viajes. En parejas, escriban un diálogo en español entre un/una turista y un/una agente de viajes pidiendo información sobre una excursión a un país hispanohablante.

◆   ◆   ◆

◆ **Orientación**   To review the goals and use of the *Así es* section, see the *Orientación* on p. 21.

Así es

Cómo hacer reservas y pedir información

Uruguay offers visitors a variety of accommodations. These range from luxurious hotels, like those in any cosmopolitan city, to small rooms in modest inns ($10 or less per night). Since the cheaper hotels cannot ordinarily be booked through a travel agent, the phrases in the chart on the next page will help you make reservations and inquire about the services.

En el hotel *At the hotel*

¿Dónde hay . . . ?
Where is there . . . ?

   un albergue estudiantil   *a youth hostel*
   un hostal   *a hostel*
   un hotel de primera clase/de lujo   *a first-class hotel*
   un hotel económico   *an inexpensive hotel*
   un motel   *a motel*
   un parador nacional   *a government-run historical inn,*
                           castle, or palace (Spain)
   una pensión   *a boardinghouse*
   una posada   *an inn*

Quisiera reservar una habitación . . .
I would like to reserve a . . .

   doble   *double room*
   sencilla   *single room*
   con aire acondicionado   *room with air conditioning*
   con balcón   *room with a balcony*
   con calefacción   *room with heat*
   con cama de matrimonio/matrimonial *room with a double bed*
   con cuarto de baño/ducha/bañera   *room with a bath/shower/tub*
   con vista al mar/al parque/a la calle *room with a view of the sea/park/street*

Quisiera . . .
I would like . . .

   media pensión   *half board* (breakfast and one
                        other meal)
   pensión completa   *all meals included*

¿El precio incluye . . . ?
Does the price include . . . ?

   desayuno   *breakfast*
   comidas   *meals*
   impuestos   *taxes*
   propinas   *tips*

◆ **Vocabulario adicional**
recepción *reception desk*
consejería *concierge* servicio
de lavandería *laundry service*
servicio de habitación *room
service*

◆ **Una cosita más** In many
foreign countries, the tax (or *IVA*)
is already included in most
services.

Prácticas

A. En la recepción. En parejas, hagan reservas en un hotel.

■ **Ejemplo**   ESTUDIANTE 1: ***¿En qué puedo servirle?***
               ESTUDIANTE 2: ***Quisiera reservar una***
                             habitación doble.
               ESTUDIANTE 1: ***¿Cuántas noches?***
               ESTUDIANTE 2: ***Tres noches, por favor.***

B. Hotel Internacional. Lee la información del *Hotel Internacional de Montevideo.* Luego, en parejas, pregunten sobre los servicios que ofrece.

■ **Ejemplo**   abrir la cafetería

> ESTUDIANTE 1: *¿Puede decirme a qué hora se abre la cafetería, por favor?*
>
> ESTUDIANTE 2: *Sí. Abrimos a las 7:00 de la mañana y cerramos a las 9:30 de la noche.*

1. haber servicio de restaurante
2. ser hora de salida
3. usar corriente eléctrica
4. comprar sellos
5. pedir una toalla
6. lavar la ropa
7. estacionar el auto
8. preparar una excursión

Le damos la más cordial bienvenida a Montevideo y al **Hotel Internacional.** Esperamos que su estancia aquí sea placentera.   La Gerencia.

Servicio de Restaurante:	de **7:00** a **9:30**; de **13:30** a **15:30**; de **19:00** a **21:30**
Servicio de Cafetería:	de **7:00** a **21:30**
Servicio de Habitación:	de **7:00** a **23:00**
Estacionamiento:	Entrada por la calle Colonia, funciona de **6:30** a **20:00**
Hora de Salida de Huéspedes:	**13:00**
Servicio Médico:	Las 24 horas del día
Servicio de Lavandería:	Solicítelo en recepción de **9:00** a **19:00**
Agencia de Viajes:	En la recepción
Corriente eléctrica:	120 voltios - 60 ciclos
Servicio postal:	Sellos de venta en recepción, buzón en recepción

Le rogamos nos ayude a ahorrar energía, apagando las luces de su cuarto y la televisión al salir de su cuarto. Ayúdenos a economizar agua, no desperdiciándola.

C. Una guía de hoteles. Lee los siguientes anuncios de una guía de hoteles de Punta del Este. Elige el hotel que más te interese y menciona por qué.

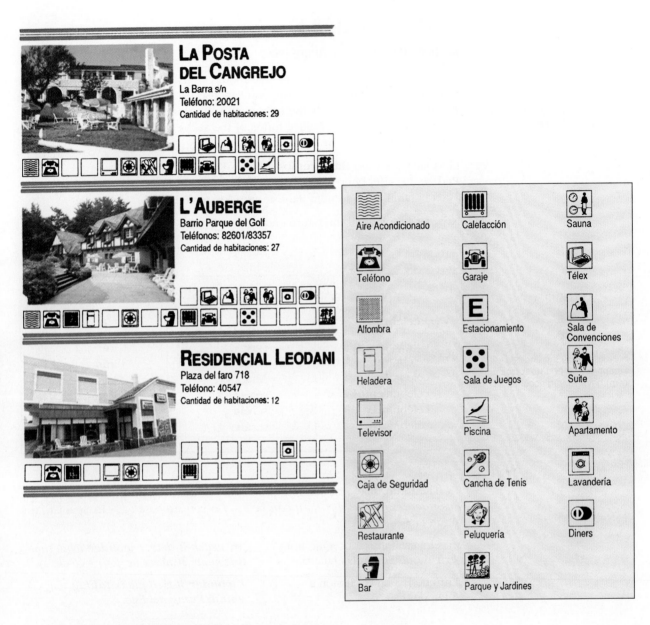

D. Un hotel inolvidable. Cuéntale a alguien de la clase sobre alguna de tus experiencias más agradables o desagradables en un hotel.

◆ ◆ ◆

SEGUNDA ETAPA Funciones

◆ **Orientación**   To review the goals of the *Funciones,* see the *Orientación* on p. 23.

Diario de actividades

◆ For additional practice with the future tense, see the *Diario de actividades, Primera función.*

PRIMERA FUNCIÓN
Making plans using the future tense

▲ You have already learned to talk about events that are going to happen by using **ir a** + infinitive. In Spanish, you can also use the future tense to tell what *will* happen. As you study the following examples, notice that the future endings are added to the infinitive forms of the verbs and that the endings are the same for **-ar, -er,** and **-ir** verbs.

El sábado próximo **llamaremos** a Viajes Keguay.
Pediré un hotel bueno pero barato cerca de la playa.
Toda la familia **irá** a Punta del Este por dos semanas.

Now let's look at all the future endings.

El futuro: verbos regulares		
celebrar	**ser**	**ir**
celebrar**é**	ser**é**	ir**é**
celebrar**ás**	ser**ás**	ir**ás**
celebrar**á**	ser**á**	ir**á**
celebrar**emos**	ser**emos**	ir**emos**
celebrar**éis**	ser**éis**	ir**éis**
celebrar**án**	ser**án**	ir**án**

◆ Note that all the endings except **-emos** (the **nosotros** form) have written accents.

▲ The future may also express probability in the present. In English, you say *I wonder . . . It must be . . . It can be . . . Do you suppose . . . ?* In Spanish, the future tense is used.

Mi reloj está atrasado. ¿Qué hora **será** ahora? **Serán** las cuatro.

*My watch is slow. I **wonder** what time it is now? It **must be** four o'clock.*

¿Enrique **irá** en excursión a Punta del Este?

*I **wonder** if Enrique **is taking** the tour to Punta del Este.*

Prácticas

A. La tarjeta Travel Assistance. Muchas compañías ofrecen programas de seguros especialmente diseñados para viajeros. Lee la información de **World-Money Travel Assistance** en la página siguiente y busca los verbos que estén en el futuro.

¿Qué es WorldMoney Travel Assistance?

La tarjeta Travel Assistance, de disfrute exclusivo para los clientes de WorldMoney BankAmerica Travelers Cheques, le proporcionará gratis una amplia gama de servicios de asistencia en viaje, durante 60 días a partir de la fecha de adquisición.

  Referencias médicas. Podrá solicitar información en cualquier momento sobre médicos, hospitales, dentistas, ambulancias o cualquier otro servicio médico en todo el mundo.

 Información legal. Tendrá la posibilidad de obtener información, nombre, dirección y número de teléfono de abogados o cualquier otro "proveedor de servicios legales" de la zona donde se encuentre.

 Servicio de intérpretes. Dispondrá de un servicio telefónico que le facilitará traducciones en los principales idiomas. Si precisa de un intérprete en el lugar en que se encuentre recibirá información sobre los intérpretes locales y cómo localizarlos.

Pago de emergencia a hospitales y fianzas. Vd. recibirá ayuda e incluso un adelanto para los pagos a servicios médicos que exijan garantía y/o adelanto de pago. Igualmente podrá obtener ayuda para conseguir y depositar fianzas en todo el mundo.

En el folleto adjunto a la tarjeta encontrará más información de interés sobre los servicios y condiciones de uso.

B. En el futuro. Escribe diez oraciones sobre cuándo vas a hacer las siguientes cosas.

■ **Ejemplo** *Compraré una casa en 1998.*

1. comprar un auto
2. ir de vacaciones al extranjero
3. preparar una comida especial
4. conseguir un buen trabajo
5. pagar todas las deudas
6. visitar a unos parientes
7. casarse
8. graduarse
9. mudarse a otra ciudad
10. jubilarse

Para sus viajes lleve el dinero más seguro

Pida aquí
Cheques de Viaje
AMERICAN EXPRESS

C. ¡A México! Muchas agencias de turismo en Uruguay se dedican a preparar excursiones a un gran número de países. Cuéntale a alguien de la clase las actividades que harás (o no harás) cuando vayas de Montevideo a México y por qué.

■ **Ejemplo** *Yo veré el Ballet Folklórico porque me gusta mucho la música mexicana.*

1. regatear en los mercadillos
2. visitar la catedral de México
3. aprender mucho sobre la cultura mexicana
4. hablar sólo español
5. ver los jardines flotantes de Xochimilco
6. subir a la Pirámide de la Luna en Teotihuacán
7. comprar algo en La Guadalupana
8. comer comida típica en un restaurante

16 DE FEBRERO
SALIDA ESPECIAL
MONTEVIDEO - MÉXICO
LA **HABANA**
POR **VARIG**

Usted tendrá 14 días para disfrutar las maravillas de Cuba y México.
En la Habana visita al Museo Hemingway, La Maison, el Acuario Nacional y por la noche desfile de modas y espectáculos.
Centro turístico Guamá y visita al criadero de cocodrilos.
Excursión a Trinidad, paseo por el casco histórico, y por último las hermosas playas de Varadero.
Por si esto fuera poco, el inigualable México, con toda su mística y encantos.

14 días
CUBA Y MÉXICO

Cuotas desde
U$S 119

U$S 1.560
PRECIO TOTAL

Financia

Por informes dirigirse a:

SÍUr
AGENCIA DE VIAJES Y TURISMO
Río Negro 1370 - Of. 602. Tels.: 90 21 20 - 92 04 21

D. Un paseo por el centro. Lee las siguientes descripciones de algunos lugares de Puerto Vallarta, México. Luego dile a alguien de la clase los sitios que seguramente visitarás, cuándo los visitarás y qué fotos sacarás.

◆ **Vocabulario esencial**

callejuelas	*narrow/side streets*
desnivel	*uneven*
charro	*Mexican "cowboy"*
caballito de mar	*seahorse*
albergar	*to house*
corona	*crown*

Barrio Griego. Es la zona donde tienen sus casas la mayoría de los residentes extranjeros. Destaca la casa de Elizabeth Taylor, conocida como casa Kimberly. El barrio tiene callejuelas en desnivel y una multitud de plantas ornamentales.

Escultura del Caballito de Mar. Es el emblema de Puerto Vallarta: un niño con sombrero de charro montado sobre un caballito de mar.

Isla del Río Cuale. Dentro de los dos brazos que forma el río antes de desembocar en el mar se ubica esta pequeña isla, adaptada para albergar tiendas, restaurantes y cafeterías. Hasta 1977 era un jardín botánico y todavía conserva hermosas especies de árboles y plantas.

Mercado. Artesanías de toda la República y establecimientos para comer, sobre todo mariscos.

Museo Arqueológico del Cuale. Desde hace siete años presenta una colección de armas prehispanas, principalmente de las culturas de Occidente. Su directora le explicará personalmente la colección. De martes a sábados, de 9:00 a 4:00; domingos, de 10:00 a 3:00 de la tarde.

Parroquia de Nuestra Señora de Guadalupe. Su construcción se inició entre 1914 y 1915. En su torre, ocho ángeles sostienen la corona de metal, que se distingue desde varios puntos del centro y que hace de este templo uno de los símbolos de la ciudad.

▲ There are several verbs with irregular future tense forms. These should be memorized. The following chart shows the forms of some frequently used verbs, which have been organized into three groups. In the first group (**poder,** etc.), the **e** of the infinitive ending is dropped. In the second group (**poner,** etc.), the **e** or **i** of the infinitive ending is dropped and a **d** is inserted. The verbs **decir** and **hacer** use a special stem. The endings of these verbs, however, are the same as the regular endings.

El futuro: verbos irregulares

VERBO	EL FUTURO	VERBO	EL FUTURO
poder	**podr**é	poner	**pondr**é
querer	**querr**é	salir	**saldr**é
saber	**sabr**é	tener	**tendr**é
		valer	**valdr**é
decir	**dir**é	venir	**vendr**é
hacer	**har**é		

Prácticas

◆ **Una cosita más** Remember that certain conjunctions require the use of the subjunctive in the dependent clause when an action, condition, or event has not taken place or will take place at an indefinite time in the future. For example: **Vamos a salir después de que** *llegue* **Jaime.** OR **Saldremos después de que** *llegue* **Jaime.**

E. Las metas.° Escribe una lista de tus metas para esta semana y para los próximos cincuenta años. Compara tu lista con la de los demás miembros de la clase.

ESTA SEMANA	LOS PRÓXIMOS 50 AÑOS
Mañana . . .	Cuando tenga mucho dinero . . .
Esta tarde . . .	Cuando termine los estudios . . .
Esta noche . . .	El año que viene . . .
Este fin de semana . . .	Cuando me case . . .

F. Planeando un viaje. Lee el siguiente anuncio. Luego, en parejas, comenten los servicios que se ofrecen indicando los que les parezcan importantes.

■ **Ejemplo** ESTUDIANTE 1: *Hay dos aparatos de TV.*
ESTUDIANTE 2: *¡Bueno! Veré algunos programas.*

Si va para CHILE
EGA lo lleva

CARTAS Y ENCOMIENDAS • SERVICIO

12 AÑOS CRUZANDO LA CORDILLERA

EGA, LA EMPRESA URUGUAYA QUE TRANSPORTA MÁS GENTE A CHILE. LA DE MAYOR EXPERIENCIA INTERNACIONAL, ORGULLO DEL TRANSPORTE Y TURISMO EN AMÉRICA

▼ Si va para Chile, nadie mejor que EGA. Buses radiocontrolados, dos aparatos de TV, vídeo, bar, aire acondicionado, toilette, mesa de juegos, máximo confort.

▼ Dos choferes y una azafata-guía conforman el experimentado personal que lo acompañará.

▼ Desayuno, almuerzo, merienda, aperitivo con whisky escocés y cena acompañada de los mejores vinos chilenos y mendocinos, además de gratos obsequios personales.

▼ Su actividad en Mendoza y Santiago es planificada por nuestro Departamento de Turismo.

LÍNEAS REGULARES A: MENDOZA, SANTIAGO (SALIDAS SEMANALES)

SALIDAS: LUNES Y JUEVES 9 hs. - SÁBADO 13 hs. **REGRESOS:** JUEVES Y SÁBADOS 8 hs. DOMINGOS 20 hs.

CONEXIÓN PARA TODO CHILE

GRAFO

G. En el año 2050. En parejas, escriban diez oraciones sobre lo que ocurrirá en el año 2050.

■ **Ejemplo** *Iremos de vacaciones a otros planetas.*

---

metas *goals*

SEGUNDA FUNCIÓN

Talking about what would or could happen using the conditional

◆ For additional practice with the conditional, see the **Diario de actividades, Segunda función.**

Diario de actividades

▲ In Spanish, to express events and actions that *would* or *should* occur, you use the CONDITIONAL. Like the future, the conditional is formed by adding CONDITIONAL ENDINGS to the INFINITIVE of regular verbs or to the STEM of some irregular verbs. As you study the chart below, notice that the conditional is built from the same irregular verb stems as the future tense.

Elena, nuestra guía, nos dijo que **pasaríamos** el día en la playa, **volveríamos** al hotel a las siete e **iríamos** a cenar en La Rotisería del centro.

El condicional: verbos regulares e irregulares		
viajar	**hacer**	**salir**
viajar**ía**	har**ía**	saldr**ía**
viajar**ías**	har**ías**	saldr**ías**
viajar**ía**	har**ía**	saldr**ía**
viajar**íamos**	har**íamos**	saldr**íamos**
viajar**íais**	har**íais**	saldr**íais**
viajar**ían**	har**ían**	saldr**ían**

▲ Just as the future is used to express probability in the *present*, the conditional may be used to express probability or conjecture in the *past*.

¿Qué hora **sería** cuando ellos fueron al aeropuerto?

*What time **was it (probably)** when they went to the airport?*

Serían las tres de la tarde.

*It **was probably** three in the afternoon.*

◆ You may use the conditional to soften requests or suggestions: **¿Querrías salir conmigo?** OR **Deberíamos comprar cheques de viaje antes de salir de vacaciones.**

◆ ◆ ◆

Prácticas

A. Unas vacaciones ideales. Pregúntale a alguien de la clase sobre sus vacaciones ideales.

1. ¿Adónde irías de vacaciones?
2. ¿Cómo viajarías? ¿Con quiénes viajarías?
3. ¿Qué tipo de alojamiento pedirías?
4. ¿Qué ropa llevarías?
5. Al llegar, ¿qué harías? ¿Saldrías todas las noches?
6. ¿A quiénes tendrías que escribirles tarjetas postales?
7. ¿Qué recuerdos comprarías? ¿Para quiénes los comprarías?
8. ¿Cuánto tiempo te quedarías?
9. Al volver, ¿qué les contarías a tus amigos?

◆ As you do *Práctica B,* remember to make use of visual cues when reading.

B. Recuerdos de Uruguay. El centro turístico de Ciudad Vieja en Montevideo ofrece muchas tiendas que les venden recuerdos a los turistas. En parejas, hablen sobre las cosas en el folleto del *Mercado de los artesanos.* Decidan que comprarían y para quién serían.

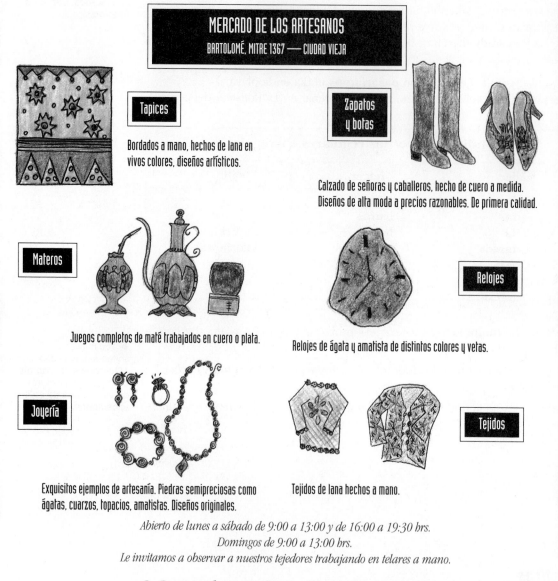

MERCADO DE LOS ARTESANOS
BARTOLOMÉ, MITRE 1367 — CIUDAD VIEJA

Tapices

Bordados a mano, hechos de lana en vivos colores, diseños artísticos.

Zapatos y botas

Calzado de señoras y caballeros, hecho de cuero a medida. Diseños de alta moda a precios razonables. De primera calidad.

Materos

Juegos completos de maté trabajados en cuero o plata.

Relojes

Relojes de ágata y amatista de distintos colores y vetas.

Joyería

Exquisitos ejemplos de artesanía. Piedras semipreciosas como ágatas, cuarzos, topacios, amatistas. Diseños originales.

Tejidos

Tejidos de lana hechos a mano.

Abierto de lunes a sábado de 9:00 a 13:00 y de 16:00 a 19:30 hrs.
Domingos de 9:00 a 13:00 hrs.
Le invitamos a observar a nuestros tejedores trabajando en telares a mano.

C. Durante las vacaciones. En parejas, pregunten qué podrían hacer durante sus vacaciones de verano usando una variedad de expresiones interrogativas y las ideas de la página siguiente. Cada respuesta debe incluir una explicación breve.

¿Dónde?	¿Cuándo?	¿Cómo?	¿(Con) quién?	¿Por qué?
¿Para quién?	¿A qué hora?	¿Qué?	¿Cuál?	¿Cuánto?

■ **Ejemplo** comprar recuerdos

ESTUDIANTE 1: *¿Para quién comprarías recuerdos?*
ESTUDIANTE 2: *Compraría recuerdos para toda mi familia porque los quiero mucho.*

1. sacar fotos
2. visitar muchos museos de arte
3. viajar por pueblos pequeños
4. bailar toda la noche
5. ir a una corrida de toros
6. tomar el sol en la playa
7. quedarse en un hotel de lujo
8. llevar sólo una maleta
9. hacer una excursión en barco
10. dejarles propina al maletero y al portero
11. comprar una cámara nueva
12. divertirse mucho
13. viajar en tren
14. comer a menudo en restaurantes elegantes

D. En el avión. Lee el artículo siguiente sobre los largos trayectos en avión. Luego, en parejas, hablen sobre seis cosas que pueden hacer para que el viaje sea más placentero.

■ **Ejemplo** *No bebería cerveza durante el vuelo.*

No estrenar zapatos, comer poco y un maletín debajo de los pies son algunos consejos

Los largos trayectos en avión pueden ser placenteros si se prepara el cuerpo y se lleva la ropa adecuada

Vestirse con ropas cómodas, sin cinturones apretados, no estrenar zapatos, caminar varias veces durante el viaje, comer poco, dormir una buena siesta y disfrutar de la película son algunos de los consejos transmitidos por experimentados viajeros para soportar en mejores condiciones las largas travesías en avión.

Muchos expertos coinciden en que no hay nada mejor que planificar con tiempo suficiente el viaje, de manera de poder tomarse un fin de semana de descanso previo. Aconsejan, asimismo, distraerse en la víspera para poder dormir en el avión y no tomar café antes del vuelo.

El doctor Clive Segil, cirujano ortopédico del Centro Médico Cedars-Sinaí y del Hospital Midway, en Los Ángeles, les sugiere a los pasajeros estirarse antes de emprender el viaje y prestar especial atención a los músculos que están detrás de las rodillas y los de la espalda y abdomen.

Volar en primera clase, donde hay mayor espacio para movilizarse, puede, obviamente, aumentar el nivel de comodidad. Pero, si esto es imposible, un maletín o bolso debajo de los pies—de forma tal que mantenga las rodillas más altas que la cadera—ayuda a una mejor postura y facilita el descanso de las piernas. De esta manera, además, se aliviará la presión sobre la columna. Una almohada inflable en forma de herradura es un buen apoyo para la espalda.

"Estar sentados por largos períodos aumenta el riesgo de que se formen coágulos en las piernas. En esto no tiene nada que ver la altitud y puede pasar hasta en un ómnibus", explicó el doctor Richard Bock, director médico de FHP, una organización para el mantenimiento de la salud del Valle de San Fernando, California.

de Busqueda

E. Un viaje. Completa las siguientes frases añadiendo dos cosas que harías en cada etapa de tu viaje.

■ **Ejemplo** *Antes de salir, compraría cheques de viaje y dejaría la llave del apartamento con mi vecino.*

1. Antes de salir . . .
2. En el aeropuerto (la estación de trenes/autobuses, etc.) . . .
3. Al llegar al hotel . . .
4. El día siguiente . . .
5. Todas las tardes . . .
6. La noche antes de salir . . .
7. Al entrar en casa . . .

 **Diario de actividades**

◆ For additional practice with **si** clauses, see the *Diario de actividades, Tercera función.*

TERCERA FUNCIÓN
Talking about hypothetical situations using *si* clauses

We've all heard people express a wish for something by saying "If only I had . . ." *If clauses* like this express a hypothetical or contrary-to-fact situation. In Spanish, the same kind of statements are made using **si** clauses. Consider the following examples.

Si yo **tuviera** un millón de dólares, **compraría** un apartamento de lujo en Montevideo.

*If I **had** a million dollars, I **would buy** a luxury apartment in Montevideo.*

Si **fuera** a México, Susana **vería** el museo de Antropología.

*If she **went** to Mexico, Susan **would see** the Anthropology Museum.*

Tomaríamos el Buquebús si **viajáramos** a Buenos Aires.

*We **would take** the Buquebús if we **traveled** to Buenos Aires.*

▲ Notice that the verb in the **si** clause is in the IMPERFECT SUBJUNCTIVE (expressing a nonexperience) while the verb in the other clause (sometimes called the "result" clause) is in the CONDITIONAL INDICATIVE. The order of the clauses is flexible: either the **si** clause or the result clause may come first with no change in the meaning. Just remember that the **si** clause has the imperfect subjunctive verb and the other clause has the conditional verb.

◆ **Una cosita más** Verbs such as **deber, poder,** and **querer** can be used in the imperfect subjunctive to lend politeness to statements and questions. (You have already learned the form **Quisiera** in connection with reserving a hotel room and specifying board on p. 421.) For example: *Quisiera* hacer una excursión a Paraguay este fin de semana. ¿*Pudiera* usted decirme cómo llegar a la agencia de viajes Keguay?

Prácticas

A. El premio mayor. ¿Cómo gastarías el dinero si ganaras el premio gordo de la lotería de tu estado? Haz una lista de diez cosas que harías con un millón de dólares.

■ **Ejemplo** *Si yo ganara la lotería, les ayudaría a las familias sin hogar.*

B. Actividad con compañeros. Compara tu lista de la *Práctica A* con la de alguien de la clase.

C. ¡De vacaciones! Después de leer el anuncio sobre los viajes que ofrece Keguay de la página siguiente, en parejas, hagan planes para hacer dos de las excursiones.

NO VIAJE

- **Ejemplo** ¿Qué excursión / deber hacer?
  ESTUDIANTE 1: *Si fuéramos a Chile, ¿qué excursión deberíamos hacer?*
  ESTUDIANTE 2: *Yo preferiría la excursión de nueve días porque . . .*

1. ¿Cuántos días / quedarse?
2. ¿Adónde / ir?
3. ¿Cuánto / pagar en dólares?
4. ¿Cómo / viajar?
5. ¿En qué hotel / quedarse?
6. ¿Cuándo / salir?
7. ¿Qué / visitar?

D. Al extranjero. Repasa los capítulos anteriores y toma apuntes sobre algunos sitios de interés en cada región o país. Después decide qué harías, comprarías o visitarías si fueras a los siguientes lugares con alguien de la clase.

1. Miami
2. Nuevo México
3. Puerto Rico
4. México
5. Guatemala
6. Costa Rica
7. España
8. Ecuador
9. Colombia
10. Chile
11. Argentina
12. Uruguay

◆ **Orientación** To review the goals and use of the *Estrategias* and *Comprensión auditiva* sections, see the *Orientaciones* on p. 36.

COMPRENSIÓN AUDITIVA 〔▭▭〕 Textbook Cassette

Interpreting figurative language. The texts you have listened to in previous *Comprensiones auditivas*—monologues, dialogues, announcements, narratives, commentaries—have helped you to understand spoken messages in Spanish. In fact, the vocabulary and language structures you have acquired will now enable you to enjoy and appreciate works in which authors use words as artists use paint: to create images. Whenever you hear a Spanish text, listen not only for what a word or phrase *denotes* (how the dictionary defines it) but also for what it *connotes* (what its secondary or associated meaning is). And remember that even though you may recognize all the words in a sentence, the meanings of those words may be unexpected. Whenever you encounter a word or phrase that does not seem to fit the context, check the figurative, colloquial, or idiomatic uses in your Spanish dictionary.

Three common examples of figurative language are *metaphors, similes,* and *personification.* These language devices appear most often in poetry, but they are common in other literary forms as well. Even advertisements rely heavily on **lenguaje figurativo.**

- A *metaphor* equates two unlike objects.

    **Nuestras vidas son los ríos
    que van a dar en el mar
    que es el morir.**
    Jorge Manrique, ***Coplas por la muerte de su padre***

    Cerró su boca de ballena el piano.
    Pablo Neruda, "Oda al piano", de ***Navegación y regresos***

    Ariel es blancura.
    Anuncio: detergente "Ariel"

- A *simile* compares two unlike objects using *like* or *as* to point out the similarities. In Spanish, the words *como, tal, así, parecido a,* and *semejante a* are used to form these comparisons.

    **. . . y le hice sentir el hierro
    y ya salió *como* el perro
    cuando le pisan la cola.**
    José Hernández, ***Martín Fierro***

    Es tan natural *como* la naturaleza.
    Anuncio: Yogurt Dannon

◆ ◆ ◆

- *Personification* attributes human qualities to inanimate objects.

Empieza el llanto de la guitarra . . .
Llora monótona como llora el agua,
como llora el viento
sobre la nevada.

Federico García Lorca, ***Poema del cante jondo***

Eurocard, la tarjeta que dice mucho.

Anuncio: Eurocard

Antes de escuchar

A. Gracias a la vida. Lee el siguiente texto de Violeta Parra, la conocida cantante y folklorista chilena. En estos versos de ***Gracias a la vida,*** una de sus más famosas canciones, se encuentran algunos ejemplos de lenguaje figurativo.

Gracias a la vida, que me ha dado tanto;
me dio dos luceros, que cuando los abro
perfecto distingo lo negro del blanco
y en las multitudes al hombre que yo amo.

¡A escuchar!

De viajes y otras cosas. En los vuelos, las aerolíneas presentan anuncios de televisión y radio en los que se le ofrecen los mejores productos o servicios al público. Escucha los siguientes anuncios e identifica el producto o el servicio.

1. Almacén: El Corte Inglés
2. Bodegas Chivite
3. Concesionario Ford
4. Compañías de aerolíneas

a. vino
b. tiempo límite de embarque
c. autos
d. buen servicio

Después de escuchar

Actividad cooperativa. En grupos de cuatro, usen los anuncios de *¡A escuchar!* como guía, y escriban su propio anuncio para los siguientes productos o servicios.

1. agencia de viajes
2. aerolínea
3. hotel o restaurante
4. tren o barco
5. almacén o tienda
6. servicio de autobús de su ciudad

◆ ◆ ◆

◆ **Orientación**   To review the goals and use of the *Lectura* section, see the *Orientación* on p. 38.

LECTURA

Interpreting figurative language. Figurative language can create powerful images that will help you look at texts in new and different ways. In the *Comprensión auditiva* section, you examined the three most common forms of figurative language: the *metaphor,* the *simile,* and *personification.* To interpret the meaning of Spanish phrases that contain metaphors and similes, first you need to determine what persons, places, or things are being compared or described and then examine their characteristics. Does the writer use words like **como, parece,** or **semejante a**? How do the qualities or similarities relate? When you encounter personification, consider the human qualities that the writer has attributed to the object. Remember: Reading between the lines in another language is a skill you must develop to fully understand the author's message.

Antes de leer

A. En el tren. Observa el dibujo y prepara una lista de palabras o frases que describan la escena.

B. Algunas hipótesis. En parejas, basándose en el **Vocabulario esencial** de la página siguiente y en el dibujo anterior, comenten algunas hipótesis sobre el cuento **Rosamunda.** Después contesten las siguientes preguntas.

1. ¿Quiénes son las personas?
2. ¿Adónde van?
3. ¿De dónde vienen?
4. ¿Por qué decidieron viajar en tren?
5. ¿En qué clase están viajando?
6. ¿En qué piensa el soldado?

C. Vocabulario esencial. Antes de leer *Rosamunda*, estudia estas palabras y frases esenciales.

¡A leer!

D. Rosamunda. Ahora lee unos párrafos del cuento *Rosamunda* por Carmen Laforet, escritora española del siglo xx.

Estaba amaneciendo, al fin. El departamento de tercera clase olía a cansancio, a tabaco y a botas de soldado. Ahora se salía de la noche como de un gran túnel y se podía ver a la gente acurrucada, dormidos hombres y mujeres en sus asientos duros. Era aquél un incómodo vagón-tranvía, con el pasillo atestado de cestas y maletas. Por las ventanillas se veía el campo y la raya plateada del mar.

Rosamunda se despertó. Todavía se hizo una ilusión placentera al ver la luz entre sus pestañas semicerradas. Luego comprobó que su cabeza colgaba hacia atrás, apoyada en el respaldo del asiento y que tenía la boca seca de llevarla abierta. Se rehizo, enderezándose. Le dolía el cuello—su largo cuello marchito—. Echó una mirada a su alrededor y se sintió aliviada al ver que dormían sus compañeros de viaje. Sintió ganas de estirar las piernas entumecidas—el tren traqueteaba, pitaba—. Salió con grandes precauciones, para no despertar, para no molestar, «con pasos de hada»—pensó—, hasta la plataforma.

El día era glorioso. Apenas se notaba el frío del amanecer. Se veía el mar entre naranjos. Ella se quedó como hipnotizada por el profundo verde de los árboles, por el claro horizonte de agua.

— «Los odiados, odiados naranjos . . . Las odiadas palmeras . . . El maravilloso mar . . . »

—¿Qué decía usted?

A su lado estaba un soldadillo. Un muchachito pálido. Parecía bien educado. Se parecía a su hijo. A un hijo suyo que se había muerto. No al que vivía; al que vivía, no, de ninguna manera.

—No sé si será usted capaz de entenderme— dijo, con cierta altivez—. Estaba recordando unos versos míos. Pero si usted quiere, no tengo inconveniente en recitar . . . .

El muchacho estaba asombrado. Veía a una mujer ya mayor, flaca, con profundas ojeras. El cabello oxigenado, el traje de color verde, muy viejo. Los pies calzados en unas viejas zapatillas de baile . . . , sí, unas asombrosas zapatillas de baile, color de plata, y en el pelo una cinta plateada también, atada con un lacito . . . Hacía mucho que él la observaba.

—¿Qué decide usted?—preguntó Rosamunda, impaciente—. ¿Le gusta o no oír recitar?

—Sí, a mí . . . .

El muchacho no se reía porque le daba pena mirarla. Quizá más tarde se reiría. Además, él tenía interés porque era joven, curioso. Había visto pocas cosas en su vida y deseaba conocer más. Aquello era una aventura. Miró a Rosamunda y la vio soñadora. Entornaba los ojos azules. Miraba al mar.

Después de leer

A. Comprensión. Contesta brevemente en español las siguientes preguntas sobre *Rosamunda.*

1. ¿Dónde tiene lugar la escena?
2. ¿En qué clase viajaba la gente?
3. ¿A qué olía el vagón del tren?
4. ¿Qué hora era aproximadamente?
5. ¿Qué se podía ver por las ventanillas del tren?
6. ¿Cómo se sintió Rosamunda al despertarse?
7. ¿Adónde fue para estirar las piernas?
8. ¿Qué tiempo hacía?
9. ¿Quién estaba con ella en la plataforma?
10. ¿A quién se parecía?
11. ¿Cuántos años piensas que tenía Rosamunda?
12. ¿Cómo iba vestida?
13. ¿Por qué no se reía el muchacho?
14. ¿Por qué se interesaba el muchacho en oír recitar a Rosamunda?

B. Durante un viaje. Durante los viajes hay ocasión de hablar con muchas personas. En parejas, cuenten anécdotas personales relacionadas con personas que conocieron en un avión, en un tren, en un autobús . . .

1. ¿Dónde conociste a esa persona?
2. ¿Cómo era? Describe su forma de vestir y de actuar.
3. ¿Por qué decidiste hablar con él o ella?
4. ¿Qué descubriste sobre tu compañero/compañera de viaje?
5. ¿Cómo terminó el encuentro?

◆ **Orientación** To review the goals and use of the *Comunicación* section, see the *Orientación* on p. 39.

COMUNICACIÓN 🔲 Textbook Cassette

Las siguientes conversaciones te ayudan a contar cuentos, a dar ánimo y a entrar en una conversación. Escucha las conversaciones en tu cassette y practícalas con los demás miembros de la clase.

Cómo contar cuentos *Telling stories*

Cómo dar ánimo *Giving encouragement*

AYER VI EL DESFILE INAUGURAL DEL CARNAVAL.

¿QUÉ PASÓ?

FUIMOS AL BARRIO SUR DONDE VIMOS EL DESFILE DE LAS LLAMADAS.

¡NO ME DIGAS!

SÍ, ES EL MEJOR ESPECTÁCULO DEL AÑO.

¡QUÉ EMOCIONANTE!

Cómo entrar en una conversación *Entering into a conversation*

DEBEMOS VISITAR EL MERCADO DE ARTESANÍA PARA COMPRAR UNOS SUÉTERES DE LANA, TEJIDOS A MANO.

¿PODRÍAMOS ALQUILAR UN AUTO?

NO CREO. AQUÍ LA GENTE CONDUCE DEMASIADO RÁPIDO.

ENTONCES VAYAMOS EN TAXI Y DESPUÉS COMEREMOS EN EL MERCADO DEL PUERTO.

ALLÍ EL PESCADO ES DELICIOSO.

ESTOY DE ACUERDO. ME HAN DICHO QUE ES EXQUISITO.

Prácticas

Cómo contar cuentos *Telling stories*	
Escucha, te voy a contar . . .	*Listen, I'm going to tell you . . .*
Eso me recuerda a . . .	*That reminds me of . . .*
No lo vas a creer, pero . . .	*You won't believe it, but . . .*
¿Sabes lo que me pasó?	*Do you know what happened to me?*
Siempre recuerdo . . .	*I always remember . . .*

◆ With its origin among the black slaves that lived in the Río de la Plata region during colonial times, the dance of the Candombe is still practiced in Montevideo. Although only about three percent of the Uruguayan population is black, vestiges of African music have survived in this dance, which is presented on the first Friday after Carnival. The Comparsas Lubolas, groups of up to 50 **tamborileros,** take part in the parade playing their drums, called **tamboriles.** There are four sizes of drums—**chico, repique, piano,** and **bajo**—and the complex polyrhythms produced by the mass of drummers advancing down the street are both unexpected and impressive.

◆ The **Mercado del Puerto** is famous for the quality of its food. Since the Uruguayans eat even more meat than the Argentines, **parrillada** is always a reliable choice. Seafood is excellent, and several restaurants specialize in vegetarian dishes.

◆ Video that supports this chapter includes the following:

¡A CONOCERNOS! Video Program: *Un viaje turístico* provides support for thematic and linguistic elements in the chapter. Activities that support this video appear in the **Instructor's Resource Kit.**

Mosaico cultural: Pasajeros a bordo expands upon the cultural material presented in the chapter. Activities that support this video are found in the ***Mosaico cultural* Video Guide.**

◆ Before you do *Práctica C,* review the vocabulary (**Topografía**) in *Capítulo 7,* p. 240.

◆ **Orientación** To review the goals and use of the *Composición* section, see the *Orientación* on p. 42.

◆ *Atajo* writing assistant supports your efforts with the task outlined in this *Composición* section by providing useful information when the following references are accessed:

Capítulo 12   *Un viaje turístico*

Phrases/functions   encouraging; hypothesizing; planning a vacation; reassuring

Vocabulary   dreams and aspirations; means of transportation; monuments; traveling

Grammar   verbs: conditional; verbs: si clauses; verbs: future; verbs: subjunctive with **como si**

Cómo dar ánimo *Giving encouragement*	
¡A mí me lo dices!	*You're telling me!*
¿De veras?/¿De verdad?	*Really? Is that so?*
¿En serio?	*Seriously? Are you serious?*
¡No me digas!	*You don't say!*
¿Qué hiciste/dijiste?	*What did you do/say?*
¡Ya lo creo!	*I (can) believe it!*

A. Las vacaciones. Habla con alguien de la clase sobre sus experiencias durante las vacaciones. Él/Ella debe continuar la conversación haciendo comentarios y preguntas.

B. ¡No lo vas a creer! Cuéntale una historia breve (verdadera o falsa) a alguien de la clase. Él/Ella tiene que adivinar si tu historia es verdadera o falsa.

Cómo entrar en una conversación *Entering into a conversation*	
(No) Creo que . . .	*I (don't) believe that . . .*
Escucha.	*Listen.*
(No) Estoy de acuerdo porque . . .	*I (don't) agree because . . .*
Pues, lo que quiero decir es que . . .	*Well, what I want to say is . . .*
Quiero decir algo sobre . . .	*I want to say something about . . .*

C. Un sitio ideal. Habla con alguien de la clase sobre un sitio ideal para pasar las vacaciones.

D. Síntesis. Prepara diez oraciones sobre el desarrollo turístico. Luego, junto con otras dos personas, hablen sobre este tema. Cada persona debe presentar sus ideas, usando las frases para entrar en una conversación.

◆   ◆   ◆

COMPOSICIÓN

Diario sobre un viaje. In *Capítulo 1,* you were encouraged to practice your writing skills by keeping a diary. A special kind of diary is the travel diary. Several famous novels grew out of travel diaries. They are easy to write and fun to keep!

A travel diary is simply a day-by-day account of one's experiences during a trip. Of course, the account usually is developed in the past tenses and often includes the details of humorous or exciting events. Although the first person form (**yo** or **nosotros**) predominates, it is possible—and sometimes intriguing—to write about oneself from the third person (**él/ella**) perspective. Study the example at the top of the next page.

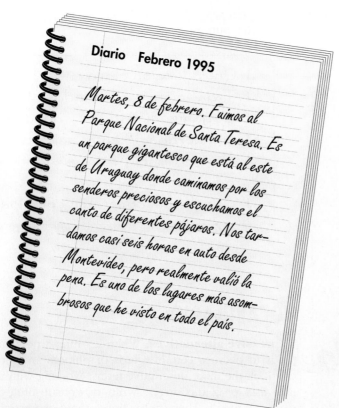

Diario Febrero 1995

Martes, 8 de febrero. Fuimos al Parque Nacional de Santa Teresa. Es un parque gigantesco que está al este de Uruguay donde caminamos por los senderos preciosos y escuchamos el canto de diferentes pájaros. Nos tardamos casi seis horas en auto desde Montevideo, pero realmente valió la pena. Es uno de los lugares más asombrosos que he visto en todo el país.

Antes de escribir

A. De mi agenda. Mira dos o tres páginas de tu agenda y escribe una lista con tus actividades de los últimos dos días.

■ **Ejemplo** **tomar un examen de español**
reunirme con Ofelia en la cafetería

¡A escribir!

A. Mi diario. Piensa en algún viaje interesante que hiciste. Si no recuerdas ningún viaje, cuenta lo que hiciste durante tus últimas vacaciones. Describe en tu diario un día contando todas las actividades que recuerdes.

B. Un día inolvidable. Usando tu diario como punto de partida, escríbele una carta a alguien describiendo lo que hiciste en un día inolvidable.

Después de escribir

A. Revisión. Revisa tu carta contestando con las siguientes preguntas.

CRONOLOGÍA ¿Hay palabras o frases que hagan referencia a la cronología?
DESCRIPCIÓN ¿Son claras y precisas las descripciones?
TRANSICIONES ¿Empleaste palabras de transición?
TONO ¿Cuál es el tono de tu diario?
CONCLUSIÓN ¿Cómo terminaste tu diario?

B. Intercambio. En parejas, intercambien sus cartas y revísenlas prestando atención especial a estos puntos:

Checklist box:
- ❑ Introducción clara
- ❑ Transiciones adecuadas
- ❑ Organización clara y adecuada
- ❑ Concordancia entre sujetos y verbos
- ❑ Concordancia entre sustantivos y adjetivos
- ❑ Conclusión coherente con el tema

VOCABULARIO

Expressive alternatives. When learning a new language, one tends to overuse certain words or phrases and, conversely, to overlook the more descriptive terms. Working with your vocabulary lists or a dictionary, write down substitutes for several overused words. Then try to choose these expressive alternatives in your speech and writing:

OVERUSED WORD		EXPRESSIVE ALTERNATIVES	
grande	*big*	enorme	*enormous*
		gigantesco	*gigantic*
		inmenso	*immense, huge*

Prácticas

A. Repasa tus listas de vocabulario y escribe tres sinónimos para las siguientes palabras: **pequeño, bonito, difícil, interesante.**

B. Escribe una descripción de un lugar histórico de tu ciudad o estado.

C. Escríbele una carta a la agencia Orientur pidiendo información sobre un viaje.

D. Escribe otra vez los sustantivos del siguiente *Vocabulario* y clasifícalos según su género.

VOCABULARIO

Antes de viajar   *Travel preparations*

asiento	*seat*
cheque (*m.*) de viaje/viajero	*traveler's check*
destino	*destination*
hacer/deshacer la maleta	*to pack/unpack one's suitcase*
hacer una reserva/reservación	*to make a reservation*
ir de vacaciones	*to go on vacation*
pagar por adelantado	*to pay in advance*
pasaje (*m.*)/billete/boleto (*m.*)	*ticket*
de ida	*one-way*
de ida y vuelta	*round-trip*
viajar al extranjero	*to travel abroad*
viajar en auto/tren/autobús	*to travel by car/train/bus/*
barco/avión	*boat (ship)/plane*

Transporte y lugares   *Transportation and places*

aduana	*customs*
aerolínea/línea aérea	*airline*
aeropuerto	*airport*
alquilar un auto/una	*to rent a car/motorcycle/bicycle*
moto/una bicicleta	
andén (*m.*)	*gate* (bus), *platform* (train)
barco	*ship, boat*
carretera	*highway*
control (*m.*) de seguridad	*security check*
estación (*f.*) de ferrocarril/	*train/bus station*
de autobuses	
metro	*subway*
mostrador (*m.*)	*counter*
parada	*stop* (taxi, metro)
puerto	*harbor*
sala de espera	*waiting room*
taquilla/ventanilla	*ticket desk* (bus, train)
terminal (*f.*)	*terminal*
vuelo	*flight*

Las personas *People*

agente (*m./f.*) de aduana	*customs official*
agente (*m./f.*) de viajes	*travel agent*
asistente (*m./f.*) de vuelo/azafata (*f.*)	*flight attendant*
botones (*m.*)	*bellhop*
camarero/camarera	*server, waitperson*
conserje (*m./f.*)	*concierge*
huésped (*m./f.*)	*guest*
maletero	*porter*
pasajero/pasajera	*passenger*
policía (*m./f.*)	*police officer*
portero	*door attendant*
recepcionista (*m./f.*)	*desk clerk*
representante (*m./f.*) de la aerolínea	*airline representative*
viajero/viajera	*traveler*

Palabras y expresiones relacionadas *Words and related expressions*

abordar	*to board* (a plane)
acercarse a	*to approach*
aterrizar	*to land*
bajar de	*to get off/out of* (a train, bus, car, etc.)
conducir/manejar	*to drive*
confirmar	*to confirm*
control (*m.*) de pasaporte	*passport control*
demora	*delay*
desembarcar	*to deplane*
despegar	*to take off*
estar atrasado/atrasada	*to be late*
facturar el equipaje	*to check one's bags*
hacer cola	*to stand in line*
hacer escala	*to make a stop*
llegada	*arrival*
pasaporte (*m.*)	*passport*
recibo	*receipt*
rellenar/completar	*to fill out*
resguardo/comprobante (*m.*)	*voucher, credit slip, claim check*
revisar el equipaje	*to inspect the baggage*
salida	*departure*
subir a	*to get on/in* (a train, bus, car, etc.)
tener algo que declarar	*to have something to declare*

En el hotel *At the hotel*

¿Dónde hay . . . ?	*Where is there . . . ?*
un albergue estudiantil	*a youth hostel*
un hostal	*a hostel*
un hotel de primera clase/de lujo	*a first-class hotel*
un hotel económico	*an inexpensive hotel*
un motel	*a motel*
un parador nacional	*a government-run historical inn, castle, or palace* (Spain)
una pensión	*a boardinghouse*
una posada	*an inn*

Quisiera reservar una habitación . . .	I would like to reserve a . . .
doble	double room
sencilla	single room
con aire acondicionado	room with air conditioning
con balcón	room with a balcony
con calefacción	room with heat
con cama de matrimonio/matrimonial	room with a double bed
con cuarto de baño/ducha/bañera	room with a bath/shower/tub
con vista al mar/al parque/a la calle	room with a view of the sea/park/street

Quisiera . . .	I would like . . .
media pensión	half board (breakfast and one other meal)
pensión completa	all meals included

¿El precio incluye . . . ?	Does the price include . . . ?
desayuno	breakfast
comidas	meals
impuestos	taxes
propinas	tips

Cómo contar cuentos   *Telling stories*

Escucha, te voy a contar . . .	*Listen, I'm going to tell you . . .*
Eso me recuerda a . . .	*That reminds me of . . .*
No lo vas a creer, pero . . .	*You won't believe it, but . . .*
¿Sabes lo que me pasó?	*Do you know what happened to me?*
Siempre recuerdo . . .	*I always remember . . .*

Cómo dar ánimo   *Giving encouragement*

¡A mí me lo dices!	*You're telling me!*
¿De veras?/¿De verdad?	*Really? Is that so?*
¿En serio?	*Seriously? Are you serious?*
¡No me digas!	*You don't say!*
¿Qué hiciste/dijiste?	*What did you do/say?*
¡Ya lo creo!	*I (can) believe it!*

Cómo entrar en una conversación   *Entering into a conversation*

(No) Creo que . . .	*I (don't) believe that . . .*
Escucha.	*Listen.*
(No) Estoy de acuerdo porque . . .	*I (don't) agree because . . .*
Pues, lo que quiero decir es que . . .	*Well, what I want to say is . . .*
Quiero decir algo sobre . . .	*I want to say something about . . .*

APPENDIX A Regular Verbs

Simple Tenses

Infinitive	Present Indicative	Imperfect	Preterite	Future	Conditional	Present Subjunctive	Past Subjunctive	Commands
hablar *to speak*	hablo	hablaba	hablé	hablaré	hablaría	hable	hablara	habla
	hablas	hablabas	hablaste	hablarás	hablarías	hables	hablaras	(no hables)
	habla	hablaba	habló	hablará	hablaría	hable	hablara	hable
	hablamos	hablábamos	hablamos	hablaremos	hablaríamos	hablemos	habláramos	hablad
	habláis	hablabais	hablasteis	hablaréis	hablaríais	habléis	hablarais	(no habléis)
	hablan	hablaban	hablaron	hablarán	hablarían	hablen	hablaran	hablen
aprender *to learn*	aprendo	aprendía	aprendí	aprenderé	aprendería	aprenda	aprendiera	aprende
	aprendes	aprendías	aprendiste	aprenderás	aprenderías	aprendas	aprendieras	(no aprendas)
	aprende	aprendía	aprendió	aprenderá	aprendería	aprenda	aprendiera	aprenda
	aprendemos	aprendíamos	aprendimos	aprenderemos	aprenderíamos	aprendamos	aprendiéramos	aprended
	aprendéis	aprendíais	aprendisteis	aprenderéis	aprenderíais	aprendáis	aprendierais	(no aprendáis)
	aprenden	aprendían	aprendieron	aprenderán	aprenderían	aprendan	aprendieran	aprendan
vivir *to live*	vivo	vivía	viví	viviré	viviría	viva	viviera	vive
	vives	vivías	viviste	vivirás	vivirías	vivas	vivieras	(no vivas)
	vive	vivía	vivió	vivirá	viviría	viva	viviera	viva
	vivimos	vivíamos	vivimos	viviremos	viviríamos	vivamos	viviéramos	vivid
	vivís	vivíais	vivisteis	viviréis	viviríais	viváis	vivierais	(no viváis)
	viven	vivían	vivieron	vivirán	vivirían	vivan	vivieran	vivan

Compound Tenses

Present progressive	estoy estás está estamos estáis están	} hablando	aprendiendo	viviendo
Present perfect indicative	he has ha hemos habéis han	} hablado	aprendido	vivido
Present perfect subjunctive	haya hayas haya hayamos hayáis hayan	} hablado	aprendido	vivido
Past perfect indicative	había habías había habíamos habíais habían	} hablado	aprendido	vivido

APPENDIX B Stem-changing Verbs

Infinitive Present Participle Past Participle	Present Indicative	Imperfect	Preterite	Future	Conditional	Present Subjunctive	Past Subjunctive	Commands
pensar *to think* **e → ie** pensando pensado	**pienso** **piensas** **piensa** pensamos pensáis **piensan**	pensaba pensabas pensaba pensábamos pensabais pensaban	pensé pensaste pensó pensamos pensasteis pensaron	pensaré pensarás pensará pensaremos pensaréis pensarán	pensaría pensarías pensaría pensaríamos pensaríais pensarían	**piense** **pienses** **piense** pensemos penséis **piensen**	pensara pensaras pensara pensáramos pensarais pensaran	**piensa** (no **pienses**) **piense** pensad (no penséis) **piensen**
acostarse *to go to bed* **o → ue** acostándose acostado	me **acuesto** te **acuestas** se **acuesta** nos acostamos os acostáis se **acuestan**	me acostaba te acostabas se acostaba nos acostábamos os acostabais se acostaban	me acosté te acostaste se acostó nos acostamos os acostasteis se acostaron	me acostaré te acostarás se acostará nos acostaremos os acostaréis se acostarán	me acostaría te acostarías se acostaría nos acostaríamos os acostaríais se acostarían	me **acueste** te **acuestes** se **acueste** nos acostemos os acostéis se **acuesten**	me acostara te acostaras se acostara nos acostáramos os acostarais se acostaran	**acuéstate** (no te **acuestes**) **acuéstese** acostaos (no os acostéis) **acuéstense**
jugar *to play* **u → ue** jugando jugado	**juego** **juegas** **juega** jugamos jugáis **juegan**	jugaba jugabas jugaba jugábamos jugabais jugaban	jugué jugaste jugó jugamos jugasteis jugaron	jugaré jugarás jugará jugaremos jugaréis jugarán	jugaría jugarías jugaría jugaríamos jugaríais jugarían	**juegue** **juegues** **juegue** juguemos juguéis **jueguen**	jugara jugaras jugara jugáramos jugarais jugaran	**juega** (no **juegues**) **juegue** jugad (no juguéis) **jueguen**
sentir *to be sorry* **e → ie, i** sintiendo sentido	**siento** **sientes** **siente** sentimos sentís **sienten**	sentía sentías sentía sentíamos sentíais sentían	sentí sentiste **sintió** sentimos sentisteis **sintieron**	sentiré sentirás sentirá sentiremos sentiréis sentirán	sentiría sentirías sentiría sentiríamos sentiríais sentirían	**sienta** **sientas** **sienta** **sintamos** **sintáis** **sientan**	**sintiera** **sintieras** **sintiera** **sintiéramos** **sintierais** **sintieran**	**siente** (no **sientas**) **sienta** sentid (no **sintáis**) **sientan**
pedir *to ask (for)* **e → i, i** pidiendo pedido	**pido** **pides** **pide** pedimos pedís **piden**	pedía pedías pedía pedíamos pedíais pedían	pedí pediste **pidió** pedimos pedisteis **pidieron**	pediré pedirás pedirá pediremos pediréis pedirán	pediría pedirías pediría pediríamos pediríais pedirían	**pida** **pidas** **pida** **pidamos** **pidáis** **pidan**	**pidiera** **pidieras** **pidiera** **pidiéramos** **pidierais** **pidieran**	**pide** (no **pidas**) **pida** pedid (no **pidáis**) **pidan**

APPENDIX B Stem-changing Verbs

Infinitive Present Participle Past Participle	Present Indicative	Imperfect	Preterite	Future	Conditional	Present Subjunctive	Past Subjunctive	Commands
dormir *to sleep* **o → ue, u** **durmiendo** dormido	**duermo** **duermes** **duerme** dormimos dormís **duermen**	dormía dormías dormía dormíamos dormíais dormían	dormí dormiste **durmió** dormimos dormisteis **durmieron**	dormiré dormirás dormirá dormiremos dormiréis dormirán	dormiría dormirías dormiría dormiríamos dormiríais dormirían	**duerma** **duermas** **duerma** **durmamos** **durmáis** **duerman**	**durmiera** **durmieras** **durmiera** **durmiéramos** **durmierais** **durmieran**	**duerme** (no **duermas**) **duerma** dormid (no **durmáis**) **duerman**
perder *to lose* **e → ie** perdiendo perdido	**pierdo** **pierdes** **pierde** perdemos perdéis **pierden**	perdía perdías perdía perdíamos perdíais perdían	perdí perdiste perdió perdimos perdisteis perdieron	perderé perderás perderá perderemos perderéis perderán	perdería perderías perdería perderíamos perderíais perderían	**pierda** **pierdas** **pierda** perdamos perdáis **pierdan**	perdiera perdieras perdiera perdiéramos perdierais perdieran	**pierde** (no **pierdas**) perded (no perdáis) **pierdan**
volver *to return* **o → ue** volviendo **vuelto**	**vuelvo** **vuelves** **vuelve** volvemos volvéis **vuelven**	volvía volvías volvía volvíamos volvíais volvían	volví volviste volvió volvimos volvisteis volvieron	volveré volverás volverá volveremos volveréis volverán	volvería volverías volvería volveríamos volveríais volverían	**vuelva** **vuelvas** **vuelva** volvamos volváis **vuelvan**	volviera volvieras volviera volviéramos volvierais volvieran	**vuelve** (no **vuelvas**) volved (no volváis) **vuelvan**

Infinitive Present Participle Past Participle	Present Indicative	Imperfect	Preterite	Future	Conditional	Present Subjunctive	Past Subjunctive	Commands
comenzar *to begin* **(e → ie)** **z → c** *before e* comenzando comenzado	**comienzo** **comienzas** **comienza** comenzamos comenzáis **comienzan**	comenzaba comenzabas comenzaba comenzábamos comenzabais comenzaban	**comencé** comenzaste comenzó comenzamos comenzasteis comenzaron	comenzaré comenzarás comenzará comenzaremos comenzaréis comenzarán	comenzaría comenzarías comenzaría comenzaríamos comenzaríais comenzarían	**comience** **comiences** **comience** **comencemos** **comencéis** **comiencen**	comenzara comenzaras comenzara comenzáramos comenzarais comenzaran	**comienza** (no **comiences**) **comience** comenzad (no **comencéis**) **comiencen**
conocer *to know* **c → zc** *before a, o* conociendo conocido	**conozco** conoces conoce conocemos conocéis conocen	conocía conocías conocía conocíamos conocíais conocían	conocí conociste conoció conocimos conocisteis conocieron	conoceré conocerás conocerá conoceremos conoceréis conocerán	conocería conocerías conocería conoceríamos conoceríais conocerían	**conozca** **conozcas** **conozca** **conozcamos** **conozcáis** **conozcan**	conociera conocieras conociera conociéramos conocierais conocieran	conoce (no **conozcas**) **conozca** conoced (no **conozcáis**) **conozcan**
construir *to build* **i → y;** **y** *inserted* *before a, e, o* **construyendo** construido	**construyo** **construyes** **construye** construimos construís **construyen**	construía construías construía construíamos construíais construían	construí construiste **construyó** construimos construisteis **construyeron**	construiré construirás construirá construiremos construiréis construirán	construiría construirías construiría construiríamos construiríais construirían	**construya** **construyas** **construya** **construyamos** **construyáis** **construyan**	**construyera** **construyeras** **construyera** **construyéramos** **construyerais** **construyeran**	**construye** (no **construyas**) **construya** construid (no **construyáis**) **construyan**
leer *to read* **i → y;** *stressed* **i → í** **leyendo** leído	leo lees lee leemos leéis leen	leía leías leía leíamos leíais leían	leí **leíste** **leyó** **leímos** **leísteis** **leyeron**	leeré leerás leería leeremos leeréis leerán	leería leerías leería leeríamos leeríais leerían	lea leas lea leamos leáis lean	**leyera** **leyeras** **leyera** **leyéramos** **leyerais** **leyeran**	lee (no leas) lea leed (no leáis) lean

APPENDIX C Change-of-Spelling Verbs (continued)

Infinitive / Present Participle / Past Participle	Present Indicative	Imperfect	Preterite	Future	Conditional	Present Subjunctive	Past Subjunctive	Commands
pagar *to pay for* **g → gu** *before* **e** pagando pagado	pago pagas paga pagamos pagáis pagan	pagaba pagabas pagaba pagábamos pagabais pagaban	**pagué** pagaste pagó pagamos pagasteis pagaron	pagaré pagarás pagará pagaremos pagaréis pagarán	pagaría pagarías pagaría pagaríamos pagaríais pagarían	**pague** **pagues** **pague** **paguemos** **paguéis** **paguen**	pagara pagaras pagara pagáramos pagarais pagaran	paga (no **pagues**) **pague** pagad (no **paguéis**) **paguen**
seguir (e → i, i) *to follow* **gu → g** *before* **a, o** **siguiendo** seguido	**sigo** **sigues** **sigue** seguimos seguís **siguen**	seguía seguías seguía seguíamos seguíais seguían	seguí seguiste **siguió** seguimos seguisteis **siguieron**	seguiré seguirás seguirá seguiremos seguiréis seguirán	seguiría seguirías seguiría seguiríamos seguiríais seguirían	**siga** **sigas** **siga** **sigamos** **sigáis** **sigan**	**siguiera** **siguieras** **siguiera** **siguiéramos** **siguierais** **siguieran**	**sigue** (no **sigas**) **siga** seguid (no **sigáis**) **sigan**
tocar *to play, to touch* **c → qu** *before* **e** tocando tocado	toco tocas toca tocamos tocáis tocan	tocaba tocabas tocaba tocábamos tocabais tocaban	**toqué** tocaste tocó tocamos tocasteis tocaron	tocaré tocarás tocará tocaremos tocaréis tocarán	tocaría tocarías tocaría tocaríamos tocaríais tocarían	**toque** **toques** **toque** **toquemos** **toquéis** **toquen**	tocara tocaras tocara tocáramos tocarais tocaran	toca (no **toques**) **toque** tocad (no **toquéis**) **toquen**

Infinitive / Present Participle / Past Participle	Present Indicative	Imperfect	Preterite	Future	Conditional	Present Subjunctive	Past Subjunctive	Commands
andar *to walk* andando andado	ando andas anda andamos andáis andan	andaba andabas andaba andábamos andabais andaban	**anduve** **anduviste** **anduvo** **anduvimos** **anduvisteis** **anduvieron**	andaré andarás andará andaremos andaréis andarán	andaría andarías andaría andaríamos andaríais andarían	ande andes ande andemos andéis anden	**anduviera** **anduvieras** **anduviera** **anduviéramos** **anduvierais** **anduvieran**	anda (no andes) ande andad (no andéis) anden
*caer *to fall* **cayendo** **caído**	**caigo** caes cae caemos caéis caen	caía caías caía caíamos caíais caían	caí **caíste** **cayó** **caímos** **caísteis** **cayeron**	caeré caerás caerá caeremos caeréis caerán	caería caerías caería caeríamos caeríais caerían	**caiga** **caigas** **caiga** **caigamos** **caigáis** **caigan**	**cayera** **cayeras** **cayera** **cayéramos** **cayerais** **cayeran**	cae (no **caigas**) **caiga** caed (no **caigáis**) **caigan**
*dar *to give* dando dado	**doy** das da damos dais dan	daba dabas daba dábamos dabais daban	**di** **diste** **dio** **dimos** **disteis** **dieron**	daré darás dará daremos daréis darán	daría darías daría daríamos daríais darían	**dé** des **dé** demos deis **den**	**diera** **dieras** **diera** **diéramos** **dierais** **dieran**	da (no des) **dé** dad (no deis) den
*decir *to say; tell* **diciendo** **dicho**	**digo** **dices** **dice** decimos decís **dicen**	decía decías decía decíamos decíais decían	**dije** **dijiste** **dijo** **dijimos** **dijisteis** **dijeron**	**diré** **dirás** **dirá** **diremos** **diréis** **dirán**	**diría** **dirías** **diría** **diríamos** **diríais** **dirían**	**diga** **digas** **diga** **digamos** **digáis** **digan**	**dijera** **dijeras** **dijera** **dijéramos** **dijerais** **dijeran**	**di** (no **digas**) **diga** decid (no **digáis**) **digan**
*estar *to be* estando estado	**estoy** **estás** **está** estamos estáis **están**	estaba estabas estaba estábamos estabais estaban	**estuve** **estuviste** **estuvo** **estuvimos** **estuvisteis** **estuvieron**	estaré estarás estará estaremos estaréis estarán	estaría estarías estaría estaríamos estaríais estarían	**esté** **estés** **esté** estemos estéis **estén**	**estuviera** **estuvieras** **estuviera** **estuviéramos** **estuvierais** **estuvieran**	**está** (no **estés**) **esté** estad (no estéis) **estén**

*Verbs with irregular **yo** forms in the present indicative

APPENDIX D Irregular Verbs (continued)

Infinitive / Present Participle / Past Participle	Present Indicative	Imperfect	Preterite	Future	Conditional	Present Subjunctive	Past Subjunctive	Commands
haber *to have* habiendo habido	**he** **has** **ha [hay]** **hemos** habéis **han**	había habías había habíamos habíais habían	**hube** **hubiste** **hubo** **hubimos** **hubisteis** **hubieron**	**habré** **habrás** **habrá** **habremos** **habréis** **habrán**	**habría** **habrías** **habría** **habríamos** **habríais** **habrían**	**haya** **hayas** **haya** **hayamos** **hayáis** **hayan**	**hubiera** **hubieras** **hubiera** **hubiéramos** **hubierais** **hubieran**	
***hacer** *to make, do* haciendo **hecho**	**hago** haces hace hacemos hacéis hacen	hacía hacías hacía hacíamos hacíais hacían	**hice** **hiciste** **hizo** **hicimos** **hicisteis** **hicieron**	**haré** **harás** **hará** **haremos** **haréis** **harán**	**haría** **harías** **haría** **haríamos** **haríais** **harían**	**haga** **hagas** **haga** **hagamos** **hagáis** **hagan**	**hiciera** **hicieras** **hiciera** **hiciéramos** **hicierais** **hicieran**	**haz** (no **hagas**) **haga** haced (no **hagáis**) **hagan**
ir *to go* **yendo** ido	**voy** **vas** **va** **vamos** **vais** **van**	**iba** **ibas** **iba** **íbamos** **ibais** **iban**	**fui** **fuiste** **fue** **fuimos** **fuisteis** **fueron**	iré irás irá iremos iréis irán	iría irías iría iríamos iríais irían	**vaya** **vayas** **vaya** **vayamos** **vayáis** **vayan**	**fuera** **fueras** **fuera** **fuéramos** **fuerais** **fueran**	**ve** (no **vayas**) **vaya** id (no **vayáis**) **vayan**
***oír** *to hear* **oyendo** **oído**	**oigo** **oyes** **oye** oímos oís **oyen**	oía oías oía oíamos oíais oían	oí oíste **oyó** oímos oísteis **oyeron**	oiré oirás oirá oiremos oiréis oirán	oiría oirías oiría oiríamos oiríais oirían	**oiga** **oigas** **oiga** **oigamos** **oigáis** **oigan**	**oyera** **oyeras** **oyera** **oyéramos** **oyerais** **oyeran**	**oye** (no **oigas**) **oiga** oíd (no **oigáis**) **oigan**
poder (o → ue) *to be able, can* **pudiendo** podido	**puedo** **puedes** **puede** podemos podéis **pueden**	podía podías podía podíamos podíais podían	**pude** **pudiste** **pudo** **pudimos** **pudisteis** **pudieron**	**podré** **podrás** **podrá** **podremos** **podréis** **podrán**	**podría** **podrías** **podría** **podríamos** **podríais** **podrían**	**pueda** **puedas** **pueda** podamos podáis **puedan**	**pudiera** **pudieras** **pudiera** **pudiéramos** **pudierais** **pudieran**	

*Verbs with irregular **yo** forms in the present indicative

Appendix D Irregular Verbs *(continued)*

Infinitive / Present Participle / Past Participle	Present Indicative	Imperfect	Preterite	Future	Conditional	Present Subjunctive	Past Subjunctive	Commands
*poner	**pongo**	ponía	puse	pondré	pondría	ponga	pusiera	**pon** (no **pongas**)
put, to place	pones	ponías	pusiste	pondrás	pondrías	pongas	pusieras	**ponga**
poniendo	pone	ponía	puso	pondrá	pondría	ponga	pusiera	poned (no **pongáis**)
puesto	ponemos	poníamos	pusimos	pondremos	pondríamos	pongamos	pusiéramos	**pongan**
	ponéis	poníais	pusisteis	pondréis	pondríais	pongáis	pusierais	
	ponen	ponían	pusieron	pondrán	pondrían	pongan	pusieran	
querer	**quiero**	quería	quise	querré	querría	quiera	quisiera	**quiere** (no **quieras**)
(e → ie)	**quieres**	querías	quisiste	querrás	querrías	quieras	quisieras	**quiera**
to want, wish	**quiere**	quería	quiso	querrá	querría	quiera	quisiera	quered (no queráis)
queriendo	queremos	queríamos	quisimos	querremos	querríamos	queramos	quisiéramos	**quieran**
querido	queréis	queríais	quisisteis	querréis	querríais	queráis	quisierais	
	quieren	querían	quisieron	querrán	querrían	**quieran**	quisieran	
reír	**río**	reía	reí	reiré	reiría	**ría**	**riera**	**ríe** (no **rías**)
to laugh	**ríes**	reías	**reíste**	reirás	reirías	**rías**	**rieras**	**ría**
riendo	**ríe**	reía	**rió**	reirá	reiría	**ría**	**riera**	reíd (no **riáis**)
reído	**reímos**	reíamos	**reímos**	reiremos	reiríamos	**riamos**	**riéramos**	**rían**
	reís	reíais	**reísteis**	reiréis	reiríais	**riáis**	**rierais**	
	ríen	reían	**rieron**	reirán	reirían	**rían**	**rieran**	
*saber	**sé**	sabía	**supe**	**sabré**	**sabría**	**sepa**	**supiera**	sabe (no **sepas**)
to know	sabes	sabías	**supiste**	**sabrás**	**sabrías**	**sepas**	**supieras**	**sepa**
sabiendo	sabe	sabía	**supo**	**sabrá**	**sabría**	**sepa**	**supiera**	sabed (no **sepáis**)
sabido	sabemos	sabíamos	**supimos**	**sabremos**	**sabríamos**	**sepamos**	**supiéramos**	**sepan**
	sabéis	sabíais	**supisteis**	**sabréis**	**sabríais**	**sepáis**	**supierais**	
	saben	sabían	**supieron**	**sabrán**	**sabrían**	**sepan**	**supieran**	
*salir	**salgo**	salía	salí	**saldré**	**saldría**	**salga**	saliera	**sal** (no **salgas**)
to go out, leave	sales	salías	saliste	**saldrás**	**saldrías**	**salgas**	salieras	**salga**
saliendo	sale	salía	salió	**saldrá**	**saldría**	**salga**	saliera	salid (no **salgáis**)
salido	salimos	salíamos	salimos	**saldremos**	**saldríamos**	**salgamos**	saliéramos	**salgan**
	salís	salíais	salisteis	**saldréis**	**saldríais**	**salgáis**	salierais	
	salen	salían	salieron	**saldrán**	**saldrían**	**salgan**	salieran	

*Verbs with irregular **yo** forms in the present indicative

APPENDIX D Irregular Verbs (continued)

Infinitive / Present Participle / Past Participle	Present Indicative	Imperfect	Preterite	Future	Conditional	Present Subjunctive	Past Subjunctive	Commands
ser *to be* siendo sido	**soy** **eres** **es** **somos** **sois** **son**	**era** **eras** **éramos** **erais** **eran**	**fui** **fuiste** **fue** **fuimos** **fuisteis** **fueron**	seré serás será seremos seréis serán	sería serías sería seríamos seríais serían	**sea** **seas** **sea** **seamos** **seáis** **sean**	**fuera** **fueras** **fuera** **fuéramos** **fuerais** **fueran**	**sé** (no **seas**) **sea** sed (no **seáis**) **sean**
*tener *to have* teniendo tenido	**tengo** **tienes** **tiene** tenemos tenéis **tienen**	tenía tenías tenía teníamos teníais tenían	**tuve** **tuviste** **tuvo** **tuvimos** **tuvisteis** **tuvieron**	**tendré** **tendrás** **tendrá** **tendremos** **tendréis** **tendrán**	**tendría** **tendrías** **tendría** **tendríamos** **tendríais** **tendrían**	**tenga** **tengas** **tenga** **tengamos** **tengáis** **tengan**	**tuviera** **tuvieras** **tuviera** **tuviéramos** **tuvierais** **tuvieran**	**ten** (no **tengas**) **tenga** tened (no **tengáis**) **tengan**
traer *to bring* **trayendo** **traído**	**traigo** traes trae traemos traéis traen	traía traías traía traíamos traíais traían	**traje** **trajiste** **trajo** **trajimos** **trajisteis** **trajeron**	traeré traerás traerá traeremos traeréis traerán	traería traerías traería traeríamos traeríais traerían	**traiga** **traigas** **traiga** **traigamos** **traigáis** **traigan**	**trajera** **trajeras** **trajera** **trajéramos** **trajerais** **trajeran**	trae (no **traigas**) **traiga** traed (no **traigáis**) **traigan**
*venir *to come* **viniendo** venido	**vengo** **vienes** **viene** venimos venís **vienen**	venía venías venía veníamos veníais venían	**vine** **viniste** **vino** **vinimos** **vinisteis** **vinieron**	**vendré** **vendrás** **vendrá** **vendremos** **vendréis** **vendrán**	**vendría** **vendrías** **vendría** **vendríamos** **vendríais** **vendrían**	**venga** **vengas** **venga** **vengamos** **vengáis** **vengan**	**viniera** **vinieras** **viniera** **viniéramos** **vinierais** **vinieran**	**ven** (no **vengas**) **venga** venid (no **vengáis**) **vengan**
ver *to see* viendo **visto**	**veo** ves ve vemos veis ven	**veía** **veías** **veía** **veíamos** **veíais** **veían**	**vi** viste **vio** vimos visteis vieron	veré verás verá veremos veréis verán	vería verías vería veríamos veríais verían	**vea** **veas** **vea** **veamos** **veáis** **vean**	viera vieras viera viéramos vierais vieran	ve (no **veas**) **vea** ved (no **veáis**) **vean**

*Verbs with irregular **yo** forms in the present indicative

APPENDIX E Index of Realia and Other Readings

FUNCTIONAL GLOSSARY

Greeting

Bien, gracias. Fine, thanks.   1
Buenas noches. Good evening.   1
Buenas tardes. Good afternoon.   1
Buenos días. Good morning.   1
¿Cómo está usted (estás)? How are you?   1
¿Cómo le (te) va? How is it going?   1
Hola. Hi.   P
Mal. Ill./Bad./Badly.   1
Más o menos. So so.   1
Nada. Nothing.   1
No muy bien. Not too well.   1
¿Qué hay de nuevo? What's new?   1
¿Qué tal? How are things?   1
Regular. Okay.   1
¿Y usted (tú)? And you?   1

Introducing people

¿Cómo se (te) llama(s)? What is your name?   1
¿Cómo se llama(n) él/ella/usted(es)/ellos/ellas? What is (are) his/her, your, their name(s)?   1
¿Cuál es su (tu) nombre? What is your name?   1
El gusto es mío. The pleasure is mine.   1
Encantado(-a). Delighted.   1
Igualmente. Likewise.   P
Me llamo . . . My name is . . .   1
Mi nombre es . . . My name is . . .   P
Mucho gusto. Pleased to meet you.   P
Quiero presentarle(te) a . . . I want to introduce you to . . .   1
Se llama(n) . . . His/Her/Their name(s) is/are . . .   1

Asking for a description

¿Cómo es . . . ? What is . . . like?   1
¿Cómo son . . . ? What are . . . like?   1

Asking for a clarification

Disculpe. No entiendo. Excuse me. I don't understand.   1
¿Qué significa . . . ? What does . . . mean?   1
¿Voleibolista? What is a *voleibolista*?   1

Saying good-bye

Adiós. Good-bye.   1
Chao. Good-bye.   1
Hasta la vista. Until we meet again.   1
Hasta luego. See you later.   1

Hasta mañana. Until tomorrow.   1
Hasta pronto. See you soon.   1

Telling time

¿A qué hora . . . ? At what time . . . ?   2
Es la una. It's one o'clock.   2
¿Qué hora es? What time is it?   2
Son las dos (y cuarto/y media). It's two o'clock (two fifteen/two thirty).   2
A medianoche hay un programa de noticias internacionales. At midnight there is an international news program.   2
¿Cuándo hay noticias? When is there a news program?   2
Hay noticias a las ocho de la mañana. There is a news program at eight o'clock in the morning.   2
Hay noticias por la mañana. There is a news program in the morning.   2
Hay un programa para niños a las doce del mediodía. There is a children's program at twelve noon.   2
Hay una nueva telenovela por la tarde. There is a new soap opera in the afternoon.   2

Chatting

(Bastante) bien. (Pretty) well, fine.   2
¿Cómo está (Qué tal) la familia? How's the family?   2
¿Cómo le (te) va? How's it going?   2
¿Cómo van las clases? How are classes going?   2
Fenomenal. Phenomenal.   2
Horrible. Horrible.   2
Mal. Bad(ly).   2
Nada nuevo. Nothing new.   2
¿Qué hay de nuevo? What's new?   2

Talking on the telephone

¿Aló? Hello? *(some countries)*   2
Bueno. Hello? *(Mexico and New Mexico)*   2
¿Con quién hablo? With whom am I speaking?   2
¿De parte de quién? Who's speaking?   2
Diga./Dígame. Hello? *(Spain)*   2
Dígale (Dile) que llamaré más tarde. Tell him/her that I'll call back later.   2
¿Está . . . ? Is . . . there?   2
¿Está(s) ahí? Are you there?   2
Habla . . . . . . speaking.   2
No, no está. ¿Quiere(s) dejar un recado? No, he/she isn't here. Do you want to leave a message?   2

Por favor, ¿está . . . ? Is . . . home, please?   2
¿Puedo hablar con . . . , por favor? May I please speak with . . . ?   2
¿Quién es? Who is it?   2
¿Quién llama? Who's calling?   2
Se ha (Te has) equivocado de número. You have the wrong number.   2
Un momento, por favor. Ahora viene (se pone). Just a moment, please. He/She will be right here.   2

Thanking

De nada./Por nada./No hay de qué. It's nothing. You're welcome.   2
¿De verdad le (te) gusta? Do you really like it?   2
Estoy muy agradecido(-a). I'm very grateful.   2
Gracias. Thanks./Thank you.   2
Me alegro que le (te) guste. I'm glad you like it.   2
Mil gracias. Thanks a lot.   2
Muchas gracias. Thank you very much.   2
Muy amable de su (tu) parte. You're very kind.   2

Asking questions

¿Adónde? To where?   3
¿Cómo? How?   3
¿Cuál(es)? Which? What?   3
¿Cuándo? When?   3
¿Cuánto(-a)? How much?   3
¿Cuántos(-as)? How many?   3
¿Dónde? Where?   3
¿Para qué? For what reason?   3
¿Por qué? Why?   3
¿Qué? What?   3
¿Quién(es)? Who? Whom?   3

Asking for confirmation

. . . ¿de acuerdo? . . . agreed? *(Used when some type of action is proposed.)*   3
. . . ¿no? . . . isn't that so? *(Not used with negative sentences.)*   3
. . . ¿no es así? . . . isn't that right?   3
. . . ¿vale? . . . okay?   3
. . . ¿verdad? ¿cierto? . . . right?   3

Requesting information

¿Cómo es su (tu) profesor(-a) favorito(-a)? What's your favorite professor like?   3
¿Cómo se (te) llama(s)? What's your name?   3

¿Cuál es su (tu) facultad? What's your school/college? 3

¿Cuál es su (tu) número de estudiante? What's your student ID number? 3

¿Cuál es su (tu) número de teléfono? What's your telephone number? 3

¿De dónde es (eres)? Where are you from? 3

¿Dónde hay . . . ? Where is/are there . . . ? 3

¿Qué estudia(s)? What are you studying? 3

Telling about recently completed actions using *acabar de* + infinitive

Acabamos de llegar. We've just arrived. 3

Acabo de recibir . . . I've just received . . . 3

¿Acaba(s) de hablar con . . . ? Have you just spoken with . . . ? 3

Giving commands

Abran los libros en la página . . . Open your books to page . . . 3

Cierren los libros. Close your books. 3

Complete (Completa) la oración. Complete the sentence. 3

Conteste (Contesta) en español. Answer in Spanish. 3

Escriba (Escribe) en la pizarra. Write on the board. 3

Formen grupos de . . . estudiantes. Form groups of . . . students. 3

Hagan la práctica en parejas. Do the activity in groups of two. 3

¿Hay preguntas? Are there any questions? 3

Lea (Lee) en voz alta. Read aloud. 3

Por ejemplo . . . For example . . . 3

Prepare (Prepara) la(s) *Práctica(s)* . . . para mañana. Prepare *Práctica(s)* . . . for tomorrow. 3

Repita (Repite), por favor. Please repeat. 3

Saque (Saca) el libro (el cuaderno, una hoja de papel). Take out the book (the notebook, a piece of paper). 3

Asking how much something costs

¿Cuál es el precio de la casa? What's the price of the house? 4

¿Cuánto cuesta el apartamento al mes? How much is the apartment per month? 4

¿Cuánto cuesta el sofá? How much does the sofa cost? 4

¿Cuánto cuestan las lámparas? How much do the lamps cost? 4

¿Cuánto cuestan los servicios? How much are the utilities? 4

¿Cuánto vale el refrigerador? How much is the refrigerator worth? 4

¿Cuánto valen los condominios? How much are the condominums worth? 4

Using exclamations

¡Caray! Oh! Oh no! 4

¡Dios mío! Oh, my goodness! 4

¡Estupendo! Stupendous! 4

¡Fabuloso! Fabulous! 4

¡Qué barbaridad! How unusual! Wow! That's terrible! 4

¡Qué bien! That's great! 4

¡Qué desastre! That's a disaster! 4

¡Qué gente más loca! What crazy people! 4

¡Qué horrible! That's horrible! 4

¡Qué increíble! That's amazing! 4

¡Qué lástima! That's a pity! That's too bad! 4

¡Qué mal! That's really bad! 4

¡Qué maravilla! That's marvelous! 4

¡Qué padre! That's cool! 4

¡Qué pena! That's a pain! That's too bad! 4

Extending a conversation using fillers and hesitations

A ver . . . sí/no . . . Let's see . . . yes/no . . . 4

Buena pregunta . . . no creo. That's a good question . . . I don't believe so. 4

Bueno . . . Well . . . 4

Es que . . . It's that . . . 4

Pues . . . no sé. Well . . . I don't know. 4

Sí, pero . . . Yes, but . . . 4

Bargaining

¿Cuánto cuesta(n)? How much does it (do they) cost? 5

¿Cuánto vale(n)? How much is it (are they) worth? 5

De acuerdo. Agreed. All right. 5

Es demasiado. It's too much. 5

Es una ganga. It's a bargain. 5

No más. No more. 5

No pago más de . . . I won't pay more than . . . 5

sólo only 5

última oferta final offer 5

Getting someone's attention

con permiso excuse me 5

discúlpeme excuse me 5

oiga listen 5

perdón pardon 5

perdóneme pardon me 5

Describing how clothing fits

Me/te/le/nos/os/les queda(n) + *adj./adv.* It is/They are ___ on me/you/him/her/you/us/them. 5

Expressing satisfaction and dissatisfaction

El color es horrible. The color is horrible. 5

El modelo es aceptable. The style is acceptable. 5

Es muy barato(-a). It's very inexpensive. 5

Es muy caro(-a). It's very expensive. 5

Me gusta el modelo. I like the style. 5

Expressing worry

¡Ay, Dios mío! Good grief! 6

¡Es una pesadilla! It's a nightmare! 6

¡Eso debe ser horrible! That must be horrible! 6

¡Pobre! Poor thing! 6

¡Qué espanto/pena! What a shame! 6

¡Qué horror! How horrible! 6

¡Qué lástima! What a pity! 6

¡Qué mala suerte/pata! What bad luck! 6

¡Qué terrible! How terrible! 6

¡Qué triste! How sad! 6

Expressing reproach

Es culpa suya (tuya). It's your fault. 6

¿Qué espera(s)? What do you expect? 6

¡Qué esto le (te) sirva de lección! That will teach you! Let this be a lesson to you! 6

¿Qué importancia tiene eso? What's so important about that? 6

Se (Te) lo merece(s). You deserve it. 6

¿Y qué? So what? 6

Making requests

¿Me da(s) . . . ? Will you give me . . . ? 6

¿Me hace(s) el favor de . . . ? Will you do me the favor of . . . ? 6

¿Me pasa(s) . . . ? Will you pass me . . . ? 6

¿Me puede(s) dar . . . ? Can you give me . . . ? 6

¿Me puede(s) traer . . . ? Can you bring me . . . ? 6

¿Quiere(s) darme . . . ? Do you want to give me . . . ? 6

Sí, cómo no. Yes, of course. 6

Talking about the weather

Está cubierto. It's overcast. 7
Está despejado. It's clear. 7
Está lloviendo. It's raining. 7
Está nevando. It's snowing. 7
Está nublado/nuboso. It's cloudy. 7
Hace buen tiempo. It's nice weather. 7
Hace calor. It's hot. 7
Hace fresco. It's cool. 7
Hace frío. It's cold. 7
Hace mal tiempo. It's bad weather. 7
Hace sol. It's sunny. 7
Hace viento. It's windy. 7
Hay heladas en zonas de Sierra Nevada. There is frost in the Sierra Nevada area. 7
Hay lluvia en el norte. There is rain in the north. 7
Hay niebla en el puerto de Pajares. It's foggy in the mountain pass of Pajares. 7
Hay nieve en las montañas. There is snow in the mountains. 7
Hay tormentas en el Atlántico. There are storms in the Atlantic. 7
Hay truenos y relámpagos en los Pirineos. There is thunder and lightning in the Pyrenees. 7
Hay viento en las islas Canarias. There is wind in the Canary Islands. 7
¿Qué tiempo hace? What's the weather like 7?

Expressing agreement

Así es. That's so. 7
Cierto./Claro (que sí)./Seguro. Certainly. Sure(ly). 7
Cómo no./Por supuesto. Of course. 7
Correcto. That's right. 7
Es cierto/verdad. It's true. 7
Eso es. That's it. 7
(Estoy) de acuerdo. I agree. 7
Exacto. Exactly. 7
Muy bien. Very good. Fine. 7
Perfecto. Perfect. 7
Probablemente. Probably. 7

Expressing disagreement

Al contrario. On the contrary. 7
En absoluto. Absolutely not. No way. 7
Es poco probable. It's doubtful/not likely. 7
Incorrecto. That's not right. 7
No es así. That's not so. 7
No es cierto. It's not so. 7
No es cierto/verdad. It's not true. 7
No es eso. That's not it. 7
No está bien. It's no good/not right. 7
No estoy de acuerdo. I don't agree. 7
Todo lo contrario. Just the opposite./Quite the contrary. 7

Expressing obligation

Necesitar + *infinitive* To need to . . . 7
(No) es necesario + *infinitive* It's (not) necessary to . . . 7
(No) hay que + *infinitive* One should(n't) . . . , One does(n't) have to . . . 7
(Se) debe + *infinitive* (One) should (ought to) . . . 7
Tener que + *infinitive* To have to . . . 7

Adding information

A propósito/De paso . . . By the way . . . 8
Además . . . In addition . . . 8
También . . . Also . . . 8

Asking for clarification

¿Cómo? What? 8
Dígame (Dime) una cosa. Tell me something. 8
Más despacio. More slowly. 8
No comprendo./No entiendo. I don't understand. 8
¿Perdón? (Perdón.) Pardon me? (Pardon me.) 8
¿Qué? Otra vez, por favor. What? One more time, please. 8
Repita (Repite), por favor. Please repeat. 8

Asking for opinions

¿Cuál prefiere(s)? Which do you prefer? 8
¿Le (Te) gusta(n) . . . ? Do you like . . . ? 8
¿Le (Te) interesa(n) . . . ? Are you interested in . . . ? 8
¿Qué opina(s) de . . . ? What's your opinion about . . . ? 8
¿Qué piensa(s)? What do you think? 8
¿Qué te parece(n) . . . ? How does/do . . . seem to you? 8

Giving opinions

Me gusta(n) . . . I like . . . 8
Me interesa(n) . . . I am interested in . . . 8
Me parece(n) . . . It seems . . . to me. (They seem . . . to me.) 8
Opino que . . . It's my opinion that . . . 8
Pienso que . . . I think that . . . 8
Prefiero . . . I prefer . . . 8

Describing symptoms

Me duele la cabeza/la espalda, etc. I have a headache/backache, etc. 9
Me duele todo el cuerpo. My whole body aches. 9
Me tiemblan las manos. My hands are shaking. 9
Necesito pastillas (contra fiebre, mareos, etc.). I need pills (for fever, dizziness, etc.). 9
Necesito una receta (unas aspirinas, un antibiótico, unas gotas, un jarabe). I need a prescription (aspirins, antibiotics, drops, cough syrup). 9

Giving suggestions using impersonal expressions

Es bueno. It's good. 9
Es conveniente. It's convenient. 9
Es importante. It's important. 9
Es imprescindible. It's indispensable. 9
Es mejor. It's better. 9
Es necesario./Es preciso. It's necessary. 9
Es preferible. It's preferable. 9

Giving instructions using infinitives

Aplicar una pomada. Apply cream/ointment. 9
Bañarse con agua fría/caliente. Take a bath in cold/hot water. 9
Lavar la herida. Wash the wound. 9
Llamar al médico. Call the doctor. 9
Pedir información. Ask for information. 9
Poner hielo. Put on ice. 9
Poner una tirita/una venda. Put on a Band-Aid/a bandage. 9
Quedarse en la cama. Stay in bed. 9
Sacar la lengua. Stick out your tongue. 9
Tomar la medicina/las pastillas después de cada comida (dos veces al día/antes de acostarse). Take the medicine/the pills after each meal (two times a day/before going to bed). 9

Expressing belief

Es cierto/verdad. That's right./That's true. 9
Estoy seguro(-a). I'm sure. 9
Lo creo. I believe it. 9
No cabe duda de que . . . There can be no doubt that . . . 9
No lo dudo. I don't doubt it. 9
No tengo la menor duda. I haven't the slightest doubt. 9
Tiene(s) razón. You're right. 9

Expressing disbelief

Cabe dudas. There are doubts.   9
Dudo si . . . I doubt/I'm doubtful whether . . .   9
Es poco probable. It's doubtful/ unlikely.   9
Lo dudo. I doubt it.   9
No lo creo. I don't believe it.   9
No tienes razón. You're wrong.   9
Tengo mis dudas. I have my doubts.   9

Ordering a meal in a restaurant

¿Cuánto es la entrada? How much is the cover charge?   10
¿Está incluida la propina? Is the tip included?   10
Me falta(n) la/una botella de vino, hielo . . . I need the/a bottle of wine, ice . . .   10
¿Me puede traer . . . , por favor? Can you please bring me . . . ?   10
¿Puedo ver la carta/el menú/la lista de vinos? May I see the menu/the wine list?   10
¿Qué recomienda usted? What do you recommend?   10
¿Qué tarjetas de crédito aceptan? What credit cards do you accept?   10
Quisiera hacer una reservación para . . . I would like to make a reservation for . . .   10
¿Se necesitan reservaciones? Are reservations needed?   10
¿Tiene usted una mesa para . . . ? Do you have a table for . . . ?   10
Tráigame la cuenta, por favor. Please bring me the check/bill.   10

Describing food

Contiene . . . It contains . . .   10
Es como . . . It's like . . .   10
Es dulce (salado[-a]/agrio[-a], etc.) . . . It's sweet (salty, bitter, etc.) . . .   10
Huele a . . . It smells like . . .   10
Sabe a . . . It tastes like . . .   10
Se parece a . . . It looks like . . .   10
Su textura es blanda/dura/cremosa, etc. Its texture is soft/hard/creamy, etc.   10

Complaining

Es demasiado costoso(-a) (problemático[-a], etc.). It's too expensive (problematic, etc.).   10
Esto es el colmo. This is the last straw.   10
No es justo. It isn't fair.   10
¡No, hombre/mujer! No way!   10

No puedo esperar más. I can't wait anymore.   10
No puedo más. I can't take this anymore.   10
Pero, por favor . . . But, please . . .   10

Negating and contradicting

¡Imposible! Impossible!   10
¡Jamás!/¡Nunca! Never!   10
Ni hablar. Don't even mention it.   10
No es así. It's not like that.   10
No está bien. It's not all right.   10

Extending invitations

¿Le (Te) gustaría ir a . . . conmigo? Would you like to go to . . . with me?   11
¿Me quiere(s) acompañar a . . . ? Do you want to accompany me to . . . ?   11
¿Quiere(s) ir a . . . ? Do you want to go to . . . ?   11
Si tiene(s) tiempo, podemos ir a . . . If you have time, we could go to . . .   11

Accepting invitations

Sí, con mucho gusto. Yes, with pleasure.   11
Sí, me encantaría. Yes, I'd love to.   11
Sí, me gustaría mucho. Yes, I'd like to very much.   11

Declining invitations

Lo siento mucho, pero no puedo. I'm very sorry, but I can't.   11
Me gustaría, pero no puedo porque . . . I'd like to, but I can't because . . .   11

Expressing sympathy

Es una pena. It's a pity.   11
Le doy mi pésame. You have my sympathy.   11
Lo siento mucho. I'm very sorry.   11
Mis condolencias. My condolences.   11
¡Qué lástima! What a pity!   11

Making reservations and asking for information

¿Dónde hay . . . ? Where is/are there . . . ?   12
¿El precio incluye . . . ? Does the price include . . . ?   12
Quisiera reservar una habitación . . . I would like to reserve a room . . .   12

Telling stories

Escuche (Escucha), le (te) voy a contar . . . Listen, I'm going to tell you . . .   12
Eso me recuerda a . . . That reminds me of . . .   12
No lo va(s) a creer, pero . . . You won't believe it, but . . .   12
¿Sabe(s) lo que me pasó? Do you know what happened to me?   12
Siempre recuerdo . . . I always remember . . .   12

Giving encouragement

¡A mí me lo dice(s)! You're telling me!   12
¿De veras?/¿De verdad? Really? Is that so?   12
¿En serio? Seriously? Are you serious?   12
¡No me diga(s)! You don't say!   12
¿Qué hizo (hiciste)? What did you do?   12
¿Qué dijo (dijiste)? What did you say?   12
¡Ya lo creo! I (can) believe it!   12

Entering into a conversation

Escuche (Escucha). Listen.   12
(No) Creo que . . . I (don't) believe that . . .   12
(No) Estoy de acuerdo porque . . . I (don't) agree because . . .   12
Pues, lo que quiero decir es que . . . Well, what I want to say is . . .   12
Quiero decir algo sobre . . . I want to say something about . . .   12

SPANISH-ENGLISH GLOSSARY

Genders have been given for nouns, except for those that end in *-o* or *-a*, unless they are irregular. The feminine singular of adjectives has been given for those that vary from the masculine singular form. For further idiomatic expressions, please consult the Functional Glossary on pages 456–459.

Abbreviations used in this glossary:

adj.	*adjective*	fam.	*familiar*	inter.	*interrogative*
adv.	*adverb*	form.	*formal*	interj.	*interjection*
conj.	*conjunction*	gen.	*generally*	m.	*masculine*
d.o.	*direct object*	i.o.	*indirect object*	Mex.	*Mexico*
f.	*feminine*	inf.	*infinitive*	pl.	*plural*

prep.	*preposition*
pron.	*pronoun*
sing.	*singular*
subj.	*subject*

A

a to, at   1
  a causa de on account of   10
  a cuadros checkered; plaid   4
  a diferencia de unlike; in contrast to   7
  a fin de que so (that)   10
  a la derecha (de) to the right (of)   3
  a la izquierda (de) to the left (of)   3
  a lo largo (de) along   3
  a lunares polka-dotted   4
  a menos que unless   10
  a menudo frequently, often   7
  a pesar de in spite of   8
  a propósito by the way   8
  a tiempo completo full-time   6
  a tiempo parcial part-time   6
  a veces at times   7
  a ver let's see   4
  al contrario on the contrary   7
  al contrario de unlike   10
  al extranjero abroad   12
  al fin y al cabo after all; when all is said and done   8
  al final in the end   10
  al fondo (de) in (the) back (of)   3
  al lado (de) alongside (of), beside   3
  al mes per month   4
  al principio at the beginning   8
abajo down (with)   5
abdomen *m.* abdomen   9
abogado(-a) attorney, lawyer   6
abordar to board *(a plane, a ship)*   12
abrigo coat   5
abril *m.* April   3
abrir to open   3
absoluto(-a) absolute   7
abuela grandmother   2
abuelo grandfather   2
aburrido(-a) bored   2
acabar de (+ *inf.*) to have just *(done something)*   3
acaso perhaps   10
accesorios accessories   5
acción *f.* action   5
aceite *m.* oil   10

aceituna olive   10
acelerado(-a) rapid, accelerated   9
aceptable acceptable   5
aceptar to accept   10
acercarse to approach   12
acompañar to accompany   11
acontecimiento event   11
acostarse (ue) to go to bed   5
actor *m.* actor   1
actriz *f.* actress   1
actual current   1
acuerdo agreement   7
adelgazar to lose weight   9
además besides, furthermore, in addition   8
adiós good-bye   1
adjetivo adjective   1
administración *f.* **de empresas** business and management   3
¿adónde? to where?   3
aduana customs   12
aerolínea airline   12
aeropuerto airport   12
afeitarse to shave   5
aficionado(-a) fan   8
agasajado(-a) guest of honor   11
agasajar to lavish attention on, fête   11
agenda date book; agenda   3
agente *m. f.* agent   12
  agente de aduana customs official   12
  agente de viajes travel agent   12
agosto August   3
agradecido(-a) grateful   2
agrio(-a) bitter   10
agua water   9
aguacate *m.* avocado   10
ahí there   2
ahora now   8
aire acondicionado *m.* air-conditioning   12
ajedrez *m.* chess   8
ajo garlic   10
alberca swimming pool   4
albergue estudiantil *m.* youth hostel   12
alegrarse to be glad/happy   2

alegre happy   2
alergia allergy   9
alfombra carpet, rug   4
algo something   12
  algo que declarar something to declare   12
algodón *m.* cotton   5
algún/alguno(-a) some   1
aliviar to relieve, alleviate   9
almacén *m.* department store   5
almohada pillow   4
almorzar (ue) to eat a morning snack; lunch   5
almuerzo morning snack; lunch   10
aló hello *(telephone response in some countries)*   2
alpinismo mountain climbing   8
alquilar to rent   12
alto(-a) high; tall   1
ama de casa homemaker   6
amable friendly   2
amarillo(-a) yellow   4
ambiente *m.* atmosphere; environment   6
amigo(-a) friend   1
  amiguito(-a) buddy, pal, chum   11
añadir to add   8
anaranjado(-a) orange   4
ándale there you go   10
andar to go; walk   8
andén *m.* gate *(bus)*, platform *(train)*   12
anfitrión(-ona) host   11
anillo ring   5
animado(-a) excited   2
ánimo encouragement   12
aniversario *(wedding)* anniversary   11
año year   3
  el año pasado last year   8
anoche last night   8
anorexia anorexia   9
ante todo first of all, first and foremost   8
anteayer the day before yesterday   8
anterior before, prior   8
anteriormente formerly   8

antes previously   8
   antes de before   9
   antes (de) que before   10
antibiótico antibiotic   9
antropología anthropology   3
apagado(-a) dull   4
aparcamiento parking lot   3
apartamento apartment   4
apio celery   10
aplicarse to apply   9
aprender to learn   3
apretado(-a) tight   5
aprobar (ue) to approve   5
aquel(la) *adj.* that *(over there)*   4
   aquellos(as) *adj.* those *(over there)*   4
aquél(la) *pron.* that (one) *(over there)*   4
   aquéllos(-as) *pron.* those *(over there)*   4
aquello *pron.* that (one)   4
aquí here   8
arete *m.* earring   5
argentino(-a) Argentine   P
árido(-a) dry, arid   7
armario wardrobe   4
arquitectura architecture   3
arreglar to arrange   4
   arreglarse to get dressed up   5
arriba up (with)   5
arroz *m.* rice   10
arte *m.* art   3
   arte dramático theater   3
   artes marciales *f. pl.* martial arts   8
   bellas artes *f. pl.* fine arts   3
arteria artery   9
artesanías handicrafts   5
artículo article   1
   artículos de limpieza cleaning materials   4
artista *m. f.* artist   1
ascensor *m.* elevator   4
así like this, thus, in this manner   7
   así es that's so   7
   así que thus, therefore   10
asiento seat   12
asistente *m. f.* **de vuelo** flight attendant   12
asistentes *m. pl.* those (the people) present   11
asistir to attend   3
asociarse to associate   5
aspiradora vacuum cleaner   4
aspirante *m. f.* job candidate   6
aspirina aspirin   9
astronomía astronomy   3
atención *f.* attention   1
atender (ie) a to wait on; to attend to; to pay attention to *(other people)*   11
aterrizar to land   12
ático small attic, apartment   4
Atlántico Atlantic (ocean)   7
atleta *m. f.* athlete   1
atrasado(-a) late   12
atún *m.* tuna   10
aumento increase   6
aunque although (though)   5
auto car   12

autobús *m.* bus   12
aves *f. pl.* poultry; birds   10
avión *m.* plane   12
ayer yesterday   8
ayudar to help   2
ayuntamiento city hall   6
azafata *f.* flight attendant   12
azúcar *m.* sugar   10
azul blue   4
azulejo tile   4

B

bahía bay   7
bailar to dance   8
bajar de to get off, out of *(a plane, train, etc.)*   12
bajo(-a) short   1
balcón *m.* balcony   4
balde *m.* bucket   4
ballet *m.* ballet   8
balneario spa, resort   7
balón *m.* (volley)ball   1
baloncesto basketball   8
bañarse to bathe, take a bath   5
banco bank   6
bañera bathtub   4
baño bath; bathtub; bathroom   12
banquete *m.* banquet; open house   11
bar mitzvah *m.* bar mitzvah; thirteen-year-old *(male)*   11
barato(-a) (very) inexpensive, cheap   5
barbilla chin   9
barco ship, boat   12
barrer to sweep   4
bastante rather   2
basura trash, garbage   4
bat mitzvah *f.* thirteen-year-old *(female);* bat mitzvah   11
bautizo baptism   11
beber to drink   3
béisbol *m.* baseball   8
bellas artes *f. pl.* fine arts   3
beneficios benefits   6
biblioteca library   3
bibliotecario(-a) librarian   6
bicicleta bicycle   8
bidé *m.* bidet   4
bien fine, well   1
billete *m.* ticket   12
biología biology   3
bisabuela great grandmother   2
bisabuelo great grandfather   2
blanco(-a) white   4
blando(-a) soft   10
blusa blouse   5
boca mouth   9
boda marriage, wedding   11
boleto ticket   8
bolígrafo ballpoint pen   3
boliviano(-a) Bolivian   P
bolso/bolsa bag; beach bag; purse, handbag   1
bombero(-a) firefighter   6
borrador *m. (chalk)* eraser   3
bosque *m.* forest, wood(s)   7
bota boot   5
botella bottle   10

botones *m. pl.* bellhop   12
brazo arm   9
brillante bright, shiny   4
brindar to make a toast   11
   brindar por to toast *(someone)*   11
broche *m.* brooch   5
brócoli *m.* broccoli   10
bucear to scuba dive   8
   bucear con tubo de respiración to snorkel   8
buen/bueno(-a) good   1
   buen provecho enjoy your meal   10
bufanda scarf   5
buscar to look for   2

C

caballero gentleman   5
caballo horse   8
cabello hair   9
caber to fit   9
   no cabe duda there can be no doubt   9
cabeza head   9
cabrito kid   10
cada each, every   9
cadera hip   9
café *m.* coffee   10
cafetería cafeteria   3
calabacitas zucchini   10
calabaza squash, pumpkin   10
calamar *m.* squid   10
calcetines *m. pl.* socks   5
calculadora calculator   3
calefacción *f.* heat   12
caliente warm, hot   9
calle *f.* street   12
calor *m.* warmth; heat   4
cama bed   4
   cama de matrimonial double bed   12
   cama de matrimonio double bed   12
camarero(-a) *(restaurant)* server, waitperson   6
camarón *m.* shrimp   10
cambiar to change   8
cambio change   5
caminar to walk   8
camisa shirt   5
camiseta T-shirt   5
campo field   7
cancha court, field   3
cangrejo crab   10
cansado(-a) tired   2
cantante *m. f.* singer   1
cantar to sing   2
cara face   9
característica characteristic   1
¡caray! oh!; oh no!   4
carne *f.* meat   10
   carne de res beef   10
   carne vacuno beef   10
carnicería butcher shop   6
caro(-a) expensive   5
carretera highway   12
carta letter; menu   6
cartas (playing) cards   8

costoso(-a) expensive   10
coyuntura joint   9
creer (en) to believe (in); to think   3
crema cream   10
    crema agria sour cream   10
    crema batida whipped cream   10
cremoso(-a) creamy   10
crucigrama *m.* crossword puzzle   8
cuaderno notebook   3
cuadro square; painting   5
¿cuál(es)? which?; what?   3
cuando when   10
¿cuándo? when?   2
¿cuánto(-a)? how much?   3
    ¿cuántos(-as)? how many?   3
cuarenta forty   1
cuarto quarter *(of an hour)*; room   2
    cuarto de baño bathroom   4
    cuarto oscuro darkroom   8
cuarto(-a) fourth   5
cuatro four   1
cuatrocientos(-as) four hundred   4
cubano(-a) Cuban   P
cubanoamericano(-a) Cuban-
    American   1
cubierto(-a) covered   7
cubiertos *m. pl.* table setting; cutlery   10
cubo bucket   4
cuchara soupspoon   10
cucharita teaspoon   10
cuchillo knife   10
cuello neck   9
cuenta bill, check   10
cuento story   12
cuero leather   5
cuerpo body   9
cuidado care   4
cuidar (de) to take care (of)   2
culpa fault   6
cultivar el jardín to garden *(flowers)*   8
culto religious service   11
cumpleañero(-a) birthday boy (girl)   11
cumpleaños *m. sing. & pl.* birthday   11
cuñada sister-in-law   2
cuñado brother-in-law   2
cutis *m.* complexion   9
cuyo(-a), cuyos(-as) whose   11

D

dama lady   5
dar to give   6
darse cuenta de to realize   10
de of, from   1
    de acuerdo agreed, all right   3
    de cuadros plaid, checked   5
    de diamantes (of) diamonds   5
    de flores floral, flowered   5
    de ida one-way   12
    de ida y vuelta round-trip   12
    de la mañana in the morning, A.M.   2
    de la noche in the evening, P.M.   2
    de la tarde in the afternoon, P.M.   2
    de lunares polka-dotted   5
    de nuevo new   2
    de paso by the way   8
    de rayas striped   4
    ¿de veras? really?, is that so?   12

de verdad really   2
    del mismo modo similarly   8
debajo (de) below, under(neath)   3
deber *(+ inf.)* to have to, must/should
    (do something)   3
decano(-a) dean   3
décimo(-a) tenth   5
decir (i, i) to say, tell   2
declarar to declare   12
dedo finger; toe   9
definido(-a) definite   8
dejar to leave   2
delante (de) in front (of)   3
delantero(-a) front   9
delgado(-a) thin   1
delicioso(-a) delicious   10
demasiado(-a) too, too much   5
demora delay   12
denotar to denote, indicate   10
dentista *m. f.* dentist   6
dentro (de) inside (of)   3
dependiente(-a) clerk   6
deportes *m. pl.* sports   8
deportivo(-a) related to sports,
    sporting   8
depresión *f.* depression   9
deprimido(-a) depressed   2
derecha right   3
derecho law   3
desacuerdo disagreement   7
desagrado dissatisfaction   5
desastre *m.* disaster   4
desayunar to eat breakfast   10
desayuno breakfast   10
describir to describe   3
descripción *f.* description   1
descriptivo(-a) descriptive   1
desear to wish, want, desire   2
desembarcar to deplane   12
desempleado(-a) unemployed   6
desempleo unemployment   6
deshacer la maleta to unpack one's suit-
    case   12
desierto desert   7
desmayarse to faint   9
despacio slowly   8
despedida de soltera bridal shower   11
despedida de soltero bachelor
    party   11
despedir (i, i) to fire   6
    despedirse to say good-bye   1
despegar to take off   12
despejado(-a) clear *(weather)*   7
despertarse (ie) to wake up   5
después then, next   8
    después de after   9
    después (de) que after   10
destino destination   12
desván *m.* attic   4
detergente *m.* **para platos** dish
    detergent   4
detrás (de) in back (of), behind   3
devolver (ue) to return *(something)*   5
día *m.* day   1
    al día per day   9
    día de santo saint's day   11
    día festivo holiday   11

diario diary   3
diario(-a) daily   5
diarrea diarrhea   9
diccionario dictionary   3
diciembre *m.* December   3
diecinueve nineteen   1
dieciocho eighteen   1
dieciséis sixteen   1
diecisiete seventeen   1
diente *m.* tooth   9
diez ten   1
diferencia difference   7
diferente different   7
    diferente de unlike   7
digestión *f.* digestion   9
dios *m.* God   6
    dios mío oh, my goodness   4
dirección *f.* direction   3
directo(-a) direct   5
disculparse to excuse oneself   5
disfrutar to enjoy   11
diversión *f.* entertainment; hobby,
    pastime   8
divertirse (ie, i) to have fun   5
dividido por/entre divided by *(in
    mathematical functions)*   4
doblar to bend   9
doble double   12
doce twelve   1
docena dozen   10
doctor(a) doctor   6
doler (ue) to hurt   9
    me duele la cabeza I have a
    headache   9
dolor *m.* pain, ache   9
    dolor de garganta sore throat   9
    dolor muscular muscle ache   9
doméstico domestic, household   4
domingo *m.* Sunday   3
dominicano(-a) Dominican   P
donde where   11
¿dónde? where?   2
dormir (ue, u) to sleep   5
    dormirse (ue, u) to fall asleep   5
dormitorio bedroom   4
dos two   1
doscientos(-as) two hundred   4
ducha shower   4
    ducharse to shower   5
duda doubt   9
dudar to doubt   9
dudoso(-a) doubtful   10
dulce sweet   10
durazno peach   10
duro(-a) tough, hard   10

E

economía economics   3
ecuatoriano(-a) Ecuadorian   P
edificio building   3
efecto effect   10
eficiente efficient   1
ejemplo example   3
ejercicio exercise   8
    ejercicios aeróbicos aerobics   8
el *m.* the   1
él he   2

fuera (de) outside (of)   3
funcionario(-a) público(-a) public official   6
funeral *m.* funeral   11
furioso(-a) furious   2
fútbol *m.* soccer   8
    fútbol americano football   8
futbolista *m. f.* football (soccer) player   1

G

gafas *f. pl.* glasses   1
    gafas de sol sunglasses   1
galería gallery   8
gamba shrimp   10
gana desire, wish   4
ganar to earn; to win   2
ganga bargain   5
garaje *m.* garage   4
garganta throat   9
gastar to spend   2
gemelo(-a) twin   2
generalmente generally   7
generoso(-a) generous   1
gente *f.* people   3
geología geology   3
gerente *m. f.* manager   6
gimnasio gym(nasium)   3
gis *m.* chalk   3
golfo gulf   7
goma *(pencil)* eraser   3
gordo(-a) fat, plump   1
gorra cap   5
gota drop   9
grabadora tape recorder   3
gracias thanks, thank you   1
gracioso(-a) funny; charming   1
graduación *f.* graduation   11
gran/grande great; big, large   1
gripe *f.* flu   9
gris gray   1
grupo group   3
guante *m.* glove   5
guapo(-a) goodlooking   1
guardar to keep   11
guatemalteco(-a) Guatemalan   P
guineano(-a) Guinean   P
guisante *m.* pea   10
gustar to like; to please, be pleasing   2
gusto pleasure; taste   1

H

habitación *f.* room   12
    habitación doble double room   12
    habitación sencilla single room   12
hablar to speak   2
hacer to do, make   3
    hace buen tiempo it's nice weather   7
    hace calor it's hot   7
    hace fresco it's cool   7
    hace frío it's cold   7
    hace mal tiempo it's bad weather   7
    hace sol it's sunny   7
    hace viento it's windy   7
    hacer cola to stand in line   12
    hacer escala to make a stop   12

hacer juego to go with   5
hacer la maleta to pack one's suitcase   12
¿Qué tiempo hace? What's the weather like?   7
hambre *f.* hunger   4
hasta until   2
    hasta ahora up to now, so far   8
    hasta aquí up to now, so far   8
    hasta hace poco until a little while ago   8
    hasta que until   10
hay there is/are   2
    hay que *(+ inf.)* one should *(+ verb)*; it's necessary to *(+ verb)*   7
helada frost   7
hepatitis *f.* hepatitis   9
herida wound   9
hermana sister   2
hermanastra stepsister   2
hermanastro stepbrother   2
hermano brother   2
hielo ice   1
hierba grass   4
hígado liver   9
hija (adoptiva) (adopted) daughter   2
hijastra stepdaughter   2
hijastro stepson   2
hijo (adoptivo) (adopted) son   2
hipertensión *f.* hypertension, high blood pressure   9
historia history   3
    historia médica medical history   9
hogar *m.* home   4
hoja de papel piece of paper   3
hola hi   1
holandés(esa) Dutch   1
hombre *m.* man   10
hombro shoulder   9
hondureño(-a) Honduran   P
hora time   2
horrible horrible   2
horror *m.* horror   6
hospital *m.* hospital   6
hostal *m.* hostel   12
hotel *m.* hotel   12
    hotel económico inexpensive hotel   12
    hotel de lujo first-class hotel   12
    hotel de primera clase first-class hotel   12
huelga strike   6
hueso bone   9
huésped *m. f.* guest   12
huevo egg   10
huipil *m.* embroidered blouse   5
humano(-a) human   9

I

ideal ideal   1
idealista idealist   1
identificación *f.* identification   1
iglesia church   6
igual equal   10
    al igual que like   10
igualmente likewise   1
impermeable *m.* raincoat   5

impersonal impersonal   9
importancia importance   6
importante important   1
imposible impossible   10
imprescindible indispensable   9
impresionante impressive   5
impresora printer   3
impuesto tax   12
incluido(-a) included   10
incluir to include   12
incorrecto(-a) not right, incorrect   7
increíble incredible, amazing   4
independiente independent   1
indicar to indicate   10
indirecto(-a) indirect   6
inferior lower   9
infinitivo infinitive   9
inflamación *f.* **de la garganta** strep throat   9
información *f.* information   3
ingeniería engineering   3
ingeniero(-a) engineer   6
ingrediente *m.* ingredient   10
inicialmente initially   8
inodoro toilet   4
insistir (en + *inf.*) to insist *(on doing something)*   3
insomnio insomnia   9
instrucciones *f. pl.* instructions   9
instructor(a) instructor   3
inteligente intelligent   1
interesante interesting   1
interesar to interest, be interested in   3
interno(-a) internal   9
interrogativo(-a) interrogative   3
intestino intestine   9
introvertido(-a) introvert   1
invierno winter   5
invitación *f.* invitation   11
invitado(-a) guest   11
invitar to invite   11
inyección *f.* injection, shot   9
ir to go   1
irracional irrational   1
irresponsable irresponsible   1
irse to leave, go away   5
isla island   7
islote *m.* barren (small) island   7
izquierda left   3

J

jamás never   10
jamón *m.* ham   10
jarabe *m.* cough syrup   9
jardín *m.* yard, flower garden   4
    jardín botánico botanical garden   3
    jardín zoológico zoo   6
jeans *m. pl.* jeans   5
joven young   6
jubilado(-a) retired   6
judía verde green bean   10
juego game *(Monopoly, hide-and-seek, etc.)*   8
juerga bash   11
jueves *m.* Thursday   3
jugar (ue, u) to play *(a sport or game)*   5

juicio judgment 10
julio July 3
junio June 3
junto a beside, next to 3
jurar to swear, give one's word 11
justo(-a) fair 10

K

kilo kilogram *(2.2 pounds)* 10
kiosco kiosk, stand 6

L

la *f.* the 1; *d.o. pron.* you *(form. sing.)*, her, it 5
labio lip 9
laboratorio laboratory 3
lado side 3
lago lake 7
lámpara lamp 4
lana wool 5
langosta lobster 10
lápiz *m.* *(pl.* **lápices)** pencil(s) 3
largo(-a) long 5
las *f. pl.* the 1; *d.o. pron.* you *(form. pl.)*, them 5
lástima pity 4
lavabo bathroom sink 4
lavadora washing machine 4
lavandería laundry, laundry room 6
lavaplatos *m.* dishwasher 4
lavar to wash 4
le *i.o. pron.* to/for you *(form. sing.)*, him, her, it 6
leal loyal 1
lección *f.* lesson 6
leche *f.* milk 10
lechería dairy store 10
lechuga lettuce 10
leer to read 3
lejos (de) far (from) 3
lengua language; tongue 3
    lenguas modernas modern languages 3
les *i.o. pron.* to/for you *(form. pl.)*, them 6
levantar to lift 8
    levantar pesas to lift weights 8
    levantarse to get up 5
liberal liberal 1
libra pound 10
librería bookstore 3
libro book 3
licuado shake made with fruits, juices, and ice 10
limón *m.* lemon; lime 1
limpiador *m.* liquid cleaner 4
    limpiador para el hogar all-purpose cleaner 4
    limpiador para ventanas window cleaner 4
limpiar to clean 2
línea aérea airline 12
lino linen 5
liquidación *f.* sale 5
lista list 10
literatura literature 3
litro liter *(1.057 quarts)* 10

llamar to call 2
    llamarse to be called/named 1
llano plain 7
llegada arrival 12
lleno(-a) full 10
llevar to take; to carry; to wear 2
llover (ue) to rain 7
    está lloviendo it's raining 7
lluvia rain 7
lo *d.o. pron.* you *(form. sing.)*, him, it 5
    lo cual which 11
    lo que what, which 11
    lo siento (mucho) I'm (very) sorry 11
loco(-a) crazy 4
locutor(a) announcer 6
los *m. pl.* the 1; *d.o. pron.* you *(form. pl.)*, them 5
lucha fight, struggle 5
luchar to fight, struggle 5
lucir to wear; to show off, "sport" 5
luego then, next 8
lugar *m.* place 3
lujo first-class; luxury 12
lunes *m.* Monday 3

M

madrastra stepmother 2
madre *f.* mother 2
madrina godmother 11
maestro(-a) teacher 6
    maestro(-a) de ceremonias leader of the ceremony 11
maíz *m.* corn 10
mal/malo(-a) ill; bad; badly; not . . . well 1
maleta suitcase 12
maletero porter 12
mañana tomorrow; morning 1
manantial *m.* spring *(of water)* 7
mandar to send 2
mandato command 3
manejar to drive 12
manera way 10
mango mango 10
mano *f.* hand 9
mansión *f.* mansion 4
mantel *m.* tablecloth 10
mantenerse (ie) en forma to stay fit, keep in shape 9
mantequilla butter 10
manzana apple 10
mar *m.* sea 12
maravilla marvel, wonder 4
marcador *m.* marker 3
marcharse to leave, go away 5
marearse to feel dizzy 9
mareo dizziness 9
mariscal *m.* raw shellfish marinated in lime juice 10
mariscos shellfish 10
marrón brown 4
martes *m.* Tuesday 3
marzo March 3
más more; plus *(in mathematical functions)* 1
    más que more than 10

masculino(-a) masculine 5
masticar to chew 9
matemáticas mathematics 3
materia course, subject 3
materialista materialistic 1
mayo May 3
mayonesa mayonnaise 10
mayor older 6
    el/la mayor the oldest 6
me *d.o. & i.o. pron.* (to/for) me 5
mecánico(-a) mechanic 6
mediano(-a) medium 1
medianoche *f.* midnight 2
medias stockings 5
medicamento medication 9
medicina medicine 3
médico(-a) doctor 6
medio(-a) half 2
    media hermana half sister 2
    media pensión half board *(breakfast and one other meal)* 12
    medio hermano half brother 2
mediodía *m.* noon 2
mejilla cheek 9
mejillón *m.* mussel 10
mejor better 6
    el/la mejor the best 6
melillense *m. f.* native of Melilla P
melón *m.* melon 10
menor younger 6
    el/la menor the youngest 6
menos less; minus *(in mathematical functions)* 1
    menos que less than 10
mentir (ie, i) to lie 5
menú *m.* menu 10
merecer to deserve 6
merendar (ie) to eat a snack 10
merienda snack 10
mes *m.* month 3
    el mes anterior the month before 8
mesa table 3
mesero(-a) *(Mex.) (restaurant)* server, waitperson 6
meseta plateau 7
mesita end table 4
    mesita de noche night table 4
metro subway 12
mexicano(-a) Mexican P
mi my 3
microondas *m.* microwave 4
miedo fear 4
miembro member 2
mientras while 5
miércoles *m.* Wednesday 3
mil (a/one) thousand 2
millón *m.* million 4
mío(-a) mine 1
mirar to look (at), watch 2
misa mass 11
mismo(-a) same 7
mochila backpack 3
moda fashion, style 5
modelo style 5
moderno(-a) modern 1
modesto(-a) modest 1
modista dressmaker 5

modo fashion, style   5
mola appliquéd tapestry   5
molestar to bother, be bothered by   3
momento moment   2
mononucleosis *f.* mononucleosis   9
montaña mountain   7
montañoso(-a) mountainous   7
montar to climb, get on   8
    montar a caballo to ride
      horseback   8
morado(-a) purple   4
morir (ue, u) to die   5
mostaza mustard   10
mostrador *m.* counter   12
mostrar (ue) to show   5
motel *m.* motel   12
motocicleta motorcycle   8
mover (ue) to move *(something)*   5
mucho(-a) much; many   1
muebles *m. pl.* furniture   4
mujer *f.* woman   1
    mujer policía police officer   6
municipalidad *f.* city hall   6
muñeca wrist   9
muscular muscular   9
museo museum   3
músico *m. f.* musician   1
muslo thigh   9
muy very   1

N

nacionalidad *f.* nationality   1
nada nothing   1
nadar to swim   8
naipes *m. pl.* (playing) cards   8
nalga buttock   9
naranja orange   10
nariz *f.* nose   9
natural natural   1
navegar a la vela to sail   8
necesario(-a) necessary   7
necesitar to need   2
negar (ie) to deny; to negate   5
negro(-a) black   4
nervioso(-a) nervous   1
nevar (ie) to snow   7
    está nevando it's snowing   7
ni . . . ni neither . . . nor   5
nicaragüense *m. f.* Nicaraguan   P
niebla fog   7
nieta granddaughter   2
nieto grandson   2
nieve *f.* snow   7
nilón *m.* nylon   5
ningún/ninguno(-a) no, none   1
no no   1
    ¿no? isn't that so?   3
    ¿no es así? isn't that right?   3
    no obstante however   8
noche *f.* night   1
nombre *m.* name   1
noreste *m.* northeast   7
normal normal   1
normalmente normally   7
noroeste *m.* northwest   7
norte *m.* north   7
norteamericano(-a) North American   1

nos *d.o. & i.o. pron.* (to/for) us   5
nosotros(-as) we   2
nota adhesiva "post-it" note   3
novecientos(-as) nine hundred   4
novelista *m. f.* novelist   1
noveno(-a) ninth   5
noventa ninety   1
novia bride; fiancée   11
noviembre *m.* November   3
novio groom; fiancé   11
nublado(-a) cloudy   7
nuboso(-a) cloudy   7
nuera daughter-in-law   2
nuestro(-a) our   3
nueve nine   1
nuevo(-a) new   1
número number   1
nunca never   10

O

o or   5
    o . . . o either . . . or   5
objeto object   6
    objeto de jade jade object   5
obligación *f.* obligation   7
obstinado(-a) obstinate, stubborn   1
obtener (ie) to get   6
obvio(-a) obvious   10
ochenta eighty   1
ocho eight   1
ochocientos(-as) eight hundred   4
octavo(-a) eighth   5
octubre *m.* October   3
ocupado(-a) busy   2
ocurrir to occur   3
oferta offer   5
oficina office   3
    oficina de correos post office   3
oficio occupation   6
oído (inner) ear; hearing   9
oír to hear   5
ojalá I hope   10
ojo eye   9
oler (ue) to smell   9
olfato (sense of) smell   9
olla de cerámica ceramic pot   5
once eleven   1
onomástico saint's day; birthday   11
ópera opera   8
opinar to give one's opinion   8
opinión *f.* opinion   8
optimista optimistic   1
oración *f.* sentence   3
ordenador *m.* computer   3
ordinal ordinal   5
oreja (outer) ear   9
organizar to organize; tidy up   4
órgano organ   9
orgulloso(-a) (de) proud   2
origen *m.* origin   1
oro gold   5
os *d.o. & i.o. pron.* (to/for) you
    (fam. pl.)   5
oscuro(-a) dark   8
ostra oyster   10
otoño autumn   5
otra vez one more time, again   8

otro(-a) other   4

P

pachanga rowdy celebration   11
paciente patient   1
padrastro stepfather   2
padre *m.* father   2
    padres parents   2
padrino godfather   11
pagar to pay   2
página page   3
palabra word   3
palacio palace   6
pan *m.* bread   10
panadería bakery   6
panameño(-a) Panamanian   P
pantalones *m. pl.* trousers, pants   5
    pantalones cortos shorts   5
papa potato   10
papaya papaya   10
papel *m.* paper   3
    papel de cocina paper towel   4
paperas mumps   9
para for   3
    para empezar to begin with   8
    para que so (that)   10
    ¿para qué? for what reason?   3
parada stop *(taxi, metro)*   12
parador nacional *m.* government-run
    historical inn, castle, or palace
    (Spain)   12
paraguas *m.* umbrella   5
paraguayo(-a) Paraguayan   P
parcial partial   6
parecer to seem   8
    parecerse a to look like; to be
      similar/like   10
pared *f.* wall   4
pareja pair   3
pariente *m.* relative   2
párpado eyelid   9
parque *m.* park   6
    parque de atracciones amusement
      park   8
parte *f.* part   2
partido match, game *(sports)*   8
pasa raisin   10
pasado(-a) past, last   8
    el año pasado last year   8
    pasado de moda out of style   5
pasaje *m.* ticket   12
pasajero(-a) passenger   12
pasaporte *m.* passport   12
pasar to pass; to happen   4
    pasar la aspiradora to run the
      vacuum   4
    pasarlo bien to have a good
      time   11
pasear to walk   8
pasillo hallway   4
pastel *m.* pastry, cake, pie   10
pastelería pastry shop   6
pastilla pill   9
patinar to skate   8
    patinar sobre hielo to ice-skate   8
    patinar sobre (en) ruedas to roller-
      skate, roller-blade   8

patio patio, courtyard; yard; flower garden 4
pato duck 10
pavo turkey 10
pecho chest, breast 9
pedir (i, i) to ask (for), request 1
película movie, film 8
pelo hair 9
pena pain, trouble 4
pendiente *m.* dangling earring 5
península peninsula 7
pensar (ie) to think, intend 5
pensión *f.* boardinghouse 12
    pensión completa all meals included 12
peor worse 6
    el/la peor the worst 6
pequeño(-a) small 5
pera pear 10
perder (ie) to lose 5
perdón *m.* pardon; pardon me 5
perdonarse to pardon oneself 5
perfecto(-a) perfect 7
periodismo journalism 3
periodista *m. f.* journalist 6
permiso permission 5
pero *conj.* but 4
persona person 1
peruano(-a) Peruvian P
pesa weight 8
pesadilla nightmare 6
pésame *m.* sympathy 11
pescadería fish store, fish market 6
pescado fish 10
pescar to fish 8
pesimista pessimistic 1
pestaña eyelash 9
pico mountain peak 7
pie *m.* foot 9
piel *f.* skin 9
pierna leg 9
pijama *m.* pajamas 5
pimienta pepper 10
piña pineapple 10
pintura painting 5
Pirineos Pyrenees 7
piscina swimming pool 3
piso apartment; floor *(of a building)* 4
pista track 8
    pista de correr track 3
pizarra blackboard, chalkboard 3
planchar to iron 4
planta plant; floor *(of a store or business)* 4
plata silver 5
plátano banana 10
platillo saucer 10
plato plate, dish 4
    plato principal main dish, entrée 10
playa beach 1
plaza square 6
pluma (estilográfica) (fountain) pen 3
pobre poor 6
poco few, a little (bit) 7

poder (ue) to be able 5
policía *m. f.* police officer 6
poliéster *m.* polyester 5
político political 3
pollo chicken 10
pomada cream, ointment 9
poner to put (on), place 2
    poner la mesa to set the table 4
    poner(le) una inyección to give (him/her) an injection 9
    ponerse feliz to become happy 5
    ponerse triste to become sad 5
popular popular 1
por by, through; because of, due to, owing to; times *(in mathematical functions)* 2
    por adelantado advance 12
    por ejemplo for example 3
    por eso therefore 8
    por favor please 2
    por fin finally 10
    por lo general generally 7
    por otra parte moreover, on the other hand 8
    por otro lado on the other hand 10
    ¿por qué? why? 3
    por supuesto of course 7
    por último lastly, finally 8
porque because 5
portero door attendant 12
posada inn 12
posesivo(-a) possessive 1
posible possible 10
postre *m.* dessert 10
postura posture 9
pozo well, pool 7
práctica activity 3
practicar to practice 2
prado meadow 7
precio price 4
precioso(-a) precious; lovely, beautiful 5
preciso(-a) necessary 9
preferible preferable 9
preferir (ie, i) to prefer 5
pregunta question 1
preguntón(-ona) inquisitive 1
prenda garment, clothing 5
preocupación *f.* worry 6
preocupado(-a) worried 2
preocuparse to worry 5
preparar to prepare 2
preposición *f.* preposition 3
presentar to introduce 1
presidente *m. f.* president 3
presión *f.* **arterial** blood pressure 9
pretérito preterite 8
previamente previously 8
primavera spring 5
primer/primero(-a) first 1
    Primera Comunión *f.* First Communion 11
primo(-a) cousin 2
principio beginning; principle 8
prisa hurry, haste 4
privado(-a) private 6

probable probable, likely 7
probablemente probably 7
probador *m.* dressing room, fitting room 5
probar (ue) to try, test 5
    probarse (ue) to try on 5
problema *m.* problem 9
problemático(-a) problematic 10
profesión *f.* profession 6
profesor(a) professor 1
profundo(-a) deep 7
programador(a) programmer 6
prohibir to prohibit 10
prometer to promise 3
pronombre *m.* pronoun 5
pronto soon 1
propina tip 10
propuesta proposal 10
proteger to protect 9
protesta protest 5
prueba test 9
psicología psychology 3
psicólogo(-a) psychologist 6
público(-a) public 6
puerta door 4
puerto mountain pass; port; harbor 7
puertorriqueño(-a) Puerto Rican P
pues well 1
puesto de trabajo position, job 6
pulgar *m.* thumb 9
pulmón *m.* lung 9
pulpo octopus 10
pulsera bracelet 5
pulso pulse 9
punto point 2
puntual punctual 1
pupitre *m. (student's)* desk 3

Q

que that, who(m) 4
    ¿qué? what? 1
    ¡Qué . . . ! What a . . . ! 6
quedar to have " . . . " left, remain 3
    quedarle to fit 5
    quedarse to remain, stay 5
quehacer *m.* chore, task 4
quejarse to complain 5
quemadura de sol sunburn 9
querer (ie) to want, wish; to love 1
    querer decir to mean 12
    quisiera I would like 12
queso cheese 10
quien who(m) 2
¿quién(es)? who(m)? 3
química chemistry 3
quince fifteen 1
quinceañera fifteen-year-old *(female)* 11
quinientos(-as) five hundred 4
quinto(-a) fifth 5
quitarse to take off *(clothing)* 5
quiza(s) perhaps 10

R

racional rational 1
radical radical 1
radio-cassette *f.* radio-cassette player 1

raíz *f.* stem 5
ráquetbol *m.* racquetball 8
raro(-a) strange 10
ratón *m. (pl.* **ratones)** mouse (mice) 3
raya stripe 5
rayón *m.* rayon 5
rayos X (to take) X rays 9
razón *f.* reason 4
   no tener razón to be wrong 9
   tener razón to be right 4
realista realistic 1
rebajado(-a) reduced 5
rebelde rebellious 1
recado message 2
recepcionista *m. f.* desk clerk 12
receta prescription 9
recetar to prescribe 9
rechazar to decline, reject 11
recibir to receive 3
recibo receipt 12
recinto campus 3
recomendación *f.* recommendation 6
recomendar (ie) to recommend 5
recordar (ue) to remember 5
rector(a) chancellor 3
refresco soft drink 1
refrigerador *m.* refrigerator 4
regar (ie) to water 5
regatear to bargain 5
regla ruler 5
regular okay 1
reír (i, i) to laugh 5
relación *f.* relationship 7
relacionado(-a) related 9
relámpago lightning 7
relativo(-a) relative 11
religioso(-a) religious 11
rellenar to fill out 6
reloj *m.* watch; clock 3
remediar to remedy 10
remedio remedy 10
renunciar to resign 6
reparar to repair 10
repetición *f.* repetition, frequency 7
repetir (i, i) to repeat 3
representante *m. f.* representative 12
reproche *m.* reproach 6
resaca hangover 9
reserva reservation 12
reservación *f.* reservation 10
resfriado cold *(illness)* 9
resguardo voucher, credit slip 12
residencia dormitory 3
resistir to resist 5
resolución *f.* resolution 10
resolver (ue) to solve 5
respiración *f.* breathing 9
respirar to breathe 9
responder to respond 3
responsabilizar to make *(someone)* responsible 10
responsable responsible 1
respuesta reply, answer 1
restaurante *m.* restaurant 6
resultar (de/en) to result (in) 10
resumen *m.* summary 10
revelar fotos to develop photographs 8

revisar to inspect 12
ría estuary, fjord 7
rico(-a) rich; delicious 10
riñón *m.* kidney 9
río river 7
rocoso(-a) rocky 7
rodilla knee 9
rojo(-a) red 4
romántico(-a) romantic 1
romperse to break 9
ropa clothes, clothing 4
ropero closet 4
rosado(-a) pink 4
rotulador *m.* marker 3
rubéola German measles 9
rubio(-a) blond 1
rueda wheel 8
rutina routine 5

S

sábado *m.* Saturday 3
saber to know *(a fact)* 3
sabroso(-a) delicious 10
sacar to take (out) 2
   sacar fotos to take photographs 8
   sacar la lengua to stick out your tongue 9
saco suit coat; sport coat 5
sacudir los muebles to dust the furniture 4
sal *f.* salt 10
sala living room 4
   sala de espera waiting room 12
   sala de recreación recreation room 8
   sala de recreo recreation room 3
salado(-a) salty 10
salchicha sausage 10
salida departure 12
salir to leave, go out 4
salmón *m.* salmon 10
salón *m.* living room, sitting room; hall; ballroom 4
salsa de tomate (dulce) tomato sauce, ketchup 10
salud *f.* health 2
saludar to greet 1
saludo greeting 1
salvadoreño(-a) Salvadorian P
salvaje wild 7
sandalia sandal 5
sangre *f.* blood 9
sano(-a) healthy 9
santo saint's day; saint 11
sarampión *m.* measles 9
sastre *m.* tailor 5
satisfacción *f.* satisfaction 5
satisfecho(-a) full; satisfied 10
secadora dryer 4
secar to dry 4
secretario(-a) secretary 6
secreto secret 11
sed *f.* thirst 4
seda silk 5
seguir (i, i) to follow 5
segundo(-a) second 5
seguridad *f.* security 12

seguro(-a) *adj.* sure; *adv.* certainly, surely 2
seis six 1
seiscientos(-as) six hundred 4
selva jungle 7
selva tropical tropical rain forest 7
semana week 3
sencillo(-a) single *(room)*; simple 12
sensacional sensational 5
sensible sensible 1
sentarse (ie) to sit down 5
sentido sense 9
sentimental sentimental 1
sentir (ie, i) to regret, feel sorry 8
   sentirse bien to feel good 5
   sentirse mal to feel bad 5
septiembre *m.* September 3
séptimo(-a) seventh 5
ser to be 1
   ser humano *m.* human being 9
serio(-a) serious 12
servicios utilities 4
servilleta napkin 10
servir (i, i) to serve 5
sesenta sixty 1
setecientos(-as) seven hundred 4
setenta seventy 1
sexto(-a) sixth 5
si if, whether 5
sí yes 1
sicología psychology 3
sicólogo(-a) psychologist 6
siempre always 7
sierra mountain range 7
siete seven 1
silla chair 3
sillón *m.* easy chair 4
sin embargo nevertheless, however 5
sino but *(on the contrary)* 5
   sino (que) *conj.* but 8
sobre on, over, about 8
sobrecama bedspread 4
sobremesa after-dinner conversation 4
sobrina niece 2
sobrino nephew 2
social social 11
sociología sociology 3
sofá *m.* sofa 4
sol *m.* sun 1
solicitar to apply 6
solicitud *f.* **de trabajo** job application 6
solidaridad *f.* solidarity 5
sólo only 5
solución *f.* solution 10
solucionar to solve 10
sombrero hat 5
sombrilla beach umbrella 1
sonreír (i, i) to smile 8
sopa soup 10
sorpresa surprise 11
sostener (ie) to support 9
sótano basement 4
su your *(form. sing. & pl.)*, his, her, its, their 3
subir a to get into/on *(a train, bus, car, etc.)* 12
suegra mother-in-law 2

suegro father-in-law 2
sueldo salary 6
suelo floor 4
sueño dream 4
suerte *f.* luck 4
suéter *m.* sweater 5
sugerencia suggestion 9
sugerir (ie, i) to suggest 5
suma sum; summary 10
super super *(used as prefix)* 5
superar to overcome 5
superior superior; upper 1
supermercado supermarket 6
supersticioso(-a) superstitious 1
sur *m.* south 7
sureste *m.* southeast 7
suroeste *m.* southwest 7
suspender to fail 3

T

tabique *m.* partition, wall 4
tacto touch 9
tal vez perhaps 10
taller *m.* workshop, garage 6
también also, in addition 8
tan pronto como as soon as 10
tan(to) . . . como as . . . as 10
tapete *m.* throw (scatter) rug; doily 4
taquilla ticket desk *(bus, train);* box office 8
tarde *f* afternoon 1
tarde late 2
tarjeta de crédito credit card 10
taza cup 10
tazón *m.* soup bowl 10
te *d.o. & i.o. pron.* (to/for) you *(fam. sing.)* 5
té *m.* tea; afternoon tea 1
teatro theater 3
techo ceiling 4
técnico(-a) technician 6
tela fabric 5
teléfono telephone 2
televisión *f.* television 8
televisor *m.* television set 4
temblar (ie) to shake 9
    me tiemblan las manos my hands are shaking 9
temer to fear 10
temperatura temperature 9
tender (ie) la cama to make the bed 4
tenedor *m.* fork 10
tener (ie) to have 4
    no tener razón to be wrong 9
    tener ___ años to be ___ years old 4
    tener calor to feel warm 4
    tener celos to be jealous 4
    tener cuidado to be careful 4
    tener éxito to be successful 4
    tener frío to feel cold 4
    tener ganas de *(+ inf.)* to feel like *(doing something)* 4
    tener hambre to be hungry 4
    tener lugar to take place 4
    tener mareos to be dizzy 9

tener miedo a to be afraid *(of a person)* 4
tener miedo de to be afraid *(of a thing)* 4
tener prisa to be in a hurry 4
tener que *(+ inf.)* to have to *(+ verb)* 7
tener razón to be right 4
tener sed to be thirsty 4
tener sueño to be sleepy 4
tener suerte to be lucky 4
tenis *m.* tennis 8
tercer/tercero(-a) third 1
terminal *m.* terminal 12
terminar to finish 2
ternera veal 10
terraza terrace 4
terrible terrible 1
testigo *m. f.* witness 11
textura texture 10
tía aunt 2
tiempo time; weather 6
tienda shop, store 5
tierno(-a) tender 10
tierra land, earth 7
    Tierra Earth *(the planet)* 7
tintorería dry cleaners 6
tío uncle 2
tirita Band-Aid 9
tiza chalk 3
toalla towel 1
    toalla de papel paper towel 4
tobillo ankle 9
tocador *m.* dresser, dressing table 4
tocar to play *(a musical instrument);* to touch 2
tocino bacon 10
todo(-a) all, every 7
    todos los días every day 7
tomar to take; to drink 2
tomate *m.* tomato 10
topografía topography 7
tormenta storm 7
toronja grapefruit 10
torre *f.* tower 3
tos *f.* cough 9
trabajador(a) social social worker 6
trabajar to work 6
trabajo work 6
traductor(a) translator 6
traer to bring 6
traidor(a) traitorous 1
traje *m.* suit 5
    traje de baño bathing suit 1
tranquilo(-a) tranquil, calm 1
transicional transitional 8
transporte *m.* transportation 12
trapo dust cloth, rag 4
tratamiento treatment 9
trece thirteen 1
treinta thirty 1
tren *m.* train 12
tres three 1
trescientos(-as) three hundred 4
trigueño(-a) brunette 1
triste sad 2

tronco trunk 9
tropical tropical 7
trucha trout 10
truenos thunder 7
tú you *(fam. sing.)* 1
tu your *(fam. sing.)* 3
tuna cactus fruit 10

U

ubicación *f.* place 3
último(-a) final, last 5
un/uno(-a) a, an; one 1
único(-a) unique 5
universidad *f.* university 3
unos(-as) some 1
urgente urgent 10
uruguayo(-a) Uruguayan P
usado(-a) used 5
usar to use 2
usted you *(form. sing.)* 1
usualmente usually 7
uva grape 10

V

vacaciones *f. pl.* vacation 12
vacunar to vaccinate 9
valer to be worth, cost 4
    ¿vale? okay? 3
valiente valiant, courageous 1
valle *m.* valley 7
valor *m.* value 10
varicela chicken pox 9
vaso glass 10
veinte twenty 1
vela sail 8
vena vein 9
venda bandage 9
vender to sell 3
venezolano(-a) Venezuelan P
venir (ie) to come 4
ventana window 4
ventanilla ticket desk *(bus, train)* 12
ver to see 3
verano summer 5
verbo verb 2
verdad *f.* truth 2
    ¿verdad? right? 3
verde green 4
verdulería vegetable store 10
verduras *f. pl.* vegetables 10
vestíbulo foyer 4
vestido dress 5
vestirse (i, i) to get dressed 5
veterinario(-a) veterinarian 6
vez *f.* time 7
    de vez en cuando from time to time 7
    dos veces two times, twice 9
viajar to travel 2
viajero(-a) traveler 12
viejo(-a) old 6
viento wind 7
viernes *m.* Friday 3
vinagre *m.* vinegar 10
vino wine 10
    vino blanco white wine 10

vino rosado rosé wine   10
vino tinto red wine   10
violeta violet   4
visitar to visit   2
vista view; sight   1
vitrina china cabinet   4
viuda widow   2
viudo widower   2
viva long live   5
vivienda housing   4
vivir to live   3

voleibolista *m. f.* volleyball player   1
volver (ue) to return   5
   volverse loco(-a) to go crazy   5
vomitar to vomit   9
vosotros(-as) you *(fam. pl.)*   2
voz *f.* voice   3
vuelo flight   12
vuestro(-a) your *(fam. sing.)*   3

Y
y and   1

yerno son-in-law   2
yo I   2

Z
zanahoria carrot   10
zapatilla flip-flop   5
zapato shoe   5
zona area   7
zona de estar living area   4

ENGLISH-SPANISH GLOSSARY

A

a, an un/uno(-a) 1
abdomen abdomen *m.* 9
able, to poder (ue) 5
about sobre 8
abroad al extranjero 12
absolute absoluto(-a) 7
accelerated acelerado(-a) 9
accept, to aceptar 10
acceptable aceptable 5
accessories accesorios 5
accompany, to acompañar 11
account of, on a causa de 10
accountant contador(a) 6, contable
  m. f. 6
accounting contabilidad *f.* 3
ache dolor *m.* 9
  muscle ache dolor muscular 9
acquainted with *(question),* **to be**
  conocer 10
action acción *f.* 5
activity práctica 3
actor actor *m.* 1
actress actriz *f.* 1
add, to añadir 8
addition, in además 8, también 8
adjective adjetivo 1
adopted adoptivo(-a) 2
advance por adelantado 12
adviser consejero(-a) 3
aerobics ejercicios aeróbicos 8
afraid *(of a person),* **to be** tener (ie)
  miedo a 4; *(of a thing),* tener (ie)
  miedo de 4
after después (de) (que) 9
  after-dinner conversation
    sobremesa 4
afternoon tarde *f.* 1
  afternoon tea té *m.* 1
  in the afternoon de la tarde 2
again otra vez 8
against contra 5
agenda agenda 3
agent agente *m. f.* 12
  travel agent agente de
    viajes 12
agree, to estar de acuerdo 7
agreed de acuerdo 3
agreement acuerdo 7
air-conditioning aire acondicionado
  m. 12
airline aerolínea 12, línea aérea 12
airport aeropuerto 12
all todo(-a) 1
  after all al fin y al cabo 8
  all right de acuerdo 3
  all-purpose cleaner limpiador *m.*
    para el hogar 4
  when all is said and done al fin y
    al cabo 8
allergy alergia 9
alleviate, to aliviar 9
along a lo largo (de) 3
alongside (of) al lado (de) 3

aloud en voz alta 3
also también 8
although aunque 5
always siempre 7
A.M. de la mañana 2
amazing increíble 4
among entre 1
amusement park parque *m.* de
  atracciones 8
and y 1
angry enojado(-a) 2
  to get angry enojarse 5
ankle tobillo 9
anniversary aniversario *(wedding)* 11
announcer locutor(a) 6
anorexia anorexia 9
answer respuesta 1
  to answer contestar 3
anthropology antropología 3
antibiotic antibiótico 9
apartment apartamento 4, ático 4,
  piso 4
  efficiency apartment estudio 4
apple manzana 10
appliance, electrical electrodoméstico 4
application, job solicitud *f.* de
  trabajo 6
appliquéd tapestry mola 5
apply, to solicitar 6, aplicarse 9
approach, to acercarse 12
approve, to aprobar (ue) 5
April abril *m.* 1
architecture arquitectura 3
area zona 7
Argentine argentino(-a) P
arid árido(-a) 7
arm brazo 9
arrange, to arreglar 4
arrival llegada 12
art arte *m.* 3
  fine arts bellas artes *f. pl.* 3
  liberal arts filosofía y letras 3
  martial arts artes *f. pl.* marciales 8
artery arteria 9
article artículo 1
artist artista *m. f.* 1
as como 7
  as . . . as tan(to) . . . como 10
  as soon as tan pronto como 10
ask (for), to pedir (i, i) 1
aspirin aspirina 9
associate, to asociarse 5
astronomy astronomía 3
at a 1
athlete atleta *m. f.* 1
Atlantic (ocean) Atlántico 7
atmosphere ambiente *m.* 6
attend *(functions)* **to** asistir 3
  to attend to *(other people)* atender
    (ie) a 11
attention atención *f.* 5
attic *(small)* ático 4, desván *m.* 4
attorney abogado(-a) 6

August agosto 3
aunt tía 2
autumn otoño 5
avocado aguacate *m.* 10

B

baby shower fiesta de canastilla 11
bachelor party despedida de soltero 11
back (of), in (the) al fondo (de) 3
back espalda 9
back(ground) fondo 3
backpack mochila 3
bacon tocino 10
bad mal/malo(-a) 1
  to feel bad sentirse (ie, i) mal 5
badly mal 1
bag bolso/bolsa 1
bags equipaje *m. sing.* 12
  to check one's bags facturar el
    equipaje 12
bakery panadería 6
balcony balcón *m.* 4
ball balón *m.* 8
ballet ballet *m.* 8
ballroom salón *m.* 4
banana plátano 10
Band-Aid tirita 9
bandage venda 9
bank banco 6
banquet banquete *m.* 11; convite
  m. 11
baptism bautizo 11
bar mitzvah bar mitzvah *m.* 11
bargain ganga 5
  to bargain regatear 5
barren (small) island islote *m.* 7
baseball béisbol *m.* 8
basement sótano 4
bash juerga 11
basket cesta 5
basketball baloncesto 8
bat mitzvah bat mitzvah *f.* 11
bath baño 12
  to take a bath/bathe bañarse 5
bathing suit traje *m.* de baño 1
bathroom cuarto de baño 4, baño 12
  bathroom sink lavabo 4
bathtub bañera 4, baño 12
bay bahía 7
be, to estar 1, ser 1
beach playa 1
  beach bag bolsa 1
  beach umbrella sombrilla 1
bean frijol *m.* 10
  green bean judía verde 10
beautiful precioso(-a) 5
because porque 5
  because of por 2
bed cama 4
  double bed cama de matrimonial
    12; cama de matrimonio 12
  to go to bed acostarse (ue) 5
  to make the bed tender (ie) la
    cama 4

bedroom dormitorio   4
bedspread sobrecama   4
beef carne *f.* de res/vacuno   10
beer cerveza   1
before anterior   8, antes (de) (que)   9
begin, to comenzar (ie)   5, empezar (ie)   5
    to begin with para empezar   8
beginning principio   8
    at the beginning al principio   8
behind detrás (de)   3
believe (in), to creer (en)   3
bellhop botones *m. pl.*   12
below debajo (de)   3
belt cinturón *m.*   5
bend, to doblar   9
benefits beneficios   6
beside al lado (de)   3, junto a   3
besides además   8
best, the el/la mejor   6
better mejor   6
between entre   1
bicycle bicicleta   8
bidet bidé *m.*   4
big gran/grande   1
bill cuenta   10
billfold cartera   5
biology biología   3
birthday cumpleaños *m. sing. & pl.*   11; onomástico   11
    birthday boy (girl) cumpleañero(-a)   11
bitter agrio(-a)   10
black negro(-a)   4
blackboard pizarra   3
blond rubio(-a)   4
blood sangre *f.*   9
    blood pressure presión *f.* arterial   9
    high blood pressure hipertensión *f.*   9
blouse blusa   5
blue azul   4
board (*a plane, a ship*), **to** abordar   12
boardinghouse pensión *f.*   12
boat barco   12
body cuerpo   9
Bolivian boliviano(-a)   P
bone hueso   9
    broken bone fractura   9
book libro   3
bookstore librería   3
boot bota   5
bored aburrido(-a)   2
botanical garden jardín *m.* botánico   3
bother/be bothered by, to molestar   3
bottle botella   10
bottom fondo   4
box office taquilla   8
bracelet pulsera   5
brain cerebro   9
bread pan *m.*   10
break, to fracturarse   9, romperse   9
breakfast desayuno   10
    to eat breakfast desayunar   10
breast pecho   9
breathe, to respirar   9
breathing respiración *f.*   9
bridal shower despedida de soltera   11
bride novia   11
bright brillante   4
bring, to traer   6

broccoli bróculi *m.*   10
broken bone fractura   9
brooch broche *m.*   5
broom escoba   4
brother hermano   2
brother-in-law cuñado   2
brown marrón   4
brunette trigueño(-a)   1
brush, to cepillarse   5
bucket balde *m.*   4, cubo   4
buddy amiguito(-a)   11
build, to construir   11
building edificio   3
bureau cómoda   4
bus autobús *m.*   12
    bus station estación *f.* de autobuses   12
business empresa   6
    business and management administración *f.* de empresas   3
busy ocupado(-a)   2
but *conj.* pero   4; (*on the contrary*) sino   5; *conj.* sino (que)   8
butcher shop carnicería   6
butter mantequilla   10
buttock nalga   9
buy, to comprar   2
by por   2
    by the way a propósito   8, de paso   2

C

cactus fruit tuna   10
cafeteria cafetería   3
cake pastel *m.*   10
calculator calculadora   3
call, to llamar   2
called, to be llamarse   1
calm tranquilo(-a)   1
campus recinto   3
candidate, job aspirante *m. f.*   6
cap gorra   5
car auto   12
cards (playing) cartas   8, naipes *m. pl.*   8
care cuidado   4
careful, to be tener (ie) cuidado   4
carpet alfombra   4
carrot zanahoria   10
carry, to llevar   2
case (that), in en caso (de) (que)   10
castle, government-run historical (*Spain*) parador *m.* nacional   12
cathedral catedral *f.*   6
cause causa   10
    to cause causar   10
ceiling techo   4
celebrate, to festejar   11, celebrar   12
celebration, rowdy pachanga   11
celery apio   10
center centro   3
ceramic pot olla de cerámica   5
ceremony ceremonia   11
certain cierto(-a)   7
certainly cierto   7, claro (que sí)   7, seguro   2
certainty certeza   10
Ceuta, native of ceutí   P
chair silla   3
    easy chair sillón *m.*   4
chalk gis *m.*   3; tiza   3

chalkboard pizarra   3
chancellor rector(a)   3
change cambio   7
    to change cambiar   8
characteristic característica   1
charming gracioso(-a)   1
chat, to charlar   2
cheap barato(-a)   5
check (*restaurant*) cuenta   10; (*bank*) cheque *m.*   12;
    to check one's bags facturar el equipaje   12
    traveler's check cheque de viaje/viajero   12
checked de cuadros   5
checkered a cuadros   4
cheek mejilla   9
cheese queso   10
chemistry química   3
cherry cereza   10
chess ajedrez *m.*   8
chest pecho   9
    chest of drawers cómoda   4
chew, to masticar   9
chicken pollo   10
    chicken pox varicela   9
Chilean chileno(-a)   P
chin barbilla   9
china cabinet vitrina   4
choose, to elegir (i, i)   5
chore quehacer *m.*   4
chum amiguito(-a)   11
church iglesia   6
cinema cine *m.*   6
circus circo   8
city hall ayuntamiento   6; municipalidad *f.*   6
civil civil   11
clarification clarificación *f.*   1
class clase *f.*   2
classic clásico(-a)   5
clean, to limpiar   2
cleaner, (liquid) limpiador *m.*   4
    all-purpose cleaner limpiador para el hogar   4
    window cleaner limpiador para ventanas   4
cleaning materials artículos de limpieza   4
clear claro(-a)   7; (*weather*) despejado(-a)   7
clerk dependiente(-a)   6
    desk clerk recepcionista *m. f.*   12
climb, to montar   8
clinic clínica   6
clock reloj *m.*   3
close (to) cerca (de)   3
    to close cerrar (ie)   3
closet ropero   4
clothes/clothing ropa   4; prenda   5
cloudy nublado(-a)   7, nuboso(-a)   7
club club *m.*   8
coach entrenador(a)   3
    to coach entrenar   8
coast costa   7
coat abrigo   5
coffee café *m.*   10
cognate cognado   1
cold (*adj.*) frío(-a)   4; (*illness*) catarro   9, resfriado   9
    cut fiambre *m.*   10

it's cold (*weather*) hace frío   7
   to feel cold tener (ie) frío   4
colleague colega *m. f.*   11
collect, to coleccionar   8
college facultad *f.*   3
Colombian colombiano(-a)   1
color color *m.*   4
come, to venir (ie)   4
command mandato   3
communion comunión *f.*   11
   First Communion Primera Comunión *f.*   11
companion compañero(-a)   2
compare, to comparar   7
   compared with comparado(-a) con   7
comparison comparación *f.*   6
compete, to competir (i, i)   8
competition competencia   8, competición *f.*   8
complain, to quejarse   5
complete completo(-a)   6
   to complete completar   3
complexion cutis *m.*   9
computer computadora   3, ordenador *m.*   3
   computer science ciencias de la computación   3
concert concierto   8
concierge conserje *m. f.*   12
conclude, to concluir   10
conclusion conclusión *f.*   10
   in conclusion en conclusión   8, en suma   8
condiments condimentos   10
condition condición *f.*   2
condolences condolencias   11
condominium condominio   4
confirm, to confirmar   12
congratulate, to felicitar   11
conjunction conjunción *f.*   5
consequence, as a como consecuencia   10
conservative conservador(a)   1
constipation estreñimiento   9
construct, to construir   11
contain, to contener (ie)   10
continent continente *m.*   7
contradict, to contradecir (i, i)   10
contrary contrario(-a)   7
   on the contrary al contrario   7
contrast contraste *m.*   7
   in contrast to a diferencia de   7
control control *m.*   12
convenient conveniente   9
conversation conversación *f.*   4
cook cocinero(-a)   6
   to cook cocinar   10
cool fresco(-a)   7
   it's cool (*weather*) hace fresco   7
corn maíz *m.*   10
cost, to costar (ue)   4, valer   4
Costa Rican costarricense *m. f.*   1
cotton algodón *m.*   5
cough tos *f.*   9
   cough syrup jarabe *m.*   9
count, to contar (ue)   5
counter mostrador *m.*   12
courageous valiante   1
course materia   3
court cancha   3

courtyard patio   4
cousin primo(-a)   2
cover charge entrada   4
covered cubierto(-a)   7
crab cangrejo   10
crazy loco(-a)   4
cream (*ointment*) pomada   9; (*for coffee, etc.*) crema   10
creamy cremoso(-a)   10
credit crédito   10
   credit card tarjeta de crédito   10
   credit slip comprobante *m.*   12, resguardo   12
crossword puzzle crucigrama *m.*   8
Cuban cubano(-a)   P
   Cuban-American cubano-americano(-a)   1
cup taza   10
current actual   1
curtain cortina   4
customs aduana   12
   customs official agente *m. f.* de aduana   12
cut, to cortar   4
cutlery cubiertos *m. pl.*   10

D

daily diario(-a)   5
dairy store lechería   10
dance, to bailar   8
dark oscuro(-a)   8
darkroom cuarto oscuro   8
date book agenda   3
daughter, (adopted) hija (adoptiva)   2
daughter-in-law nuera   2
day día *m.*   1
   day before yesterday anteayer   8
   every day todos los días   7
   per day al día   9
dean decano(-a)   3
December diciembre *m.*   3
declare, to declarar   12
decline, to rechazar   11
deep profundo(-a)   7
definite definido(-a)   8
delay demora   12
delicious delicioso(-a)   10; rico(-a)   10; sabroso(-a)   10
delighted encantado(-a)   1
   to be delighted encantar   3
denote, to denotar   10
dentist dentista *m. f.*   6
deny, to negar (ie)   5
department store almacén *m.*   5
departure salida   12
deplane, to desembarcar   12
depressed deprimido(-a)   2
depression depresión *f.*   9
describe, to describir   3
description descripción *f.*   1
descriptive descriptivo(-a)   1
desert desierto   7
deserve, to merecer   6
desire gana   4
   to desire desear   2
desk (*student's*) pupitre *m.*   3; (*teacher's*) escritorio   3
   desk clerk recepcionista *m. f.*   12
   ticket desk (*bus, train*) taquilla   8, ventanilla   12
dessert postre *m.*   10

destination destino   12
develop photographs, to revelar fotos   8
diamonds, of de diamantes   5
diarrhea diarrea   9
diary diario   3
dictionary diccionario   3
die, to morir (ue, u)   5
difference diferencia   7
different diferente   7
digestion digestión *f.*   9
dining room comedor *m.*   4
dinner comida   9
direct directo(-a)   5
   direct object complemento directo   5
direction dirección *f.*   3
disagreement desacuerdo   7
disaster desastre *m.*   4
dish plato   4
   dish detergent detergente *m.* para platos   4
   main dish plato principal   10
dishwasher lavaplatos *m.*   4
dissatisfaction desagrado   5
divided by (*in mathematical functions*) dividido por/entre   4
dizziness mareo   9
dizzy, to be tener (ie) mareos   9, marearse   9
do, to hacer   3
doctor doctor(a)   6, médico(-a)   6
   doctor's office consultorio   9
doily tapete *m.*   4
domestic doméstico   4
Dominican dominicano(-a)   P
door puerta   4
   door attendant portero   12
dormitory residencia   3
double doble   12
   double (hotel) room habitación *f.* doble   12
doubt duda   9
   there can be no doubt no cabe duda   9
   to doubt dudar   9
doubtful dudoso(-a)   10
down (with) abajo   5
dozen docena   10
dream sueño   4
dress vestido   5
dressed, to get vestirse (i, i)   5
   to get dressed up arreglarse   5
dresser tocador   4
dressing room probador *m.*   5
dressing table tocador   4
dressmaker modista   5
drink, to tomar   2, beber   3
drive, to conducir   12, manejar   12
drop gota   9
dry árido(-a)   7
   dry cleaners tintorería   6
   to dry secar   4
dryer secadora   4
duck pato   10
due to por   2
dull apagado(-a)   4
dust cloth trapo   4
dust the furniture, to sacudir los muebles   4
Dutch holandés(esa)   1

E

each cada 9
ear *(inner)* oído 9; *(outer)* oreja 9
earn, to ganar 2
earring arete *m.* 5
   dangling earring pendiente *m.* 5
earth tierra 7
   Earth *(the planet)* Tierra 7
easy chair sillón *m.* 4
eat (dinner), to comer 3
economics ciencias económicas 3; economía 3
Ecuadorian ecuatoriano(-a) P
education ciencias de la pedagogía 3
effect efecto 10
efficiency apartment estudio 4
efficient eficiente 1
egg huevo 10
eight ocho 1
   eight hundred ochocientos(-as) 4
eighteen dieciocho 1
eighth octavo(-a) 5
eighty ochenta 1
either . . . or o . . . o 5
elbow codo 9
elect, to elegir (i, i) 5
elegant elegante 1
elevator ascensor *m.* 4
eleven once 1
embroidered blouse huipil *m.* 5
emotion emoción *f.* 5
emotional emocional 5
enchanting encantador(a) 5
encouragement ánimo 12
end, in the al final 10
end table mesita 4
engaged, to get comprometerse 11
engagement compromiso 11
engineer ingeniero(-a) 6
engineering ingeniería 3
enjoy, to disfrutar 11
   enjoy your meal buen provecho 10
enter, to entrar 3
entertain, to festejar 11
entertainment diversión *f.* 8
enthusiastic entusiasta 1
entrance entrada 4
entrée plato principal 10
environment ambiente *m.* 6
equal igual 10
eraser *(chalk)* borrador *m.* 3; *(pencil)* goma 3
estuary ría 7
evening noche *f.* 2
   in the evening de la noche 2
event acontecimiento 11
every todo(-a) 7, cada 9
   every day todos los días 7
evident evidente 10
exactly exacto(-a) 7
examination examen *m.* 9
example ejemplo 3
   for example por ejemplo 3
excited animado(-a) 2
exclamation exclamación *f.* 4
excusa excuse 11
   to excuse oneself disculparse 5
   to make an excuse excusarse 11
exercise ejercicio 8
expect, to esperar 3
expensive caro(-a) 5, costoso(-a) 10

F

experience experiencia 10
express, to expresar 5
expression expresión *f.* 5
exquisite exquisito(-a) 5
extend, to extender (ie) 4
extremity extremidad *f.* 9
extrovert extrovertido(-a) 1
eye ojo 9
eyebrow ceja 9
eyelash pestaña 9
eyelid párpado 9

fabric tela 5
fabulous fabuloso(-a) 4
face cara 9
facing frente a 3
factory fábrica 6
fail, to suspender 3
faint, to desmayarse 9
fair justo(-a) 10
fall asleep, to dormirse (ue, u) 5
false falso(-a) 1
family familia 2
famous famoso(-a) 1
fan aficionado(-a) 8
far (from) lejos (de) 3
fascinate/be fascinated by, to fascinar 3
fascinating fascinante 1
fashion moda 5, modo 5
fat gordo(-a) 1
fatal fatal 1
father padre *m.* 2
father-in-law suegro 2
fault culpa 6
favor favor *m.* 6
favorite favorito(-a) 3
fear miedo 4
   to fear temer 10
February febrero 3
feel like *(doing something)*, **to** tener (ie) ganas de (+ *inf.*) 4
feminine femenino(-a) 5
feminist feminista 1
festival festival *m.* 11
fête, to agasajar 11
fever fiebre *f.* 9
few, (a) poco(-a) 7
fiancé novio 11
fiancée novia 11
field cancha 3, campo 7
fifteen quince 1
   fifteen-year-old *(female)* quinceañera 11
fifth quinto(-a) 5
fifty cincuenta 1
fight, lucha 5
   to fight luchar 5
fill out, to completar 3, rellenar 6
film película 8
final último(-a) 5
finally por último 8, finalmente 10, por fin 10
find, to encontrar (ue) 5
fine arts bellas artes *f. pl.* 3
fine bien 1
finger dedo 9
finish, to terminar 2
fire, to despedir (i, i) 6
fire station estación *f.* de bomberos 6

firefighter bombero(-a) 6
fireplace chimenea 4
firm empresa 6
first primer/primero(-a) 1
   first and foremost ante todo 8
   first-class hotel hotel *m.* de lujo 12, hotel de primera clase 12
   first of all ante todo 8
fish pescado 10
   fish store/market pescadería 6
   raw fish marinated in lime juice ceviche (cebiche) *m.* 10
   to fish pescar 8
fit, to quedarle 5, caber 9
fitting room probador *m.* 5
five cinco 1
   five hundred quinientos(-as) 4
fjord ría 7
flight vuelo 12
   flight attendant asistente *m. f.* de vuelo 12, azafata *f.* 12
flip-flop zapatilla 5
floor *(as opposed to ceiling)* suelo 4; *(of a building)* piso 4; *(of a store or business)* planta 4
floral de flores 5
flower flor *f.* 5
   flower garden jardín *m.* 4, patio 4
flowered de flores 5
flu gripe *f.* 9
fluorescent fluorescente 4
fog niebla 7
follow, to seguir (i, i) 5
foot pie *m.* 9
football fútbol *m.* americano 8
   football player futbolista *m. f.* 1
for para 3
   for example por ejemplo 3
forehead frente *f.* 9
foreigner extranjero(-a) 12
forest bosque *m.* 7
   tropical rain forest selva tropical 7
fork tenedor *m.* 10
form, to formar 3
formerly anteriormente 8
forty cuarenta 1
four cuatro 1
   four hundred cuatrocientos(-as) 4
fourteen catorce 1
fourth cuarto(-a) 5
foyer vestíbulo 4
fracture fractura 9
frequency repetición *f.* 7
frequently a menudo 7
fresh fresco(-a) 7
Friday viernes *m.* 3
friend amigo(-a) 1
friendly amable 2
fright espanto 6
from de 1
front delantero(-a) 9
   in front (of) enfrente (de) 3
frost helada 7
fruit fruta 10
   fruit store frutería 10
full lleno(-a) 10, satisfecho(-a) 10
   full-time a tiempo completo 6
fun, to have divertirse (ie, i) 5
funeral funeral *m.* 11
funny gracioso(-a) 1
furious furioso(-a) 2

furniture muebles *m. pl.*   4
furthermore, además   8

G

gain weight, to engordar   9
gallery galería   8
game *(Monopoly, hide-and-seek, etc.)*
   juego   8; *(sports)* partido   8
garage garaje *m.*   4; taller *m.*   6
garbage basura   4
garden, (flower) jardín *m.*   4
   to garden *(flowers)* cultivar el
      jardín   8
garlic ajo   10
garment prenda   5
gate *(bus),* andén *m.*   12
generally generalmente   7, por lo
   general   7
generous generoso(-a)   1
gentleman caballero   5
geology geología   3
German measles rubéola   9
get, to conseguir (i, i)   5, obtener (ie)   6
   to get into/on montar   8, *(a train,*
      bus, car, etc.), subir a   12
   to get off *(a plane, train, etc.)* bajar
      de   12
   to get up levantarse   5
give, to dar   6
glad, to be alegrarse   2
glass vaso   10
glasses gafas *f. pl.*   1
glove guante *m.*   5
go, to ir   1, andar   8
   to go away irse   5, marcharse   5
   to go crazy volverse (ue) loco(-a)   5
   to go out salir   4
   to go with hacer juego   5
God dios *m.*   6
godfather padrino   11
godmother madrina   11
gold oro   5
good buen/bueno(-a)   1
   good-bye adiós   1, chao   1
   to feel good sentirse (ie, i) bien   5
goodlooking guapo(-a)   1
gossip, to chismear   11
gossipy charlatán(-ana)   1
graduation graduación *f.*   11
granddaughter nieta   2
grandfather abuelo   2
   great grandfather bisabuelo   2
grandmother abuela   2
   great grandmother bisabuela   2
grandson nieto   2
grape uva   10
grapefruit toronja   10
grass hierba   4
grateful agradecido(-a)   2
gray gris   1
great gran/grande   1
green verde   4
   green bean judía verde   10
greet, to saludar   1
greeting saludo   1
groom novio   11
group grupo   3
Guatemalan guatemalteco(-a)   P
guest invitado(-a)   11, huésped *m. f.*   12
   guest of honor agasajado(-a)   11,
      festejado(-a)   11

Guinean guineano(-a)   P
gulf golfo   7
gym(nasium) gimnasio   3

H

hair cabello   9, pelo   9
half medio(-a)   2
   half board *(breakfast and one other*
      meal) media pensión *f.*   12
   half brother medio hermano   2
   half sister media hermana   2
hall salón *m.*   4
hallway pasillo   4
ham jamón *m.*   10
hand mano *f.*   9
   my hands are shaking me tiemblan
      las manos   9
   on the other hand por otra parte   8,
      en cambio   10, por otro lado   10
   to hand in/over entregar   2
handbag bolso/bolsa   1
handicrafts artesanías   5
hang, to colgar (ue)   4
hangover resaca   9
happen, to pasar   4
happy feliz   1, alegre   2,
   contento(-a)   2
   to be happy alegrarse   2
   to become happy ponerse feliz   5
harbor puerto   7
hard duro(-a)   10
haste prisa   4
hat sombrero   5
have, to tener (ie)   4
   to have " . . . " left, quedar   3
   to have just *(done something)* acabar
      de *(+ inf.)*   3
   to have to *(do something)* deber *(+*
      inf.)   3, tener (ie) que *(+ inf.)*   7
he él   2
head cabeza   9
headache dolor *m.* de cabeza   9
   I have a headache me duele la
      cabeza   9
health salud *f.*   2
healthy sano(-a)   9
hear, to oír   5
hearing (sense of) oído   9
heart corazón *m.*   9
heat calor *m.*   4; calefacción *f.*   12
height estatura   1
hello *(telephone response in some*
   countries) aló   2
help, to ayudar   2
hepatitis hepatitis *f.*   9
her *(adj.)* su   3; *d.o. pron.* la   5
   to/for her *i.o. pron.* le   6
here aquí   8
hi hola   1
high alto(-a)   1
   high blood pressure hipertensión
      f.   9
highway carretera   12
hill cerro   7
him *d.o. pron.* lo   5
   to/for him *i.o. pron.* le   6
hip cadera   9
his su   3
history historia   3
hobby diversión *f.*   8
holiday día *m.* festivo   11

home hogar *m.*   4
homemaker ama de casa   6
Honduran hondureño(-a)   P
hope (for), to esperar   2
   I hope ojalá   10
horrible horrible   2
horror horror *m.*   6
horse caballo   8
hospital hospital *m.*   6
host anfitrión(-ona)   11
hostel hostal *m.*   12
   youth hostel albergue *m.*
      estudiantil   12
hot caliente   9
   it's hot *(weather)* hace calor   7
hotel hotel *m.*   12
   first-class hotel hotel de lujo   12,
      hotel de primera clase   12
   inexpensive hotel hotel
      económico   12
house casa   4; chalet *m.*   4
household doméstico   4
housing vivienda   4
how? ¿cómo?   1
   how many? ¿cuántos(-as)?   3
   how much? ¿cuánto(-a)?   3
however sin embargo   5, no
   obstante   8
human humano(-a)   9
   human being ser humano *m.*   9
hundred, (one, a) cien/ciento   1
   hundred million, (one) cien
      millones   4
   hundred thousand, (one) cien
      mil   4
hunger hambre *f.*   4
hungry, to be tener (ie) hambre   4
hunt, to cazar   8
hurry prisa   4
   to be in a hurry tener (ie)
      prisa   4
hurt, to doler (ue)   9
husband esposo   2
hypertension hipertensión *f.*   9

I

I yo   2
   I hope ojalá   10
ice hielo   1
   to ice-skate patinar sobre
      hielo   8
ideal ideal   1
idealist idealista   1
identification identificación *f.*   1
if si   5
ill mal/malo(-a)   1
impersonal impersonal   9
importance importancia   6
important importante   1
impossible imposible   10
impressive impresionante   5
in en   3
   in back (of) detrás (de)   3
   in front (of) delante (de)   3
include, to incluir   12
included incluido(-a)   10
incorrect incorrecto(-a)   7
increase aumento   6
incredible increíble   4
independent independiente   1
indicate, to denotar   10, indicar   10

indirect indirecto(-a) 6
  indirect object complemento indirecto 6
indispensable imprescindible 9
inexpensive barato(-a) 5
infinitive infinitivo 9
information información *f.* 3
ingredient ingrediente *m.* 10
initially inicialmente 8
injection inyección *f.*
  to give (him/her) an injection poner(le) una inyección 9
inn posada 12
  government-run historical inn *(Spain)* parador *m.* nacional 12
inquisitive preguntón(-ona) 1
inside (of) dentro (de) 3
insist *(on doing something),* **to** insistir (en + *inf.*) 3
insomnia insomnio 9
inspect, to revisar 12
instructions instrucciones *f. pl.* 9
instructor instructor(a) 3
intelligent inteligente 1
intend, to pensar (ie) 5
interest/be interested in, to interesar 3
interesting interesante 1
internal interno(-a) 9
interrogative interrogativo(-a) 3
interview entrevista 6
intestine intestino 9
introduce, to presentar 1
introvert introvertido(-a) 1
invitation invitación *f.* 11
invite, to invitar 2
iron planchar 4
irrational irracional 1
irresponsible irresponsable 1
is that so? ¿de veras? 12
island isla 7
isn't that right? ¿no es así? 3
isn't that so? ¿no? 3
it *d.o. pron.* lo, la 5
  to/for it *i.o. pron.* le 6
its su 3

J

jacket chaqueta 5
jade object objeto de jade 5
January enero 3
jealous, to be tener (ie) celos 4
jealousy celos *m. pl.* 4
jeans jeans *m. pl.* 5
job puesto de trabajo 6
  job application solicitud *f.* de trabajo 6
  job candidate aspirante *m. f.* 6
joint coyuntura 9
journalism periodismo 3
journalist periodista *m. f.* 6
judgment juicio 10
July julio 3
June junio 3
jungle selva 7
just *(done something),* **to have** acabar de (+ *inf.*) 3

K

keep, to guardar 11
  to keep in shape mantenerse (ie) en forma 9

ketchup salsa de tomate (dulce) 10
kid cabrito 10
kidney riñón *m.* 9
kilogram *(2.2 pounds)* kilo 10
kiosk kiosco 3
kitchen cocina 4
  kitchen sink fregadero 4
knee rodilla 9
knife cuchillo 9
know, to *(a fact)* saber 3; *(a person)* conocer 10
knowledge conocimiento 10

L

laboratory laboratorio 3
lack falta 10
  to lack faltar 3
lady dama 5
lake lago 7
lamb cordero 10
lamp lámpara 4
land tierra 7
  to land aterrizar 12
language lengua 3
  modern languages lenguas modernas 3
large gran/grande 1
last *(final)* último(-a) 5; *(past)* pasado(-a) 8
  last night anoche 8
  last year el año pasado 8
lastly por último 8
late *(adv.)* tarde 2; *(adj.)* atrasado(-a) 12
  to be late estar atrasado(-a) 12
laugh, to reír (i, i) 5
laundry/laundry room lavandería 6
lavish attention on, to agasajar 11
law derecho 3
lawn césped *m.* 4
lawyer abogado(-a) 6
leader of the ceremony maestro(-a) de ceremonias 11
learn, to aprender 3
leather cuero 5
leave, to dejar 2, salir 4, irse 5, marcharse 5
lecture conferencia 8
left (of), to the a la izquierda (de) 3
leg pierna 9
lemon limón *m.* 1
less menos 1
  less than menos que 10
lesson lección *f.* 6
letter carta 6
lettuce lechuga 10
liberal liberal 1
  liberal arts filosofía y letras 3
librarian bibliotecario(-a) 6
library biblioteca 3
lie, to mentir (ie, i) 5
lift, to levantar 8
  to lift weights levantar pesas 8
lightning relámpago 7
like como 7; al igual que 10
  I would like quisiera 12
  like this así 5
  to be like parecerse a 10
  to like gustar 2
likely probable 7
likewise igualmente 1

lime limón *m.* 1
line *(queue)* cola 12
  to stand in line hacer cola 12
linen lino 5
lip labio 9
liquid cleaner limpiador *m.* 4
list lista 10
listen (to), to escuchar 2
liter *(1.057 quarts)* litro 10
literature literatura 3
little (bit), a poco 7
live, to vivir 3
  long live viva 5
liver hígado 9
living area zona de estar 4
living room sala 4, salón *m.* 4
lobster langosta 10
lock up, to encerrar (ie) 5
loft entreplanta 4
long largo(-a) 5
  long live viva 5
look (at), to mirar 2
  to look for buscar 2
  to look like parecerse a 10
loose flojo(-a) 5
lose, to perder (ie) 5
  to lose weight adelgazar 9
love, to querer (ie) 1, encantar 3
lovely precioso(-a) 5
lower inferior 9
loyal leal 1
luck suerte *f.* 4
lucky, to be tener (ie) suerte 4
lunch almuerzo 5
  to have lunch almorzar (ue) 5
lung pulmón *m.* 9
luxury lujo 12

M

mail correo 3
main dish plato principal 10
make, to hacer 3
man hombre *m.* 10
manager gerente *m. f.* 6
mango mango 10
manner, in this así 7
mansion mansión *f.* 4
many muchos(-as) 1
March marzo 3
marker marcador *m.* 3, rotulador *m.* 3
marriage boda 11
martial arts artes *f. pl.* marciales 8
marvel maravilla 4
masculine masculino(-a) 5
mass misa 11
match *(sports)* partido 8
materialistic materialista 1
mathematics matemáticas 3
May mayo 3
mayonnaise mayonesa 10
me, (to/for) *d.o. & i.o. pron.* me 5
meadow prado 7
meal comida 9
  all meals included pensión *f.* completa 12
  enjoy your meal buen provecho 10
mean, to querer decir 10
measles sarampión *m.* 9
  German measles rubéola 9
meat carne *f.* 10
  luncheon meat fiambre *m.* 10

mechanic mecánico(-a)   6
medical médico(-a)   9
medication medicamento   9
medicine medicina   3
medium mediano(-a)   1
Melilla, native of melillense *m. f.*   P
melon melón *m.*   10
member miembro   2
menu carta   6, menú *m.*   10
merchant comerciante *m. f.*   6
message recado   2
Mexican mexicano(-a)   P
microwave microondas *m.*   4
midnight medianoche *f.*   2
milk leche *f.*   10
million millón *m.*   4
   (one) hundred million cien
      millones   4
mine mío(-a)   1
minus *(in mathematical functions)*
  menos   1
mistake, to make a equivocarse   2
modern moderno(-a)   1
modest modesto(-a)   1
moment momento   2
Monday lunes *m.*   3
mononucleosis mononucleosis *f.*   9
month mes *m.*   3
   per month al mes   4
   the month before el mes anterior   8
mop fregasuelos *m.*   4
   to mop fregar (ie)   4
more más   1
   more than más que   10
moreover por otra parte   8
morning mañana   1
   in the morning de la mañana   2
   morning snack almuerzo   10
   to eat a morning snack almorzar
      (ue)   5
motel motel *m.*   12
mother madre *f.*   2
mother-in-law suegra   2
motorcycle motocicleta   8
mountain montaña   7
   mountain climbing alpinismo   8
   mountain pass puerto   7
   mountain peak pico   7
   mountain range cordillera   7,
      sierra   7
mountainous montañoso(-a)   7
mouse (mice) ratón *m. (pl.* ratones)   3
mouth boca   9
move *(something),* **to** mover (ue)   5
movie película   8
   movie theater cine *m.*   6
much mucho(-a)   1
mumps paperas   9
muscle ache dolor *m.* muscular   9
muscular muscular   9
museum museo   3
musician músico *m. f.*   1
mussel mejillón *m.*   10
must *(do something),* deber *(+ inf.)*   3
mustard mostaza   10
my mi   3

N

name nombre *m.*   1
named, to be llamarse   1

napkin servilleta   10
nationality nacionalidad *f.*   1
natural natural   1
necessary necesario(-a)   7,
  preciso(-a)   9
   it's necessary to *(+ verb)* hay que
     (+ inf.)   7
neck cuello   9
necklace collar *m.*   5
need, to necesitar   2, faltar   3
negate, to negar (ie)   5
neither . . . nor ni . . . ni   5
nephew sobrino   2
nervous nervioso(-a)   1
never jamás   10, nunca   10
nevertheless, sin embargo   5
new nuevo(-a)   1
next después   8, entonces   8, luego   8
   next to junto a   3
Nicaraguan nicaragüense *m. f.*   P
niece sobrina   2
night noche *f.*   1
   last night anoche   8
   night table mesita de noche   4
nightmare pesadilla   6
nine nueve   1
   nine hundred novecientos(-as)   4
nineteen diecinueve   1
ninety noventa   1
ninth noveno(-a)   5
no *(adj.)* ningún/ninguno(-a)   1; *(negation)* no   1
none ningún/ninguno(-a)   1
noon mediodía *m.*   2
normal normal   1
normally normalmente   7
North American norteamericano(-a)   1
north norte *m.*   7
northeast noreste *m.*   7
northwest noroeste *m.*   7
nose nariz *f.*   9
not . . . well mal/malo(-a)   1
not right incorrecto(-a)   7
notebook cuaderno   3
nothing nada   1
novelist novelista *m. f.*   1
November noviembre *m.*   3
now ahora   8
number número   1
nurse enfermero(-a)   6
nylon nilón *m.*   5

O

object objeto   6
   direct object complemento
     directo   5
   indirect object complemento
     indirecto   6
obligation obligación *f.*   7
obstinate obstinado(-a)   1
obtain, to conseguir (i, i)   5
obvious obvio(-a)   10
occupation oficio   6
occur, to ocurrir   3
October octubre *m.*   3
octopus pulpo   10
of de   1
   of course claro que sí   7, cómo no
     7, por supuesto   7
   of course not claro que no   10

offer oferta   5
office oficina   3
   box office taquilla   8
   doctor's office consultorio   9
   post office oficina de correos   3
official, customs agente *m. f.* de
  aduana   12
official, public funcionario(-a)
  público(-a)   6
often a menudo   7
oh (no)! ¡caray!   4
   oh, my goodness dios mío   4
oil aceite *m.*   10
ointment pomada   9
okay regular   1
   okay? ¿vale?   3
old viejo(-a)   6
older mayor   6
oldest, the el/la mayor   6
olive aceituna   10
on en   3, sobre   8
   on top (of) encima (de)   3
one uno   1
   the one(s) el (los) que, la(s) que   11
   one-way de ida   12
onion cebolla   10
only sólo   5
open, to abrir   3
   open house banquete *m.*   11, con-
     vite *m.*   11
opera ópera   8
opinion opinión *f.*   8
   to give one's opinion opinar   4
opposite contrario(-a)   7
optimistic optimista   1
or o   5
orange *(color)* anaranjado(-a)   4; *(fruit)*
  naranja   10
ordinal ordinal   5
organ órgano   9
organize, to organizar   4
origin origen *m.*   1
other otro(-a)   4
our nuestro(-a)   3
out of *(a plane, train, etc.),* **to get** bajar
  de   12
outfit conjunto   5
outside (of) fuera (de)   3
over sobre   8
overcome, to superar   5
owing to por   2
oyster ostra   10

P

pack one's suitcase, to hacer la
  maleta   12
page página   3
pain pena   4, dolor *m.*   9
painting cuadro   5, pintura   5
pair pareja   3
pajamas pijama *m.*   5
pal amiguito(-a)   11
palace palacio   6
   government-run historical palace
     (Spain) parador *m.* nacional   12
Panamanian panameño(-a)   P
pants pantalones *m. pl.*   5
papaya papaya   10
paper papel *m.*   3
   paper towel papel de cocina   4,

toalla de papel   4
piece of paper hoja de papel   3
Paraguayan paraguayo(-a)   P
pardon perdón *m.*   5
   to pardon oneself perdonarse   5
parents padres *m.*   2
park parque *m.*   6
   amusement park parque de
    atracciones   8
parking lot aparcamiento   3
part parte *f.*   2
   part-time a tiempo parcial   6
partial parcial   6
particular, in en particular   8
partition tabique *m.*   4
party fiesta   11
   bachelor party despedida de
    soltero   11
   birthday party fiesta de
    cumpleaños   11
   surprise party fiesta sorpresa   11
pass, mountain puerto   7
pass, to pasar   4
passenger pasajero(-a)   12
passport pasaporte *m.*   12
   passport control control *m.* de
    pasaporte   12
past pasado(-a)   8
pastime diversión *f.*   8
pastry pastel *m.*   10
   pastry shop pastelería   6
patient paciente   1
patio patio   4
pay, to pagar   2
   to pay attention to *(other people),*
    atender (ie) a   11
pea guisante *m.*   10
peach durazno   10
peak, mountain pico   7
pear pera   10
pen pluma   3
   ballpoint pen bolígrafo   3
   fountain pen pluma
    (estilográfica)   3
pencil(s) lápiz *m.* *(pl.* lápices)   3
peninsula península   7
people gente *f.*   3
pepper pimienta   10
per day al día   9
per month al mes   4
perfect perfecto(-a)   7
perhaps acaso   10, quiza(s)   10,
  tal vez   10
permission permiso   5
person persona   1
Peruvian peruano(-a)   P
pessimistic pesimista   1
pharmacist farmacéutico(-a)   6
pharmacy farmacia   3
phenomenal fenomenal   2
philosophy filosofía   3
photo(graph) foto *f.*   8
   to develop photographs revelar
    fotos   8
   to take photographs sacar
    fotos   8
photographer fotógrafo(-a)   6
phrase frase *f.*   5
physical físico(-a)   1
physics física   3

pie pastel *m.*   10
pill pastilla   9
pillow almohada   4
pineapple piña   10
pink rosado(-a)   4
pity lástima   4
place lugar *m.*   3, ubicación *f.*   3
   to place poner   2
   to take place tener (ie) lugar   4
plaid a cuadros   4, de cuadros   5
plain llano   7
plane avión *m.*   12
plant planta   4
plate plato   4
plateau meseta   7
platform *(train)* andén *m.*   12
play, to *(a musical instrument)* tocar   2;
  (a sport or game) jugar (ue, u)   5
player *(football/soccer)* futbolista *m. f.*
  1; *(volleyball)* voleibolista *m. f.*   1
please por favor
   to please/be pleasing gustar   2
pleasure gusto   1
   with pleasure con mucho gusto   11
plump gordo(-a)   1
plus *(in mathematical functions)* más   1
P.M. de la tarde   2, de la noche   2
point punto   2
police officer policía *m. f.*   6; mujer *f.*
  policía   6
police station estación *f.* de policía   6
political político   3
   political science ciencias políticas   3
polka-dotted a lunares   4,
  de lunares   5
polyester poliéster *m.*   5
pool pozo   7
   swimming pool piscina   3,
    alberca   4
poor pobre   6
popular popular   1
pork cerdo   10
port puerto   7
porter maletero   12
position *(job)* puesto de trabajo   6
possessive posesivo(-a)   1
possible posible   10
post office oficina de correos   3
post-it note nota adhesiva   3
posture postura   9
potato papa   10
poultry aves *f. pl.*   10
pound libra   10
practice, to practicar   2
precious precioso(-a)   5
prefer, to preferir (ie, i)   5
preferable preferible   9
pregnant embarazada   1
prepare, to preparar   2
preposition preposición *f.*   3
prescribe, to recetar   9
prescription receta   9
present, those (the people) asistentes
  m. pl.   11
president presidente *m. f.*   3
pressure presión *f.*   9
   blood pressure presión arterial   9
   high blood pressure hipertensión
    f.   9
preterite pretérito   8

previously antes   8, previamente   8
price precio   4
principle principio   8
   in principle en principio   8
printed estampado(-a)   4
printer impresora   3
prior anterior   8
private privado(-a)   6
probable probable   7
probably probablemente   7
problem problema *m.*   9
problematic problemático(-a)   10
profession profesión *f.*   6
professor profesor(a)   1
programmer programador(a)   6
prohibit, to prohibir   10
promise, to prometer   3
pronoun pronombre *m.*   5
proposal propuesta   10
protect, to proteger   9
protest protesta   5
proud orgulloso(-a) (de)   2
provided (that) con tal (de) que   10
provisions comestibles *m. pl.*   10
psychologist psicólogo(-a)   6,
  sicólogo(-a)   6
psychology psicología   3, sicología   3
public público(-a)   6
   public official funcionario(-a)
    público(-a)   6
Puerto Rican puertorriqueño(-a)   P
pulse pulso   9
pumpkin calabaza   10
punctual puntual   1
purple morado(-a)   4
purse bolso/bolsa   1
put (on), to poner   2
Pyrenees Pirineos   7

Q

quarter *(of an hour)* cuarto   2
question pregunta   1

R

racquetball ráquetbol *m.*   8
radical radical   1
radio station emisora de radio   6
radio-cassette player radio-cassette *f.*   1
rag trapo   4
railroad ferrocarril *m.*   12
rain lluvia   7
   it's raining está lloviendo   7
   to rain llover (ue)   7
   tropical rain forest selva tropical   7
raincoat impermeable *m.*   5
raisin pasa   10
rapid acelerado(-a)   9
rash erupción *f.*   9
rather bastante   2
rational racional   1
rayon rayón *m.*   5
read, to leer   3
realistic realista   1
realize, to darse cuenta de   10
really de verdad   2
   really? ¿de veras?   12
reason razón *f.*   4
   for what reason? ¿para qué?   3
rebellious rebelde   1
receipt recibo   12

receive, to recibir 3
recommend, to recomendar (ie) 5
recommendation recomendación *f.* 6
recreation room sala de recreo 3, sala de recreación 8
red rojo(-a) 4
reduced rebajado(-a) 5
refrigerator refrigerador *m.* 4
regret, to sentir (ie, i) 8
reject, to rechazar 11
related relacionado(-a) 9
relationship relación *f.* 7
relative pariente *m.* 2; *(adj.)* relativo(-a) 11
relieve, to aliviar 9
religious religioso(-a) 11
    religious service culto 11
remain, to quedar 3, quedarse 5
remedy remedio 10
    to remedy remediar 10
remember, to recordar (ue) 5
rent, to alquilar 12
repair, to componer 10, reparar 10
repeat, to repetir (i, i) 3
repetition repetición *f.* 7
reply respuesta 1
representative representante *m. f.* 12
reproach reproche *m.* 6
request, to pedir (i, i) 1
reservation reservación *f.* 10, reserva 12
resign, to renunciar 6
resist, to resistir 5
resolution resolución *f.* 10
resort balneario 7
respond, to responder 3
responsible responsable 1
    to make *(someone)* **responsible** responsabilizar 10
restaurant restaurante *m.* 6
result (in), to resultar (de/en) 10
    as a result como resultado 10
retired jubilado(-a) 6
return, to volver (ue) 5; *(something)* devolver (ue) 5
rice arroz *m.* 10
rich rico(-a) 10
ride horseback, to montar a caballo 8
right derecha 3
    all right de acuerdo 3
    right? ¿cierto? 3, ¿verdad? 3
    to be right tener (ie) razón 4
    to the right (of) a la derecha (de) 3
ring anillo 5
river río 7
rocky rocoso(-a) 7
roller-skate/roller-blade, to patinar sobre (en) ruedas 8
romantic romántico(-a) 1
room cuarto 2, habitación *f.* 12
roommate compañero(-a) de cuarto 3
round-trip de ida y vuelta 12
routine rutina 1
rowdy celebration pachanga 11
rug alfombra 4
    throw (scatter) rug tapete *m.* 4
ruler regla 3
run, to correr 3

S

sad triste 2
    to become sad ponerse triste 5

sail vela 8
    to sail navegar a la vela 8
saint santo 11
    saint's day día *m.* de santo 11, onomástico 11, santo 11
salad ensalada 10
salary sueldo 6
sale liquidación *f.* 5
salmon salmón *m.* 10
salt sal *f.* 10
salty salado(-a) 10
Salvadorian salvadoreño(-a) P
same mismo(-a) 7
sandal sandalia 1
satisfaction satisfacción *f.* 5
satisfied satisfecho(-a) 10
Saturday sábado *m.* 3
saucer platillo 10
sausage salchicha 10
say, to decir (i, i) 2
    to say good-bye despedirse (i, i) 1
scarf bufanda 5
school *(of university)* facultad *f.* 3; escuela 6
    school supplies equipo escolar 3
science ciencias *f. pl.* 3
scientist científico(-a) 6
score, to empatar 8
scrub, to fregar (ie) 4
scuba dive, to bucear 8
sculpture escultura 8
sea mar *m.* 12
season estación *f.* 5
seat asiento 12
second segundo(-a) 5
secret secreto 11
secretary secretario(-a) 6
security seguridad *f.* 12
    security check control *m.* de seguridad 12
see, to ver 3
    let's see a ver 4
seem, to parecer 8
sell, to vender 3
send, to mandar 2
sensational sensacional 5
sense sentido 9
sensible sensible 1
sentence oración *f.* 3
sentimental sentimental 1
September septiembre *m.* 3
serious serio(-a) 12
serve, to servir (i, i) 5
server *(restaurant)* camarero(-a) 6, mesero(-a) *(Mex.)* 6
service, religious culto 11
set the table, to poner la mesa 4
setting, table cubiertos 10
seven siete 1
    seven hundred setecientos(-as) 4
seventeen diecisiete 1
seventh séptimo(-a) 5
seventy setenta 1
shake, to temblar (ie) 9
    my hands are shaking me tiemblan las manos 9
    shake made with fruits, juices, and ice licuado 10
share, to compartir 11
shave, to afeitarse 5
she ella 2
shelf estante *m.* 4

shellfish mariscos 10
    raw shellfish marinated in lime juice mariscal *m.* 10
shiny brillante 4
ship barco 12
shirt camisa 5
shoe zapato 5
shop tienda 5
shopping center centro comercial 6
short *(in stature)* bajo(-a) 1; *(not long)* corto(-a) 5
shorts pantalones cortos *m. pl.* 5
shot inyección *f.* 9
should, (one) deber (+ *inf.*) 3; hay que (+ *inf.*) 7
shoulder hombro 9
show, to mostrar (ue) 5
    to show off lucir 5
shower ducha 4
    baby shower fiesta de canastilla 11
    bridal shower despedida de soltera 11
    to shower ducharse 5
shrimp camarón *m.* 10, gamba 10
shut, to cerrar (ie) 3
sick enfermo(-a) 2
side lado 3
sight vista 1
significant other compañero(-a) 2
silk seda 5
silver plata 5
similar, to be parecerse a 10
similarly del mismo modo 8
simple sencillo(-a) 12
sing, to cantar 2
singer cantante *m. f.* 1
single *(room)* sencillo(-a) 12
    single (hotel) room habitación *f.* sencilla 12
sink, bathroom lavabo 4
sink, kitchen fregadero 4
sister hermana 2
sister-in-law cuñada 2
sit down, to sentarse (ie) 5
sitting room salón *m.* 4
six seis 1
    six hundred seiscientos(-as) 4
sixteen dieciséis 1
sixth sexto(-a) 5
sixty sesenta 1
skate, to patinar 8
skeleton esqueleto 9
ski, to esquiar 8
skin piel *f.* 9
skirt falda 5
sleep, to dormir (ue, u) 5
sleepy, to be tener (ie) sueño 4
slowly despacio 8
small pequeño(-a) 5
smell, to oler (ue) 9
    (sense of) smell olfato 9
smile, to sonreír (i, i) 8
snack merienda 10
    to eat a snack merendar (ie) 10
sneeze, to estornudar 9
snorkel, to bucear con tubo de respiración 8
snow nieve *f.* 7
    it's snowing está nevando 7
    to snow nevar (ie) 7
so (that) a fin de que 10, para que 10
so far hasta ahora 8, hasta aquí 8

soccer fútbol *m.* 8
    soccer player futbolista *m. f.* 1
social social 11
    social worker trabajador(a) social 6
sociology sociología 3
socks calcetines *m. pl.* 5
sofa sofá *m.* 4
soft blando(-a) 10
    soft drink refresco 1
solidarity solidaridad *f.* 5
solution solución *f.* 10
solve, to resolver (ue) 5,
    solucionar 10
some algún/alguno(-a) 1, unos(-as) 1
something algo 12
son, (adopted) hijo (adoptivo) 2
son-in-law yerno 2
soon pronto 1
    as soon as tan pronto como 10
sore throat dolor *m.* de garganta 9
sorry, to feel sentir (ie, i) 8
    I'm (very) sorry lo siento
      (mucho) 11
soup sopa 10
    soup bowl fuente *f.* 10,
      tazón *m.* 10
soupspoon cuchara 10
sour cream crema agria 10
south sur *m.* 7
southeast sureste *m.* 7
southwest suroeste *m.* 7
spa balneario 7
Spain España P
    native of Spain español(a) *m. (f.)* P
Spanish *adj.* español(a) P; *(language)*
    español *m.* 3
speak, to hablar 2
special especial 1
spend, to gastar 2
spinach espinaca 10
spinal column columna vertebral 9
spite of, in a pesar de 8
sponge esponja 4
sport *(wear), to* lucir 5
    sport coat chaqueta 5, saco 5
sports deportes *m. pl.* 8
    related to sports/sporting
      deportivo(-a) 8
spring *(season)* primavera 5; *(water)*
    manantial *m.* 7
square *(geometric)* cuadro 5; *(town)*
    plaza 6
squash calabaza 10
squid calamar *m.* 10
stadium estadio 8
stairway escalera 4
stand kiosco 6
    to stand in line hacer cola 12
start, to comenzar (ie) 5, empezar
    (ie) 5
station estación *f.* 5
    bus station estación de
      autobuses 12
    fire station estación de bomberos 6
    police station estación de policía 6
    radio station emisora de radio 6
    train station estación de
      ferrocarril 12
stay, to quedarse 5
    to stay fit mantenerse (ie) en forma 9
stem raíz *f.* 5
stepbrother hermanastro 2

stepdaughter hijastra 2
stepfather padrastro 2
stepmother madrastra 2
stepsister hermanastra 2
stepson hijastro 2
stick out your tongue, to sacar la
    lengua 9
stockings medias 5
stomach estómago 9
stop *(taxi, metro)* parada 12
stopover escala 12
    to make a stopover hacer escala 12
store tienda 5
    department store almacén *m.* 5
storm tormenta 7
story cuento 12
stove estufa 4
strange raro(-a) 10
straw, this is the last ésto es el
    colmo 10
strawberry fresa 10
street calle *f.* 12
strep throat inflamación *f.* de la
    garganta 9
strike huelga 6
stripe raya 5
striped de rayas 4
struggle lucha 5
    to struggle luchar 5
stubborn obstinado(-a) 1
student estudiante *m. f.* 1
studio estudio 5
study, to estudiar 2
stupendous estupendo(-a) 4
style moda 5, modelo 5, modo 5
    out of style pasado de moda 5
    to be in style estar de moda 5
subject materia 3
subway metro 12
success éxito 4
successful, to be tener (ie) éxito 4
sugar azúcar *m.* 10
suggest, to sugerir (ie, i) 5
suggestion sugerencia 9
suit traje *m.* 5
    bathing suit traje de baño 1
    suit coat saco 5
suitcase maleta 12
    suitcases (baggage) equipaje *m.*
      sing. 12
    to pack one's suitcase hacer la
      maleta 12
    to unpack one's suitcase deshacer la
      maleta 12
sum suma 10
summary resumen *m.* 10, suma 10
    in summary en resumen 8
summer verano 5
sun sol *m.* 1
sunburn quemadura de sol 9
Sunday domingo *m.* 3
sunglasses gafas de sol 1
sunny, it's hace sol 7
super *(used as prefix)* super 5
superior superior 1
supermarket supermercado 6
superstitious supersticioso(-a) 1
supper cena 10
    to eat supper cenar 10
support, to sostener (ie) 9
sure cierto(-a) 7, claro(-a) 7, seguro
    (a) 2

surely seguro 2, cierto 7, claro
    (que sí) 7
surprise sorpresa 11
swear, to jurar 11
sweater suéter *m.* 5
sweep, to barrer 4
sweet dulce 10
swim, to nadar 8
swimming pool piscina 3, alberca 4
swimsuit traje *m.* de baño 1
sympathy compasión *f.* 11, pésame
    m. 11

T

T-shirt camiseta 5
table mesa 3
    dressing table tocador *m.* 4
    end table mesita 4
    night table mesita de noche 4
    table setting cubiertos 10
    to set the table poner la mesa 4
tablecloth mantel *m.* 10
tailor sastre *m.* 5
take, to llevar 2, tomar 2
    to take a bath bañarse 5
    to take care (of) cuidar (de) 2
    to take off *(clothing)* quitarse 5;
      (plane) despegar 12
    to take out sacar 2
    to take photographs sacar
      fotos 8
    to take place tener (ie) lugar 4
    to take X rays rayos X 9
tall alto(-a) 1
tape recorder grabadora 3
task quehacer *m.* 4
taste gusto 1
tax impuesto 12
tea té *m.* 1
    afternoon tea té *m.* 1
teach, to enseñar 2
teacher maestro(-a) 6
team equipo 8
teaspoon cucharita 10
technician técnico(-a) 6
telephone teléfono 2
television televisión *f.* 8
    television set televisor *m.* 4
tell, to *(to say)* decir (i, i) 2;
    (to narrate), contar (ue) 5
temperature temperatura 9
ten diez 1
tender tierno(-a) 10
tennis tenis *m.* 8
tenth décimo(-a) 5
terminal terminal *m.* 12
terrace terraza 4
terrible terrible 1
test prueba 9
    to test probar (ue) 5
texture textura 10
thanks/thank you gracias 1
that el (los) que, la(s) que 11
    that (one) *adj.* ese(-a) 4; *pron.*
      eso/ése(-a) 4
    that (one) *(over there) adj.* aquel(la)
      4; *pron.* aquello/aquél(la) 4
    that's right correcto(-a) 7
    that's so así es 7
the el/la *m./f.,* los/las *m. pl./ f. pl.* 1
theater arte *m.* dramático 3, teatro 3
their su 3

them *d.o. pron.* los/las   5
    to/for them *i.o. pron.* les   6
then después   8, entonces   8, luego   8
there ahí   2
    there is/are hay   2
    there you go ándale   10
therefore por eso   8, así que   10
these *adj.* estos(-as)   4; *pron.*
    éstos(-as)   4
thigh muslo   9
thin delgado(-a)   1
thing cosa   6
think, to creer   3, pensar (ie)   5
third tercer/tercero(-a)   1
thirst sed *f.*   4
thirsty, to be tener (ie) sed   4
thirteen trece   1
thirty treinta   1
this (one) *adj.* este(-a)   4; *pron.*
    esto/éste(-a)   4
those *adj.* esos(-as) *adj.*   4; *pron.*
    ésos(-as)   4
    those *(over there) adj.* aquellos(-as)
      4; *pron.* aquéllos(-as)   4
thousand mil (a/one)   2
    (one) hundred thousand cien
      mil   4
three three   1
    three hundred trescientos(-as)   4
throat garganta   9
    sore throat dolor *m.* de garganta   9
    strep throat inflamación *f.* de la
      garganta   9
through por   2
thumb pulgar *m.*   9
thunder truenos   7
Thursday jueves *m.*   3
thus así   7; *(conj.)* así que   10
ticket entrada   4, boleto   8, billete *m.*
    12, pasaje *m.*   12
    ticket desk *(bus, train)* taquilla   8,
      ventanilla 12
tidy up, to organizar   4
tie corbata   5
    to tie empatar   8
tight apretado(-a)   5
tile azulejo   4
time *(hour)* hora 2; *(gen.)* tiempo   6;
    (first, second . . .) vez *f.*   7
    at times a veces   7
    from time to time de vez en
      cuando   7
    one more time otra vez   8
    times *(in mathematical functions)*
      por   2
    to have a good time pasarlo bien   11
    two times dos veces   9
tip propina   10
tired cansado(-a)   2
to a   1
toast *(someone), to* brindar por   11
    to make a toast brindar   11
toe dedo   9
toilet inodoro   4
tomato tomate *m.*   10
    tomato sauce salsa de tomate
      (dulce)   10
tomorrow mañana   1
tongue lengua   3
    to stick out your tongue sacar la
      lengua   9

too (much) demasiado(-a)   5
tooth diente *m.*   9
topography topografía   7
touch tacto   9
    to touch tocar   2
tough duro(-a)   10
towel toalla   1
tower torre *f.*   3
track pista (de correr)   3
train tren *m.*   12
    to train entrenar   8
    train station estación *f.* de
      ferrocarril 12
traitorous traidor(a)   1
tranquil tranquilo(-a)   1
transitional transicional   8
translator traductor(a)   6
transportation transporte *m.*   12
trash basura   4
travel, to viajar   2
    travel agent agente *m. f.* de
      viajes   2
traveler viajero(-a)   12
treatment tratamiento   9
tropical tropical   7
    tropical rain forest selva tropical   7
trouble pena   4
trousers pantalones *m. pl.*   5
trout trucha   10
true cierto(-a)   7
trunk tronco   9
truth verdad *f.*   2
try, to probar (ue)   5
    to try on probarse (ue)   5
Tuesday martes *m.*   3
tuna atún *m.*   10
turkey pavo   10
twelve doce   1
twenty veinte   1
twice dos veces   9
twin gemelo(-a)   2
two dos   1
    two hundred doscientos(-as)   4

U

umbrella paraguas *m.*   5
    beach umbrella sombrilla   1
uncle tío   2
under(neath) debajo (de)   3
understand, to comprender   3,
    entender (ie)   5
unemployed desempleado(-a)   6
unemployment desempleo   6
unique único(-a)   5
United States Estados Unidos   P
    native of the United States esta-
      dounidense *m. f.*   P
university universidad *f.*   3
unless a menos que   10
unlike a diferencia de   7, diferente de
    7, al contrario de   10
unpack one's suitcase, to deshacer la
    maleta   12
until *(prep.)* hasta   1; *(conj.)* hasta
    que   10
    until a little while ago hasta hace
      poco   8
up (with) arriba   5
    up to now hasta ahora   8, hasta
      aquí   8
upper superior   1

urgent urgente   10
Uruguayan uruguayo(-a)   P
us, (to/for) *d.o. & i.o. pron.* nos   5
use, to usar   2
used usado(-a)   5
usually usualmente   7
utilities servicios   4

V

vacation vacaciones *f. pl.*   12
vaccinate, to vacunar   9
vacuum cleaner aspiradora   4
    to run the vacuum pasar la
      aspiradora   4
valiant valiente   1
valley valle *m.*   7
value valor *m.*   10
veal ternera   10
vegetable store verdulería   10
vegetables verduras *f. pl.*   10
vein vena   9
Venezuelan venezolano(-a)   P
verb verbo   2
very muy   1
vest chaleco   5
veterinarian veterinario(-a)   6
view vista   1
villa chalet *m.*   4
vinegar vinagre *m.*   10
violet violeta   4
visit, to visitar   2
voice voz *f.*   3
volleyball balón *m.*   1
    volleyball player voleibolista
      m. f.   1
vomit, to vomitar   9
voucher comprobante *m.*   12, resguardo
    12

W

waist cintura   9
wait on *(other people),* **to** atender (ie)
    a   11
waiting room sala de espera   12
waitperson *(in a restaurant)*
    camarero(-a)   6, mesero(-a) *(Mex.)*   6
wake up, to despertarse (ie)   5
walk, to andar   8, caminar   8,
    pasear   8
wall pared *f.*   4, tabique *m.*   4
wallet cartera   5
want, to querer (ie)   1, desear   2
wardrobe armario   4
warm caliente   9
    to feel warm tener (ie) calor   4
warmth calor *m.*   4
wash, to lavar   4
washing machine lavadora   4
watch reloj *m.*   3
    to watch mirar   2
water agua   9
    to water regar (ie)   5
    water-skiing esquí acuático *m.*   8
waterfall catarata   7
way manera   10
    by the way a propósito   8, de
      paso   8
we nosotros(-as)   2
wear, to llevar   2, lucir   5
weather tiempo   6
    it's bad weather hace mal tiempo   7

it's nice weather hace buen tiempo 7

What's the weather like? ¿Qué tiempo hace? 7

wedding boda 11

Wednesday miércoles *m.* 3

week semana 3

weight pesa 8

    to gain weight engordar 9

    to lift weights levantar pesas 8

    to lose weight adelgazar 9

well *(for water)* pozo 7; *(interj.)* bien 1, pues 4

what lo que 11

    what? *(please repeat)* ¿cómo? 1; *(inter.)* ¿qué? 1, ¿cuál(es)? 3

    What a . . . ! ¡Qué . . . ! 6

wheel rueda 8

when cuando 10

    when? ¿cuándo? 2

where donde 11

    to where? ¿adónde? 3

    where? ¿dónde? 3

whether si 5

which lo cual 11, lo que 11; el (los) cual(es), la(s) cual(es) 11, el (los) que, la(s) que 11

    which? ¿cuál(es)? 3

while mientras 5

whipped cream crema batida 10

white blanco(-a) 4

who(m) quien 2, que 4; el (los) cual(es), la(s) cual(es) 11, el (los) que, la(s) que 11

    who(m)? ¿quién(es)? 3

whose cuyo(-a), cuyos(-as) 11

why? ¿por qué? 3

widow viuda 2

widower viudo 2

wife esposa 2

wild salvaje 7

win, to ganar 2

wind viento 7

window ventana 4

    window cleaner limpiador *m.* para ventanas 4

windy, it's hace viento 7

wine vino 10

    red wine vino tinto 10

    rosé wine vino rosado 10

    white wine vino blanco 10

    wine glass copa 10

winter invierno 5

wish gana 4

    to wish querer (ie) 1, desear 2

with con 1

    with me conmigo 11

witness testigo *m. f.* 11

woman mujer *f.* 10

wonder maravilla 4

wood(s) bosque *m.* 7

wool lana 5

word palabra 3

    to give one's word jurar 11

work trabajo 6

    to work trabajar 6

workshop taller *m.* 6

worried preocupado(-a) 2

worry preocupación *f.* 6

    to worry preocuparse 5

worse peor 6

worst, the el/la peor 6

worth, to be valer 4

wound herida 9

woven sash faja 5

wrap, to envolver (ue) 5

wrist muñeca 9

write, to escribir 3

wrong, to be no tener (ie) razón 9

yard jardín *m.* 4, patio 4

year año 3

    last year el año pasado 8

years old, to be ___ tener (ie) ___ años 4

yellow amarillo(-a) 4

yes sí 1

yesterday ayer 8

    day before yesterday anteayer 8

you, (to/for) *(fam. pl.)* subj. vosotros(-as), *d.o & i.o. pron.* os 5; *(fam. sing.) subj.* tú, *d.o. & i.o. pron.* te 5; *(form.) subj.* usted(es) 1, *d.o. pron.* lo/la, los/las 5, *i.o. pron.* le/les 6

young joven 6

    young man (woman) chico(-a) 1

younger menor 6

youngest, the el/la menor 6

your *(fam. sing.)* tu 3; *(form. sing. & pl.)* su 3; *(fam. pl.)* vuestro(-a) 3

youth hostel albergue *m.* estudiantil 12

Z

zero cero 1

zoo jardín *m.* zoológico 6

zucchini calabacitas 10

INDEX

Text Credits

13 *Miami,* The Quintus Communications Group, November, 1990, p. 2; **15** Costa Vasca, Centro Vasco, Librería Moderna Poesía, Centro de Podiatría ads from *Miami Herald;* **21** *BellSouth Telephone Book,* 1990-1991; **26** Wet n' Wild Edición Española, Orlando, FL, 1987; **28** Yuca ad from *Miami,* The Quintus Communications Group, November, 1990; **32** Fotovideo Productions ad from *Miami Herald;* **38** Cuba Paquetes ad from *Miami Herald;* **51** *Bienestar,* No. 5, agosto–septiembre, 1992, pp. 18, 21; *Bienestar,* junio–julio, 1992, pp. 40-41; **57** *El Hispano,* 6-4-90, p. 4; **59** reproducido con autorización del diario *ABC,* Madrid, 2-10-94, p. 123; **64** Avise en El Hispano, ad from *El Hispano;* **70** Radio KEDA, San Antonio, Texas; **72** *Bienestar,* No. 8, Marzo, 1993, p. 20; **73** Radio WCMN; **75** excerpt from the diario *ABC;* **80** Credit card form from American Express; **87** excerpt from *El Universitario,* Universidad de Puerto Rico, Río Piedras; **89** Aprenda Inglés, Clases de inglés, Instituto Fontecha ads from *Todo Norte* (Puerto Rico); **100** Thaves cartoon from *Tiempo,* 4-6-94, p. 4C; **103** Casio, Archivo, Maquina ads from *Miami Herald;* **111** Bénédict; **112** Astrología ads from *Todo Norte* (Puerto Rico) **114** Universidad de Puerto Rico, Recinto de Río Piedras; **118** Relojes, Grabadora, Casio, Calculadora ads from *Miami Herald;* **120** Libros sin fila ad from *El Universitario;* **127** Fraccionamiento Santa Anita ad from *El Norte* (Ciudad Juárez); **132** excerpt from "Los techos altos," *Nuevo estilo,* No. 87, p. 15; **140** Su casa, ANE ad from *Nuevo Estilo* (México); **142** Nuestro próximo número ad from *Nuevo Estilo* (México) **146** *Mía,* Año 1, No. 9, p. 31; **148** *Mía,* Año 1, No. 7, p. 17; **153** Departamentos en renta ad from *Diario de Juárez;* **161** ad from brochure *Guatemala: más cerca de lo que usted imagina;* **168** ad from *Instituto Guatemalteco de Turismo;* **174** ad from Almacén Villeda (Guatemala); **181** ad from Jamaril Club & Spa; **186** ad from *Miami Herald;* **192** *Clarín* 3-2-91, p. 3; **199** Employment ads from *La Prensa libre* (Costa Rica); **199** reproducido con autorización del diario *ABC;* 7-10-90, p. 44; **201** Tabacón Resort, Costa Rica; **202** Instituto Costarricense de Turismo ad; **205** "Sra. Mija" por Hoest, King Features Syndicate, Inc; **218** reproducido con autorización del diario *ABC, Madrid,* 7-10-90, p. 44; **221** *Mía,* Oct, 1993, p. 49; **225** excerpt reproducido con autorización del diario *ABC, Madrid,* 27-5-90, p. 8; **229** *Clarín,* 7-4-91, p.10; **235** *Elle,* septiembre 1989, No. 36; **237** reproducido con autorización del diario *ABC, Madrid,* 27-1-91, p. 70; **240** cartoon, Anás, 17-12-89, p. 2; **246** excerpt from *El Toro Fiel* by Ernest Hemingway, Editorial Debate, S. A.; **247** *Mía,* Julio, 1988, p. 3; **254** Kellogs ad from Kellog de Centro América (Guatemala); **254** Recicle ad from *La Opinión;* **255** *Clarín,* 7-4-91, p. 10; **259** *Cambio 16,* 4-9-89, p. 58; **259** cartoon by Fernando Rubio, reproducido con autorización del diario *ABC, Madrid,* 1990; **260** cartoon by Nicolás, *Semana,* 21-9-85, p. 67; **260** El último refugio ad from World Wildlife Federation; **276** Energía que crece ad from *Elle;* **281** Cinema ads from *TV (Quito);* **282** Eco bar ad from *Guía del Ocio* (Quito); **283** *Mía,* julio de 1992, p. 36; **286** *Buen Domingo,* 31 de diciembre de 1989; **289** Técnicas de relajación, *Mia;* **291** reproducido con autorización del diario *ABC, Madrid,* 11-3-90, p. 34; **294** *El País,* 16-12-85, p. 54; **305** Clinic ads from *La guía telefónica* de Santafé de Bogotá, Colombia; **306** ColSanitas ad from *Bienestar* (Colombia); **309, 311** Seres vivo ad from insert in *El País;* **313, 314** *Mía,* Julio 4-10, 1988, p. 6; **317** Calvin, Editor Press Service, from *El Tiempo,* 2-6-94, p. 12C; **321** Johnson's ad from *Bienestar* (Colombia); **322** FEMEC ad from *Bienestar* (Colombia); **323** *La Nación;* **324** reproducido con autorización del diario *ABC, Madrid,* Suplemento dimonical, Madrid, 8-1-87, p. 64; **326** Publicado en el diario *El Tiempo* -Bogotá, Colombia, publicación de Casa Editorial El Tiempo LTDA., 29-5-94, p. 1C; **332** Fuerza Brutal ad, from *Muscle;* **334** reproducido con autorización del diario *ABC, Madrid,* 22-7-87; **341** Kellogs ad from Kellog de Centro América (Guatemala); **344** *Oda al Maíz,* Pablo Neruda; **350** pamphlet from American Heart Association; **359** Quentaquín Fried Chicken ad from *Diario de Juárez;* **364–365** *Miami,* The Quintus Communications Group, October, 1992, p. 67; **369** Casino Communications, Inc., *Buena Salud,* Año 2, no. 23, p. 19; **378–379** *Working Woman,* Año 1, no. 3, Primavera 1994, p. 34; **385** Fiesta sorpresa, *El Diario de Juárez;* **387** *Mañana,* edición extraordinaria profesional, p. 7; **390** *Plena,* Septiembre 1994; **393** *Plena,* Septiembre 1994, p. 41; **395** Misterios de Nuestro mundo, *Hola;* **398** *La Nación,* 9-11-94, p. 1; **404** *La Nación,* 9-11-94, p.6; **410–411** Viaje pero seguro, *El País;* **413** Club del Sol ad from *Busqueda,* Uruguay; **414** ad from Las Dunas, *Busqueda,* Uruguay; **419** ad from Buquebús, pamphlet; **422** Hotel Internacional and Hotel Klee ad from *Busqueda,* Uruguay; **425** ad from World Money Travel Assistance and American Express credit form; **426** Agencia de viajes y Turismo ad from *Busqueda,* Uruguay; **428** EGA, Chile ad from *Busqueda,* Uruguay; **431** *Busqueda,* Uruguay, 1994; **432** Lottery ad from *Busqueda,* Uruguay; **433** EGA ads from *Busqueda,* Uruguay; **442** Orientur Viajes ad from *Busqueda,* Uruguay

Photo Credits

2–3 Telegraph Colour Library/FPC; **4** Stuart Cohen/Comstock; **6** Superstock (both); **10–11** (large photo) Ulrike Welsch; (inset photo) Christopher Brown/Stock Boston; **20** Bettmann; **27** Bettman; **34** AP Wide World Photos; **35** Bettmann; **37** Bettmann; **48–49** Stock Boston; **51** *Bienestar* Magazine; **61** Tourist Bureau of New Mexico; **68** Tom Algire/FPG International; **72** *Bienestar* Magazine; **84–85** Beryl Goldberg; **86** Stuart Cohen; **89** Thomas R. Fletcher; **93** Ulrike Welsch; **105** Beryl Goldberg; **114** University of Puerto Rico, Río Piedras; **124–125** Stock Boston; **129** Ulrike Welsch; **143** Peter Menzel/Stock Boston; **145** Comstock; **147** Peter Menzel/Stock Boston; **158–159** Stock Boston; **160** Bob Daemrich/Stock Boston; **162** Bettmann; **165** Bob Daemrich/Stock Boston; **169** Comstock; **170** Bob Daemrich/Stock Boston; **177** Owen Franken/Stock Boston; **184** Ulrike Welsch; **196–197** Ulrike Welsch; **200** Ulrike Welsch; **206** Ulrike Welsch; **215** Middleton; **217** Ulrike Welsch; **221** *Mía* Magazine; **226** Robert Frerck/Odyssey; **232–233** Robert Frerck/Odyssey; **245** Superstock; **248** José Macián; **249** José Macián; **251** Robert Frerck/Odyssey; **252** Robert Frerck/Odyssey; **262** (left) Stock Boston; (right) Ulrike Welsch; **263** (left) Mark Antman/Image Works; (right) Stuart Cohen/Comstock; **266–267** Image Works/Crandall; **268** Ulrike Welsch; **271** Stuart Cohen; **275** Eric Wessman/Stock Boston; **277** Superstock; **281** *TV Quito* Magazine; **286** *Buen Domingo* Magazine; **292** Boyd Norton/Comstock; **300–301** Robert Frerck/Odyssey; **312** Comstock; **324** Ulrike Welsch; **338–339** Image Works; **343** Image Works; **345** Ulrike Welsch; **348** Ulrike Welsch; **355** Image Works; **363** Ulrike Welsch; **364** Andrew Melick; **376–377** Ulrike Welsch; **379** *Working Woman* Magazine; **381** (upper) Boroughs/Image Works; (lower) Menzel/Stock Boston; **382** (left) Image Works; (right) Everton/Image Works; **386** Frank Siteman/Stock Boston; **399** Robert Frerck/Odyssey; **403** (upper) Hartman/Comstock; (lower) Peter Menzel/Stock Boston; **408–409** Comstock; **413** Comstock; **421** Ulricke Welsch